COMPTES RENDUS

DU

XXVIe CONGRÈS NATIONAL

DES

SOCIÉTÉS FRANÇAISES DE GÉOGRAPHIE

ET SOCIÉTÉS ASSIMILÉES

Tenu à Saint-Etienne, du 6 au 10 Août 1905

PUBLIÉS PAR

LE BUREAU DE LA SECTION STÉPHANOISE

De la Société de Géographie Commerciale

SAINT-ÉTIENNE

SOCIÉTÉ DE L'IMPRIMERIE THÉOLIER — J. THOMAS & Cie

12, Rue Gérentet, 12

1906

COMPTES RENDUS
DU
XXVIᵉ CONGRÈS NATIONAL
DES
SOCIÉTÉS FRANÇAISES DE GÉOGRAPHIE
ET SOCIÉTÉS ASSIMILÉES

M. ÉTIENNE
Ministre de la guerre
Président d'honneur du Congrès.

COMPTES RENDUS

DU

XXVIᵉ CONGRÈS NATIONAL

DES

SOCIÉTÉS FRANÇAISES DE GÉOGRAPHIE

ET SOCIÉTÉS ASSIMILÉES

Tenu à Saint-Etienne, du 6 au 10 Août 1905

PUBLIÉS PAR

LE BUREAU DE LA SECTION STÉPHANOISE

De la Société de Géographie Commerciale

SAINT-ÉTIENNE

SOCIÉTÉ DE L'IMPRIMERIE THÉOLIER — J. THOMAS & Cⁱᵉ

12, Rue Gérentet, 12

—

1906

AVANT-PROPOS

Organisation du Congrès

Le Congrès, tenu à Rouen au mois d'août 1903, avait décidé, sur la proposition de M. Réveillaud, délégué de la Section stéphanoise de la Société de Géographie commerciale, que le Congrès de 1905 se réunirait à Saint-Étienne. Cette décision fut soumise à l'approbation du Congrès de Tunis et votée par cette assemblée.

Le Bureau de la Section stéphanoise s'occupa, immédiatement après ce dernier vote, de l'organisation du Congrès. Un Comité fut nommé. Il s'organisa de la façon suivante :

BUREAU DU CONGRÈS

Président :

M. Gabriel FOREST, président de la Section stéphanoise de la Société de Géographie commerciale, président de l'Union des Chambres syndicales patronales, membre de la Chambre de Commerce.

Vice-Présidents :

M. TAVERNIER, ancien président du Tribunal de Commerce.
M. DENUZIÈRE, membre de la Chambre de Commerce.
M. le D' MONTAGNON, médecin des Hôpitaux, président du Comité de l'Hygiène sociale.

Secrétaire Général :

M. Sylvain GIRERD, licencié ès lettres, docteur en droit.

Secrétaire :

M. Henri VALLADAUD, conseiller du Commerce extérieur.

Secrétaire Archiviste :

M. Th. ANDREOLY, archiviste de la Société.

Secrétaire Adjoint :

M. Eugène ANDRÉ.

Trésoriers :

M. A. RÉVEILLAUD, trésorier de la Société de Géographie commerciale.

M. J. BONNIOT, directeur de la Société générale.

Membres de la Commission de Propagande et des Finances :

MM. DENUZIÈRE, LOGÉ, BONNIOT, RÉVEILLAUD, DEBITON, H. VALLADAUD.

Membres de la Commission des Fêtes :

MM. P. TAVERNIER, Dʳ MERLIN, G. REUSS, Charles BOY, DE CHAMPEVILLE, Dʳ RIOU, TEYSSOT.

Commissaires :

MM. FOURNIER-LEFORT, JEANDROS.

Le premier soin du Comité ainsi constitué fut de solliciter le concours des pouvoirs publics et des personnalités qui lui paraissaient les mieux qualifiées pour seconder l'œuvre entreprise. Les démarches que firent ses membres reçurent partout un accueil favorable. M. le Préfet de la Loire, M. de Montgolfier, président de la Chambre de Commerce, M. le Maire de Saint-Etienne, MM. les Sénateurs et Députés de la Loire prodiguèrent aux organisateurs du Congrès leurs meilleurs encouragements. Ainsi furent constitués les Comités d'honneur et de patronage.

I. Comités

Présidents d'honneur :

M. ÉTIENNE, Ministre de l'Intérieur

MM. LE MINISTRE DES COLONIES.
    LE MINISTRE DE L'INSTRUCTION PUBLIQUE.
    LE MINISTRE DU COMMERCE.
    LE MINISTRE DE LA GUERRE.
    LÉPINE, PRÉFET DE POLICE.
    LE GOUVERNEUR GÉNÉRAL DE L'ALGÉRIE.
    LE GOUVERNEUR GÉNÉRAL DE L'INDO-CHINE.
    LE GOUVERNEUR GÉNÉRAL DE MADAGASCAR.
    LE RÉSIDENT GÉNÉRAL DE FRANCE A TUNIS.
    LE GÉNÉRAL COMMANDANT LA 25e DIVISION.
    LE PRÉFET DE LA LOIRE.
    LE MAIRE DE SAINT-ETIENNE.
    LE PRÉSIDENT DU CONSEIL GÉNÉRAL DE LA LOIRE.
    LE PRÉSIDENT DE LA CHAMBRE DE COMMERCE DE SAINT-ETIENNE.
    LE PRÉSIDENT DE LA CHAMBRE DE COMMERCE DE ROANNE.
    JEAN DUPUIS.
    LE PRÉSIDENT DE LA SOCIÉTÉ DE GÉOGRAPHIE COMMERCIALE DE PARIS.

Membres du Comité d'Honneur

MM.
BLANC, AUDIFFRED, BOURGANEL, CROZET-FOURNEYRON, Sénateurs de la Loire.
AUGÉ, BRIAND, CHARPENTIER, CLAUDINON, LEVET, MOREL, ORY, PIGER, Députés de la Loire.
MEYNIEUX, Président du Tribunal civil.
MALLEIN, Procureur de la République.
MAURIN, Inspecteur d'Académie.
BARAILLER, Président du Tribunal de Commerce.
DUVAND, Vice-Président de la Société de Colonisation et d'Agriculture coloniale.
CHIALVO, Maire de Montbrison.
SOUHET, Maire de Firminy.
SIMON, Maire de Saint-Chamond.
GINOT, Président de la Société d'Agriculture.
ÉPITALON, Président du Comité Stéphanois de l'Alliance Française.

JURY, Président de la Chambre consultative des Arts et Manufactures de Saint-Chamond
JARAY, Président du Club Alpin.
H. CHARVET, Président de la Société des Etudes Economiques.
PEILLON, Président de la Société des Voyageurs et Représentants de Commerce.

Membres du Comité de Patronage

MM.

ANDRIEU, ingénieur, directeur de la Voirie municipale, à Saint-Etienne.
ARBEL, maître de forges, à Rive-de-Gier.
AULAGNON, minotier, à Saint-Etienne.
BARTHÉLEMY, inspecteur primaire.
Le général BAUDIC, commandant la 49ᵉ brigade.
BERGER, pharmacien, à Saint-Etienne.
BERTHÉAS, chocolatier, à Saint-Etienne.
Le docteur BLANC, chirurgien de l'Hôtel-Dieu.
BIÉTRIX, LEFLAIVE et Cⁱᵉ, maîtres de forges, à Saint-Etienne.
BONCHE, directeur de *La Loire Républicaine*.
Le général de brigade en retraite BOSC, à Saint-Etienne.
BOUDOINT, bâtonnier de l'ordre des avocats, à Saint-Etienne.
BROSSY, fabricant de rubans, à Saint-Etienne.
René BROUILLET, secrétaire général des chemins de fer de l'Indo-Chine et du Yunnam, Paris.
BRUGNIAULT, secrétaire général de la Mairie, à Saint-Etienne.
BUHET, fabricant de rubans, à Saint-Etienne.
Le docteur CÉNAS, médecin des Hôpitaux, à Saint-Etienne.
Le docteur CHAFFARD, à Saint-Etienne.
Ch. CHAIZE, de la Société d'agriculture de France.
CHAIZE, fabricant de lisses, à Saint-Etienne.
CHAMPEVILLE (de), hommes de lettres, à Saint-Etienne.
CHARVET, négociant en charbons, à Saint-Etienne.
CHAUTARD, inspecteur primaire, à Roanne.
CHÉRI-ROUSSEAU, photographe, à Saint-Etienne.
COMTE, pasteur, à Saint-Etienne.
DARMANCIER, ingénieur aux Aciéries de la Marine, à Saint-Chamond.
DÉCHELETTE, conservateur du Musée municipal, à Roanne.
DÉBITON, de la maison Charvet, à Saint-Etienne.
DELESTRAC, ingénieur en chef des Ponts et Chaussées, à Saint-Etienne.
DELMONT, avoué honoraire, à Saint-Etienne.
DÉROIS, fabricant de rubans, à Saint-Etienne.
DESGEORGES, avocat, à Saint-Etienne.
DROGO, conducteur principal des Ponts et Chaussées, à Saint-Etienne.

Docteur V. Duchamp, chirurgien des Hôpitaux, à Saint-Etienne.
Ducher, ex-pharmacien des Hôpitaux, à Saint-Etienne.
Dupont, pasteur, à Saint-Etienne.
Dumas, conseiller général, à Saint-Etienne.
Evrard, ingénieur, à Sorbiers (Loire).
Le docteur Fleury, à Saint-Etienne.
Forissier, rédacteur en chef de *La Loire Républicaine*.
Fournier-Lefort, directeur de la *Revue Forézienne*.
Franc, capitaine en retraite, à Saint-Etienne.
Fréminville (de), archiviste départemental, à Saint-Etienne.
Friedel, ingénieur du corps des Mines, à Saint-Etienne.
A. Galbert, négociant, à Saint-Etienne.
Garand, ingénieur des Mines, à Firminy.
Docteur Garand, médecin des Hôpitaux, à Saint-Etienne.
Gard, préposé en chef des octrois de Saint-Etienne.
Gardon, ingénieur civil des Mines, à Saint-Etienne.
Girerd, de la maison Giron frères, à Saint-Etienne.
Grand'Eury, ingénieur, membre correspondant de l'Institut, à Saint-Etienne.
Gras, secrétaire général de la Chambre de commerce de Saint-Etienne.
Grivolat, conservateur général des Musées et bibliothèques de Saint-Etienne.
Guichard-Perrachon, directeur des magasins du Casino, à Saint-Etienne.
Guinand, notaire, à Saint-Genis-Terrenoire (Loire).
Hendlé, secrétaire général de la Préfecture de la Loire.
Hildesheimer, commissionnaire en rubans, à Saint-Etienne.
Imbert, ingénieur des Mines, La Talaudière (Loire).
Janicot, président du Conseil d'administration de la Compagnie des chemins de fer à voie étroite de Saint-Etienne, Firminy, Rive-de-Gier (à Paris).
Josserand, inspecteur primaire, à Saint-Etienne.
Jullien, notaire, à Pélussin (Loire).
Labully, vétérinaire, à Saint-Etienne.
Le docteur Ladevèze, à Saint-Etienne.
Lamaizière, ex-architecte de la Ville et des Hospices, à Saint-Etienne.
Lebois, inspecteur des Ecoles pratiques de commerce et d'industrie, à Saint-Etienne.
Leleu, inspecteur primaire, à Saint-Etienne.
Leblanc, ingénieur, à Saint-Etienne.
Colonel Lefebvre, directeur de la Manufacture nationale d'armes.
Marcheix, sous-intendant militaire, à Saint-Etienne.
Marcoux, fabricant de rubans, à Saint-Etienne.
Martouret, négociant, à Saint-Etienne.
Merlin, directeur de *La Revue Stéphanoise*, à Saint-Etienne.

MÉHIER (Fernand), industriel, à Saint-Etienne.
Commandant MINSMER, à Saint-Etienne.
MONDON, directeur de la succursale du Crédit Foncier, à Saint-Etienne, administrateur délégué de la Compagnie électrique de la Loire.
MULSANT, avocat, à Saint-Etienne.
ORIOL, fabricant de lacets, à Saint-Chamond.
PAULY, avoué, à Saint-Etienne.
PEIX, greffier en chef du Tribunal civil de Saint-Etienne.
PERRÈVE, directeur des Mines de Villebœuf, à Saint-Etienne.
PETIT, directeur des Houillères de Saint-Etienne.
PITET, négociant en grains et farines, à Saint-Etienne.
POMÉON, commissionnaire, à Saint-Etienne.
PONCETTON, agent général de la Compagnie d'assurances *La Providence*, à Saint-Etienne.
PORTE, commissionnaire, à Saint-Etienne.
PORTIER, avocat, conseiller général de la Loire, à Saint-Etienne.
RATEAU, ingénieur du corps des Mines, à Saint-Etienne.
RELAVE, industriel, à Saint-Just-sur-Loire.
REUSS, ingénieur des Ponts et Chaussées, à Saint-Etienne.
A. RIVOLIER, conseiller du Commerce extérieur, négociant, à Saint-Etienne.
ROLLAND, trésorier-payeur de la Loire.
ROUSSELET, proviseur du Lycée de Saint-Etienne.
ROUX, président du syndicat des agriculteurs de la Loire, à Néronde (Loire).
SARDA, ingénieur-architecte, à Yokohama (Japon).
SAIGNOL, ingénieur civil, à Saint-Etienne.
SAGNOL J., adjoint au Maire de Saint-Etienne, conseiller général.
SÈCHES, rabbin, à Saint-Etienne.
SIMON, rédacteur principal au Ministère des Finances, à Paris.
SOULIÉ, directeur de la *Tribune Républicaine*, à Saint-Etienne.
BOUCHARDY, directeur du *Stéphanois*.
STARON, fabricant de rubans, à Saint-Etienne.
TARDIF, directeur du Comptoir d'Escompte, à Saint-Etienne.
Le colonel SYLVESTRE, du 30° dragons.
Commandant TARGE, officier d'ordonnance du Ministre de la Guerre.
TAUZIN, directeur de l'Ecole des Mines, à Saint-Etienne.
TÉZENAS DU MONTCEL, avocat, à Saint-Etienne.
THIOLLIER, (Félix), propriétaire, à Saint-Etienne.
THIOLLIER (Lucien), conseiller général du canton de Saint-Héand (Loire), à Saint-Etienne.
THOMAS, directeur du *Mémorial de la Loire*, à Saint-Etienne.
VERNEY-CARRON, fabricant d'armes, à Saint-Etienne.
T. VÉRON, à Saint Didier-la-Séauve.
VÉSIGOT, commissionnaire en soie, à Saint-Etienne.

Vessiot, inspecteur des Eaux et Forêts, à Saint-Etienne.
Vicaire, ingénieur du corps des Mines, à Saint-Etienne.
Vincent, avoué, à Saint-Etienne.
Voisin, directeur des Mines de Roche-la-Molière et Firminy, à Firminy.

II. Subventions.

Il n'était pas suffisant d'attirer au Congrès les sympathies des personnalités dont la liste vient d'être donnée. Il fallait encore, par suite de la modicité des ressources dont disposait la Section stéphanoise, recueillir des subventions. Elles furent abondantes. Voici la liste des généreux donateurs :

La Ville de Saint-Etienne	1.000 fr.
Le Département de la Loire	500 »
La Chambre de Commerce	500 »
Le Comité des Houillères	200 »
Le Crédit Lyonnais	100 »
La Société Générale	100 »
Le Comptoir d'Escompte	100 »
La Banque Privée	100 »
MM. Ramel et Bréchignac	50 »
Arbel, de Rive-de-Gier	100 »
Guillaume Martouret	50 »
Raverot père et fils	100 »
J.-B. Viallon	20 »
Mme Vve Démogé	10 »
MM. J. Verney-Carron	20 »
B. Logé	20 »
Crozet-Fourneyron	100 »
Bedel, à la Béraudière	5 »
Corron M., commissionnaire en coton	20 »
Proriol et Doron, fabricants de tissus	10 »
Larigaldie, commissionnaire en coton	5 »
Araud, fabricant de rubans	5 »
Hugues (hôtel de France)	20 »
Penel (hôtel de l'Europe)	20 »
Montfort (Grand Café Glacier)	5 »
Gary (Grande Brasserie)	20 »
Gillet et Cie, teinturiers	40 »
La Ville de Firminy	50 »
Mallein, procureur de la République	20 »
Forest et Cie, fabricants de rubans	100 »
Colcombet	50 »

MM. Poméon et fils, marchands de soie............	40 »
Giron frères, fabricants de rubans et velours..	40 »
Chambeyron, teinturier......................	100 »
Fessy, teinturier...........................	50 »
Rolland et Beraud, teinturiers	25 »
Proal, teinturier............................	10 »
Chaize, fabricant de lisses...................	20 »
Richard, directeur de l'usine Brossy..........	2 »
Fustier frères, négociants en soie............	25 »
Dumond, négociant en soie...................	25 »
Marcoux et Chateauneuf, fabricants de rubans	40 »
Serre, fabricant de rubans...................	10 »
Staron, fabricant de rubans..................	20 »
Bélinac, fabricant de rubans.................	20 »
Ginot, président de la Société d'agriculture....	20 »
Guichard, Perrachon et Cie................	25 »
La Chambre des Négociants..................	100 »
Epitalon frères, fabricants de rubans..........	40 »
Tardy, négociant en soie.....................	5 »
Blanchard, négociant en soie.................	5 »
Bory frères et Laval	10 »
Gerest, directeur d'assurances................	10 »
Adrien David, fabricant de rubans............	10 »
Ménard, papetier............................	5 »
Prat, marchand de soie......................	10 »
Rolland, trésorier-payeur général.............	50 »
Barailler Jacques, fabricant de rubans.......	20 »
Mme Vve Guérin et fils	10 »
MM. L'Administrateur délégué de la Société électrique.................................	100 »
Cholat, directeur des Aciéries de St-Etienne..	25 »
L'Administrateur délégué des Aciéries de Saint-Etienne..............................	50 »
Mimard, directeur de la Manufacture d'armes..	10 »
Delestrac, ingénieur en chef des Ponts et Chaussées.................................	20 »
Guinard Victor, marchand de soie	10 »
Nouvelles Galeries..........................	10 »
Conrié frères, négociants.....................	5 »
Weiss, confiseur.............................	10 »
Maison Thierry et Sigrand..................	10 »
Berthéas, fabricant de chocolat...............	10 »
Saignol, ingénieur...........................	10 »
Biol, négociant en charbons..................	10 »
Fernand Méhier	10 »
Claudinon, maître de forges.................	100 »
Brun, banquier..............................	10 »

MM. Directeur des Magasins Paris-Saint-Etienne..	5	»
Georges, marchand de nouveautés............	5	»
Aulagnon, minotier.........................	40	»
Meyer, fabricant de rubans...................	10	»
Schœler, fabricant de rubans................	10	»
Gelas, fabricant de rubans...................	10	»
Thiriez, marchand de coton..................	5	»
Passavant frères, commissionnaires en rubans.	20	»
Gabriel Durand et Cie, commissionnaires en rubans...................................	25	»
Brossy et Balouzet, fabricants de rubans.....	50	»
Guinard et Davier, fabricants de rubans......	20	»
Lacroix et Cie, fabricants de rubans...........	10	»
Brothier et Jacquet, fabricants de rubans....	10	»
Mermier et Cie, fabricants de boulons.........	30	»
Patouillard................................	5	»
Rivière, entrepreneur de transports	10	»
Léon Garand, fabricant de rubans............	10	»
Gauthier, fabricant de rubans...............	10	»
Waton, imprimeur.........................	10	»
Pugnet, directeur de l'Automoto..............	5	»
Mosser, brasseur	20	»
Neyret frères, fabricants de rubans...........	20	»
Nicolas Deville, fabricant de rubans.........	10	»
Jacob père et fils, pharmaciens...............	5	»
Alliance Française........................	50	»
J.-J. Epitalon, président de l'Alliance Française.	20	»
P. Vésigot et A. Berger, négociants en soie...	10	»

Le bureau du Congrès renouvelle à tous les souscripteurs ses meilleurs remerciements. C'est grâce à eux que le Congrès a pu avoir l'importance que ses promoteurs désiraient lui donner, et que la vieille cité stéphanoise a vu s'accroître son renom de cordiale hospitalité.

Il y a lieu d'associer à ces remerciements les Compagnies de transport qui, avec leur bonne grâce habituelle, ont consenti aux Congressistes d'importantes réductions sur les tarifs ordinaires. Plus particulièrement les Compagnies de tramways de Saint-Etienne méritent ces témoignages de gratitude, car elles voulurent bien, à plusieurs reprises, transporter gracieusement les Congressistes, et mettre à leur disposition des voitures spéciales.

III. Circulaires et publicité.

Le bureau du Congrès envoya, dès le mois de novembre de l'année 1904, un certain nombre de circulaires aux différentes Sociétés françaises ou étrangères et Sociétés assimilées pour inviter leurs membres à venir à Saint-Etienne. Un programme provisoire fut d'abord rédigé, puis un programme définif. L'indication des tarifs réduits accordés par les Compagnies de transport fut également donnée aux futurs Congressistes par une circulaire. Ils reçurent aussi des renseignements utiles sur les prix des hôtels de Saint-Etienne (1). Enfin, un double projet d'excursions pour la Chaise-Dieu et le Tarn leur fut communiqué.

En même temps que le Comité agissait auprès des Sociétés étrangères, il avait recours également aux bons offices de la presse locale pour l'insertion d'un certain nombre de notes et d'articles qui furent toujours accueillis avec une parfaite bonne grâce et insérés avec une rapidité dont l'on ne saurait trop remercier MM. les Directeurs des journaux stéphanois.

IV. Lieux des Séances.

M. le recteur de l'Académie de Lyon avait bien voulu mettre à la disposition du Congrès le lycée de garçons. Le parloir et plusieurs salles, que M. le proviseur avait fait ingénieusement aménager, furent utilisés par les Congressistes.

D'autre part, la municipalité de Saint-Etienne qui témoigna toujours aux organisateurs du Congrès la plus grande bienveillance, leur prêta, à différentes reprises, la salle des Fêtes de l'Hôtel de Ville et le Grand Théâtre.

---

(1) Quelques-uns d'entre eux purent même se loger au lycée de garçons où ils reçurent une hospitalité confortable et très cordiale.

TRAVAUX DU CONGRÈS

Dimanche 6 Août[1]

Le dimanche 6 août, à 9 heures du matin, eut lieu, au Grand Théâtre, la séance solennelle d'ouverture du Congrès, sous la présidence de M. Cruchon-Dupeyrat, chef de cabinet de M. Etienne, Ministre de l'Intérieur, spécialement délégué à cet effet.

À ses côtés prirent place : MM. Gabriel Forest, président de la Société de Géographie; Mascle, préfet de la Loire; Dumas, adjoint au maire, représentant M. Ledin absent; Hanusse, directeur du service hydrographique de la marine, délégué du Ministre des Colonies; Paul Labbé, secrétaire de la Société de Géographie commerciale de Paris, délégué du Ministre de l'Instruction publique; le commandant de Rueda, délégué du Ministère de la marine espagnole; le colonel Sylvestre, du 30e dragons, délégué du Ministre de la Guerre; Delestrac, ingénieur en chef des Ponts et Chaussées, délégué du Ministre des Travaux publics; Monteilhet, chef du secrétariat particulier de M. Clémentel, Ministre des Colonies; Meynieux, président du Tribunal civil; Mallein, procureur de la République; Hendlé, secrétaire général de la préfecture de la Loire; Naud, chef de cabinet de M. le Préfet de la Loire; Jean Dupuis, l'explorateur du Tonkin, l'héroïque compagnon de Francis Garnier; les membres du bureau et du comité de la Société de Géographie; les délégués des Sociétés de Géographie.

---

(1) Il nous a paru utile, pour la plus grande clarté de cet exposé, d'adopter purement et simplement l'ordre chronologique. Nous suivrons donc le Congrès chaque jour, pas à pas, dans ses travaux comme dans ses fêtes.

Une nombreuse et brillante assistance se trouvait dans la salle.

M. Cruchon-Dupeyrat, après avoir déclaré la séance ouverte, donne la parole à M. Dumas, adjoint au maire de Saint-Etienne, remplaçant M. le maire absent.

M. Dumas prononce une allocution très applaudie. Il souhaite, au nom de la municipalité et de la population stéphanoise, la bienvenue aux Congressistes et en termes heureux leur exprime la satisfaction de la vieille cité forézienne à recevoir tant d'hôtes éminents. Les Stéphanois sauront leur faire l'accueil le plus accueillant, et leur témoigner, comme il convient, leur gratitude. N'ont-ils pas intérêt, d'ailleurs, eux dont les produits sont exportés si loin, à voir développer les sciences qui se rattachent à la géographie commerciale?

Après M. Philippe Dumas, M. Cruchon-Dupeyrat se lève et prend la parole. Son discours, prononcé dans une langue très élégante et très sobre, est interrompu par de fréquents et chaleureux applaudissements. Il s'exprime en ces termes :

« Mesdames, Messieurs,

« Il faut que mon premier mot soit ici en même temps qu'un témoignage de gratitude pour votre accueil, une parole d'excuse ; car ma présence est pour vous une déception. Vous attendiez pour présider à l'ouverture de ce Congrès et pour inaugurer vos travaux l'homme éminent en qui l'opinion unanime reconnaît le chef incontesté du parti colonial français.

« M. Etienne, lui aussi, avait escompté la joie d'être aujourd'hui votre hôte. Il savait que, dans cette réunion, il n'apercevrait autour de lui que des visages accueillants et sympathiques, que parmi vous, amis connus ou inconnus, dont l'âme vibre aux mêmes pensées, aux mêmes ambitions, aux mêmes espérances que la sienne, il retrouverait peut-être aussi quelques compagnons très chers des luttes d'autrefois, de cette époque où l'on put croire que le goût des choses coloniales allait ne plus être chez nous qu'un souvenir, époque qui nous semble infiniment lointaine, dont nous sommes presque tentés de nous demander si elle a réellement existé ; tant il nous paraît invraisemblable qu'il ait pu y avoir une heure de son histoire où notre nation ait été disposée à abandonner volontairement l'idéal d'une plus grande France.

M. LEVASSEUR

Président d'honneur
de la Société de Géographie commerciale de Paris.

« Et pourtant il est bien vrai que nous avons connu un moment où, pour oser parler de colonies dans ce pays, il fallait avoir le cœur solidement trempé et le mépris de l'impopularité. Quelques-uns, cependant, ne voulurent pas désespérer et, à leur tête, M. Etienne ne sentit jamais aucun doute troubler sa foi, aucune hésitation énerver son courage : il demeura colonial déterminé parce que pour lui c'était demeurer bon Français.

« Messieurs, ces temps d'épreuves sont passés, le bon sens a repris ses droits et, le succès aidant, tout le monde aujourd'hui est colonial. C'est notre naturel qui, un instant chassé, est revenu bien vite, car il n'est pas de légende plus paradoxale, plus fausse que celle qui a prétendu faire croire que le peuple français n'est pas colonisateur. Colonisateur, il l'est au point que pour le contester il faut nier l'histoire même, qu'il a été le véritable initiateur colonial des autres peuples, qu'ayant fondé un empire d'outre-mer admirable et l'ayant perdu par suite des rigueurs du sort ou par la faute de ses gouvernements, il en a créé de toutes pièces, j'allais dire improvisé un nouveau, plus beau peut-être que l'ancien, et qui nous permet enfin de proclamer à notre tour que le soleil ne se couche jamais sur le sol français.

« Il ne suffit point toutefois que nous nous soyons assuré aux quatre coins de l'univers des territoires immenses. Sans doute, leur conquête a mis une fois de plus en relief les qualités d'entrain et de bravoure de notre race; mais la preuve n'en était plus à faire. Notre drapeau s'est assez promené par le monde et, soit qu'il forçât la victoire ou qu'il subît la défaite, il a emprisonné suffisamment de gloire dans ses plis pour flotter au vent fièrement, sans que nous ayons besoin de lui souhaiter des lauriers de surcroît.

« Si nous n'avions acquis des possessions nouvelles que pour y exporter des fonctionnaires et des soldats ou pour permettre à des rivaux trop à l'étroit dans leurs foyers d'aller, sous notre protection, chercher ailleurs plus d'air et plus de richesse, nous aurions fait œuvre vaine et dilapidé indûment une part des réserves nationales. La France a des colonies pour faire rayonner toujours plus loin son clair génie et pour remplir auprès des peuples plus jeunes sa mission civilisatrice, mais aussi pour utiliser les forces vives qui, sur le sol métropolitain, resteraient inemployées.

« On a dit souvent et l'on répète que notre agriculture manque de bras. Il est trop vrai que les villes dévorantes et que la grande industrie tendent à vider les campagnes et y raréfient la main-d'œuvre, mais notre jeunesse instruite trouve le même encombrement à la tête des exploitations agricoles que dans les carrières libérales et dans les fonctions publiques. Partout, les initiatives s'entrecroisent et se heurtent, et la gêne qui en résulte n'est point compensée par la douceur de vivre dans ce pays qu'un géographe célèbre a pu qualifier « le plus beau royaume sous le ciel ». Heureusement les mères françaises ne s'affolent plus dès que leurs fils dépassent la limite du champ de surveillance immédiate de leur tendresse inquiète, elles savent maintenant se résigner, sinon joyeusement, bravement en tous cas, à les voir s'élancer au-devant de leurs destinées et à la conquête, loin d'elles, de plus de bien-être et de plus d'honneur.

C'est un progrès dont il faut nous réjouir. Mais il faut aussi ne pas oublier que l'on ne s'improvise pas plus colon que médecin ou qu'architecte. Ce n'est pas en partant à l'aventure, sans apprentissage que l'on peut espérer coloniser avec succès : là, comme partout, il faut une préparation. Il ne suffit pas davantage pour entreprendre utilement des voyages commerciaux et s'assurer des clientèles nouvelles d'emporter dans ses bagages des collections d'échantillons ; il est indispensable de savoir d'avance où l'on va, de connaître les besoins et les ressources des régions que l'on se propose de visiter, d'être, en un mot, exactement fixé sur tout ce qui pourra faciliter ou compliquer la tâche assumée.

« Depuis quelques années surtout, nous n'avons à cet égard rien à envier à nos concurrents les plus favorisés ; les organes d'information se sont chez nous multipliés et perfectionnés, mais parmi les bons ouvriers de l'expansion française il n'en est pas de meilleurs et de plus méritants que vous, messieurs. Vos Sociétés de Géographie commerciale et coloniale se sont dépensées sans compter en recherches, en études et en enquêtes. En parcourant la seule liste des questions portées à votre ordre du jour, j'ai admiré la variété de vos travaux, la richesse de votre documentation. Mais je n'oserais toucher même superficiellement à ces sujets dont M. Etienne vous aurait parlé avec tant de plaisir pour lui et pour vous. Son éloquence si chaude et si personnelle, appuyée sur un vaste savoir, se serait donné libre carrière dans ce champ qui lui est si familier ; vous auriez été surpris et charmés de l'entendre dire des choses nouvelles en des matières qui paraissaient épuisées.

Pour moi, messieurs, je n'ai à remplir auprès de vous qu'une mission modeste, celle de vous dire les regrets du ministre que les devoirs de sa charge retiennent à Paris, de vous apporter son cordial salut et de vous exprimer ses vœux pour que vos travaux aboutissent aux résultats féconds qu'on est en droit d'en espérer pour votre plus grand honneur et pour le plus grand bien de notre pays ».

En terminant, le très distingué chef de cabinet du Ministre de l'Intérieur donne la parole à M. Gabriel Forest.

L'éminent président de la Société prononce un remarquable discours où se reflètent son talent d'économiste et ses qualités d'homme de cœur : c'est toute l'histoire de Saint-Etienne qu'il retrace en quelques pages de la façon la plus heureuse. On ne pouvait évidemment choisir un meilleur sujet de discours inaugural pour le Congrès des Sociétés de géographie : on ne pouvait le traiter plus magistralement.

Discours de M. Gabriel FOREST

Messieurs,

Si les fonctions de président imposent à celui qui en est investi des tâches redoutables, elles lui réservent, par contre, d'agréables prérogatives. Je compte parmi les plus précieuses celle qui me procure aujourd'hui la joie de saluer, en lui souhaitant la bienvenue dans notre cité, l'élite nombreuse des hommes éminents, tant par leur situation et leurs fonctions que par leur savoir et leurs travaux, qui a bravé les fatigues d'un voyage estival pour répondre à l'appel de notre Société et communiquer au grand public le résultat de leurs études. En adressant à tous l'expression de notre cordiale gratitude, j'ai le devoir de remercier tout particulièrement :

M. Etienne, ministre de l'Intérieur, qui a bien voulu se faire représenter par M. Dupeyrat, chef de son cabinet, ancien directeur des affaires de l'Algérie ;

M. Berteaux, ministre de la Guerre, représenté par M. le colonel Sylvestre ;

M. Clémentel, ministre des Colonies, représenté par M. Monteilhet, chef de son secrétariat particulier ;

M. Bienvenu-Martin, ministre de l'Instruction publique, qui a bien voulu déléguer M. Paul Labbé, secrétaire général de notre Société-mère de Géographie commerciale, pour le suppléer et montrer en quelle haute estime il tient et la mère et la fille ;

M. Thompson, qui a désigné pour le représenter M. Hanusse, chef du service hydrographique ;

M. Gauthier, ministre des Travaux publics, représenté par M. Delestrac, ingénieur en chef des Ponts et Chaussées ;

M. de la Rueda, spécialement délégué par le Gouvernement espagnol ;

Qu'il veuille bien agréer pour son gracieux souverain, pour son Gouvernement, pour son pays, l'assurance de notre plus cordiale sympathie ;

M. A. Duvand, vice-président de la Société de Colonisation, syndic de la presse républicaine ;

M. Mascle, préfet de la Loire, dont la bienveillance ne nous fait jamais défaut ;

M. Dumas, adjoint au maire de Saint-Etienne et la municipalité dont le concours, sous toutes les formes, a été si précieux à notre œuvre ;

M. le président et MM. les membres du Conseil général qui ont bien voulu la subventionner ;

Notre Chambre de Commerce et son éminent président, M. de Montgolfier, que l'on trouve toujours prêt à aider de son autorité, de ses conseils et de sa bourse, les initiatives qu'il estime utiles à son pays ;

Je voudrais les nommer tous : nos sénateurs, nos députés, nos vaillants explorateurs Jean Dupuis, Paul Labbé, Hugues Le Roux, Bobichon, Bourdarie, Gallois, Lemire, etc. ;

Les présidents, délégués et membres des sociétés de Géographie, venus de tous les points de la France, de l'Algérie et de la Tunisie, et parmi eux, M. Vicente Vera, venu de Madrid pour prendre part à notre Congrès ;

Tous les congressistes qui ont répondu à notre appel, tous les souscripteurs qui nous ont aidé de leurs cotisations ;

Enfin, les membres de notre bureau stéphanois, qui, avec une abnégation admirable, ont préparé l'organisation de ce Congrès.

Je les remercie tous et de tout cœur.

Messieurs,

Quelques personnes ont paru surprises du choix, comme siège de votre Congrès, d'une ville comme Saint-Etienne que rien dans son passé ne semblait désigner pour cet honneur.

Aussi, n'est-ce pas dans son passé qu'il faut chercher les raisons de ce choix, mais bien dans sa situation présente que je vais essayer de vous esquisser sommairement pour justifier votre présence ici, en vous rappelant qu'elle a déjà provoqué le Congrès Scientifique en 1862, le Congrès des orientalistes et celui de l'Industrie minérale en 1875, le Congrès pour l'avancement des sciences en 1897, le Congrès de la Propriété industrielle et celui de l'Hygiène sociale en 1903.

Le rôle des Foréziens et des Stéphanois dans le grand mouvement colonial, qui a été l'honneur de la troisième république a été des plus marqués.

Il me suffira de citer les noms, parmi les vivants : de Jean Dupuy, de Bobichon ;

Parmi les morts : de Monseigneur Tabert, de Francis Garnier, de Jules Garnier, de Dutreuil de Rhins, du capitaine de Cointet, de Charles Dorian, de Monseigneur Favier, pour avoir le droit de revendiquer, en faveur de nos compatriotes, une part glorieuse dans la conquête du domaine colonial de la France.

Par ses industries et son commerce d'exportation, le Forez a été conduit à essaimer dans le monde entier, au point de fournir matière à un important volume, parfaitement documenté, que notre dévoué secrétaire général, M. Sylvain Girerd, a consacré aux Foréziens aux colonies.

Si donc la ville de Saint-Etienne n'a pas le prestige des souvenirs historiques que peuvent invoquer les cités françaises qui furent capitales dans l'antiquité ou au moyen âge, si elle ne possède pas les merveilles d'architecture qui font la gloire d'autres grandes villes, si elle n'a pas pour cadre les sites majestueux des Alpes ou des Pyrénées, ou les enchantements des plages de l'Océan ou de la Côte d'azur, elle possède pourtant des charmes qui la font aimer de ses enfants et que nous nous efforcerons de vous faire apprécier pendant votre trop court séjour.

Les sites pittoresques qui l'entourent, tantôt gracieux, tantôt sévères, célébrés jadis par d'Urfé, commencent à attirer les touristes, depuis que l'automobilisme a multiplié les moyens de communication et provoqué des installations hospitalières, confortables, dans les plus petits villages.

Je n'ai pas à vous rappeler le rôle que le Forez a joué dans l'histoire de France.

Je reconnais que celui de la ville de Saint-Etienne, une tard-venue dans cette histoire, a été des plus effacés et qu'elle ne bénéficie pas, comme un grand nombre de ses rivales, d'un passé glorieux. Mais elle est assez riche en conquêtes industrielles pour que son présent y supplée à vos yeux.

Si, comme l'a dit un voyageur chagrin : « Les seuls monuments de Saint-Etienne sont des cheminées d'usines », vous reconnaîtrez, en les visitant, que ces usines sont, en effet, des monuments et des monuments non dépourvus d'intérêt, sinon au point de vue esthétique, du moins au point de vue économique et social.

Si Saint-Etienne paraît surtout peuplée d'artisans et d'industriels, si l'esprit stéphanois, très pratique et très réfléchi, souvent privé de soleil et de ciel bleu, submergé dans la fumée noire, semble peu porté du côté de l'idylle et des hautes envolées vers l'idéal, ses enfants n'en tiennent pas moins actuellement un rang fort honorable :

Dans les lettres, par Eugène Müller, J.-B. Galley, Thiollier ;
Dans la musique, par J. Massenet, Noël Desjoyaux, J. Vincent ;
Dans la peinture, par Berthon, Séon, Gagliardini, Ducaruge, etc., etc.
Dans la sculpture et la gravure, par Picault, Delorme, Dupré ;
Dans la photographie, par Chéri Rousseau, Bellotti, Marnas, etc., etc.

Mais c'est évidemment par ses industriels que Saint-Etienne et la Loire occupent en France une place vraiment prépondérante.

Sans abuser de votre temps, je voudrais vous rappeler

rapidement nos humbles origines, parce que nous pouvons être fiers du chemin parcouru en un siècle.

Jusqu'au XVIIIe siècle, Saint-Etienne n'a qu'une existence quasi-légendaire et fort négligée par les chroniqueurs.

Furania daterait de l'occupation romaine, mais ce n'est guère qu'une hypothèse historique. Les travaux modernes n'ont mis à jour aucune substruction antique. Le moyen âge est fort pauvre en monuments ou en souvenirs autres que ceux d'obscurs démêlés entre la commune naissante et les comtes de Saint-Priest ou de Forez. Saint-Etienne a subi les guerres de religion, mais sans y prendre une part active.

Actuellement, elle n'a à montrer que quelques églises sans caractère architectural, un Hôtel de Ville bâti sous la Restauration, un Palais de Justice de style classique, un Musée, une Ecole de dessin, enfin la nouvelle Préfecture, inaugurée en 1903.

Mais vous n'êtes venus ni pour notre passé ni pour nos monuments. Vous avez été attirés par notre présent et par notre avenir.

Saint-Etienne est né de la houille et on aperçoit partout les traces de cette origine.

On sait que, dès le XIIe siècle, les affleurements du charbon sur les bords du ruisseau le Furan avaient provoqué une petite agglomération de forgerons groupés autour d'une église consacrée à Saint-Etienne.

Cette agglomération libre sous une administration consulaire était arrivée en 1515 à grouper près de 2.000 âmes dans une enceinte de 169 maisons. Environ trois siècles plus tard, c'est-à-dire en 1809, le total de la population stéphanoise, n'atteignait pas 26.000 habitants ; il dépasse aujourd'hui 150.000 âmes et classe Saint-Etienne au cinquième rang des villes de France.

De la houille, la plus ancienne industrie de notre ville, je ne dirai qu'un mot, laissant au distingué directeur des Houillères, M. Petit, qui a bien voulu s'en charger, le soin de vous exposer, avec sa compétence bien connue, tout ce qui concerne l'exploitation technique de nos richesses minières.

Des volumes ont été écrits sur leur mise en valeur et n'ont pas épuisé le sujet. Il faudrait suivre son histoire depuis le grattage primitif des affleurements jusqu'à l'institution et au développement actuel de cette admirable Ecole des Mines dont Saint-Etienne s'enorgueillit, qui a dispersé ses ingénieurs dans le monde entier et que M. Tauzin dirige avec une si haute autorité. Sous l'impulsion d'ingénieurs émérites, les Verpilleux, les Baure, les Marsais, les Dolomieu, les Villiers, les Wery, les Evrard, les Maisant, pour ne citer que les disparus ; les exploitations des puits de Roche-la-Molière, de Firminy, de Montrambert, des Houillères, du Cros, de la Chazotte sont devenues des modèles pour le monde entier et offrent à leurs

18.000 ouvriers le maximun de sécurité qui soit pratiquement réalisable.

Vous pourrez, du reste, vous en rendre compte de visu, grâce à l'obligeance de plusieurs de nos Sociétés minières qui ont bien voulu ouvrir à nos congressistes l'accès de leurs chantiers.

La houille donna tout naturellement naissance à l'industrie du fer, en attirant, dans la vallée du Furan et du Gier, quelques ouvriers forgerons. — Ces forgerons installèrent dans la région, dès le XIVe siècle, la fabrication des armes d'estoc et de taille, puis au XVe et surtout au XVIe, sous l'impulsion de François Ier et de son ingénieur Virgile, celle des armes à feu.

C'était le berceau de la manufacture royale d'armes, fondée en 1764, pour devenir la manufacture nationale d'armes dont la France est légitimement fière.

A l'armurerie était venue se joindre la chaudronnerie, mais il appartenait au XIXe siècle de donner un essor prodigieux aux industries du fer et d'immortaliser les noms de ceux qui ont contribué à porter ces industries au summum de la perfection, les Jackson, les Bedel, les Gallois, les Neyrand, les Beaunier, les Seguin, les Holtzer, les Petin et Gaudet, les Verpilleux, les Verdié, les Fourneyron, les Déflassieux, les Arbel, les Russery, les Lacombe, les Barrouin, les Revollier, les Marrel, les Hugot, les de Montgolfier, les Cholat, les Harmet, les Preynat, les Claudinon, les Biétrix-Leflaive, tous noms dont le Forez s'enorgueillit, noms qui dans le monde industriel sont devenus les firmes de maisons puissantes produisant pour plus de 80 millions de tôles et d'aciers, d'instruments industriels ou d'outils de mort, qui les ont rendues célèbres dans le monde entier.

Grâce à l'extrême obligeance de M. de Montgolfier, à qui j'adresse ici l'expression de ma profonde gratitude, vous vous rendrez compte en visitant les grandioses ateliers des Aciéries de la Marine à Saint-Chamond, du degré de perfectionnement et de puissance qu'a atteint dans notre région la grande métallurgie.

Comme la grande métallurgie, dont elle constitue une branche importante, l'armurerie stéphanoise a évolué après s'être illustrée par un nombre remarquable d'hommes de talent, Lamotte, Escoffier, Bouillet, Merley, Montagny, Dupré, Dumarest, Galle, Roule, Jovin, Javelle, Cessier, Jalabert, etc., qui ont porté au plus haut degré la réputation des armes de chasse de Saint-Etienne; elle a provoqué l'éclosion de toute une lignée de maîtres-graveurs aboutissant à notre admirable Dupré, enfin, elle a suscité et formé cette race d'ouvriers de précision merveilleuse, à laquelle est due la supériorité incontestable de Saint-Étienne dans la fabrication si délicate et si minutieuse des pièces détachées pour cycles et automobiles.

Cette industrie, née d'hier, a trouvé chez nous un terrain merveilleusement préparé, et si nous n'avons pas le siège des grandes marques, nous sommes leurs fournisseurs, par suite de l'intelligence et de l'activité de nos chefs d'industrie et de l'habileté professionnelle de notre population ouvrière.

Les Aciéries de la Marine, celles de Firminy et d'Unieux, l'usine modèle de MM. Mimard, Blachon et Cie, celle de la société l'Automoto, les établissements Jussy et diverses Sociétés anonymes réputées prennent une part de plus en plus importante à la production des éléments multiples : moteurs, cadres, châssis, arbres, poulies, engrenages, etc., qu'exige cette grande industrie nouvelle dans laquelle la France a conquis et conserve le premier rang.

Messieurs,

On est plus surpris du développement qu'a pris, à Saint-Étienne, l'industrie si délicate des rubans, dans une population de mineurs et de forgerons, sous les cheminées d'usines. C'est vers la fin du XVIe siècle et au commencement du XVIIe que sont apparus dans notre région les premiers « tixotiers de soie », pères de nos passementiers, venant de Lyon et de la vallée du Rhône, où s'étaient réfugiés les Italiens chassés de leur patrie par les guerres civiles.

Ce mouvement est constaté, mais non expliqué, par le savant et regretté Natalis Rondot, l'historiographe des industries nées de la soie.

Nous voyons l'industrie des « passemens et rubans de soie » favorisée par la mode — qui malheureusement est une capricieuse personne — se développer au cours du XVIIe siècle et donner lieu à une réglementation sévère en 1682.

Le nombre des ouvriers passementiers d'alors est évalué à 4.500.

Dans le siècle suivant, l'industrie du ruban reprit sa marche ascensionnelle, et en 1800, après la crise de la Révolution, elle occupait 25.000 ouvriers et faisait battre 14.000 métiers, métiers à une pièce, bien entendu.

Au cours du XIXe siècle, ses fluctuations furent nombreuses, dues aux caprices de la mode et aux secousses sociales ou politiques. Mais elle devait triompher de tous les obstacles, grâce à l'intelligence et à l'énergie de ses chefs d'industrie et à la merveilleuse souplesse de son organisation ouvrière.

Cette industrie, en effet, favorise l'individualisme et permet à chaque passementier d'avoir son chez lui et de posséder son instrument de travail qui assure son indépendance.

C'est de gré à gré qu'il traite avec le patron-négociant pour le prix de son travail de transformation de la matière première qu'il reçoit en produit fabriqué.

Son ingéniosité naturelle est libre et il sait admirablement la plier aux variations souvent douloureuses de la consommation.

Si, vous écartant du centre, vous vous engagez dans les divers quartiers de Saint-Etienne, vous remarquerez un très grand nombre de maisons à très hautes fenêtres derrière lesquelles on peut apercevoir les organes supérieurs de métiers à rubans. Souvent, la maison est précédée d'un jardin et le tout, jardin, maison, métiers, est la propriété d'un chef d'atelier rubanier.

Une bonne moitié de la ville de Saint-Etienne a été bâtie par les ouvriers tisseurs et est leur propriété. Je ne crois pas qu'on puisse trouver ailleurs une plus belle réalisation de l'idéal rêvé par tant d'économistes et qui s'appelle : l'atelier de famille.

Il est vrai que cette vieille organisation subit en ce moment une crise intense et tend à se modifier; il est vrai que des circonstances économiques regrettables ont déterminé l'exode à la campagne d'une notable partie de notre population passementière, et le groupement en usines de certaines catégories de métiers.

Mais la fée électrique est venue en aide à l'atelier familial, si cher à notre maître Le Play, et paraît devoir le sauvegarder longtemps encore par la distribution à domicile de l'énergie motrice à bon marché.

A ce propos, je me fais un devoir de rendre hommage à l'homme de haute intelligence et de grand cœur qui a doté notre population ouvrière de cette précieuse organisation, à M. François Gillet trop tôt enlevé à l'affection des siens et, je puis le dire, à l'affection des ouvriers dont il s'occupait avec passion. Fondée par lui en 1891, la Compagnie électrique de la Loire prit une rapide extension sous l'intelligente direction de M. Mortier, et aujourd'hui, toujours habilement dirigée par MM. Mondon et Chanial sous les auspices de M. Gillet, président de son Conseil d'administration, elle actionne, dans Saint-Etienne et les environs, plus de 12.000 métiers. C'est un résultat magnifique.

Si rude que soit la lutte contre la concurrence étrangère, la rubanerie stéphanoise réussit bon an mal an à maintenir son chiffre, qui oscille depuis un quart de siècle entre 80 et 100 millions, représentant la production d'environ 30.000 métiers et à faire vivre, directement ou indirectement, environ 80.000 personnes. C'est vous dire qu'elle est une de nos industries vitales.

Je ne voudrais pas terminer sans rendre hommage aux grands noms qui l'ont illustrée. Les inventeurs et novateurs y sont légion, légion toujours vaillante et agissante, depuis les ancêtres dont nous sommes fiers et qui sont :

Au XVIII° siècle : Dugas, Salichon, Thiollière de la Réardière, importateurs du métier à la Zurichoise, et brûlés en effigie pour ce fait.

Au début du XIX° siècle : Thiollière-Duchamp et J.-B. David, introducteurs du métier à velours double pièce; Richard-Chambovet, créateur de l'industrie des lacets à Saint-Chamond; Boivin, inventeur du battant qui porte son nom; Hippolyte Royet, Thiollière-Peyret, Bancel, plus tard Favre, Preynat, Fargère, Grangier, Chaize frères, inventeurs de la lisse sans nœuds, etc.

Puis, tous ceux qui prirent part au brillant essor de la rubanerie pendant la seconde moitié du siècle dernier, les créateurs des puissantes maisons dont plusieurs existent encore : Balay frères, Colcombet François, véritable école où passèrent plus ou moins la plupart des fabricants de l'époque : Epitalon, Bodoy, Barlet, Penel, Lacour, Dufour, Guitton-Nicolas, Brunon, Serre, Philip, Descours, Neyret, Peyret-Gerin, Fraisse, Robichon, Auguste Larcher, Peuvergne, Besson, Gérentet-Coignet, Deville, Bret, Charles Rebour, le plus illustre de nos dessinateurs, etc., jusqu'à la génération actuelle aussi active que ses devancières dont je ne puis citer que quelques noms : MM. Bélinac, Brossy-Balouzet, Décot, Bernard, Gauthier, Giron, Guillaume, Marcoux-Châteauneuf, Staron, Troyet, etc., parmi cette phalange de plus de 150 fabricants qui, rivalisant de goût, d'ingéniosité et d'initiative, continuent à soutenir dans le monde entier la vieille renommée de la rubanerie de Saint-Etienne. Car, on peut le dire sans offenser personne, si les Suisses, les Allemands et les Américains peuvent montrer, non sans orgueil, un chiffre de production important, il ne s'agit que de produits courants auxquels l'art est resté étranger et c'est une vérité absolue et incontestée que j'affirme en proclamant que, dans le domaine de l'art, Saint-Etienne reste encore sans rivale.

Le distingué secrétaire général de notre Chambre de Commerce, déjà si apprécié pour ses travaux sur l'armurerie et la quincaillerie de notre région, prépare sur la rubanerie un travail qui en fixera définitivement l'histoire.

Mais j'ai hâte d'en arriver à la cause déterminante de notre réunion et de vous présenter notre section.

Notre Société est, en effet, comme vous le savez, une section filiale de la Société de Géographie commerciale de Paris. Créée en février 1891, sur l'initiative de M. Valladaud, elle eut pour premiers promoteurs : MM. Brossy, Denuzière, B. Braud, Réveillaud, Aulagnon, Marcoux, Staron, Colcombet, Charvet, J.-J. Epitalon, Chavanon, environ 20 à 25 sociétaires, qui avaient compris toute l'importance qu'il y a pour les industries stéphanoises à multiplier nos relations avec nos colonies et avec l'étranger.

Dès le principe, et suivant le programme de notre Société mère, programme dont elle ne s'est jamais écartée, notre section a fait appel à toutes les bonnes volontés, sans distinction d'opinions, constituant un terrain neutre où tous peuvent fraterniser, où les discussions sont toujours courtoises, où tout le monde, en dehors des partis, travaille à l'expansion industrielle et commerciale de la France.

Ce n'est pas à moi qu'il appartient de rappeler tout l'effort qu'il a fallu faire pour multiplier nos relations et nos conférences.

Mais si nous avons eu la peine, nous avons eu aussi la récompense bien douce de voir au bout de quelques années le nombre de nos membres dépasser 200, de faire entendre à nos sociétaires et à nos amis les plus célèbres explorateurs et conférenciers de France, de provoquer des manifestations telles que l'érection d'une statue à notre grand explorateur Francis Garnier, celle d'un monument à F. Dorian, membre du gouvernement de la Défense nationale, et à son fils l'explorateur, et enfin de voir notre cité choisie comme siège du présent Congrès.

Hélas! Pourquoi faut-il qu'un douloureux regret vienne attrister notre joie, celui de ne point voir auprès de nous l'ami et le soutien de la première heure, le principal artisan de l'œuvre de la Géographie commerciale, M. Charles Gauthiot? Son souvenir nous est toujours présent et nul n'oubliera sa haute compétence, sa persévérante énergie et sa délicate bonté. Au nom de tous, je rends un respectueux hommage à sa mémoire vénérée de tous les coloniaux.

Mais notre France est assez riche pour combler promptement les vides de la mort,

Uno avulso non deficit alter

et nous pouvons saluer en M. Paul Labbé, que vous connaissez tous par ses voyages et ses écrits, le digne continuateur de Charles Gauthiot. Il nous arrive aujourd'hui revêtu d'un caractère officiel dont je le félicite, attendu que, par une attention délicate, c'est lui que M. le Ministre de l'Instruction publique a délégué pour le représenter officiellement à ce Congrès.

Avec de pareils guides, la section stéphanoise et son bureau, auquel vous me permettrez d'adresser tout mes remerciements pour son active collaboration, ne peuvent que faire une bonne et utile besogne.

Déjà notre service de renseignements fonctionne avec succès et a facilité l'établissement d'un certain nombre de jeunes gens en Tunisie, à Madagascar, au Tonkin, dans l'Annam et la côte occidentale d'Afrique.

Nos relations deviennent chaque jour plus étroites et vont sans cesse en se multipliant avec nos compatriotes, si nombreux, que l'ambition a dispersés dans le monde.

Cette semence sera féconde et toutes nos industries en récolteront les fruits.

Messieurs,

Je ne demande plus à votre patience qu'une minute pour répondre à la question de quelques esprits chagrins que troublent les congrès et les dépenses qu'ils entraînent.

Pourquoi encore un congrès, nous disaient-ils, il y en a trop! Non, il n'y en a pas trop; il n'y en aura même jamais assez, tant que des hommes intelligents éprouveront le besoin de se connaître en passant ensemble quelques heures qui valent de longues correspondances, de mettre en commun les trésors de leurs travaux et de leurs découvertes, de se témoigner leur estime réciproque; des hommes qui ont pour idéal une patrie moins fermée, de plus en plus répandue au dehors; qui désirent augmenter le patrimoine industriel ou commercial légué par nos pères, ou simplement ne pas déchoir du rang qu'il nous ont conquis dans le monde, et qui nous est si âprement disputé par nos rivaux.

C'est avec la conviction profonde que nos Sociétés de Géographie en stimulant le zèle des explorateurs et en facilitant leur mission, en leur offrant les moyens d'initier le grand public aux résultats de leur voyages, en organisant la diffusion dans le pays des idées larges de pénétration des peuples les uns par les autres, font une œuvre patriotique et éminemment utile au pays, que je vous convie, MM. les délégués, en vous renouvelant mes souhaits de cordiale bienvenue, à prendre part au vingt-sixième Congrès des Sociétés de Géographie.

La péroraison de ce discours est accueillie par d'unanimes applaudissements qui montrent combien ont été appréciées des auditeurs les idées si fortement développées par l'éminent président de la Société.

M. Sylvain Girerd, secrétaire général, donne ensuite lecture du rapport sur les prix Francis Garnier.

Ce rapport est ainsi conçu :

Mesdames,
Monsieur le Président,
Messieurs,

Lorsque le Comité réuni pour élever à la mémoire de Francis Garnier un monument digne de lui sur l'une des places de sa ville natale eut la satisfaction de voir son œuvre achevée, il se trouva que le mouvement de reconnaissante admiration, qui avait permis l'érection de cette statue, avait été si généreux, qu'un reliquat important existait dans les caisses du Comité. On examina ce qu'il convenait de faire de cette somme ; et le Comité ne trouva pas de meilleur emploi à lui donner que de la consacrer à la fondation de médailles annuelles que l'on dénommerait « médailles Francis Garnier », et qui seraient distribuées par les soins de la Société de Géographie. Le Comité du monument décida, en outre, que la première médaille serait une médaille d'or, et qu'elle serait offerte à M. Jean Dupuis.

Et c'est vraiment, Mesdames et Messieurs, une surprenante et heureuse coïncidence qui permet aujourd'hui à notre Société d'attribuer à M. Jean Dupuis la première médaille fondée sous le vocable de Francis Garnier. S'il y a deux noms qui sont unis dans notre histoire coloniale, qui doivent être confondus dans un même sentiment d'admiration, qui plus particulièrement pour nous, Stéphanois ou Foréziens, demeurent inséparables, ce sont bien les noms de Francis Garnier et de Jean Dupuis. Tous deux, issus de la même patrie, la quittèrent à une époque où le péril était grand de s'exiler; tous deux poursuivirent le même objectif par des méthodes et avec des qualités différentes, l'un soldat intrépide et savant de premier ordre, l'autre, marchand courageux et diplomate adroit, mais inspirés tous deux par le même amour de la patrie. La même fortune malheureuse les poursuivit tous deux ; l'un succomba à la tâche; l'autre put craindre un instant de ne voir jamais aboutir l'idée glorieuse et utile qui les avait guidés, cette idée qui vaut à la France la possession d'un véritable empire, à la conquête duquel ils s'étaient élancés dans un même effort d'admirable vaillance. Mais tous deux aujourd'hui ont recueilli, malgré les événements contraires, la récompense qu'ils pouvaient espérer. Francis Garnier est devenu une sorte de héros national, et il n'est pas un enfant de nos écoles qui ne connaisse son nom et ses hauts faits. Et M. Jean Dupuis, qui mit tant de patiente énergie à sauver de l'ingratitude et de la calomnie le nom de son héroïque compagnon, voit sa robuste vieillesse entourée de la sympathie et du respect universels.

Notre éminent compatriote me permettra bien de rappeler brièvement les raisons de cette admiration. Il est bon que l'on n'oublie pas trop facilement les pages glorieuses de notre histoire nationale, et M. Jean Dupuis peut avoir la fierté d'avoir écrit l'une des plus belles. Sa vie nous rappelle celle de l'un de ces grands marchands du moyen âge, qui joignaient à une rare habileté commerciale le goût des aventures et le culte de la patrie. Conquérants de l'or, ils revenaient ensuite dans leur ville natale pour répandre sur elle les richesses que des négociations audacieuses leur avaient acquises. M. Dupuis, toutefois, avec les mêmes qualités et le même génie, n'eut pas le même bonheur. C'est qu'avant toutes choses, il pensa toujours aux intérêts supérieurs de la patrie. C'est qu'avant d'être explorateur ou négociant, il fut Français tout simplement, et préféra ce titre à tous les honneurs et à toutes les richesses. Et aujourd'hui encore, alors qu'une récompense nationale pourrait et devrait lui être décernée, il n'a pas d'autre ambition que d'être considéré par tous comme l'un des meilleurs artisans de notre grandeur nationale.

Cette appellation, il la mérite, certes, admirablement. Il me suffira pour le montrer de retracer la série de ses longs travaux.

M. Jean Dupuis quitta de très bonne heure son pays natal de Saint-Just-la-Pendue. Sa passion des voyages s'était manifestée dès sa plus tendre enfance ; à peine adolescent, il ne cherchait que l'occasion propice pour quitter la maison paternelle et parcourir le monde.

Cette occasion lui fut offerte en 1858, époque à laquelle il s'embarquait pour l'Egypte, en qualité de voyageur de commerce. A Alexandrie, il se décida à suivre l'expédition du général Cousin de Montauban qui partait pour la Chine. Il entra à Pékin à la suite des troupes impériales. Au bout de quelque temps, il reconnut la richesse du marché chinois et prit la résolution de l'exploiter. En 1861, notre consul, M. Eugène Simon, lui ayant proposé de l'accompagner dans la mission qu'il avait reçue du gouvernement français et qui consistait à remonter le Yantsé avec l'amiral Hope, M. Dupuis accepta et parti pour Han-Kéou. Il s'y fixa et donna bientôt les signes les plus manifestes de sa prodigieuse activité. Nous le voyons plusieurs fois perdre et reconstituer sa fortune : jamais il ne se décourage ; il en recommence chaque fois l'édification avec une nouvelle ardeur.

C'est à cette époque que M. Eugène Simon et lui conçurent l'idée qui avait été également entrevue par Francis Garnier et qui consistait à relier la Cochinchine, que les troupes françaises venaient d'occuper, avec les provinces du centre de la Chine : « Au milieu de nos occupations respectives, écrit M. Eugène Simon dans la préface qu'il a placée en tête du livre de M. Jean Dupuis sur les origines de la question du Tonkin, nous étions sans cesse hantés par une idée commune, idée que nous avions eue dès les premiers moments qui avaient suivi notre départ de Shanghaï.

« Pourquoi, nous demandions-nous, ne chercherions-nous pas à relier la Cochinchine, récemment conquise par la France, avec les provinces du sud-ouest de la Chine? Cette question devint pour nous une véritable obsession pendant notre séjour au milieu du fleuve, et, sans jamais faire connaître notre projet, nous cherchions à tirer des missionnaires ou autres voyageurs tous les renseignements qu'ils pouvaient fournir ».

Avec son merveilleux esprit d'initiative et son incroyable ténacité, M. Dupuis se consacra dès ce moment à la réalisation de cette idée de génie. En 1868, le moment lui parut propice pour tenter le premier grand voyage par lequel il voulait marquer les étapes de sa route pacifique vers le Tonkin.

Il partit donc pour le Yunnam ; mais après avoir atteint la capitale de cette province, il dut revenir en arrière. La révolte était générale dans ces régions de la Chine et la descente du fleuve Rouge présentait trop de dangers pour la tenter avec succès.

A la fin de 1870, M. Dupuis renouvela sa tentative. Cette fois, il fut plus heureux, il atteignit Yen-Baï, sur le Song-Koï, point assez rapproché de la mer pour qu'il lui fût permis d'affirmer qu'une route commerciale vers les provinces du centre de la Chine pouvait être établie par cette voie.

Il revint alors sur ses pas, afin de mettre au courant le vice-roi du Yunnam de l'heureux succès de sa tentative. Une expédition fut décidée et M. Dupuis reçut des pouvoirs réguliers l'accréditant auprès du royaume d'Annam, vassal de la Chine, en vue de conclure un traité ouvrant le fleuve Rouge au commerce.

Sur le point de retirer un premier bénéfice de ses travaux déjà longs, M. Dupuis pensa qu'il devait en faire profiter la France ; et avant d'entreprendre le voyage qu'il méditait, il revint à Paris en passant par Han-Kéou. Il obtint le concours de l'amiral Pothuau à qui il exposa son programme ; l'amiral promit de mettre à sa disposition un navire pour aller de Saïgon à Hué. Le Ministre de la Marine s'intéressa aussi à ses projets et lui donna une lettre de recommandation pour le gouverneur de la Cochinchine.

M. Dupuis quitte la France, et nous le voyons déployer alors la plus surprenante activité. Il va à Han-Kéou, revient à Saïgon, où il décide de ne pas partir pour Hué, mais d'aller à Hong-Kong et de gagner de là l'embouchure du fleuve Rouge. Il y arrive en, effet, à la fin de novembre 1872, trouve devant l'emplacement actuel d'Haïphong le vaisseau français le *Bourayne*, capitaine Senez, qu'avait envoyé le gouverneur de la Cochinchine pour lui prêter main-forte au besoin, s'engage dans le fleuve, et jette bientôt l'ancre à la hauteur d'Hanoï. Puis, laissant sa flottille et ses marchandises à la garde de son lieutenant, M. Millot, il repart pour Yunnan-Sen où il arrive en mars 1874 et où il reçoit un accueil enthousiaste du vice-roi et des mandarins. Après quelques jours de repos, il redescend vers Hanoï avec un convoi de marchandises ; il s'y installe plus solidement ; en juin 1873, il peut parler en maître aux Annamites.

C'est alors qu'il envoie M. Millot à l'amiral Dupré, gouverneur de la Cochinchine, avec mission de lui dire qu'il est maître du Tonkin, que sur un signe de lui les Tonkinois se révolteront, que le pays se placera sous le protectorat effectif de la France, qu'il lui suffit pour cela de quelques soldats français avec lesquels il pourra organiser et encadrer les milices tonkinoises.

Mais l'amiral Dupré ne fait à l'envoyé de M. Dupuis qu'une réponse évasive, lui disant d'attendre encore, qu'il se réserve d'intervenir à son heure. La situation devient critique pour notre compatriote que les Annamites menacent, et qui doit dépenser de fortes sommes pour se maintenir à Hanoï. Il se voit dans l'obligation de remonter à Yunnan-Sen, pour organiser de nouveaux convois de marchandises, et chaque fois qu'il parcourt cette longue route, elle devient pour lui plus périlleuse. Il peut redescendre cependant à Hanoï vers la fin d'octobre 1873 ; et c'est à ce moment qu'il apprend l'arrivée de Francis Garnier, venu, lui écrivait celui-ci, pour juger ses différends avec les Annamites.

On sait quel fut le résultat de la collaboration de ces deux grands Français. Je passerai rapidement sur cette période de la vie de M. Dupuis, encore qu'elle soit la plus glorieuse. C'est qu'elle est dans toutes les mémoires ; nous retenons facilement les épopées, et je ne pense pas qu'il en soit de plus merveilleuse que cette conquête en quelques jours d'un pays immense par une poignée de Français sous la conduite de deux héros. Je préfère, Mesdames et Messieurs, vous montrer combien M. Dupuis, après avoir témoigné un courage si intrépide, sut résister aux événements contraires qui allaient si rapidement détruire, en apparence du moins, son œuvre admirable. C'est alors qu'il manifesta toute sa grandeur d'âme et toute sa force de caractère.

Peu de temps après le jour où Francis Garnier, entraîné par son courage, avait succombé sous les coups des Pavillons-Noirs, une lettre du lieutenant de vaisseau Philastre, envoyé par le commandant du *Decrès*, M. Testard du Coquer, arriva à Hanoï. Philastre avait à l'origine pour mission de soutenir Francis Garnier. Mais dès qu'il apprit le drame dans lequel notre héroïque compatriote avait succombé, il pensa que son rôle était tout différent, et qu'il n'avait rien de mieux à faire que de rendre le Tonkin aux Annamites. Dès le début, il dévoila ses projets. On conçoit avec quelle indignation M. Dupuis les accueillit. Une véritable lutte s'engagea entre les deux hommes.

M. ANTHOINE
Président
de la Société de Géographie commerciale de Paris.

M. Jean Dupuis fit entendre les paroles les plus énergiques et les plus patriotiques. Elles ne furent malheureusement pas écoutées. Aussi, tandis que Philastre mettait sous séquestre ses troupes et ses marchandises, M. Dupuis se décida à partir pour Saïgon, afin d'exposer à l'amiral Dupré l'attentat que l'on commettait contre la France. Mais l'amiral Dupré qui avait son plan, qui méditait un projet de traité avec l'Annam, ne voulut pas désavouer son subordonné, et il se borna à promettre à M. Dupuis, qui, cependant, dans toute cette affaire, était guidé bien plus par le souci de sauvegarder les intérêts français que de conserver sa propre fortune, il se borna à lui promettre une compensation dans le traité qu'il élaborait.

Cette compensation ne lui fut même pas accordée.

Le séquestre de ses navires et de ses troupes, mesure extrêmement onéreuse pour lui et qui absorba toutes ses ressources, dura du 9 février 1874 au 15 septembre 1875, et quand on le leva, on fit comprendre à M. Dupuis qu'il n'avait rien à espérer et qu'il ferait bien de quitter le Tonkin.

Ainsi spolié et méconnu, M. Jean Dupuis résolut d'en appeler à l'opinion publique. Il vint en France et, le 10 mai 1877, déposa à la Chambre des députés une requête dans laquelle il exposait le préjudice énorme qu'il avait subi et en demandait la réparation.

Une commission parlementaire fut nommée : M. Francisque Reymond, l'éminent sénateur de la Loire, dont nous déplorons aujourd'hui la perte, et qui fut toujours pour M. Jean Dupuis le plus fidèle et le plus dévoué des amis, en faisait partie. Les conclusions du rapport qu'elle déposa furent entièrement favorables à M. Jean Dupuis et l'on décida de lui attribuer à titre de récompense nationale les mines de Kébao. On se faisait d'ailleurs quelque peu illusion sur leur valeur. M. Jean Dupuis ne tarda pas à s'en apercevoir. Au surplus, il y a des services qui ne sauraient se payer, et c'est un de ces services que M. Jean Dupuis avait rendu à la France.

La médaille que nous lui offrons aujourd'hui est sans doute de peu de prix, quel que soit l'art du graveur qui la modela, si l'on considère le mérite de l'homme auquel elle est offerte.

Il me semble toutefois que M. Dupuis, qui a refusé bien souvent des témoignages sensibles de l'admiration universelle dont il est entouré, accueillera avec faveur notre modeste hommage. Il me semble que ce prix emprunte une valeur particulière aux circonstances dans lesquelles il est offert. C'est notre première médaille Francis Garnier, et c'est la Société de Géographie de Saint-Etienne qui la décerne.

Il y a là deux raisons qui doivent rendre plus chère cette humble distinction à M. Dupuis, compagnon d'armes de Garnier, et Forézien ; j'ajouterai volontiers qu'il y en a une troisième, il la connaît depuis longtemps : c'est que notre Société lui offre sa médaille avec infiniment de respectueuse sympathie et de reconnaissance.

M. Jean Dupuis, Mesdames et Messieurs, n'est pas le seul lauréat de notre Société, et, à côté de ce nom glorieux, je vais vous citer des noms plus modestes.

Le Comité Francis Garnier a voulu associer dans une même récompense ceux qui se sont déjà distingués au service de la France dans son expansion mondiale et ceux qui sont sur le point d'entrer eux-mêmes dans la grande lutte pacifique par laquelle nous tâchons d'assurer notre suprématie à l'étranger.

Il a décidé qu'une médaille de bronze serait attribuée au meilleur élève en géographie du lycée, de l'école pratique d'industrie et du cours des écoles primaires supérieures.

Nos premiers lauréats sont : MM. Camille Bourles, élève de 1re au lycée; Henri Desbenoit, élève du cours de tissage à l'école pratique d'industrie, et Jean-Baptiste Gay, élève de l'école primaire supérieure.

La Société de Géographie désire vivement que la médaille qui leur est décernée leur rappelle le but que nous poursuivons et leur indique l'intérêt qu'ils ont à s'associer dès maintenant à notre œuvre de la façon la plus utile et la plus active.

S'ils veulent bien songer et persuader à quelques-uns de ceux qui les entourent que la France ne finit pas où s'arrête le cercle étroit de nos relations et de nos intérêts immédiats; qu'il y a une plus grande France; que cette plus grande patrie a besoin d'être soutenue dans son développement par des hommes jeunes et entreprenants; que c'est à ces hommes jeunes qui savent regarder au delà de nos frontières trop étroites et aller voir ce qui se passe au dehors, qu'appartient l'avenir; qu'au surplus, la voie leur est déjà tracée par des pionniers hardis comme celui dont il y a un instant je retraçais en quelques paroles la vie glorieuse; s'ils veulent bien parfois songer à tout cela, et surtout traduire en actes leur pensée, il me paraît que nous aurons fait œuvre utile pour l'expansion française à travers le monde en leur décernant ces récompenses.

La lecture de ce rapport est à peine terminée que M. Jean Dupuis, présent sur l'estrade, se lève et remercie avec émotion la Section stéphanoise de la distinction dont il est l'objet et qui l'a touché profondément. M. Cruchon-Dupeyrat lui exprime alors toute la sympathie du gouvernement, et plus particulièrement de M. Etienne, et lui remet la médaille qui constitue aux yeux de tous une réparation tardive et modeste sans doute, mais qui trouve une valeur particulière dans les sentiments de reconnaissance profonde avec lesquelles la Section stéphanoise rend cet hommage à son illustre compatriote.

Enfin, M. Paul Labbé, délégué du Ministre de l'Instruction publique, secrétaire général de la Société de Géographie commerciale remet, aux applaudissements de toute l'assistance, un certain nombre de distinctions aux membres du bureau de la Société qui ont le plus activement collaboré à l'organisation du Congrès. M. Denuzière, vice-président de la Société, reçoit la rosette d'officier de l'Instruction publique, MM. Bonniot, trésorier de la Société, Andréoly, secrétaire-archiviste, Charles-Boy et Dr Riou, membres du Comité, reçoivent les palmes d'officier d'Académie.

La séance est levée à dix heures et demie.

Inauguration de la plaque Jules Garnier

A l'issue de la séance d'ouverture, les personnalités qui y ont pris part, le bureau et les membres du Congrès se rendent rue de la Préfecture devant le numéro 25, pour assister à l'inauguration d'une plaque commémorative apposée sur la maison natale de Jules Garnier, l'éminent ingénieur qui découvrit le nickel en Nouvelle-Calédonie, à qui l'on doit tant de belles inventions, et qui fut non seulement un savant remarquable, mais encore un voyageur et un ethnographe de premier ordre.

Cette cérémonie avait été organisée avec un art parfait par *M. Charles-Boy*, le très distingué homme de lettres, qui, à lui seul, avait obtenu les souscriptions nécessaires, fait toutes les démarches, et qui, de plus, avait eu la bonne idée de s'adresser au sculpteur Victor Zan pour fixer par le bronze les traits de Jules Garnier.

Une délégation des médaillés militaires de la Loire, plusieurs sociétés et notamment le bureau de la société « l'Industrie minérale » avaient tenu à assister à l'inauguration de cette plaque.

M. Gabriel Forest prend le premier la parole, et au nom

de la Société de Géographie remet le monument à la ville de Saint-Etienne.

M. Philippe Dumas, adjoint, en prend possession et remercie la Société de Géographie d'avoir doté la ville de cette œuvre d'art destinée à commémorer le souvenir d'un de ses plus illustres enfants.

M. Murgue, directeur des Mines de Montrambert, président de l'Association des anciens élèves de l'Ecole des Mines, prononce ensuite un remarquable discours. Il s'exprime en ces termes :

Messieurs,

C'est à l'Ecole des Mines de Saint-Etienne que Jules Garnier a fait son éducation d'ingénieur ; dès sa fondation, il a fait partie de la Société amicale de ses anciens élèves que j'ai l'honneur de présider et qui, aujourd'hui, éprouve quelque fierté de voir un camarade disparu d'hier et bien vivant dans son souvenir, jugé digne d'un monument de bronze dans sa ville natale.

Contemporain et compatriote de Jules Garnier, je l'ai connu, dès sa première jeunesse, à l'école cléricale de la Grand'Eglise, en même temps que Normand, aujourd'hui premier président de la Cour de Toulouse. Je le retrouvai plus tard au lycée, où, vraiment, il ne laissait guère pressentir sa destinée brillante, puis à l'Ecole des mines, où il s'était ressaisi et dont il sortit dans un bon rang. Ce passé commun ne pouvait manquer de créer entre nous un lien affectueux qui, malgré la dissemblance de nos carrières, ne s'est jamais démenti ; pour ma part, fasciné par ses rares mérites, je n'ai cessé de suivre avec le plus vif intérêt les péripéties peu communes de son existence. Cette existence, hélas ! peut se résumer en ces deux termes d'un amer contraste : il a brillé et il a souffert !

Il a brillé : j'en appelle à ceux qui, comme moi, peuvent reporter leurs souvenirs à quarante ans en arrière, au temps où, ardent et audacieux, dévoré de la passion des aventures, il partait en mission pour la Nouvelle-Calédonie, alors à peine explorée, et attachait son nom à la découverte du minerai de nickel, la garniérite, où les journaux de voyage publiaient ses récits et popularisaient son image, le col au vent, la carabine au poing, palabrant avec ses Canaques ; puis, au retour, les portes ouvertes au Ministère de la marine et, à 28 ans, la croix de la Légion d'honneur.

Peu après éclate la guerre. Devant la série déchirante de nos revers, le patriotisme de Garnier s'exalte ; il rêve de porter à l'ennemi des coups retentissants en se jetant sur ses communications et en faisant sauter les ponts et les souterrains à l'aide des explosifs brisants encore peu répandus, mais dont il connaissait la singulière puissance. Il fait agréer ses idées par le gouvernement de Tours, obtient une commission pour lever un bataillon de guerre auxiliaire et part aussitôt pour l'Angleterre d'où il ramène, après un voyage des plus aventureux, le coton nitré dont il garnira ses torpilles. Ici même, à Saint-Etienne, il fait ses levées, choisissant des mineurs comme soldats et, comme officiers, des camarades d'école, ingénieurs comme lui ; sa troupe équipée, il court prendre des ordres qui l'envoient dans l'Est.

Les écrivains militaires ont rendu pleine justice aux services que Garnier et ses volontaires rendirent alors, notamment pour la défense de Dijon ; malheureusement, il était trop tard ! Si notre ami réussit à rompre le pont de Buffon, entre Châtillon et Nuits-sous-Ravière, ce ne fut, par une cruelle ironie, qu'au lendemain de l'armistice et à la veille de la paix. Mieux favorisé par les circonstances, nul doute qu'il ne fût arrivé à des résultats considérables ; mais, même dans les étroites limites où ils ont pu s'exercer, on ne peut assez admirer l'initiative hardie, le courage et le patriotisme dont, en ces tristes temps, Garnier et ses compagnons donnèrent l'exemple.

De retour à Paris, Garnier, utilisant les relations qu'il s'est créées dans ses voyages, s'occupe d'affaires dans les directions les plus variées, notamment de la métallurgie du nickel resté, on peut le dire, son métal préféré. Il écrit et publie ses souvenirs de voyage et de campagne, sans oublier de nombreux travaux relatifs à l'art de l'ingénieur. Secrétaire de la Société de Géographie, vous savez, Messieurs, combien il s'intéressait à notre développement colonial. Je ne pourrais le suivre, ici, dans toutes les branches où s'est exercée son activité intelligente ; ce que je dirai simplement, c'est que tout semblait lui sourire, le succès, la fortune, le bonheur du foyer lui-même avec sa superbe lignée de fils ; mais, ainsi qu'il est dit dans *Œdipe roi*, on ne peut affirmer qu'un homme a été heureux avant qu'il ne soit mort.

Garnier avait fait de son fils aîné, Pascal, un ingénieur comme lui ; comme lui également, il l'avait orienté dès sa sortie de l'Ecole centrale vers les entreprises lointaines jugeant, comme beaucoup d'entre vous, Messieurs, que là seulement on peut faire de grandes choses dans la plénitude de ses forces et de sa liberté. Après quelques missions heureuses accomplies au Transvaal, puis à la Nouvelle-Zélande, Pascal se dirigea, cette fois accompagné de son père, vers l'Australie occidentale, dans la région de Coolgardie. Epuisé par la fatigue endurée sous le climat redoutable de cette côte inhospitalière, Jules Garnier était obligé de rentrer seul en France ; à peine arrivé à

Paris, il recevait coup sur coup la nouvelle de la maladie, puis de la mort de son fils!

Il faut avoir vu Garnier, comme je l'ai vu moi-même, accablé sous l'infortune, il faut avoir entendu sa voix coupée par les sanglots en parlant de son fils disparu pour juger de son immense douleur. Aussi, sa santé, déjà fort ébranlée, ne fit-elle depuis que décroître. Il fit alors quelques voyages, cherchant sous un ciel plus clément le soulagement et l'oubli ; mais lorsque de Rome, où il avait fait un assez long séjour, il voulut rentrer en France, il ne put dépasser Menton, où il est mort le 8 mai 1904 et d'où ses fils, pieusement, ont ramené ici sa dépouille.

Telle a été dans ses grandes lignes la vie de notre camarade ; je puis ajouter qu'il était bon et serviable, et que les relations avec lui étaient empreintes de la plus aimable cordialité. Vous connaissez mieux que moi, Messieurs les membres du Congrès de Géographie, les titres qui lui ont valu une si haute considération dans le monde colonial et que vous consacrez aujourd'hui en lui décernant les honneurs d'une stèle commémorative sur la maison où il a vu le jour. Les anciens élèves de l'Ecole des Mines de Saint-Etienne, dont je suis l'interprète, vous en gardent une vive et profonde reconnaissance. Veuillez, Messieurs, en agréer ici l'expression bien imparfaite, mais bien sincère, car l'hommage que vous rendez à notre camarade rejaillit sur notre chère école dont Jules Garnier a été un fils éminent et glorieux.

Ce discours, si sincère et si éloquent, où vibrent tant de souvenirs émus, est accueilli par de vigoureux applaudissements.

M. Gilbert Garnier, lieutenant au 12e d'artillerie, l'un des fils de Jules Garnier, adresse quelques mots de remerciements aux organisateurs de cette fête touchante ; et les assistants s'écoulent lentement pendant que l'Harmonie municipale, qui avait bien voulu prêter son concours, fait entendre la Marseillaise.

**

A midi, au Grand-Cercle, un déjeuner offert par M. Gabriel Forest, président, réunissait autour de M. le Préfet de la Loire et des délégués des ministres un certain nombre de membres du Congrès.

**

A l'issue de ce déjeuner, les délégués des Sociétés de

Géographie se rendaient au lycée pour procéder à la vérification des pouvoirs, à la nomination des présidents de séances et à la lecture des rapports de chaque délégué sur les Sociétés représentées au Congrès.

Etaient présents :
MM. DEMONTÈS délégué de la Société de Géographie d'Alger.
    HAZARD — — — Bourges.
    RUFFIN — — — Brive.
    GARNIER — — — Constantinople.
    DEMAN — — — Dunkerque.
    ROGÉ — — — Le Havre.
    NICOLLE — — — Lille.
    LÉOTARD — — — Marseille.
    GALLOIS — — — Nancy.
    PORQUIER — — — Nantes.
    BELLOC — — — Paris.
    LABBÉ — — — Paris-Commerciale.
    ROUTIER — — — Rouen.
    GIRERD — — — Saint-Etienne.
    PORT — — — Saint-Nazaire.
    DE GIVENCHY — — — Saint-Omer.
    LEFEBVRE — — — Tourcoing.
    GALLOIS — — — Tours.
    GUÉNOT — — — Toulouse.
    OTMAN-DJOUINI — — — Tunis.

MM. VICENTE VERA, délégué de la Société de Géographie de Madrid, J.-J. EPITALON, délégué de l'Alliance Française, Emile BELLOC, délégué du Club Alpin, BUCHÈRE, délégué de la France colonisatrice, ASPE-FLEURIMONT, délégué de la revue des Questions diplomatiques et coloniales, SCHURR, délégué de l'Asie française, assistaient également à la réunion, bien que n'ayant pas voix délibérative.

Le bureau est composé de MM. Gabriel Forest, président du Congrès, Nicolle, délégué de la Société de Géographie de Lille, et Girerd, secrétaire du Congrès.

M. le Président de la séance après avoir fait l'appel des délégués présents, fait procéder à la nomination des Présidents de sections. Il est décidé au préalable que deux sections fonctionneront simultanément : la Section de Géographie générale, à laquelle seront rattachés les travaux de géographie locale, et la Section de Géographie coloniale.

Sont élus présidents : MM. Nicolle, Labbé, Deman,

Gallois, Demontès, Hazard, Guénot, Porquier, Rogé, de Givenchy, Port, Lefebvre.

On décide ensuite de nommer une Commission de revision des statuts du Congrès. Cette Commission se réunira à sa guise au cours du Congrès et rendra compte de ses travaux à la séance de clôture des vœux. Elle comprend six membres : MM. Deman, Demontès, Girerd, Guénot, Hazard, Nicolle. M. Nicolle en est nommé président et M. Paul Hazard, rapporteur.

M. le président invite ensuite les délégués à donner lecture des rapports concernant leurs Sociétés respectives.

RAPPORT SUR LA SOCIÉTÉ DE GÉOGRAPHIE D'ALGER

Par M. DEMONTÈS, *Secrétaire général*, délégué.

La Société de Géographie d'Alger vient d'entrer dans sa dixième année d'existence et elle compte actuellement plus de 1.300 membres. Depuis sa fondation, ses progrès ne se sont ni interrompus ni ralentis. C'est même dans ces derniers temps qu'ils ont été les plus considérables et — faut-il le dire — les plus inespérés. Malgré des circonstances passagères difficiles, malgré un recrutement de plus en plus malaisé, au fur et à mesure que les rangs de ceux qui étaient susceptibles d'en faire partie s'éclaircissaient, le nombre de nos sociétaires s'accroissait sans cesse. En cette année seulement, elle a gagné plus de 250 membres nouveaux. C'est que la situation d'Alger, capitale incontestée de notre grande colonie transméditerranéenne, et le plus grand centre africain d'où rayonne la civilisation française dans ce continent, était une condition assurée de succès pour une Société de Géographie ; c'est que les présidents de cette Société qui se sont succédé depuis la création, MM. le Colonel prince de Polignac, de Varigny, l'amiral Servan, Mesplé, ont su lui donner une impulsion variée, sans doute, mais toujours active, toujours énergique ; c'est qu'enfin les recherches sur les régions algériennes et africaines, naguère inconnues, fournissaient une matière abondante à des communications, à des conférences, à des articles de bulletin. Il ne m'est pas permis, puisque c'est sous mon nom qu'il se publie, de faire l'éloge de ce bulletin, mais il est reconnu à Alger qu'il a été un des principaux facteurs de la prospérité régulière et croissante de notre Société.

A ces considérations générales devrait se borner cet exposé qui doit être court. Qu'il me soit permis cependant de signaler dans la vie de la Société deux faits qui sont d'un intérêt considérable pour son développement futur. Elle a créé, au mois d'août dernier, une section à Tanger, dans ce port par où ont tenté jusqu'à maintenant de pénétrer les intérêts européens dans l'empire chérifien. Cette section, dont le Ministre de France a bien voulu accepter la présidence d'honneur, et M. Regnault la présidence effective, comprend à ce jour 42 membres, tous des notabilités de la colonie française, et nous permettra de donner à nos lecteurs la primeur de nombreuses études marocaines et d'exercer quelque influence non pas sur les destinées du Maroc, mais sur l'étude raisonnée de la géographie de ce pays.

Un autre de ses actes que je veux rappeler en terminant, c'est l'essai d'organisation d'une exposition de photographie et de peinture documentaires sur l'Afrique du Nord. L'idée n'est pas de nous et ce n'est pas non plus la première tentative de ce genre. La Société de Géographie de Saint-Nazaire, à l'inspiration de M. Port, avait organisé une pareille exposition qui avait réussi. Nous avons suivi son exemple et notre exposition a eu un vif succès malgré le peu de temps dont avaient disposé les organisateurs, et malgré les difficultés provenant de l'abondance des matériaux envoyés et de leur classement.

Ainsi, comme vous le voyez, nous profitons des exemples que nous offrent les Sociétés de Géographie de France. En créant une section marocaine, nous avons imité la puissante Société de Géographie commerciale de Paris, qui a établi tant de sections en province et dans les colonies ; en faisant l'essai d'une exposition documentaire, nous avons suivi la Société de Saint-Nazaire. N'est-ce point d'ailleurs dans l'ordre naturel et logique des choses ? Où une colonie peut-elle trouver de meilleurs exemples que dans la métropole ?

RAPPORT SUR LA SOCIÉTÉ DE GÉOGRAPHIE DU CHER

Par M. Paul HAZARD, *Président*, délégué.

Je vous ferai tout d'abord connaître les modifications qu'a subies l'effectif de la Société du Cher depuis la dernière session du Congrès national, tenue à Tunis :

	1904 (avril)	1905 (mai)
Membres titulaires	402	445
— d'honneur	5	8
— correspondants	21	24
Ensemble	428	477 sociétaires.

Encore faut-il tenir compte que, dans l'intervalle d'une année à l'autre, nous n'avons pas perdu moins de 22 membres titulaires... Mais nous en avons inscrit 65 nouveaux ! Notre effectif continue donc, d'une façon régulière, sa progression ascendante.

Parmi les collègues que nous avons perdus, figure M. Charles Gauthiot, qui était l'un de nos membres d'honneur. Nous nous associons donc tout particulièrement au deuil de la Société de Géographie commerciale dont une des sections nous reçoit aujourd'hui.

Nous avons donné, au cours de l'année statutaire qui a été close le 31 mai, sept conférences, six à Bourges et une à Sancerre. Les sujets traités ont été *la Normandie, la Suisse, l'Algérie et la Tunisie, le Fouta-Djalon, la Chine et le Japon, l'Australie*. Les orateurs que nous entendions pour la première fois ont été deux universitaires,

MM. Desdevises du Dezert et Paul Privat-Deschanel, puis l'un de nos plus jeunes membres titulaires, M. Jean Chautard, docteur ès sciences, chargé d'une mission géologique dans la Guinée. On ne s'étonne sans doute pas que, fière de compter un explorateur... précoce parmi nos concitoyens, la Société lui ait décerné une médaille d'argent.

Nous n'aurions aucun autre événement saillant à citer dans l'année écoulée si la ville de Bourges n'avait recommencé à encourager (à l'exemple du Conseil général du Cher) notre œuvre de vulgarisation géographique et surtout coloniale par une subvention.

Pour conclure, la Société du Cher est prospère et marche, oserai-je dire ? gaillardement, vers ses noces d'argent. Elle pourra briller ici même d'un réel éclat grâce à ses membres d'honneur et correspondants, MM. Georges Blondel, Paul Labbé, Nicolle, E. Gallois, Zimmermann et Thomas Deman que je suis heureux de saluer dans cette enceinte.

RAPPORT SUR LA SOCIÉTÉ DE GÉOGRAPHIE DE BRIVE

Par M. RUFFIN, *Secrétaire général*, délégué.

Messieurs,

La plus petite Société de Géographie de France, puisqu'on l'a ainsi dénommée au Congrès de Tunis, a bien voulu me confier le soin de la représenter à la réunion nationale de Saint-Etienne.

Je suis particulièrement heureux de vous exposer que la Société de Géographie commerciale de Brive-la-Gaillarde est aujourd'hui en pleine activité, grâce aux efforts de son bureau et à la constance de tous ses membres.

Sa situation s'est légèrement modifiée depuis qu'elle a pris part au Congrès de Tunis, et, malgré la multiplicité des Sociétés dans sa ville, elle entre dans sa quatrième année d'existence.

Les populations du Bas-Limousin, comme on l'a exposé si souvent, sont plutôt portées vers la culture maraîchère qu'intellectuelle.

Elles envisagent le côté scientifique comme une médiocre question. Aussi avons-nous le devoir de leur inculquer ce que les Treich, Laplêne, Monteil, Germain et autres, pour ne citer que ceux-là, ont donné à la cause de la civilisation française.

Nous nous sommes réunis en Corrèze pour apporter un tribut d'admiration à ces compatriotes, à ces grands explorateurs français.

Il nous a paru, également, que nous devions ne pas laisser de côté la question de l'exportation qui est le corollaire de notre entreprise et qui est si intimement liée à l'avenir de notre pays, où les primeurs, les conserves alimentaires et les substances minières abondent.

Je sais que je parle ici à des partisans résolus de l'expansion coloniale et des affaires commerciales.

Hélas! tout le monde en France n'est pas du même avis, surtout dans notre Basse-Corrèze ; mais si vous voulez nous aider, si vous voulez employer vos efforts à venir faire triompher dans notre pays les idées industrielles, de colonisation, d'exportation, l'étude de la géographie économique, vous aurez travaillé utilement avec nous, à la prospérité d'un pays qui mérite d'être visité.

RAPPORT SUR LA SOCIÉTÉ DE GÉOGRAPHIE DE CONSTANTINOPLE

Par M. Marius GARNIER, délégué

C'est le 10 avril 1904 que se réunirent, pour la première fois, les membres adhérents de la Société de Géographie, pour créer la Section de Constantinople et que fut constitué le Conseil d'administration qui comprenait :

M. Deffès, directeur général de la Banque Impériale Ottomane, *Président d'honneur*.

Président	MM. D. Favette,
Vice-Président	L. Faure,
Secrétaire	F. Durin,
Membres	C. Minocovich,
—	M. Magnus,
—	A. Chuzel,
Trésorier	F. Delille.

Aux premiers membres de ce j'appellerai le « Comité d'initiative » composé de :

MM. Dominique Favette, ingénieur des mines, directeur de la Compagnie du gaz;

Léon Faure, ingénieur, directeur de l'École impériale des Arts et Métiers;

Étienne Leduc, ingénieur, directeur technique du télégraphe ottoman;

Max Magnus, professeur de mathématiques au lycée impérial;

Adrien Chuzel, professeur au collège Faure;

Fernand Durin, professeur;

Charles Déchaud, agent principal de la Compagnie des Messageries Maritimes;

Constantin Minocovich, chef de service de la Compagnie des Messageries Maritimes;

Georges Schrimpf, directeur de la Compagnie Fressinet;

Jules Delmas, ingénieur;

Léon Fournial, ingénieur-mécanicien à la régie;

Creput;

Sont venus se joindre ensuite :

MM. Théophile Havard-Duclos, ingénieur des mines, président de la Société d'Héraclée;

François Delille, agent commercial de la Société ottomane d'Héraclée;

Pierre Delzons, secrétaire général à la même Société;

MM. Jean Verdoux, négociant, membre de la Chambre de Commerce;
Gustave Collin, directeur de la Société des Producteurs français;
Timothée Reboul, directeur de la Compagnie Paquet;
Docteur Mirabel, médecin principal de la marine, délégué français à l'office sanitaire;
Maubert, chef de service de la Banque impériale ottomane;
Spadaro, à la régie des tabacs;
Barutel, Scherrer, Pottier, Flayanet, Lacroix, représentant de la Manufacture d'armes de Saint-Etienne; Choré; J.-M. Garnier, attaché à la Dette publique ottomane; Critico, négociant; Delaunay, directeur de la régie des chemins de fer, etc., etc.

Si les débuts furent un peu durs dans un pays où toute réunion est suspecte, grâce à la persévérance de ses créateurs, la Société de Géographie de Constantinople a pu néanmoins opérer sa progression normale, sans perdre de vue le but qu'elle s'était proposée.

Les fondateurs de cette Société ont compris combien il serait utile que les membres d'une même région ou d'une colonie puissent se réunir en vue d'étudier les questions les intéressant plus spécialement, de décider de la solution à leur donner ou à leur faire donner, de faire appuyer leurs demandes, de vulgariser leurs études et leurs efforts par la Société métropolitaine.

En outre des points généraux indiqués dans l'article premier des Statuts de la Société, notre section a pour but plus particulier :

De former des relations amicales et de servir de lien entre tous les Français résidant en Turquie;

De fournir des informations sur les travaux en cours ou en projet en Turquie;

De travailler au développement de notre industrie nationale dans ce pays ainsi qu'au placement des Français dans les administrations publiques et de l'Etat;

De rechercher les concessions industrielles, minières, voies navigables, ports, chemins de fer, les exportations de toute nature qui pourraient être avantageuses pour nos nationaux, tant au point de vue du capital qu'à celui de l'influence;

De les étudier et prendre des résolutions qui gagneront à être formulées par un ensemble de renseignements bien fournis et bien établis.

En un mot, nous voulons obtenir un concours d'initiative individuelle, faire ensuite défendre ces idées et faire appuyer ces résolutions par notre conseil central à Paris.

Nous redoutons la devise *Væ soli*. L'isolé ne peut rien, il est voué à l'impuissance, tandis que par le groupement, il acquiert la force qui résulte de l'union et produit des prodiges.

Nous avons mis le berceau de cette Société dans ce bâtiment sur lequel flotte le drapeau français et qui porte sur son frontispice « Union Française », deux symboles qui caractérisent absolument notre but : Solidarité, Patrie, et parce que nous voulons donner un peu de vie à ce beau monument que ses créateurs ont fait splendide, grandiose, qu'ils ont rempli d'œuvres artistiques de premier ordre, animés qu'ils étaient d'un sentiment de vanité nationale, mais qui, malgré tout, est resté trop délaissé, comme si les Français avaient peur de sa devise.

Tous nos adhérents trouveront ici le centre où ils pourront se rapprocher, avoir des contacts réciproques et profitables, se communiquer les renseignements qui les intéressent, accueillir les Français arrivant en Turquie et leur aplanir les difficultés qu'ils pourraient rencontrer en leur épargnant des tâtonnements et des erreurs.

Par les travaux de géographie sur la nature du sol de la Turquie, ses richesses agricoles forestières et minières, les relations que nous devons entretenir avec les personnes habitant l'intérieur du pays, nous arriverons sûrement à recueillir des renseignements susceptibles d'intéresser la Chambre de Commerce et de fournir un champ d'exploitation à nos commerçants.

Nous croyons avoir réussi à montrer l'utilité de notre groupement, et à prouver que non seulement il ne faisait pas double emploi avec la Chambre de Commerce, mais, qu'au contraire, il constituait pour elle son plus puissant appui.

Que vous dirai-je encore ? Que M. Favette, notre distingué président d'alors, nous a fait en 1904 une brillante conférence sur les chemins de fer en Turquie, conférence dont tous les journaux spéciaux se sont grandement occupés et pour laquelle ils ne lui ont pas ménagé les éloges; qu'enfin, la Société de Constantinople a délégué à votre Congrès deux de ses membres, M. Chuzel, professeur, et M. J.-M. Garnier, fonctionnaire ottoman, qui doivent présenter audit Congrès, le premier, une étude sur la « Langue française en Orient » le second, une étude sur « La Sériciculture en Turquie ».

Le Bureau de la Société de Géographie de Constantinople est composé comme suit :

Président d'honneur :

M. Deffès, directeur général de la Banque Impériale Ottomane.

Président :	MM. Havard-Duclos, ingénieur, directeur de la Société d'Héraclée,
Vice-Président	Déchaud, agent principal des Messageries Maritimes,
Secrétaire	Durin, professseur,
Trésorier	Delille, agent commercial de la Société d'Héraclée,
Membres	Chuzel, professeur,
—	Magnus, professeur,
—	Minocovich, chef de service des Messageries Maritimes,
—	Maubert, chef de service de la Banque Impériale Ottomane.

Comme vous le voyez, Messieurs, notre Section est digne de figurer parmi ses sœurs de France et des Colonies.

Cliché VERRON.

M. Paul LABBÉ
Secrétaire général
de la Société de Géographie commerciale de Paris.

RAPPORT SUR LA SOCIÉTÉ DE GÉOGRAPHIE DE DUNKERQUE

Par M. Thomas DEMAN, *président de la Société*, délégué

Messieurs,

Pour enregistrer un succès, pour décrire une période heureuse, l'historien a nécessairement tendance à devenir prolixe. Or, si je succombais à cette tentation, le présent rapport pourrait tenir de longues pages.

Je ne le ferai pas, soucieux d'économiser nos instants, ayant, au surplus, l'espoir que vous viendrez bientôt vous rendre compte, vous-mêmes, de l'importance que nous avons acquise.

Comme chaque année, ainsi que ses consœurs, la Société de Géographie de Dunkerque a eu l'honneur de recevoir d'intrépides explorateurs, de distingués conférenciers.

Elle a offert aux établissements d'instruction de la ville des prix de géographie.

Elle organise des excursions, et en a fait une notamment, aux Mines de Lens, sous les auspices de son vice-président, M. Félix Coquelle, qui a laissé à tous une impression inoubliable.

Le nombre de ses membres s'est accru. Il atteint maintenant le chiffre de 250.

Plusieurs éminents écrivains ont accepté le titre de Membres correspondants et apportent à notre Bulletin l'appui de leur science et l'intérêt de leurs œuvres.

Nous avons cherché surtout, dans ces derniers temps, mes collègues du Bureau et moi, à amener à nous les jeunes gens, à leur faire comprendre combien ils rendraient, par leur énergie, de services au pays, s'ils savaient tourner leurs efforts vers ces entreprises coloniales qui peuvent être si fécondes.

Nous leur avons dit ce qu'écrivait le chroniqueur Fustel

de Coulanges : « Le véritable patriotisme n'est pas l'amour du sol : c'est l'amour du passé, c'est le respect de la génération qui nous a précédés. » Et nous ajoutions : « C'est aussi l'espérance, le souci d'une prospérité plus grande, le travail pour l'avenir de la Patrie, pour qu'elle soit forte, qu'elle soit puissante, pour que puisse passer sur elle, sans même la faire frissonner, le souffle qui pourtant fait tressaillir les drapeaux. »

Et leur montrant cette noble tâche, pour l'accomplissement de laquelle tant d'autres leur ont tracé un glorieux chemin, nous leur disions : Courage ! Confiance !

Les âmes des aïeux sont avec leurs enfants !

RAPPORT SUR LA SOCIÉTÉ DE GÉOGRAPHIE DU HAVRE

Par M. Henri ROGÉ, délégué

Il n'y a rien eu de particulièrement remarquable cette année dans la vie de la Société. Elle reste prospère ; depuis dix ans, le chiffre de ses membres (entre 600 et 620) est sensiblement le même ; les manifestations de son activité sont les mêmes que pour ses sœurs de province : Réunions de Comité, conférences, concours, etc. Vulgarisation et diffusion des connaissances géographiques, tel est notre but, et nous l'avons pleinement atteint.

La Société est arrivée cette année à l'âge de sa majorité. A l'occasion de son 20ᵉ anniversaire, nous avons donné, au mois de novembre dernier, un grand banquet suivi de conférence, le 1ᵉʳ présidé, la 2ᵉ faite par M. le Vᵉ M. de Vogüé. Nous avons résumé l'œuvre de la Société, depuis sa fondation, dans une petite brochure de propagande que j'ai été chargé de déposer sur le bureau du Congrès (1).

---

(1) On peut trouver cette brochure au bureau de la Société de Géographie du Havre, 131, rue de Paris.

RAPPORT SUR LA SOCIÉTÉ DE GÉOGRAPHIE DE LILLE

Par M. Ernest NICOLLE, *président de la Société*, délégué.

Les grandes lignes de l'existence de la Société de Géographie de Lille et de ses sections de Roubaix et de Tourcoing, en 1904-1905, sont restées les mêmes que les années précédentes. Les concours dévoués de nombreux collaborateurs se sont exercés pour y entretenir la vie sous sa forme déjà ancienne, mais avec une puissance qui s'accroît chaque année.

Les concours avec les récompenses et les subventions, les excursions, les conférences, le bulletin avec la bibliothèque sont restés ses manifestations régulières.

Concours, récompenses et subventions. — Nous avons eu le plaisir de distribuer, le 29 janvier dernier, des récompenses à 100 lauréats (63 garçons et 37 filles), des 17 séries de notre concours classique de 1904.

Le même concours pour 1905 a eu lieu le 13 juillet et comprenait 240 candidats. Les résultats en seront établis après les vacances.

La bourse de voyage Paul Crépy a été décernée pour 1904 à un étudiant qui a pu parcourir avec fruit l'Italie septentrionale, objet de son étude, en passant par le nord de la Suisse et le Tyrol pour y parvenir, et en visitant, dans son retour, les lacs italiens, le Gothard, le Glacier du Rhône, le Grimsel et le Grindelwald, aidé, il est vrai, par les ressources de sa famille.

Le récit de son voyage paraîtra dans notre Bulletin de la fin de ce mois, retardé par des circonstances particulières.

Le prix Paul Crépy de 1905 est attribué à un étudiant encore; ayant concouru sur la Bourgogne, la Franche-Comté et le Jura, il est en ce moment même dans cette région.

Nous avons pu apporter une certaine aide à des œuvres

importantes de géographie, entre autres à une étude des pays flamands, entreprise dans des conditions remarquables de compétence et de recherches personnelles par un membre de l'Université.

Enfin, nous connaîtrons prochainement le résultat de nos appels aux auteurs de monographies de villages de l'arrondissement de Lille. Nous avons voté pour le meilleur de ces ouvrages, dont le dépôt doit être effectué pour la fin d'août, une récompense pouvant s'élever jusqu'à 500 francs.

Excursions. — Il s'en est fait 17 dans la belle saison de 1904, un nombre total de 515 Sociétaires y ont pris part. Les quatre plus longues ont mené leurs participants : à Chamonix et en Suisse, dans le bassin belge de la Meuse, dans les Vosges et en Auvergne. Les autres, de plus courtes durées, se sont réparties entre des villes et des campagnes moins éloignées, des établissements scientifiques ou industriels et des services publics.

En 1905, il y en a déjà eu 20. L'un des groupes a poussé jusqu'à Rome et Naples.

Pour organiser de si nombreux voyages, il faut rencontrer des bonnes volontés auxquelles je ne saurais témoigner trop de gratitude au nom de la Société, car il leur faut de l'expérience, des connaissances des lieux et de la manière de les visiter et un dévouement désintéressé à une tâche quelquefois ardue.

Nous possédons, heureusement, une Commission des excursions où ces qualités sont traditionnelles; elles sont cultivées soigneusement chez les nouveaux venus par les anciens et particulièrement par son président, M. Henri Beaufort, voyageur expert entre tous. En ce moment même, parti depuis vendredi, il visite, avec neuf compagnons, les Pyrénées Centrales, les gorges de l'Aude, l'Ariège, et poussera jusqu'à Barcelone et Montserrat.

Le Congrès me pardonnera de formuler ici cet éloge de mes collègues; son approbation serait pour eux un encouragement si précieux que je cède au désir de la rechercher.

Conférences. — Depuis le mercredi 27 juillet 1904, nous en avons eu à Lille 41, dont cinq communications durant de

25 à 40 minutes dans nos Assemblées générales statutaires et 36 grandes conférences où notre auditoire comprend une moyenne d'au moins 800 personnes ; dans certaines occasions notre salle, où l'on peut entasser 1.100 auditeurs, est trop pleine, et nous avons le regret de voir s'éloigner des collègues qui n'y peuvent trouver place.

Nous abordons des sujets très variés, cela va de soi ; cependant, nous nous écartons rarement de la Géographie, le classement sommaire de nos séances le montre.

La première communication de la série, celle du 27 juillet 1904, a été le compte rendu du Congrès de Tunis par notre délégué, M. Raymond Théry.

Quatre ont eu lieu sur des régions de notre sol métropolitain et j'avoue que je les aurais aimées plus nombreuses ; par compensation, elles étaient excellentes.

Onze se sont attachées à l'Europe, hors de France ; deux aux régions polaires, avec Dr Otto Nordenskjold et le capitaine Isachsen, de la deuxième expédition « du Fram » ; et ces deux-là ont eu un succès des plus vifs, on s'écrasait dans la salle.

L'Afrique a été visitée quatre fois, en plus de Tunis, l'Asie six fois et l'Amérique neuf fois, en y comprenant deux conférences sur les Antilles. L'une de ces deux dernières était l'exposé par M. A. Lacroix, membre de l'Institut, des résultats de ses savantes, courageuses et longues investigations sur la *montagne Pelée et ses éruptions* à la Martinique.

Les Etats-Unis ont été la partie la mieux partagée de l'Amérique : cinq conférences, en raison de ses attractions de 1904, l'Exposition de Saint-Louis et le 8e Congrès international de Géographie où nous étions représentés par M. E. V. Boulenger fils, de Roubaix, ce qui nous a valu deux agréables séances et un charmant récit de voyage dans notre bulletin.

Je veux signaler aussi dans ce groupe une conférence en anglais sur « the Literature of New England » par M. le professeur Barrett Wendell de l'Université Harvard, délégué par la Fédération de l'Alliance française des

Etats-Unis près des Universités françaises pour y répandre la connaissance de l'histoire, des idées et de la littérature américaines. C'était, à la vérité, un peu à côté de la géographie — et cependant n'est-ce pas de la géographie humaine? — mais c'était aussi fort tentant, ne fût-ce que pour profiter de la bienveillance de M. le Recteur de l'Académie de Lille qui nous autorisait à emprunter à l'Université le concours de M. Barrett Wendell pour sa dernière séance à Lille. L'écueil à redouter, c'était le vide de la salle. Il s'y trouvait au moins trois cents personnes qui semblaient toutes comprendre l'orateur et qui, en tout cas, l'ont chaleureusement applaudi. « *All is well that ends well.* »

Enfin, parmi nos quatre conférences qui ne se rattachent particulièrement à aucune partie du monde et qui terminent notre énumération, citons une étude magistrale sur les rapports des Océans et de l'Humanité, faite par M. Schrader avec toute la profondeur de sa science et de son talent d'exposition.

C'est à regret que je ne m'étends pas davantage sur le mérite des orateurs que nous avons entendus et qui nous ont éclairés et charmés, mais il faut s'arrêter.

Les sections de Roubaix et Tourcoing donnent leurs conférences concurremment avec Lille. Il y en a eu quinze à Roubaix et 10 à Tourcoing. Les sujets étaient les mêmes qu'à Lille ou analogues. Au total, pour les trois sections, 66 conférences.

Bulletin et *Bibliothèque*. L'édition de son bulletin est peut-être la tâche la plus difficile d'une Société qui désire en faire une publication utile et intéressante. Il faut le faire lire par le plus de personnes possible et pour cela ne pas présenter une science trop aride dans sa pureté. Il ne faut pas tomber dans un travers contraire en ne faisant passer que des articles sans substance. Nous nous efforçons de tenir un juste milieu en donnant une allure rapide, exempte à la fois de futilités et de détails accessibles aux seuls esprits spécialisés.

Nous y avons fait entrer depuis quelque temps plus

d'illustrations destinées à l'achèvement des descriptions. Mais c'est une entreprise qui n'est pas sans obstacles, à cause d'abord de la dépense, puis de la difficulté de se procurer des photographies ou dessins propres à mettre en lumière des traits intéressants des choses et à fournir une reproduction satisfaisante pour le goût artistique.

Notre publication est fort loin de la perfection, mais nos efforts seront continus pour l'améliorer.

Elle est mensuelle et forme pour chaque semestre un volume d'environ 400 pages.

L'article de la bibliothèque est, dans un sens, un peu douloureux, non pas que nos collections périclitent, au contraire elles s'enrichissent sans cesse en livres et en cartes par des dons, souvent magnifiques, et par de fréquents achats ; le logement de nos trésors devient même difficile ; mais les lecteurs n'utilisent pas assez ces richesses. On songe à en faciliter l'usage par la réunion de plusieurs importantes bibliothèques de Sociétés dans un seul local, comprenant une vaste salle de lecture au centre de sections séparées dont chaque bibliothèque occuperait l'une, avec un employé commun distribuant et reprenant les livres et autres documents. Ce projet très ample a été près de se réaliser cette année, nous espérons qu'il aboutira au printemps prochain.

RAPPORT SUR LA SOCIÉTÉ DE GÉOGRAPHIE ET D'ÉTUDES COLONIALES DE MARSEILE

Par M. Jacques LÉOTARD, *secrétaire général* et *délégué*.

A la veille d'atteindre sa 30ᵉ année d'existence, notre Société, mettant à profit la position exceptionnellement favorable de Marseille, poursuit avec un redoublement d'activité son œuvre géographique et coloniale de vulgarisation et d'études. Le nombre total des membres de la

Société s'élève à 617, et le concours des corps élus, des grandes compagnies et des pouvoirs publics nous demeure complètement assuré.

Les conférences publiques, par lesquelles se manifeste surtout l'activité extérieure de la Société, données pendant notre dernière session, ont été celles de MM. le lieutenant Grillières, explorateur, sur son voyage au Yunnam au Yang-Tsé et au Tibet ; Mereu, publiciste italien, sur l'Union latine et le commerce méditérranéen, Marseille, Gênes, Barcelone ; le docteur Otto Nordenskjold, chef de la mission antarctique suédoise, sur 22 mois dans les glaces du pôle austral ; D. Levat, ingénieur des mines, sur les confins de l'Algérie et du Maroc ; le Dr Chevalier, chef de la mission Chari-Tchad, sur ses missions au cœur de l'Afrique ; Hugues Le Roux, explorateur et homme de lettres, sur sa seconde visite au négus d'Abyssinie ; le professeur Georges Blondel, sur les Etats-Unis et l'exposition de Saint-Louis ; le capitaine Isachsen de l'armée norvégienne, sur la 2e expédition du « Fram » au pôle nord ; M. Eugène Gallois, explorateur, sur le Japon et le Yang-tsi-Kiang ; le marquis de Barthélemy, explorateur, sur les chemins de fer et les transports maritimes en Indo-Chine. Les grandes séances, qui excitent beaucoup d'intérêt dans le public cultivé de notre ville, ont eu lieu dans l'amphithéâtre de la Faculté des Sciences et ont été accompagnées de projections à la lumière électrique. Elles ont été complétées avec succès par la conférence annuelle des secrétaires de la Société, sur les événements géographiques et coloniaux de 1904, faite par MM. Hubert Giraud, pour l'accord franco-anglais, Jacques Léotard, pour l'Afrique, Raymond Teisseire, pour l'Asie, Joseph Fournier, pour l'Amérique et les pôles.

Dans l'une de ces solennelles réunions, celle donnée en l'honneur de M. Hugues Le Roux, de concert avec l' « Alliance française », un vœu a été émis par notre Société, tendant à la neutralisation de l'Ethiopie et des chemins de fer éthiopiens.

Dans les séances ordinaires de la Société ou de la section

coloniale, d'intéressantes communications ont été faites sur : la situation actuelle de la Martinique par M. L. Garnier, magistrat colonial ; deux livres nouveaux sur la France, par M. Joseph Fournier, archiviste-adjoint du département ; l'hydrologie des environs de Marseille, par M. Jules Gavet, publiciste ; l'entente coloniale franco-anglaise, par le professeur Paul Gaffarel, président de notre section coloniale; le Congrès de Géographie de Tunis et la politique franco-indigène, par le professeur Valran, délégué de la Société ; les conditions du commerce en Guinée française, par M. Ch. Sartor, secrétaire général de la Compagnie Nationale de navigation ; excursions en Tunisie, par le professeur Macé de Lépinay et M. H. Bardon ; nos amis de Suède, par M. Th. Geisendorf ; la préparation de l'Exposition coloniale de Marseille, par notre vice-président, le professeur Heckel, commissaire général adjoint de l'Exposition ; le budget des Colonies de 1905, par M. Gaffarel ; les ports de l'Algérie, par le Dr Mondon ; le Haut-Tonkin, par le médecin-major Mercier ; un projet d'expédition aérostatique au pôle nord, par M. Marcillac, du service technique des Postes et Télégraphes ; la mission de Segonzac, par M. Hubert Giraud, armateur ; la Guinée portugaise, par M. Etienne Giraud, négociant ; la mission Charcot, par M. Jacques Léotard, secrétaire général de la Société. A cette série de communications s'est ajoutée, en Assemblée générale, une revue des livres de l'année, esquisse bibliographique d'ouvrages remarquables parus en 1904, faite par le secrétaire général et MM. Barré et Laurent, bibliothécaires de la Société, causerie qui a obtenu un réel succès et qui forme en quelque sorte le pendant de la revue annuelle des événements.

Enfin, notre Société a continué à subventionner le cours public de géographie physique, professé hebdomadairement par M. Repelin, à la Faculté des Sciences. Ajoutons que la médaille d'or de la Société a été décernée, lors de sa conférence, à M. Auguste Chevalier, pour ses belles explorations au Niger et au Tchad.

A l'occasion du retour du général Galliéni, une des

gloires coloniales de la France, un grand banquet a été donné par notre Société, le 14 juin dernier, en l'honneur du gouverneur général de Madagascar, qui est titulaire de la médaille d'or de notre Société et qui a toujours entretenu avec elle de cordiales relations. Au cours de cette brillante solennité, d'éloquents discours ont été prononcées par M. Delibes, président de notre Société, par M. le Préfet, M. le Maire, les représentants du Conseil général et de la Chambre de Commerce, le Chef du service colonial, le Gouverneur militaire de Marseille, par M. Charles Roux, commissaire général de l'Exposition coloniale de Marseille et président honoraire de notre Société, et enfin par l'hôte illustre que nous recevions.

Suivant cette même tradition, le bureau de notre Société a tenu à saluer le 19 mai, le marquis de Segonzac, titulaire de notre médaille d'or, à son débarquement à Marseille, après la nouvelle exploration au Maroc pendant laquelle il fut fait prisonnier. De plus, notre Secrétaire général a été délégué, le 6 juin, à Toulon, pour y souhaiter la bienvenue au vaillant Dr Charcot et aux membres de la mission française au pôle sud, à leur retour dans la mère patrie. Notre Société a d'ailleurs concouru aux souscriptions pour ces deux mémorables missions d'exploration.

Le « Bulletin » trimestriel, dirigé par notre Secrétaire général, demeure une importante publication spéciale, contenant, outre le texte des conférences et communications et le résumé des actes de la Société, des études originales, telles que la biographie de l'explorateur provençal Brard, par M. le docteur Hamy de l'Institut ; hydraulique latine, par M. le Dr Labache ; une visite à Gênes, comparaison avec Marseille, par M. Jacques Léotard ; les oasis algériennes et tunisiennes, et un tour au Japon, par M. Eugène Gallois ; l'île de Cuba, par M. Charles Berchon ; l'Exposition de Saint-Louis, par M. Joseph Fournier ; les chemins de fer de l'Australie, par le commandant Bourge ; l'île de Kébao, au Tonkin, par M. A. Gérard. La chronique géographique et coloniale reste un utile répertoire documenté des explorations, traités et faits notables du monde. Une bibliographie très étendue et de nombreuses variétés complètent notre « Bulletin » qui a renfermé une série de cartes et plans.

Cette année, comme les précédentes, notre Société a distribué 57 prix de géographie aux établissements d'instruction publique de Marseille et de la région, afin de maintenir l'émulation en faveur des études qui nous sont chères à juste titre.

Quant à notre importante biliothèque, elle s'est encore enrichie, pendant cet exercice, de 250 volumes, atlas ou brochures, sans compter 250 périodiques français ou étrangers. Nous tenons à rappeler que la bibliothèque de la Société est libremeut ouverte au public tous les jours, et que nous y assurons un véritable service de renseignements géographiques et coloniaux.

Le projet d'Exposition coloniale à Marseille, en 1906, éclos au sein de notre Société, sur l'heureuse initiative de notre vice-président, M. le D' E. Heckel, directeur du Musée-Institut colonial, est définitivement entré dans la voie de la réalisation, un décret présidentiel ayant nommé commissaire général, M. Jules-Charles-Roux, ancien député, l'éminent organisateur de l'Exposition coloniale de 1900 au Trocadéro, président honoraire de notre Société, avec le D' Heckel en qualité de commissaire général adjoint. Le Bureau et de nombreux membres de notre Société font partie du Comité de l'Exposition de Marseille, et notre président, M. Delibes, a été élu président de la Commission des publications et notices. Cette solennelle manifestation économique, qui est assurée du concours de toutes nos colonies et de l'appui du Gouvernement et des corps locaux, s'annonce comme un succès de grande envergure ; les travaux sont en bonne voie sur l'emplacement de l'exposition et dans les diverses colonies, dont les commissaires et architectes ont été désignés.

A cette occasion mémorable et exceptionnelle, notre Société, d'accord avec le commissaire général de l'Exposition, a décidé d'inviter le Congrès national de Géographie à tenir sa session de l'an prochain à Marseille. Nous espérons que nos sociétés-sœurs, qui ont certainement conservé un bon souvenir de notre Congrès de 1898, voudront bien répondre favorablement à cet appel de la métropole coloniale et maritime de la France.

Après avoir pris une très large part à l'exposition coloniale de notre Patrie, elles s'associeront ainsi à sa féconde glorification.

RAPPORT SUR LA SOCIÉTÉ DE GÉOGRAPHIE DE L'EST (NANCY-ÉPINAL)

Par M. Eugène GALLOIS, délégué.

Depuis la dernière réunion du Congrès national de Sociétés françaises de Géographie, qui s'est tenue à Tunis, en 1904, la Société de Géographie de l'Est a mené une vie tranquille et laborieuse, sous la direction de son président, M. Paul Fliche, correspondant de l'Institut, professeur honoraire de l'Ecole nationale des Eaux et Forêts, lequel, aidé du Comité de direction, a su donner une impulsion remarquable à la Société.

Les deux sections de Nancy et d'Épinal sont en pleine prospérité, le nombre des membres va croissant.

Comme moyens d'action, ce sont toujours les mêmes : Bulletin, Conférences, Excursions.

Le bulletin paraît régulièrement tous les trois mois ; il compte en moyenne 129-150 pages de texte, ornées de gravures et de cartes. Les géographes les plus illustres ne dédaignent pas de lui envoyer de la copie, ce dont le secrétaire général, spécialement chargé de la rédaction, est loin de se plaindre.

Quant aux conférences, qui se font toujours devant un public choisi et nombreux, elles sont le plus grand moyen de propagande. Faites régulièrement, en hiver, elles ont beaucoup de succès. Tour à tour, depuis le dernier Congrès, nous avons reçu et entendu, à Nancy : MM. Gallois, Eichard, Nordenskjold, de Malhuisieula, Thoulet, Mury, Van Houcke, Duffart, Leymarie, Berret, A. Isachsen.

En été, des excursions sont organisées afin de faire visiter aux membres de la Société les sites les plus intéressants des environs de Nancy.

Les excursions de 1904 ont été dirigées sur Saint-Dié, Luxembourg, Trèves, Gérardmer.

En résumé, nous nous efforçons de rendre le plus de services possible à la géographie, en la faisant connaître et en la rendant attrayante.

RAPPORT SUR LA SOCIÉTÉ DE GÉOGRAPHIE DE NANTES

Par M. PORQUIER, délégué

La Société de Géographie commerciale de Nantes, qui m'a fait l'honneur de me déléguer à ce Congrès, compte aujourd'hui 23 années d'existence.

Elle est née à une époque que vous vous rappelez tous, où la France travaillait avec ardeur à la création de cet empire colonial qui est, à l'heure actuelle, un des éléments de sa puissance.

Les circonstances étaient donc favorables et le nombre de nos Membres s'accrut assez rapidement, grâce aux hommes de bonne volonté et de talent qui dirigèrent ses premiers pas. Depuis cette époque, ses progrès ne se sont pas arrêtés non plus que le dévouement de ses fondateurs dont le plus remarquable, M. Linyer, est encore aujourd'hui son président.

Elle compte aujourd'hui plus de 300 membres et remplit toujours la tâche qu'elle s'est imposée à ses débuts.

Placée dans une région maritime et dans une ville dont

le passé commercial est des plus glorieux, notre Société se préoccupe avant tout des questions maritimes et coloniales.

Elle a vu avec plaisir le relèvement et l'accroissement de notre port. Elle n'y est pas restée étrangère, et une grande partie de ses membres les plus actifs ont coopéré à la formation de cette Société de la Loire navigable, dont l'éloge n'est plus à faire, et qui a tant fait pour appeler l'attention du pays sur la grande question de la navigation intérieure.

Nos conférences mensuelles sont notre plus grand moyen d'action. Elles sont très suivies et cette année a été particulièrement remarquable.

Nous avons entendu de nombreux voyageurs et publicistes qui sont venus nous entretenir de leurs travaux ou de leurs voyages.

Parmi ceux-là, il convient de citer M. Bonamem et M. Leymarie qui nous ont parlé du Canada et de son avenir agricole. M. Levat, du Maroc, M. Grignon, de la Chine, M. Daireaux, de la Plata, M. les Drs Leduc et Legrand qui ont décrit deux régions intéressantes de la France, la Corse et la vie d'hiver dans les Alpes, M. Eug. Gallois, l'intrépide voyageur que l'on sait, qui nous a conduits en Extrême-Orient, et enfin, M. le capit. Isachsen qui est venu raconter les principaux incidents de la mission Sverdrup dont il fut l'un des héros. Ces conférences, toutes intéressantes et fort suivies, ont contribué à vulgariser la géographie et à appeler l'attention publique sur les relations internationales qui ont aujourd'hui le monde entier pour théâtre. Notre musée commercial et notre bibliothèque n'ont cessé de s'enrichir, et le nombre des pièces, livres, brochures, atlas et documents de toutes sortes qu'ils renferment dépasse actuellement 16.000.

C'est ainsi, Messieurs, que nous avons poursuivi sans défaillance notre œuvre désintéressée, confiants de faire une œuvre utile dans notre modeste sphère.

RAPPORT SUR LA SOCIÉTÉ DE GÉOGRAPHIE DE PARIS

Par M. Emile BELLOC, délégué

L'œuvre de la Société de Géographie a été particulièrement féconde durant la période écoulée depuis le Congrès de Tunis.

Séances. — En dehors des voyageurs applaudis au cours de ses séances bi-mensuelles, consacrées à l'exposé des nouvelles géographiques et aux communications des explorateurs, la Société de Géographie a reçu solennellement à la Sorbonne, M. Auguste Chevalier, chef de la mission Chari-lac Tchad; le commandant Lenfant qui vient d'accomplir avec succès son expédition Niger-Benoue Tchad; le docteur Charcot, au retour d'un voyage d'exploration dans les mers antarctiques et le docteur Otto Nordenskjold, dont l'expédition a eu lieu dans le voisinage des régions visitées par le « Français ».

Publications. — « La Géographie » — bulletin de la Société de Géographie, — poursuit sa publication mensuelle. Elle comprend des mémoires originaux, un mouvement géographique, une bibliographie et tout ce qui concerne la vie de la Société. Les numéros sont accompagnés de cartes en noir et en couleurs et de figures dans le texte.

En plus de cet organe principal, dont la valeur scientifique est reconnue à l'étranger comme en France, la Société a fait paraître le premier fascicule de l'atlas des « documents scientifiques de la mission saharienne ». Ajoutons encore la carte des oasis sahariennes, par le lieutenant Nieger, éditée chez Barrère.

La table générale des matières des trois dernières séries du bulletin (1861-1899), dont l'impression avait été décidée par la Commission centrale, a paru également.

Une table succincte des « comptes rendus des séances »

(1882-1899) paraîtra prochainement. Ces publications pratiques seront vivement appréciées des travailleurs auxquels elles fourniront un précieux instrument de recherches qui les renseignera rapidement sur les principaux faits géographiques des cinquante dernières années

Bibliothèque. — Une autre décision importante de la Commission centrale aura bientôt reçu sa pleine exécution. Il s'agit de l'agrandissement du local de la bibliothèque, devenu trop exigu pour loger les 50.000 volumes, les brochures et les manuscrits constituant le fonds principal de ce précieux dépôt, auquel il convient d'ajouter plus de 5.500 cartes, 1.200 séries de photographie, 6.000 clichés à projections, 3.000 portraits de voyageurs et de savants, et quantité de documents divers accumulés depuis plus de 80 ans dans les archives de la Société. L'on espère inaugurer cette installation au commencement de 1906.

La bibliothèque pourra recevoir dans ce nouveau local plus de 80.000 volumes. Une salle de travail doit y être aménagée ; elle sera libéralement ouverte aux explorateurs désirant préparer une mission, de même qu'aux personnes s'occupant de travaux scientifiques ou s'intéressant à la géographie.

Dons et Legs. — C'est à la collaboration active de certains collègues et aux libéralités de ceux que la prospérité de notre Association ne laisse pas indifférents, que sont dus ces résultats heureux.

A part les nombreuses récompenses annuellement décernées, la Société vient d'instituer un prix biennal de 6.000 francs, en souvenir du jeune explorateur, Jean Duchesne-Fournet, prématurément enlevé au retour d'une mission en Ethiopie. Selon les intentions des généreux donateurs, M. le sénateur Duchesne-Fournet et ses enfants, ce prix devra être donné à l'explorateur ou chef de mission qui aura le plus contribué à la prospérité de notre domaine colonial. A défaut de candidats, il pourra servir à subventionner une exploration ou mission d'études scientifiques ou bien encore une publication économique ou scientifique faite en pays colonial.

Cliché Verron.

M. Gabriel FOREST
Président
de la Société de Géographie commerciale de Saint-Etienne
Président du Congrès.

Un autre prix de 1.500 francs a été également offert par Mme Foa, en souvenir de son mari, pour être décerné tous les deux ans à un voyageur français en Afrique, dont les travaux se rapportent directement à la géographie ou aux sciences naturelles.

Pour la première fois, dès cette année, le prix J. Duchesne-Fournet a été décerné à M. Auguste Chevalier pour sa mission Chari-Tchad, et celui de Mme Foa à M. Villatte pour ses études astronomiques dans le Sahara.

Le patrimoine de la Société a encore été augmenté par d'autres legs et fondations, au nombre desquels nous mentionnons ceux de MM. Potron et Riché, chacun d'environ 20.000 francs.

Concours. — Les concours ouverts en 1900 sur l'initiative généreuse du prince Roland Bonaparte sont, comme les subventions et les bourses de voyages, exclusivement réservés aux Français. Les questions traitées portent principalement sur les sciences géographiques et, de préférence, sur celles qui intéressent la France et ses colonies.

Voici un des sujets de concours de cette année :

« Etudier dans quelles conditions est utilisée en France
« la force motrice des fleuves, rivières, chutes d'eau.
« Indiquer les lacunes les plus graves de cette exploitation
« industrielle; en montrer les chances de développement
« dans l'avenir. On insistera sur l'étude des conditions
« spéciales à chaque région et des adaptations rationnelles
« qu'impose le régime de chaque groupe d'eaux courantes
« ou de chutes d'eau. »

Subventions. — En ce qui concerne les subventions accordées aux voyages d'explorations, le bilan de cette année a été très élevé. La mission de Segonzac, au Maroc, a reçu 4.000 francs; 2.000 francs ont été accordés au lieutenant Grillières pour sa nouvelle mission en Asie; une somme égale à la précédente a été attribuée à M. Villatte pour ses explorations sahariennes.

Citons encore, parmi les voyageurs auxquels ont été affectées des subventions destinées à faciliter leurs voyages lointains, M. Gautier, — exploration économique dans l'extrême sud algérien —; M. Caix de Saint-Aymour, — mission au Canada et aux Etats-Unis; M. Privat-Deschanel, — voyage en Australie —; commandant Moll et capitaine Cottes, — missions de délimitation entre le Congo français et le Cameroun.

Œuvres d'assistance coloniale. — La Société de Géographie qui « depuis près d'un siècle s'intéresse à l'expan-« sion civilatrice vers les pays neufs », a réalisé une idée depuis longtemps caressée. Il s'agissait de grouper les institutions existantes, en vue de venir en aide aux explorateurs et aux coloniaux éprouvés ou fatigués par leur séjour ou leurs déplacements dans les contrées lointaines.

Cette œuvre d'assistance a pu être menée à bonne fin par notre Société en réunissant les legs qui lui ont été faits dans ce but philanthropique, les ressources de la *Société des Amis des Explorateurs français*, fondée sous son patronage en 1894, et celles de la *Société des Maisons coloniales de convalescence*, créée par M. le Myre de Vilers.

L'œuvre formée par ces trois éléments d'assistance groupés sous l'unique direction de la Société de Géographie dispose actuellement d'un capital de 640.000 francs. Un Comité composé de six membres et d'un secrétaire, élu annuellement par la Commission centrale, est chargé de l'administrer.

L'accord intervenu entre la Société et le Ministre des colonies permet, sur la demande expresse du Ministre, d'accorder des secours aux explorateurs, aux colons et aux petits fonctionnaires coloniaux. Dans certains cas particuliers, la Société est même autorisée à consentir des avances à ces fonctionnaires en attendant leur liquidation de pension de retraite.

Commémorations. — Mais, quelles que soient les préoccupations inspirées par nos contemporains victimes de leur dévouement à la science et à la patrie, la Société n'a garde d'oublier les anciens disparus. C'est ainsi, afin de perpétuer la mémoire de deux de nos plus illustres navigateurs, qu'elle a participé à la dépense faite pour préserver de la destruction complète l'inscription tracée par l'amiral BAUDIN, en 1803, sur un rocher de l'île de Kangouro (Australie méridionale).

BOUGAINVILLE, qui fut le premier explorateur de Tahiti, aura également, en 1906, un monument élevé à sa mémoire, à Papeete, par les soins de notre Société. Il n'en existait qu'un, jusqu'à présent, sur cette terre française, c'était celui que le Royal Géographical Society de Londres a fait ériger en l'honneur du navigateur anglais James COOK.

Commission des Glaciers. — La « Commission française des Glaciers », dont les travaux présentent un si puissant intérêt, fonctionne actuellement sous les auspices de notre Société. Des études d'une haute portée scientifique et pratique, comprenant la glaciation, l'enseignement et généralement tous les phénomènes auxquels les appareils glaciaires peuvent donner lieu, sont entreprises et poursuivies méthodiquement à l'instigation de cette Commission.

La mise en observation des glaciers, encore existants dans les hautes zones des massifs montagneux, a déjà fourni des résultats appréciés. Ces réserves glacées jouent un rôle considérable dans les industries qui empruntent à la « houille blanche » le principe générateur de la force motrice utilisée pour la production industrielle.

Cette raison pratique et des considérations d'un ordre scientifique très élevé, font que l'utilité des études glaciaires est universellement reconnue.

Nécrologie. — Après avoir trop brièvement résumé les principaux actes qui montrent l'activité croissante de la Société de Géographie de Paris, il est douloureux d'être obligé de signaler la perte de quelques-uns de ses membres parmi les plus vaillants et les plus renommés.

Le lieutenant GRILLIÈRES, dont les sentiments généreux et les qualités d'explorateur s'étaient largement affirmées en reconnaissant le Yang-Tseu, avait obtenu plusieurs subventions de notre Société dont une de 2.000 francs. Avant de pénétrer dans l'intérieur de la Chine, GRILLIÈRES devait traverser la partie nord du Siam et de nouveau visiter la région du Yang-Tseu ; malheureusement, au cours de cette expédition, l'impitoyable faucheuse nous a brusquement enlevé ce précieux collaborateur : le 14 juillet, le lieutenant Grillières, atteint par un accès pernicieux, succombait à Sseu-Mao, dans le Yunnan.

Un autre deuil, plus cruel encore, est venu attrister le monde géographique : Elisée Reclus est mort le 4 juillet dernier.

Nous n'avons pas à discuter ici les conceptions philosophiques ou sociologiques de l'éminent écrivain : l'historien-géographe seul doit nous préoccuper.

L'œuvre d'Elisée Reclus est considérable. Son érudition profonde, dissimulée sous des formes élégantes, les qualités brillantes et solides de son esprit, la clarté impeccable avec laquelle il exposait les sujets les plus ardus, l'éclat de son style, plaçaient Elisée Reclus au premier rang de nos écrivains.

Les dix-neuf volumes de sa *Géographie universelle*, dont la publication commencée en 1875 fut terminée en 1904, l'ont rendu célèbre dans le monde entier. En dehors de ses nombreux ouvrages, Elisée Reclus s'était livré à des essais topographiques (globes, planisphères, reliefs), qui montraient une ingéniosité surprenante.

Voulant donner au grand géographe — bien français, celui-là, — un témoignage d'admiration, la Société de Géographie décerna, en 1892, une médaille pour services exceptionnels à Elisée Reclus.

Son œuvre restera comme un des plus remarquables monuments de la littérature géographique du XIXe siècle. En disparaissant, Elisée Reclus a laissé un grand vide dans le monde savant et sa mort a fait perdre à la France un de ses plus glorieux enfants.

RAPPORT SUR LA SOCIÉTÉ DE GÉOGRAPHIE COMMERCIALE DE PARIS

Par M. Paul LABBÉ, *secrétaire général*, délégué.

Les délégués des Sociétés de Géographie voient, j'en suis sûr, avec une profonde émotion, la Société de Géographie commerciale de Paris représentée, pour la première fois, dans un congrès par un autre que par M. Gauthiot.

Le grand ouvrier de la cause que nous servons, celui qui a été le soldat de la première heure, celui qui fut tant de fois l'âme et la vie de nos congrès est mort cette année après avoir noblement rempli toute sa tâche. Le deuil dont nous souffrons encore a été commun, n'est-ce pas, à toutes les Sociétés de Géographie, où M. Gauthiot comptait tant de disciples, où il n'avait que des amis ?

Ceux qui ont le grand et redoutable honneur de lui succéder, fidèles à sa mémoire, se laisseront toujours inspirer, dans les jours difficiles, par le souvenir du vieil ami disparu.

Depuis le dernier Congrès, la Société de Géographie commerciale de Paris a organisé plus de cinquante conférences ; elle a pris part à toutes les manifestations scientifiques et économiques. Elle a décidé de faire de son bulletin, qui paraissait tous les deux mois, un bulletin mensuel très développé. Elle a accordé son appui moral ou des subventions à des savants et à des voyageurs. Dire leurs noms serait faire l'historique de l'exploration française en 1904-1905. Parmi eux se trouvait cet énergique lieutenant Grillières, si charmant et si modeste, si aimé de tous, qui vient de mourir, hélas ! au cours même de son exploration.

Depuis longtemps, au point de vue du recrutement des membres, la Société n'avait pas eu une année comparable à 1905. Elle a été puissamment aidée dans son œuvre par ses sections, au premier rang desquelles Tunis et Saint-

Etienne qui nous font tour à tour accueil, et d'inoubliable façon, aux Congrès de 1904 et de 1905, en attendant que nous vous recevions nous-mêmes à Paris. M. le baron d'Anthouard et M. Dollin du Fresnel à Tunis, M. Forest et M. S. Girerd, à Saint-Etienne, ont, dans cette occasion, rivalisé d'intelligence et de dévouement, et, au nom de notre Conseil, je les prie publiquement et très affectueusement de croire à notre reconnaissance.

RAPPORT SUR LA SOCIÉTÉ NORMANDE DE GÉOGRAPHIE

Par M. Gaston ROUTIER, délégué.

Je suis très heureux que la Société normande de Géographie m'ait fait l'honneur de me déléguer au *26me Congrès National des Sociétés Françaises de Géographie*, à Saint-Etienne. Il est toujours agréable de voir une ville industrielle et minière, comparable par son activité et son travail à une fourmilière et à une ruche, affirmer hautement ses affinités intellectuelles et son goût prononcé pour les découvertes de la science et les progrès de tous genres de l'esprit humain. Mais il est particulièrement doux à un Français de constater que c'est une ville éminemment française, comme Saint-Etienne, qui sait nous montrer que les houilles de ses mines et les rubans de ses manufactures peuvent s'allier à un mouvement absolument remarquable de l'intelligence, et que le labeur incessant des ouvriers et des ouvrières n'exclut nullement la lecture et l'étude, c'est-à-dire la culture de cette partie immatérielle de notre être qui touche à l'infini par le rêve et qui tend à la Perfection et à la Beauté en entrevoyant un autre Monde meilleur.

C'est en effet, pour parler simplement, une démonstration éclatante des qualités à la fois sérieuses et brillantes de votre esprit que vous vénez de faire, messieurs, en recevant le Congrès de Géographie à Saint-Etienne. Il faut pour s'intéresser à ce point aux questions géographiques (et aujourd'hui les questions géographiques touchent au commerce à l'industrie, à l'ethnologie et à l'ethnographie, à l'histoire et je puis le dire à toutes les branches de l'activité humaine), il faut, dis-je, que le niveau intellectuel d'une population soit élevé et ses aptitudes bien marquées. Je vous en félicite sincèrement... et je reconnais que tout ce que j'ai vu et entendu à Saint-Etienne est là pour me prouver que c'est une ville qui ne se contente pas de travailler et de chercher la perfection dans sa production industrielle, mais où chacun pense et réfléchit, où les humbles cherchent une distraction dans l'étude et la lecture en même temps que leur instruction, et où les chefs de ces grandes entreprises, qui font la vie et la fortune de votre cité, n'ont pas de plus grande préoccupation que de suivre tous les progrès, toutes les inventions de la science pour les appliquer chez eux, de s'enquérir de tous les débouchés que le monde peut offrir à leurs produits, de toutes les occasions d'affaires et de bénéfices qui peuvent s'offrir à leur initiative toujours aux aguets sur tous les points du globe terrestre.

*
* *

Messieurs, je représente parmi vous la Société normande de Géographie de Rouen et sa filiale de Dieppe. Est-il utile de vous dire que les qualités que j'admire à Saint-Etienne on les retrouve chez nous, dans notre belle et riche Normandie? Non, n'est-ce pas? Car nous avons le privilège, en Normandie, d'un passé incomparable, d'une histoire glorieuse entre toutes, passé et histoire dont vous êtes fiers comme nous, car c'est une partie du bagage de notre grande mère commune, la France, cette France « le plus beau royaume après celui du ciel », flambeau de la lumière et de la civilisation, que tous ses enfants doivent chérir d'un même cœur, comme ils seraient prêts à la défendre d'un même élan.

Voulez-vous me permettre de vous dire quelques mots

de la Normandie ? Ou plutôt laissez-moi vous citer quelques lignes d'une de mes plus intimes amies, d'un écrivain qui se dissimule sous le pseudonyme d'*Emmeline* et qui a peut-être quelques liens de parenté avec moi. Voici ce passage : «

> J'aime à revoir ma Normandie ;
> C'est le pays qui m'a donné le jour !

Qui ne connaît les deux premiers vers de cette chanson de Frédéric Bérat, de ce charmant chansonnier, fils de Rouen, ami de Béranger, dont bien peu ont gardé le souvenir? J'aime bien, pour ma part, à fredonner ces vieux airs de Bérat, aussi doux musicien que poète mélancolique et tendre... Et je me souviens de la délicieuse façon dont Virginie Déjazet chantait la *Lisette de Béranger*, cette *Lisette* dont Bérat fut le père.

Mais revenons à nos moutons, c'est-à-dire à ma Normandie... Il faut me pardonner de la voir avec des yeux d'amant, je vous avoue que je l'aime follement : elle a des paysages si jolis, avec ses plantureuses campagnes, ses grands arbres, ses collinettes où poussent les pommiers parmi les grasses prairies verdoyantes, ses ruisseaux qui murmurent sous les arbres, ses coquettes maisons aux grands toits élevés, ses forêts pleines d'oiseaux qui chantent, ses champs couverts d'épis dorés, ses immenses plaines qui étendent jusqu'aux caresses des grandes vagues blanches de la Manche leur tapis de graminées, d'herbes vertes, de fleurs sauvages... Et quel calme, quelle sensation de force, de bien-être, de plénitude de vie et de repos se dégagent de cette terre féconde et luxuriante de végétation ! Les grands bœufs, lentement et posément, tirent la charrue ou paissent; les habitants travaillent de même, de tout cœur, mais sans bruit, sans forfanterie, sans faiblesse... ici tout est solide et sain, l'homme est robuste et sérieux. Et, pour faire moins de tapage, le Normand n'a ni moins d'esprit ni moins de talents que les autres. Que nenni ! Il suffit de contempler les merveilles d'art de ses monuments, de causer avec les fils et les filles de la Normandie... C'est le pays du bon sens, de la droiture et du devoir. On n'a pas la névrose en Normandie.

Je n'ai pas la prétention d'affirmer que les Normands n'ont pas de défauts... Vous ne me croiriez pas. Ils en ont... comme tout le monde, mais moins que beaucoup d'autres! Et puis, ils sont un peu comme tous les Français; ils sont chauvins, ils aiment la grande patrie et plus encore la petite... si toutefois on peut appeler petite patrie une patrie qui est la Normandie, ce coin de terre d'où nos ancêtres ont pris leur vol pour conquérir tant de pays. C'est une race, allez! que la race normande, et vous trouverez de ses descendants partout : le Canada en est plein, la noblesse d'Angleterre s'honore de son origine normande; l'Espagne, le Portugal ont vu passer victorieusement des chevaliers et soldats normands qui y ont fait souche; les Deux-Siciles en gardent des monuments superbes et des rejetons de belle lignée; la Grèce, la Turquie, l'Asie Mineure ont connu le joug des Normands. C'est un Normand de Dieppe qui a découvert l'Amérique... avant Colomb, ce sont des navigateurs de Dieppe et de Rouen qui ont sillonné les mers des Indes et de Chine, l'Atlantique et le Pacifique avec une hardiesse et un bonheur tels que les Anglais, les Portugais, les Hollandais et les Espagnols les rencontraient partout et toujours... Vous m'objecterez que les Normands sont des descendants de pirates, des Danois chassés de leur pays... C'est vrai, mais des gars magnifiques et superbes, vaillants comme des lions, francs comme des épées. Les *Wikings*, nos ancêtres, comme les Gaulois et les Francs, furent des envahisseurs; ils vinrent en France chercher asile et pâture. Et ce n'est pas le moindre des miracles de cette belle terre française que d'avoir su réunir et fondre dans un même amalgame, au creuset de la langue et des sentiments, tant de races diverses, des Gaulois et des Celtes, des Romains et des Goths, des Francs et des Normands pour en faire notre nation française, notre race française, si unie, si familiale, si je peux dire, que nous nous sentons tous des frères et des sœurs et que nous devrions comme tels nous entr'aimer et nous entr'aider...

si la politique et tant d'autres sottises en *ique* ne venaient nous en empêcher. »

Messieurs, la *Société normande de Géographie* entre dans sa vingt-septième année d'existence; elle compte plus de mille membres et leur nombre augmente chaque année. Elle donne par an un minimum de huit grandes conférences et souvent davantage; ces conférences, toujours très suivies, ont un grand succès et sont généralement accompagnées de projections lumineuses.

Parmi les conférenciers qui se sont déjà fait entendre, nous citons : M. Albert Sorel, de l'Académie française; M. Larroumet, de l'Institut; Mme Jane Dieulafoy; M. Guimet; M. Hugues Le Roux; M. Gaston Deschamps; M. Edouard Rod; M. Max O'Rell; M. Georges Perrot, de l'Institut, directeur de l'Ecole normale supérieure; M. Louis Léger, professeur au Collège de France; M. Victor Basch, professeur à l'Université de Rennes; M. Marcel Dubois, maître de conférences à la Sorbonne; le docteur Fridjof Nansen, M. Chevrillon, M. Chaillé-Bert, M. Doumer, M. Bellessort, M. Vandal, M. Hanotaux, M. de Lapparent, M. Doumic, M. Lintilhac, M. de Gerlache, M. Emile Levasseur, de l'Institut, professeur au Collège de France; l'explorateur Foureau, M. Melchior de Vogüé, de l'Académie française; MM. Paul Labbé, Henri Cordier, Paul de Saint-Arroman, etc., j'en passe et des meilleurs. Ainsi, l'année dernière, nous avons entendu, entre autres, Mme Bullock-Workman, MM. Otto Nordenskjold, H. Lorin, Van Houcke, et un Arabe Ben Ali-Feka, etc.

Le bulletin trimestriel est toujours des plus intéressants; il renferme des travaux inédits, les conférences les plus importantes et une revue du mouvement géographique. Je ferai observer, en passant, que ce bulletin est, sans contredit, le plus artistiquement imprimé de tous ceux des Sociétés de Géographie de France.

Nous avons fait une perte immense, en la personne du fondateur de notre Société normande de Géographie, M. Gabriel Gravier. Cet homme de bien, qui était à la fois un savant et un patriote, s'était consacré entièrement à sa

Société et il l'aimait d'un amour paternel. C'est à lui que la Société normande doit beaucoup de ses succès et surtout la belle tenue de son bulletin pendant 25 ans. M. Gabriel Gravier, dont le nom est universellement connu dans le monde géographique, est l'auteur d'ouvrages les plus curieux (sur Madagascar notamment) où il a révélé une érudition et une puissance de travail dignes des bénédictins de jadis. Vous vous associez tous au souvenir ému et reconnaissant que j'adresse à sa mémoire au nom de la Société normande de Géographie.

Mais M. Gabriel Gravier avait eu, avant de mourir, la satisfaction de voir grandir à ses côtés celui qui allait être son successeur et le continuateur de son œuvre. Notre secrétaire général, M. Georges Monflier, qui, après sa courte présidence, a reçu le titre de président honoraire en récompense de la façon admirable dont il a organisé le Congrès de Rouen, est lui aussi un travailleur, un érudit et un dévoué à la science géographique. Il saura maintenir les traditions de la Société normande de Géographie, et avec lui et des hommes comme notre Président, M. le conseiller Robillard et les membres si distingués du Bureau, on peut être sûr d'un brillant avenir pour notre Société.

RAPPORT SUR LA SOCIÉTÉ DE GÉOGRAPHIE DE SAINT-ÉTIENNE

Par M. SYLVAIN GIRERD, *secrétaire général*, délégué

Dès 1879, de très bonne heure par conséquent, si l'on considère combien les idées de colonisation et d'expansion mondiale sont récentes, une Société de Géographie fut fondée à Saint-Etienne. Elle comptait parmi ses premiers adhérents des noms très connus dans la région : MM. Giron, J.-J. Epitalon, Varinard des Côtes, Chapon,

Carvès, Borie. Elle n'eut toutefois qu'une existence précaire.

Un peu moins de 20 ans après, en 1897, on conçut le projet, à l'occasion du Congrès pour l'avancement des sciences, de fonder un nouveau groupement. La section de géographie du Congrès émit un vœu en ce sens. Il fut réalisé dès les premiers mois de 1898, grâce surtout à l'intelligente activité de M. Henri Valladaud, délégué de la Société de Géographie commerciale de Paris. M. Valladaud proposa de rattacher la Société que l'on voulait créer à celle qu'il représentait. Sa proposition fut adoptée.

Notre association ne tarda pas à prospérer. Le premier bureau qui fut constitué ne ménagea rien, d'ailleurs, pour atteindre ce but. Aujourd'hui, notre Société compte plus de 200 membres et le nombre s'en accroît chaque jour.

Elle fait entendre chaque hiver de nombreux conférenciers ; dans l'année qui vient de s'écouler, nous avons eu le plaisir d'écouter la parole éloquente de MM. Paul Labbé, Groffier, Gallois, Hugues Le Roux, Guilmin ; elle distribue des prix ; elle a institué un office de renseignements, et déjà, par son entremise, de nombreux jeunes gens ont trouvé des situations hors de France. Elle projette de créer, quand ses ressources le lui permettront, des bourses de voyages. Elle voudrait aussi instituer une sorte d'association commerciale entre les Foréziens des colonies, qui sont fort nombreux, et ceux de la métropole. Tout permet d'espérer que grâce aux sympathies dont elle est entourée, à la bonne direction que lui imprime son Comité de patronage, elle remplira plus exactement chaque jour la mission qu'elle a assumée, et exercera une influence de plus en plus heureuse sur l'essor commercial de la région. Elle désire surtout que le Congrès qu'elle a eu l'honneur d'organiser lui donne une nouvelle vitalité et attire à elle un plus grand nombre d'adhérents.

RAPPORT SUR LA SOCIÉTÉ DE GÉOGRAPHIE DE SAINT-OMER

Par M. César de GIVENCHY, délégué.

Je vois, inscrit au programme, le mot rapport. Il faut donc s'exécuter, mais je m'en vois fort embarrassé et volontiers je vous redirais celui que j'avais l'honneur de présenter au Congrès de Tunis l'année dernière. La Société de Géographie de Saint-Omer poursuit toujours, heureusement, le cours de son existence. Comme les gens heureux, elle continue à n'avoir pas d'histoire, aussi n'a-t-elle pas les hautes aspirations de ses grandes sœurs dont ses représentants les plus qualifiés ont pu vous présenter d'amples mémoires. Elle vit et volontiers elle s'écrierait :

> Mon verre n'est pas grand, mais je bois dans mon verre.

Dans le but de développer le goût des voyages, elle en organise. L'année dernière, 76 de ses membres se mettaient en route pour un voyage de 6 jours, pendant lesquels ils visitaient : Bâle, Lucerne, le Righi, le lac des Quatre-Cantons, Interlaken.

Cette année, le nombre était plus restreint, et notre très dévoué secrétaire Bureau, professeur d'histoire au lycée, avec M. Cannane, de l'enseignement primaire, comme chef d'état-major, dirigeaient une petite caravanne en Hollande : Amsterdam, le Zuiderzée, l'île de Marken, de Vollendam, la Haye, Scheveningen.

Grâce à l'attrait de ces voyages où se rencontrent des gens de conditions diverses qui apprennent aussi à mieux se connaître et souvent à mieux s'apprécier, elle voit le nombre de ses sociétaires augmenter.

Afin de vulgariser la connaissance de pays éloignés, elle a fait entendre 5 conférenciers qui ont fait connaître à leur auditoire la Hollande, les Pyrénées, l'Ardenne française, la Tunisie, et M. Isachsen racontait son deuxième voyage polaire avec le Fram. Ses directeurs voudraient en présenter bien plus, mais elle doit compter avec ses ressources, et les pouvoirs publics, si généreux pour les Sociétés d'archéologie, se montrent parcimonieux à l'égard des Sociétés de Géographie. Avant de finir, il me faut encore vous dire que nous avons eu le regret de perdre notre président, respectable vieillard, que M. Duquenoy, ancien bâtonnier des avocats, a avantageusement remplacé. Je ne vous signale ce fait nouveau, peu intéressant au reste, que pour redresser une petite, très petite erreur de l'aimable secrétaire de la Société stéphanoise qui m'avait décerné le titre de président.

RAPPORT SUR LA SOCIÉTÉ DE GÉOGRAPHIE DE TOURCOING

Par M. LEFEBVRE, *président*, délégué.

Permettez-moi de vous présenter notre Société de Géographie.

Elle fut fondée, il y a environ vingt ans, par un homme dont le nom et le caractère sont universellement vénérés à Tourcoing. M. François Masurel, que son grand âge a forcé à se décharger sur des épaules plus jeunes du fardeau de la présidence, nous accorde toujours le précieux appui de son patronage.

C'est grâce à son initiative pressante et généreuse que notre Société, filiale de la grande Société de Lille, a pris son développement. C'est donc l'œuvre de M. François Masurel que je vous présente.

Depuis l'époque de sa fondation, notre section a organisé plus de deux cents conférences ; elle a présenté aux concours de géographie qui ont lieu chaque année de 800 à 1.000 jeunes gens appartenant à tous les degrés de l'enseignement. Elle a, en un mot, travaillé sans relâche à cette vulgarisation de la science géographique que tous ici nous poursuivons.

A ces efforts que nous entendons poursuivre dans l'avenir, nous vous demandons, Messieurs, comme récompense et comme encouragement, l'insigne faveur de votre approbation.

RAPPORT SUR LA SOCIÉTÉ DE GÉOGRAPHIE DE TOULOUSE

Par M. GUÉNOT, *secrétaire général*, délégué.

La Société de Toulouse continue, toujours avec le même succès, son œuvre de vulgarisation. Recrutée parmi l'élite de la population, elle compte sept cents membres.

Elle tient des séances tous les quinze jours, donne des conférences, publie un bulletin bi-mensuel et un bulletin trimestriel, organise des excursions et des concours et distribue des prix.

Elle s'attache à donner satisfaction tout à la fois aux intérêts économiques, locaux et généraux.

D'importants travaux sur les transpyrénéens, les voies de communication par eau, l'utilisation des chutes et des rivières, pour la production de la houille blanche, etc., ont été publiés par elle.

En outre, les questions coloniales et d'expansion extérieure tiennent une large place dans ses préoccupations.

Son succès ininterrompu depuis 24 ans semble indiquer qu'elle remplit un rôle utile et répond à un besoin.

**

Enfin MM. Etienne Port, délégué de la Société de Saint-Nazaire, Gallois, délégué de la Société de Tours, Otman-Djouini, délégué de la Société de Tunis, donnent des renseignements sur la situation des Sociétés représentées par eux. Le bureau du Congrès regrette de ne pouvoir insérer dans le compte rendu ces communications qui ne lui sont pas parvenues en temps utile.

* * *

A la suite de la lecture de ces différents rapports, M. J.-J. EPITALON, délégué de l'Alliance française, président de la Section de Saint-Etienne, a prononcé les paroles suivantes :

« C'est un grand honneur pour moi d'avoir été choisi par le Conseil d'administration de l'Alliance française pour la représenter au XXVIe Congrès national des Sociétés françaises de Géographie ; déjà pareille mission m'avait été donnée au mois d'avril 1902, lorsque la ville d'Oran, à l'occasion du millénaire de sa fondation, avait été désignée pour être le témoin d'une solennité semblable à celle qui aujourd'hui nous réunit en si grand nombre, sur l'invitation du Comité stéphanois de la Société de Géographie commerciale, dont M. Gabriel Forest dirige les travaux avec tant d'autorité. Je sais tout le prix du mandat que je tiens de la confiance de mes collègues, et ma présence à ces grandes assises de la science témoigne de la reconnaissance et de l'admiration que nous ressentons pour les services que vous rendez à notre patrie en préparant l'ouverture de nouveaux débouchés aux produits de nos multiples industries, et en nous procurant les moyens de lutter utilement contre la concurrence qui partout, au delà de nos frontières, se dresse si menaçante.

« L'Alliance française suit avec le plus vif intérêt les explorations de nos hardis pionniers qui, aux prix des plus grandes fatigues et au péril même de leur vie, s'efforcent d'agrandir notre empire colonial.

« Elle trouve en eux de puissants auxiliaires qui lui permettront d'atteindre le but auquel elle tend ; grâce à leur persévérante initiative, notre Association voit chaque jour s'accroître les territoires où, par ses écoles, elle aide à la diffusion de notre langue, à l'épanouissement de nos idées de pacification, de tolérance, et au maintien de notre

Cliché Verron.

M. TAVERNIER

Vice Président
de la Société de Géographie commerciale de Saint-Etienne.
Vice Président du Congrès.

influence; concourant ainsi à la réalisation de la pensée généreuse du Gouvernement de la République qui, fidèle à des traditions séculaires, a toujours mis au premier rang de ses préoccupations le souci constant du bien-être moral et matériel des peuples soumis à notre domination ou protégés par nous.

Messieurs, veuillez me permettre d'unir notre plus cordial salut de bienvenue à celui que M. Gabriel Forest, au nom de son Comité, vient de vous adresser à vous dont la présence nous cause à tous une joie si profonde. Laissez moi vous dire que vous êtes ici chez des amis et que c'est d'une fraternelle étreinte que nos mains se sont serrées dans cette enceinte.

En répondant à l'appel qui vous a été adressé, vous avez obéi à un sentiment des plus élevés : c'est l'attrait des discussions scientifiques qui vous rassemble ici, comme vous le faites tous les ans dans une des villes de France, pour résoudre en commun des problèmes géographiques qui se posent chaque jour plus nombreux devant nous. Mais je ne crains pas d'avancer qu'en venant en si grand nombre, étrangers et Français rapprochés par une même confraternité de savoir et d'étude, vous avez été attirés aussi par l'originalité de notre pays; vos visites à nos établissements, qui préparent à la fois les arts de la paix et ceux de la guerre, vous donneront, comme en raccourci, le spectacle des nombreuses industries qui sont l'honneur et qui font la richesse de la France, et vous partirez convaincus de la vitalité de cette contrée qui, au XVIe siècle, donna le jour à Jean Palerne, célèbre par son grand voyage en Orient, et qui, dans des temps plus rapprochés, fut le berceau des deux Garnier, des Dutreuil de Rhins, des de Cointet, des Charles Dorian et de notre contemporain Jean Dupuis.

*
* *

M. Emile Belloc, délégué du Club-Alpin, donne aussi un aperçu fort intéressant sur la Société qu'il représente :

« Le Club Alpin français compte actuellement trente et

un ans d'existence. Sans parler du *Bulletin* mensuel et d'autres publications accessoires, les 30 volumes de son *Annuaire*, dont l'origine remonte à 1874, forment une œuvre unique et précieuse : c'est l'histoire vécue de l'alpinisme et de la montagne.

Depuis le congrès de Tunis, où j'eus l'honneur de représenter notre association, l'activité du Club s'est manifestée d'une manière intense. Le mode de ses publications périodiques a été transformé. Une revue mensuelle, *La Montagne*, leur a succédé. Afin de développer le goût des ascensions, de mettre en lumière la valeur de nos richesses orographiques, d'attirer l'attention sur l'impressionnante beauté des sites montagneux et le charme pénétrant qui résulte de leur contemplation, un *Manuel de l'alpinisme* a été publié sous le patronage du Club Alpin.

Nos anciens statuts eux-mêmes n'ont pas échappé à ce courant d'idées réformatrices, dont la violence peut être capable, parfois, de renverser ce qu'on prétend améliorer : « Mais, écrivait naguère M. Paul Matter, les constitutions sont soumises aux vicissitudes des humains, elles vieillissent ; plus heureuses que les vivants, elles peuvent être rafraîchies et rajeunies. » Puissent ces modifications statutaires, réclamées par plusieurs sections à la fois, imprimer une impulsion nouvelle à notre association trentenaire.

Les courses entreprises dans les grands massifs montagneux ont été fort nombreuses pendant la dernière période estivale, et même en hiver. Ce déploiement de force agissante est dû, pour une large part, au zèle inlassable de nos collègues militants qui prêchent d'exemple ou poursuivent sans se décourager, le développement régulier de nos caravanes scolaires.

Comme cela a lieu chaque année, l'activité de notre Société alpine s'est aussi manifestée par des entreprises d'un ordre plus sérieux et plus pratique encore : le Club a fait édifier un certain nombre de nouvelles constructions dans les hauts parages montagneux. A la demande des sections, des travaux importants ont été subventionnés par la caisse centrale, dans les Alpes, les Pyrénées, les Vosges, etc. Une somme de 12.570 francs a été répartie entre différentes sections régionales en vue de ces constructions nouvelles et pour aménager des refuges déjà existants. Les subventions nécessaires au jalonnement des chemins de montagne et à l'amélioration des voies d'accès destinées à faciliter les ascensions ont été également prélevées sur cette somme votée par la direction centrale.

En outre une « caisse d'action en montagne », offrant certains avantages particuliers aux guides brevetés du Club Alpin français, a été fondée.

La commission de topographie, récemment instituée, sous la présidence de M. le colonel Prudent, a déjà fourni des résultats inespérés. A son instigation, des travaux du plus haut intérêt ont été réalisés par d'intrépides collègues dans les Alpes, les Pyrénées et même dans les régions réputées difficilement accessibles de l'empire marocain.

Dans le but d'initier les alpinistes à la pratique des levés cartographiques en montagne, un savant ingénieur, M. Henri Vallot, secrétaire de la Commission, a rédigé et publié un *Manuel de topographie alpine*, appelé à rendre les plus grands services aux voyageurs et aux explorateurs.

Pour terminer ce trop rapide exposé, quelques chiffres d'une significative éloquence, feront mieux comprendre l'importance de notre association.

En 1904 et pendant les premiers mois de 1905, le Club Alpin français a vu grossir ses rangs de 865 nouveaux adhérents. A l'heure actuelle, le nombre total de ses membres dépasse 5.600.

Le précieux dépôt de livres, les collections cartographiques et photographiques réunies au siège social, 30, rue du Bac, à Paris, sont libéralement rendus accessibles aux travailleurs, non sociétaires, qui se font présenter. La bibliothèque est formée d'œuvres diverses mais traitant particulièrement des questions se rattachant aux pays montagneux. Elle comprend actuellement 3.375 ouvrages de différents auteurs et 175 revues périodiques. En outre, le Club possède toutes les cartes de l'état-major français, la collection complète de celles du Ministère de l'Intérieur, la carte suisse de Dufour, les feuilles de la frontière des Alpes, la carte des Pyrénées franco-espagnole, en 6 feuilles, de F. Schrader et celle de Wallon. Signalons aussi les cartes, mémoires et bulletins du service de la *Carte géologique détaillée de la France*, etc., de nombreux albums renfermant de magnifiques vues de montagnes et des milliers d'épreuves photographiques en feuilles ; plusieurs reliefs topographiques : cirque de Gavarnie, Mont-Blanc, vallée d'Ossau, etc. ; une collection de roches et de fleurs alpestres et 3.000 clichés dispositifs destinés à ses conférences complètent la riche bibliothèque, très probablement unique dans son genre, que possède le Club Alpin français (1) ».

Après que ces discours eurent été prononcés ou remis sur le bureau du Congrès, M. Gabriel Forest, président, lève la séance, à 4 heures du soir, et MM. les congressistes montant dans les voitures mises à leur disposition par le bureau du Congrès, se rendent au barrage de Rochetaillée, où, sous la conduite de MM. Delestrac et Reuss, ingénieur en chef et ingénieur ordinaire des ponts et chaussées, ils parcourent et admirent le site pittoresque que constituent l'étroite vallée et ses deux barrages.

---

(1) Nous avons le vif regret de ne pouvoir publier à la suite de ces rapports, quelques lignes pleines de cœur et d'esprit que M. Varinard des Côtes, président de l'Association des Foréziens de Paris, a bien voulu nous remettre; cette Association ne fait pas partie des sociétés dites « assimilées. »

CONFÉRENCE SUR L'ÉTAT INDÉPENDANT DU CONGO

Par M. Yann-Morvran GOBLET.

Le soir, à 8 heures et demie, dans la grande salle des fêtes de l'Hôtel de Ville, en présence d'un public nombreux, M. Yann-Morvran Goblet, publiciste, a fait une conférence très remarquable et très appréciée sur le développement économique du Congo indépendant,

Après une courte allocution de M. Aspe-Fleurimont, conseiller du Commerce extérieur, qui présidait la séance, M. Goblet prend la parole.

Le sujet qu'il traite est un sujet d'actualité, éminemment intéressant : c'est l'histoire, unique au monde, du Congo belge, ce pays mystérieux qu'on a appelé le tombeau des blancs, l'histoire admirable de ce Congo, œuvre humanitaire et philanthropique du roi des Belges, qui fait aujourd'hui l'admiration des peuples.

Retraçant à grandes lignes l'histoire du Congo, M. Y.-M. Goblet retient, comme une date marquante, celle de l'établissement des Français au Gabon, celle de la fondation de Libreville, fondée par des esclaves libérés.

C'est la mort de Livingstone qui attira l'attention des nations sur le Congo, jusque-là délaissé et ignoré, et c'est à ce moment que le roi des Belges entra en scène, — le roi des Belges qui fut l'initiateur du Congo indépendant, œuvre qu'il mena à bien en dépit de toutes les indifférences et de toutes les résistances, œuvre qu'il entreprit et qu'il édifia tout seul, car il fut tout à la fois le directeur politique, le directeur financier et le directeur technique de son entreprise.

Mais la véritable prise de possession du Congo, on peut presque dire qu'elle date du jour où Stanley descendit le

Congo depuis la région des grands lacs jusqu'à son embouchure.

On sait que c'est à cette époque que trois expéditions de nationalités différentes se disputèrent le mérite d'y planter leur drapeau national : l'expédition française de Brazza, l'expédition portugaise et l'expédition belge de Stanley. Ce fut celle-ci qui arriva la première.

Puis, le conférencier nous décrit en quelques mots ce pays merveilleux où la nature a, comme à plaisir, accumulé ses plus riches trésors et dont on a pu dire qu'on avait peine à croire qu'il ne fut pas l'œuvre factice d'un peintre de forêts ; il nous le dépeint ensuite, avec ses races et ses coutumes.

Races mêlées, où se coudoient les nègres doux et laborieux du fleuve, les pygmées semblables aux korrigans des légendes bretonnes, et les redoutables et farouches Nyams-Nyams de la région des forêts.

La famille est organisée, chez ces peuplades, au moins dans son essence. Ce qui le prouve, c'est que l'héritage y est institué et que l'adultère est puni.

Enfin, ces nègres sont fétichistes. Ce qu'on ne supposerait point c'est que certains sont artistes : l'art caricatural fleurit agréablement chez eux.

Agriculteurs ou chasseurs suivant les régions, suivant les races et les tribus auxquelles ils appartiennent, les Congolais n'ont, naturellement, qu'une industrie fort rudimentaire ; mais cette industrie primitive est assez développée : le cuivre, le fer, les textiles, l'ivoire et les bois sont leurs matières premières.

L'administration belge est en train de transformer ce pays sauvage entre tous. L'organisation administrative est maintenant solidement constituée. Au-dessous du gouverneur sont les chefs de districts et de secteurs. A noter une institution particulière au pays et qui donne d'excellents résultats : on a fait, toutes les fois qu'on l'a pu, de chaque village, un véritable petit protectorat, en conservant au chef noir son autorité sous le contrôle des agents européens : ce sont les chefferies indigènes.

L'impôt est maintenant perçu régulièrement; comme il n'y a pas de monnaie, et comme il faut civiliser le noir en l'habituant au travail, l'impôt est perçu en prestations; mais comme, d'autre part, le noir ne saurait comprendre qu'on le fait travailler pour contribuer aux charges générales de l'Etat, on lui donne une certaine rémunération.

La justice fonctionne normalement dans tout l'Etat. L'ordre est assuré par la « force publique ».

Le Congo prospère sous une administration sage. Des ports ont été creusés. Les fleuves aménagés sont sillonnés de steamers. Les chemins de fer du Bas-Congo et du Mayumbé sont en pleine exploitation. Des routes pour automobiles se construisent en diverses régions. Le chemin de fer des grands lacs sera prochainement achevé. Les postes, les villes mêmes que relient le télégraphe et le téléphone se multiplient.

Les produits naturels, ivoire et caoutchouc, sont exploités rationnellement; les nègres sont initiés à l'agriculture; des plantations de riz, de cacao et de café ont été créées. Le flambeau de la civilisation éclaire chaque jour plus avant « les ténèbres de l'Afrique ».

En définitive, le Congo, tel qu'il a été édifié et organisé par le roi des Belges, s'impose à l'admiration de tous. L'anthropophagie tend de plus en plus à diminuer, la traite y a presque disparu; enfin, le travail entre peu à peu dans les mœurs indigènes.

Sans doute, dans certains cas, il y a eu des excès individuels, bientôt réprimés; mais où n'y en a-t-il pas?

Il ne faut donc pas suivre l'exemple d'une faction d'agioteurs anglais qui cherchent à jeter le discrédit sur le Congo. Ce serait faire le jeu de manœuvres purement mercantiles; ce serait, suivant le mot de M. Onésime Reclus, commettre une lâcheté coloniale, ce serait aussi nuire à nos propres intérêts.

Il y a quinze ans, le commerce extérieur du Congo était nul; il atteint aujourd'hui 76 millions.

Et, pour conclure, M. Y-M Goblet propose l'Etat indépendant du Congo comme modèle au Congo français, et réfute les calomnies intéressées de certains journalistes anglais.

Cette conférence était accompagnée de projections.

Les dernières paroles de M. Goblet sont accueillies par d'unanimes applaudissements qui montrent combien sa conférence, magnifiquement illustrée d'ailleurs par de très belles projections, a été appréciée des auditeurs. M. Aspe-Fleurimont se fait l'interprète de tous, en remerciant, comme il convient, le jeune et distingué conférencier.

Lundi 7 août.

Lundi matin.

Dès 8 heures du matin, les sections se réunissent au lycée dans les salles qui leur ont été affectées.

I. Géographie générale et locale.

La séance est présidée par M. Nicolle, délégué de la Société de Géographie de Lille.

Au cours de cette réunion, deux communications très remarquables sont faites, l'une par M. Reuss, ingénieur des ponts et chaussées, sur la distribution de l'énergie électrique dans la Loire; l'autre, par M. Paul Buffault, inspecteur des eaux et forêts, sur le taux optimum de boisement d'un pays. M. Buffault n'ayant pu se rendre au Congrès, sa note a été lue par son collègue, M. Vessiot, inspecteur des eaux et forêts dans le département de la Loire, et a donné lieu à une longue et intéressante discussion.

Quant à la conférence de M. Reuss, le bureau regrette de ne pouvoir la faire figurer dans ce compte rendu. M. Reuss avait fait une causerie plutôt qu'une conférence et il se proposait de lui donner à loisir une forme plus didactique et plus substantielle. Des travaux importants l'ont empêché malheureusement de réaliser ce projet.

NOTE SUR LE TAUX OPTIMUM DE BOISEMENT D'UN PAYS

Par M. BUFFAULT, inspecteur *des Eaux et Forêts*.

A l'heure actuelle, la question forestière est agitée devant l'opinion publique, la nécessité des forêts se manifeste de plus en plus, sous la poussée de l'évidence des faits, tant pour parer à la disette menaçante des bois d'œuvre (1), que pour conserver nos montagnes, rénover la navigabilité de notre réseau hydrographique (2), assurer et développer les ressources de notre pays en chutes d'eau productives d'énergie électrique, en « houille blanche » (3).

L'insuffisance des ressources forestières de la France n'est plus ignorée ; elle se chiffre par 3 millions et demi de mètres cubes de bois, excédent annuel de nos importations sur nos exportations. Elle se manifeste par les phénomènes torrentiels de nos Alpes, de nos Pyrénées et de notre Massif central, par les crues et les réductions de débit de notre Loire et de notre Garonne, par les écarts de régime de tant de nos cours d'eau, par les catastrophes de Mamers et de Bozel, etc. D'autre part, l'insuffisance de nos lois forestières, tant pour la protection des bois existants que pour le reboisement des terrains dénudés et dégradés, commence à se faire jour (4), et plusieurs se rendent compte

---

(1) A. Mélard, *Insuffisance de la production des bois d'œuvre dans le monde*. Paris, Imprim. Nat. 1900. E. Vœckel, *Rapport du Jury international de la classe 50 de l'Exposition de 1900*, Paris, Imp. Nat. 1900; G. Huffel, *Économie forestière*, t. 1. Paris, Laveur 1904.

(2) V. l'œuvre de la *Loire navigable* dont le 11ᵉ Congrès s'est tenu à Nantes en 1904, et les travaux des Congrès du *Sud-Ouest navigable* à Bordeaux (1902), Toulouse (1903), Narbonne (1904).

(3) Cf. le Congrès de la houille blanche, tenu en 1903 à Grenoble, et la revue *La Houille blanche* publiée à Lyon sous la distinguée direction de M. E.-F. Cote.

(4) Pierre Buffault, *Insuffisance de notre législation en matière de conservation et de restauration des forêts*, 1ᵉʳ Congrès du Sud-Ouest navigable, Bordeaux, Counouilhon, 1902; E. de Gorsse, *Reboisement du bassin supérieur de la Garonne*, 2ᵉ Congrès du Sud-Ouest navigable, Toulouse, Privat, 1904.

de la fausse sécurité dans laquelle nous nous endormons en comptant que nos lois et nos pouvoirs publics parviendront à nous assurer la quantité de masses arborescentes qui sont nécessaires à notre consommation, à notre industrie, à notre commerce, à la conservation du sol de la « doulce France ». De généreuses initiatives se déploient même pour parer à l'insuffisance de l'action législative : des Sociétés désintéressées se forment pour conserver nos montagnes et les mettre en valeur par une judicieuse et rationnelle alliance entre la forêt et le pâturage (1).

Tout cela montre l'intérêt légitime que prend de plus en plus chez nous la question forestière qui devient ainsi, il n'y a pas d'exagération à le dire, une question *vitale* pour notre patrie.

Or, surtout si des réformes législatives bien nécessaires, et dont l'Association du sud-ouest navigable a pris l'honneur de l'initiative, sont obtenues, il faudra en venir à une extension des reboisements, à une augmentation générale de notre superficie forestière. Sinon les conséquences funestes de la déforestation excessive, les désastres des inondations et des pénuries d'eau, la décadence de notre navigation fluviale, deviendront irréparables et ruineront notre pays.

Dès lors, se pose la question, qui, si elle est forestière, est absolument géographique : jusqu'où faut-il aller ? Où s'arrêter ? Quelle superficie faut-il consacrer à la végétation arborescente ?

En d'autres termes, *quel est le taux optimum de boisement de notre pays ?*

A notre connaissance, la question n'a pas encore été étudiée ni résolue. Il serait cependant d'une utilité incontestable qu'elle le fût. Actuellement, rien ne guide l'œuvre du reboisement, livrée aux tâtonnements, aux appréciations, aux expérimentations. Tristes expérimentations et

---

(1) Association pour l'aménagement des montagnes, fondée à Bordeaux en 1904 par M. Paul Descombes, directeur honoraire des Manufactures de l'Etat.

situation bien grave, en vérité, car ces expérimentations portent sur la fortune de certains de nos concitoyens, sur leurs vies même, sur une part notable de la richesse nationale. On doit reboiser tant que des désastres se produiront et jusqu'à ce qu'il ne s'en produise plus, dira-t-on. Mais combien vaudrait-il mieux savoir que tel coefficient de boisement exempte des désastres en assurant des ressources et ne pas se guider sur les cruelles leçons des phénomènes naturels !

Ce taux optimum, une fois connu, montrerait le but à atteindre aux gens éclairés du pays, aux législateurs, aux pouvoirs publics, car il n'est pas douteux un instant que les taux de boisement actuels de la plupart de nos régions ne soient bien inférieurs au taux optimum. Il n'y aurait pas non plus place pour les discussions sur l'opportunité du boisement, sur l'utilité du maintien et de l'extension de la forêt, discussions bien fréquentes encore, notamment entre l'administration des eaux et forêts et les communes propriétaires de bois ou de vacants qui ne voient que l'intérêt local et momentané sans songer à l'avenir ni à l'intérêt général, et qui trouvent des avocats malheureusement puissants dans les assemblée départementales et auprès des pouvoirs publics. L'on aurait ainsi un argument irréfutable en quelque sorte contre les adversaires locaux du reboisement ou l'inertie des indifférents.

Gardons-nous cependant de l'utopie. La question n'est pas, en effet, de celles que peut résoudre une formule mathématique, que peut enserrer une taxation de chiffres. Elle est, au contraire, fort complexe, bien que soluble, à notre avis.

Le taux optimum de boisement d'un pays dépend, en effet, du climat, du relief orographique, du réseau hydraulique, de la nature du sol et des multiples conditions économiques de la population (genre de vie des habitants, nature des cultures, industrie, ressources, etc.). Il est évident qu'en France non seulement le taux de boisement général ne sera que la moyenne générale de nombreux taux de boisement régionaux, mais que les taux de boisement par départements ne correspondent pas non plus aux réalités ; que ce sont des coefficients régionaux qu'il faudra déterminer et que, dès lors, l'étude du taux de boisement devra être faite par région naturelle, par bassin hydrologique, par exemple. Il faudra prendre des régions bien nettes, caractéristiques, étudier leurs états actuel et antérieur, faire leur monographie physique et économique, et en déduire, en s'aidant au besoin de comparaisons avec des contrées similaires plus ou moins boisées, le taux de boisement convenant le mieux à la situation et aux besoins de la région. Cette détermination ne pourra évidemment être rigoureuse comme la solution d'une équation ; mais elle conduira sûrement à une approximation suffisante. Lorsqu'on aura ainsi déterminé le coefficient optimum de boisement de quelques types, il sera aisé alors, en procédant par comparaison, de déterminer même le coefficient pour une région quelconque.

Un maître de la science forestière, l'éminent M. Broilliard, nous a écrit à ce sujet quelques réflexions que nous nous donnons le plaisir de transcrire ci-dessous en raison des précieuses indications et des utiles conseils qu'elles renferment.

« La question du taux de boisement désirable dans une « région donnée offre un problème bien difficile. Mais la « difficulté de réussir, a dit Le Barbier, ne fait qu'ajouter « à la nécessité d'entreprendre. Il y a tant de conditions « influentes et variables, dans une mesure parfois très « large, avec le temps. C'est d'abord le terrain, puis le « bois à consommer ou à exporter, et enfin, la population.

« Considérez une région, ébauchez-en la monographie et « concluez.

« Comparez la Beauce, à sol perméable, agricole et « privée d'eau, mais peu peuplée, à la Sologne imper-« méable, sauvage qu'elle était il a cinquante ans, déboisée, « mal peuplée et alors sans valeur. Combien serait-il « désirable d'avoir des forêts en Beauce et comment distri-« buées ? Combien en Sologne et quelles ? Chiffres différents « avant et après les chemins de fer.

« Dans les Alpes françaises, serait-ce les trois quarts de
« l'étendue des versants (cuvettes des vallées en dehors),
« soit environ la moitié de la surface totale du pays? On
« en est très loin et surtout très loin d'avoir des massifs
« pleins, tranquilles, sans atteinte du bétail. Comment
« pourrait-on déterminer un chiffre? Mais ce qu'on voit
« bien, c'est qu'il n'y a, pour ainsi dire, plus de vraies
« forêts dans les Basses et Hautes-Alpes, sèches, en ruines,
« dépeuplées. Il n'en reste guère que des débris, des
« squelettes, à peine quelques oasis encore un peu fraîches.

« Au contraire, dans les Vosges de la haute Meurthe,
« sur grès, gneiss et granit, grâce au climat humide,
« aux hommes laborieux, au prix élevé du bois, les versants
« sont tous boisés et le fond des vallées est en prairies et
« champs cultivés. Il y a sûrement plus du tiers du pays
« boisé et bien boisé, en massifs de sapin.

« Dans les Vosges de la haute Moselle, granit et syénite,
« il n'en est déjà plus de même. Les montagnes sont plus
« hautes; le taux de boisement devrait être plus fort et il
« est plus faible.

« Sur les collines ou plateaux sous-vosgiens, du grès
« bigarré, argilo-siliceux, la petite moitié du terrain est
« occupée par des forêts feuillues, continuées par des
« vergers de cerisiers sur cultures agricoles. Moitié du
« pays est couverte d'arbres. La population était pauvre,
« il y a moins d'un siècle; elle s'est enrichie par la culture
« de la pomme de terre et par des industries diverses; elle
« est honnête. Le pays est prospère et le taux de boisement
« semble parfait. Le bois d'œuvre, hêtre et chêne, s'exporte
« au nord et au sud; le bois de feu abonde et les forêts
« sont bien soignées.

« Sur les plateaux calcaires, perméables et arides de la
« Côte-d'Or, il y a beaucoup de forêts (peut-être plus de
« moitié de l'étendue du pays), et entre elles de petits
« villages et de très maigres cultures. Avant 1860, ces bois,
« taillés sous futaie pauvre, servaient aux forges et hauts
« fourneaux. Le stère sur pied valait 3 ou 4 francs. L'hec-
« tare produisant 5 stères par an donnait à peu près

« 20 francs de revenu brut et 15 francs de revenu net
« annuel. A présent, le bois de feu n'y a plus de valeur, le
« revenu tend vers zéro, et, d'autre part, on trouve là des
« terres à vendre à 5 francs l'hectare ! Y a-t-il trop ou trop
« peu de forêts ? Le règne du mouton s'y prépare-t-il ? Au
« point de vue hydrologique, il n'importe pas beaucoup.
« Solution incertaine. C'est un changement de régime dans
« le traitement des bois qu'il faut.

« En tout cela je vois matière à monographies, à études,
« à jugements sur le déficit de bonnes forêts ou l'excès de
« forêts vaines.

« M. Mathey a parlé du tiers de forêt désirable en
« France, en général ; je suis porté à le croire comme lui,
« et nous n'avons que le 1/6e ! Il y a de la marge, voilà qui
« est certain.

« Il serait possible d'indiquer aussi que le taux désirable
« correspond à la plus grande beauté du pays. Question
« d'esthétique à traiter.

« Quant au taux de boisement *minimum*, j'inclinerais à
« dire en France :

« Le quart en plaine, la moitié en montagne. »

Les études manquent, avons-nous dit, sur ce sujet. Il n'a été produit que des appréciations sommaires et personnelles.

C'est d'abord l'avis de la Commission réunie en 1864 pour étudier la situation agricole de l'Algérie, dont faisaient partie MM. de Gasparin, Boussingault, etc., et qui estime qu'en Algérie le tiers de la superficie devait être boisé. C'est ensuite l'opinion fort judicieuse de M. Mathey (1) estimant que le « taux normal de boisement » en France est de 33 %. Enfin, c'est un rapport fort intéressant que M. Ficheur, professeur à l'école des sciences d'Alger sur « le coefficient de boisement de l'Algérie » (2). Dans ce

---

(1) Mathey, *Le pâturage en forêt*, Besançon, Jacquin, 1900.
(2) Ce rapport compte parmi les remarquables travaux produits en 1904 par la Commission d'études forestières du gouvernement général de l'Algérie (V. *Compte rendu et rapports*, Alger, J. Torrent, 1904)

mémoire, le distingué professeur examine le taux de boisement des différents pays et des diverses régions de la France. « Le coefficient de la France, dit-il, n'est évidemment qu'un coefficient d'attente » (1).

« Une certaine proportion de forêts, écrit-il encore, doit donc figurer parmi les éléments constitutifs d'une organisation sociale. Quelle est cette proportion? Économistes et forestiers sont d'accord pour la fixer au tiers des territoires en Europe... Ce qui paraît certain c'est qu'un pays a d'autant plus besoin de bois qu'il se rapproche de l'équateur ; c'est de là et en comparant dans différents pays « l'effet utile » de la forêt, c'est-à-dire son rendement en valeur de climature, que l'on est arrivé à admettre le taux de 33 % comme étant le coefficient normal de boisement d'une contrée. »

Mais tout cela, au lieu de reposer sur des études approfondies, résulte d'estimations approximatives et laisse désirer mieux pour formuler en France un programme certain et indiscutable de reboisement étendu et rationnel. On a d'autant moins fait de telles recherches en France que notre loi du 4 avril 1882, sur le reboisement des montagnes, restreint les travaux de restauration à la montagne seule et, dans la montagne, aux seuls terrains *dégradés*, et où il y a *danger né et actuel*. Elle ne prévoit aucun travail préventif et ignore absolument la régularisation du régime des eaux, régularisation qui ne peut s'obtenir qu'avec des reboisements *étendus* et effectués, non seulement en montagne, mais même en régions de collines et de plateaux.

Ces recherches sur le taux de boisement seraient, nous insistons, de première importance. Elles viendraient actuellement à leur heure et compléteraient heureusement l'excellent travail qu'entreprend l'administration des eaux et forêts en établissant la statistique des bois particuliers

---

(1) Le coefficient est actuellement de 18 %, variant de 3,5 % dans la Manche à 56 % dans les Landes. (V. ces chiffres et ceux relatifs aux pays étrangers, in G. Huffel, op. cit. p. p. 400 et 46).

Cliché VERNON.

M. DENUZIÈRE
Vice Président
de la Société de Géographie commerciale de Saint-Etienne.
Vice Président du Congrès.

qui, en France, n'avaient été encore l'objet que d'appréciations arbitraires.

Aussi avons-nous cru à propos de faire poser la question par la Société de Géographie commerciale de Bordeaux, à laquelle nous appartenons, et d'appeler sur ce point l'attention des géographes qui ont compétence pour la résoudre et dans le cadre d'études desquelles elle rentre.

II. Géographie Coloniale.

La séance est présidée par M. Paul Labbé, délégué de la Société de Géographie commerciale de Paris.

Deux conférenciers prennent successivement la parole. Ce sont MM. Aspe-Fleurimont et Gallois. M. Aspe-Fleurimont parle de l'organisation de l'Afrique occidentale française et M. Gallois, de l'Océanie française. Au cours de cette réunion, M. Henri Valladaud dépose sur le bureau de la section, après en avoir donné un bref aperçu, une communication de M. Charles Lemire, empêché de se rendre au Congrès, sur les intérêts français aux Nouvelles-Hébrides. Le secrétaire général du Congrès dépose également un travail de M. Paul Descombes, directeur honoraire des Manufactures de l'Etat sur la houille blanche et l'aménagement des montagnes par l'initiative privée.

DE L'ORGANISATION DE L'AFRIQUE OCCIDENTALE EN 1905.

Par M. ASPE-FLEURIMONT, conseiller du commerce extérieur.

Lorsqu'il y a un peu plus d'une année, M. Charles Gauthiot, le regretté secrétaire perpétuel de la Société de Géographie commerciale de Paris, me demanda de préparer pour le Congrès de Saint-Etienne, un mémoire sur l'*Organisation administrative de l'Afrique occidentale*, je lui objectai que la question était extrêmement délicate, et que les spécialistes étaient loin d'être d'accord sur le meilleur régime à adopter pour cette partie si importante de notre domaine colonial.

Convenait-il de laisser le Sénégal, la Guinée, la Côte d'Ivoire, le Dahomey, jouir d'une autonomie qui, dans l'ensemble, leur avait si bien réussi pendant l'âge de leur croissance ?

Devait-on, au contraire, souhaiter un renforcement des pouvoirs du gouvernement général dont, pendant plusieurs années, l'action ne s'étendit guère au delà du Sénégal et un peu au Soudan ?

Je répondis à M. Ch. Gauthiot que je ne me sentais pas qualifié pour prendre parti et ce, avec d'autant plus de raison, que le bruit s'accréditait que le Pavillon de Flore préparait un ensemble de décrets dont l'objectif semblait devoir être de constituer — administrativement du moins, c'est-à-dire en droit, sinon en fait — un tout homogène, comme pour notre empire indo-chinois, il y a quelques années. Bref, je me récusai, non pas dans le but d'éviter de dire mon opinion — je l'ai toujours donnée quand cela m'a semblé utile dans l'intérêt de mon pays — mais parce que je considérais que l'homme dont on parlait d'étendre considérablement les attributions — l'honorable M. Roume — jouissant de l'estime générale et étant un travailleur opiniâtre, il y avait lieu, à mon sens, de faire un large crédit au régime nouveau, alors en préparation, afin de pouvoir se rendre compte de ce qu'il serait dans son application.

J'avais déjà perdu, à peu près, le souvenir de mon entretien avec M. Gauthiot, quand fut promulgué le décret du 18 octobre 1904, qui réglait l'organisation administrative et financière de l'Afrique occidentale française. Et certes il ne me vint pas à l'esprit que la question fût susceptible d'être reprise pour le Congrès actuel. Quel ne fut pas mon étonnement lorsque, il y a quelques semaines, une information du Comité d'initiative de Saint-Etienne m'apprit que je devais traiter ce sujet devant vous. Je protestai de toutes mes forces auprès de notre distingué secrétaire général de Paris, mon excellent ami, M. Paul Labbé ; mais je dus lui promettre, tout au moins, quelques notes.

Or, voyez comment la fortune m'est contraire : depuis cette promesse faite, inconsidérément sans doute, à M. Paul Labbé, voici que la *Revue politique et parlementaire*, dans sa livraison du 10 juillet 1905, vient de publier une étude magistrale de M. A. Duchesne, sous-directeur de l'Afrique au Ministère des Colonies, et précisément sur l'*Organisation administrative de l'Afrique occidentale* qu'il connaît à merveille, non pas seulement à cause de la fonction qu'il occupe au Pavillon de Flore avec tant de distinction, que par suite de ses études juridiques antérieures et du traité de droit administratif colonial auquel il a, comme on le sait, attaché son nom.

Il serait donc, de ma part, téméraire et absolument inutile de refaire ici l'historique de la formation de notre empire ouest-africain. Des ouvrages remarquables — et parmi eux l'œuvre maîtresse publiée à l'occasion de l'Exposition de 1900 par MM. Auguste Terrier et Marcel Dubois — y ont pourvu très complètement.

J'en suis donc réduit à plaider les circonstances atténuantes, et à m'excuser d'apporter ici quelques considérations sortant un peu du sujet qui m'avait été demandé, et cela s'imposait.

**

La conquête et la première organisation sont connues de tous. Le drapeau tricolore avait été planté sur divers points de la côte africaine, et c'est autour de l'ombre de ses plis, d'abord flottants, que commença le développement de notre influence devenue rapidement prépondérante, là par la *manière forte*, ici à l'aide de moyens *pacifiques*. Chacune des deux méthodes fut dictée par des nécessités différentes. Nos généraux du Soudan durent abattre de terribles ennemis, qui ruinaient le pays. M. Ballot eut à faire appel à la force contre Behanzin pour donner à la France un Dahomey pacifié et humanisé. Le docteur Ballay — dont je vénère personnellement la mémoire — fit, par la persuasion, de la

Guinée française, le joyau qu'elle est si rapidement devenue sous son administration qui resta toujours *paternelle* vis-à-vis des gens qu'il gouvernait, *indépendante* à l'égard de ceux qui, de loin et dans l'ignorance des nécessités et du lieu, voulaient souvent lui imprimer des directions qu'il jugeait parfois contraires à l'œuvre que, en lui-même, il s'était promise de faire grande et durable.

A la Côte d'Ivoire, dont le premier gouverneur fut M. Binger — lequel eut de trop nombreux successeurs en peu d'années — on n'employa ni la *manière forte*, ni la *manière douce*, et ce fut évidemment ce défaut de méthode qui maintint cette colonie, pourtant si riche en produits naturels divers, dans un état très arriéré jusqu'à ces derniers temps.

Mais, aux colonies, tout va vite : les hommes et les choses. L'avenir dira si, avec le changement des hommes, dont plusieurs sont, hélas ! disparus, les modifications, parfois brusques, des méthodes ayant fait leurs preuves, produiront des résultats aussi heureux.

Peut-être, aussi, est-il juste de penser que le régime de l'âge adulte doit être différent de celui de la prime jeunesse. Quoi qu'il en soit, la nature, elle, ne procédant pas par soubresauts, il est permis de dire qu'*évolution* n'est pas du tout le synonyme de *révolution* ; ça en est plutôt l'opposé.

Quoi qu'il en soit, l'Afrique faisant concevoir de belles espérances, basées sans doute sur les sérieux profits commerciaux des puissantes maisons établies dans le pays, dès l'origine de notre occupation, ou avant même que celle-ci se soit produite, puisque souvent elle n'en fut que la résultante, on s'impatienta des obstacles dus aux distances, à la difficulté des communications, même aux risques des points d'accès. On voulut des ports, des warffs, des routes, des chemins de fer. C'était des millions à dépenser ; on les dépensa. Conakry fit tout cela sans demander rien à la métropole. Le Dahomey commença sa voie ferrée dans les mêmes conditions. Mais il restait à conquérir le Soudan dans l'ordre économique. On a craint que le caoutchouc disparût un jour par suite d'une exploitation intensive. On espéra que la culture du coton serait appelée à donner des résultats appréciables. Enfin, le sous-sol restait ignoré et il fallait pouvoir le prospecter avec des engins appropriés. On décida donc, on fut presque obligé — pour obéir à de jeunes impatiences désireuses de créer des entreprises nouvelles — de concevoir grand et de faire vite.

Un premier emprunt de 65 millions de francs fut contracté par le Gouvernement général pour des travaux publics importants très connus et qu'il est inutile de rappeler. Un second emprunt est en voie de préparation. Mais, pour le gager aux yeux du Parlement, il faut apporter des chiffres, des résultats. Dans la crainte — fort légitime, très juste même — qu'il devienne opportun de ne pas exiger davantage de l'impôt de capitation — les facultés contributives des noirs n'étant pas plus illimitées que leurs facultés d'achat — on prit la résolution de demander aux droits d'entrée, donc au commerce, les 15 à 1.800.000 francs qu'il fallait se procurer annuellement en sus de tout le reste. A cet égard, le décret du 14 avril 1905 a déjà tant soulevé de protestations qu'il est à peu près certain que, de lui-même, le Gouvernement général y apportera de notables modifications. Il serait, en effet, facile de prouver, chiffres en mains, que, malgré de louables intentions et faute de documents suffisants, les Pouvoirs Publics ont commis des erreurs qu'ils doivent réparer. Une grande association, celle à laquelle est dû, dans son origine, le tarif métropolitain de 1892, *l'Association de l'Industrie et de l'Agriculture françaises*, a déjà entrepris de démontrer l'insuffisance des mesures douanières protectrices inaugurées pour le Sénégal et la Guinée. On pourrait compléter cet effort et faire voir que, pour le Dahomey et la Côte d'Ivoire, la situation mérite également un sérieux examen.

Qu'il me soit permis d'entrer, ici, dans quelques détails.

*
* *

L'art. premier du décret présidentiel du 14 avril 1905 peut se décomposer en trois parties. Il donne, d'abord, une énumération très courte des articles qu'il frappe — s'ils entrent au Sénégal et en Guinée — d'une taxe de consommation et d'un droit différentiel et — s'ils pénètrent par la Côte d'Ivoire et le Dahomey - d'une taxe purement fiscale d'où qu'ils proviennent, la convention franco-anglaise du 14 juin 1898 n'autorisant pas le traitement préférentiel, pendant trente années, dans les colonies anglaises et françaises du golfe de Guinée. L'art. premier, qui nous occupe, ajoute que, pour tous les articles, autres que ceux explicitement visés — et c'est l'immense majorité — ils supportent un droit d'entrée de 10 % *ad valorem* sur les bases établies par les mercuriales de chaque colonie. Enfin, le texte du même article premier prévoit — admirable prévoyance! — comment les taxes seront perçues à défaut de mercuriales. Jusqu'au 1er mai 1905, à la Côte d'Ivoire et au Dahomey, le droit d'entrée de 10 % se percevait sur le prix de facture de la marchandise ainsi que sur le fret et l'assurance. C'était déjà une charge plus lourde qu'aux colonies anglaises où le droit de 10 % se paie sur la valeur des marchandises à leur point d'origine, et non pas au port de destination. Mais, chez nous, on a imaginé mieux encore; et, maintenant, les droits sont établis comme suit : la douane se fait représenter la facture du fabricant et elle en majore le chiffre de 25 % ; c'est sur le produit de cette opération qu'elle perçoit la taxe de 10 %. J'ai établi un tableau synoptique contenant la désignation de 40 à 50 articles divers, les plus usuels; on en trouvera, ci-contre, un extrait. Eh bien! il en ressort la démonstration certaine, absolue que pour les tissus, les farines, les conserves, etc..., la surcharge qui pèse sur le commerce dépasse sensiblement 20 %. J'ai l'intime conviction que si l'honorable M. Roume avait pu posséder tous les éléments utiles d'appréciation, il aurait proposé à M. le Ministre des Colonies un autre barême.

Quoi qu'il en soit, voilà le régime partiellement injustifié, il faut le dire, que subit le commerce colonial français des possessions dont je parle ; et la situation est d'autant plus grave pour lui, que ce régime le place en état de notable infériorité vis-à-vis des comptoirs étrangers dont les

Nature des Articles	Prix de facture	Fret	Débours	Assurance	Total des frais	Pourcentag. des frais	Régime ancien 10%	Régime nouveau Prix de facture	Régime nouveau Majoration 25%	Régime nouveau Douane 10%	Surcharge additionnelle d'après le régime nouveau
Conserves françaises assorties, la caisse (de 50 kilos).	84 50	2 45	0 50	0 60	3 55	4 20%	8 80	84 50	21 12	10 56	1 76 = 20 »%
Conserves américaines, Corned Beef, (la caisse de 24 boîtes de 1 kilo).	13 20	c. a. f.	c. a. f.	c. a. f.	c. a. f.	c. a. f.	1 32	13 20	3 30	1 65	0 33 = 25 »
Eau de Virhy, la caisse de 50 bouteilles.	32 50	4 15	0 20	0 13	4 62	14 20%	3 71	32 50	8 125	4 06	0 35 = 9 46
Farine, les 100 kilos............	43 »	c. a. f.	c. a. f.	c. a. f.	c. a. f.	c. a. f.	4 30	43 »	10 75	5 375	1 075 = 25 »
Huile d'arachides, les 100 kilos.....	50 »	c. a. f.	c. a. f.	c. a. f.	c. a. f.	c. a. f.	5 »	50 »	12 50	6 25	1 25 = 25 »
Lait stérilisé, la caisse de 48 boîtes..	18 55	1 05	0 30	0 15	1 50	8 10%	2 »	18 55	4 64	2 32	0 32 = 16 »
Laiton rouge, les 100 kilos.........	230 »	c. a. f.	c. a. f.	c. a. f.	c. a. f.	c. a. f.	23 »	230 »	57 50	28 75	5 75 = 20 65
Sacs vides pour riz, la balle de 500 sacs.	90 »	2 70	0 50	0 50	3 70	4 10%	9 37 5 fr. les % lit	90 »	22 50	11 25	1 88 = 20 »
Vin blanc et rouge, barrique de 225 litres.	120 »	11 75	1 25	0 95	13 95	11 60%	11 25	120 »	30 »	15 »	3 75 = 33 33
Tissu n° 41.682, en balle de 50 pièces (de 8 yds).	187 50	6 90	» »	1 20	8 15	4 35%	19 565	187 50	46 87	23 437	3 872 = 20 »

maisons mères, sises en Angleterre et en Allemagne, peuvent, sans aucun risque, faire minorer la valeur des factures d'origine.

Dans ces conditions, le meilleur remède qui apparaisse est le suivant : obtenir des Pouvoirs Publics la mercurialisation rapide du plus grand nombre possible d'articles de vente. Mais, ici, surgit une nouvelle difficulté : qui établira la mercuriale semestrielle ou annuelle et sur quels éléments se basera-t-on? Il est évident que si chaque administration locale jouit d'une pleine liberté à cet égard, elle en usera largement, ne serait-ce que dans l'espoir de faire sa cour au gouvernement général en lui fournissant des ressources financières sans cesse grandissantes ; le passé prouve surabondamment que, sauf en Guinée, les intérêts du négoce ont toujours pesé d'un poids bien léger dans les déterminations administratives. Mais, dira-t-on, chaque administration locale consultera le commerce ; on l'admettra même au sein de la Commission des mercuriales. Ah ! que voilà un bon billet! Comme toujours, le commerce sera en minorité, la Commission se composant, par exemple, de 3 négociants et de 4 fonctionnaires... et... le but sera atteint. Le nombre des fonctionnaires et des négociants serait-il égal que le président de la Commission étant un fonctionnaire, sa voix, en cas de partage, serait prépondérante. Non, ce qu'il faut à notre époque de pleine lumière, ce ne sont pas les tours de passe-passe imaginés par des sous-ordres, les petits moyens, mais la discussion contradictoire, franche et sincère. Qu'on ne parle pas des décisions du *Conseil supérieur* de l'Afrique occidentale ; on n'y peut pas discuter ; on enregistre les propositions de l'administration. D'abord, les fonctionnaires y sont en immense majorité ; ensuite, les quelques négociants qui y siègent, n'ont ni le temps, ni les moyens de discuter les rapports préparés d'avance qu'on soumet à l'entérinement ; éloignés d'Europe où sont les maisons mères qu'ils représentent, ils ne possèdent pas les éléments d'appréciation dont leurs chefs, seuls, disposent.

Dans l'ordre d'idées que j'examine, les nouveaux droits.

créés par le décret du 14 avril 1905, ont mécontenté tout le monde ; il n'en pouvait pas être autrement ; il faut donc aviser et partir, cette fois, de bases mieux assurées.

Voici la solution qui m'apparaît comme la plus rationnelle en vue d'une saine mercurialisation : dans chaque colonie, une Commission, composée de fonctionnaires et de négociants, établirait un projet de mercuriales ; ce projet serait transmis, par les soins du gouvernement général, au ministère des Colonies qui en soumettrait les éléments aux chefs des maisons intéressées ; on discuterait, chacun apporterait ses documents, ses preuves, et c'est seulement après cette instruction contradictoire que l'administration, pleinement éclairée, retournerait dans chaque colonie pour la promulgation, le projet de mercuriales amendé ou non. De la sorte, personne n'aurait le droit de se plaindre, puisque tout le monde aurait été mis à même de faire valoir, s'il y avait lieu, de bonnes raisons.

C'est ainsi que j'envisage la solution d'un problème tout d'actualité et particulièrement délicat. Il ne s'agit de contrarier personne, ni d'attaquer qui que ce soit, mais simplement de faire cesser une situation d'un caractère assez arbitraire et qu'aggravent singulièrement, dans la pratique, les fonctionnaires subalternes animés trop souvent d'un zèle mal éclairé, et que sont parfois obligés de désavouer leurs supérieurs hiérarchiques, quand les abus d'autorité ou d'interprétation deviennent par trop choquants.

Mais je m'aperçois que j'ai donné, en quelque sorte malgré moi, un développement exagéré à un sujet que je ne voulais qu'effleurer, et je prie qu'on m'en excuse ; j'ai cependant quelques idées encore à vous communiquer.

Le gouverneur Ballay, quand il avait besoin d'établir de nouvelles taxes, réunissait les *chefs* de maisons ayant des comptoirs en Guinée et il leur tenait le langage suivant : « Il me faut telle somme pour subvenir aux dépenses de tels et tels travaux publics qui amélioreront l'outillage économique de la colonie et dont le commerce profitera, même directement, par les fournitures qu'il devra faire.

Examinons ensemble la nature, le nombre et l'importance des taxes nouvelles nécessaires, de façon à ce que leur répercussion soit le moins possible dommageable ».

Qu'objecter à un langage si sensé? Aussi, on se mettait rapidement d'accord et nul ne récriminait contre l'évidente nécessité : ce n'était pas un *impôt* odieux, un *droit* vexatoire, mais une *contribution* ayant véritablement un caractère volontaire et librement acceptée.

Toute l'administration du gouverneur Ballay et de son successeur, l'honorable M. Cousturier, a été empreinte de cette marque paternelle, franche et de bon aloi. Une semblable méthode excluait la lutte ; l'esprit de dénigrement, si fréquent et si nuisible aux colonies, manquait d'éléments pour aiguiser ses flèches. La Guinée fut une colonie prospère, économe, ennemie des succès faciles et apparents — mais temporaires — que donne le *bluff*; sa situation économique a reposé sur des bases solides.

Le gouverneur actuel, M. Frézouls, est depuis trop peu de temps à la tête de cette colonie, pour qu'il soit possible d'apprécier son œuvre ; on a pu juger celle de Ballay d'après ses résultats, comme on juge l'arbre par ses fruits ; attendons la saison nouvelle pour commencer à nous former une opinion sur la fécondité future de l'œuvre de l'actuel lieutenant-gouverneur.

Je me résume :

Les diverses parties de notre Afrique occidentale occupent des stades très différents sur la voie du progrès ; un régime uniforme en matière administrative ne saurait donc leur être appliqué ; de même, il serait imprudent de leur imposer des charges fiscales identiques, d'une façon plus ou moins directe, sans s'exposer à susciter le mécontentement des populations. Dans l'ordre politique, nous devons nous en tenir, et pour de longues années encore, au régime de la *domination* et renvoyer à bien plus tard — pour l'ouest africain tout au moins — l'adoption de ce qu'on a dénommé le régime de *l'association*. Les Allemands ont voulu associer les *Héréros* à leurs méthodes militaires ;

ils en sont présentement les victimes étonnées. Les Anglais, vous le savez, dirigent de haut et ferme leur grand empire des Indes, l'Ouganda, la Nigéria, la Côte d'Or, Sierra-Léone, la Gambie, et généralement toutes celles de leurs possessions qu'ils qualifient de *colonies de la Couronne*. Ils réservent un régime plus libéral, ils accordent le *Self-Government* aux pays comme le Canada, le Cap, l'Australie, dont les habitants sont en majorité originaires de l'Europe, du moins par leurs ancêtres. Aux races inférieures, ils donnent la paix, la sécurité des personnes et des biens, l'assurance du lendemain ; mais, en échange, ils exigent d'elles l'obéissance absolue à leurs directions et cela — qu'on ne l'oublie pas — dans leur intérêt mutuel.

Ne cherchons donc pas à innover encore ; ça pourrait devenir dangereux. Notre empire africain demande à être traité avec des ménagements. Les facultés économiques des indigènes y seront, pendant longtemps encore, passablement limitées. Leur évolution sera lente, les besoins étant restreints ; ne nous efforçons pas trop d'en précipiter le mouvement. La planche africaine est longue, et ses fibres sont de force inégale ; on risquerait, en la chargeant de poids trop lourds, de la voir se briser. Attachons-nous, au contraire, à renforcer ses éléments constitutifs ; apportons-lui une sève sans cesse plus abondante, la sève économique qu'amène, au début, avec lui le commerce. Organisons ensuite la mise en valeur rationnelle par un bon régime des terres ainsi que par une organisation, d'après les besoins du pays, de la main-d'œuvre.

Les Romains avaient fait du nord de l'Afrique une contrée florissante, devenue ensuite un désert sous la domination arabe. Inspirons-nous de leurs méthodes en les modifiant comme il convient et nous ferons lentement, il est vrai, mais progressivement et sûrement, de notre empire ouest-africain un domaine bien aménagé, que nous envient déjà, et véritablement un peu trop à l'avance, certaines puissances qui souffrent, dans leur amour-propre, de ne coloniser que chez autrui, semblables à cet oiseau — le coucou — qui pond toujours ses œufs dans le nid des autres oiseaux. La France a reçu partout assez de coucous étrangers ; il appartient aux Sociétés de Géographie de concentrer nos efforts sur les meilleures méthodes, pour favoriser et développer nos couvées nationales d'expansion coloniale.

SITUATION DE LA FRANCE DANS L'OCÉAN PACIFIQUE

SON INTÉRÊT, SON EXTENSION POSSIBLE, SON MAINTIEN FACILE ET NÉCESSAIRE

Par Eugène GALLOIS, chargé de missions,
lauréat des Sociétés de Géographie, etc.

Parmi nos colonies, il en est certaines qui semblent être traitées de quantités négligeables tant pour leur peu d'importance que par rapport à leur isolement ou à leur éloignement de la métropole. Tel est le cas en particulier de ces terres nombreuses disséminées dans le vaste océan Pacifique, au sud de l'équateur, faisant partie de notre domaine colonial et classées sous la dénomination impropre d'établissements français de l'Océanie, alors que le titre de la Polynésie française leur conviendrait mieux (la Nouvelle-Calédonie, terre océanienne, formant une colonie distincte, que nous sachions). De plus, on admettra bien que la valeur d'une colonie ne consiste pas dans son importance territoriale ni dans sa richesse plus ou moins grande, mais aussi qu'elle vaut suivant ses conditions climatologiques et plus encore selon sa position géographique et, on pourrait dire, politique mondiale.

C'est le cas, au premier chef, de nos archipels du Pacifique qui entourent la justement fameuse Tahiti, perle incomparable, comme d'une auréole, constituant avec elle la plus belle couronne coloniale dont une nation puisse ceindre son front !

Mais, avant de chercher à démontrer l'intérêt que présentent ces oasis du plus vaste des déserts aquatiques, on nous permettra de rappeler quelques notions élémentaires de géographie coloniale.

En tête, c'est donc *Tahiti*, île vaste de plus de 100.000 hectares, dominée par des sommets de plus de 2.000 mètres, avec des côtes pittoresquement découpées, formant des ports naturels, comme ceux de Papeete et Port-Phaéton, pour ne citer que les principaux, d'autant mieux abrités que l'île est comme encerclée par une ceinture de récifs madréporiques, disposition précieuse qui se retrouve du reste dans les îles voisines. Tahiti renferme, en dehors de la capitale, Papeete, siège de l'administration, un certain nombre de villages égrenés au long du littoral, où court une route de près de 200 kilomètres de longueur. L'île compterait plus de 10.000 habitants, et l'ensemble des archipels au moins le triple. A côté, se dresse l'île, plus pittoresque encore, de *Mooréa*, sorte de triangle échancré, de plus de douze lieues de tour avec une surface d'environ 13.000 hectares. Deux îlots dépendent encore du groupe tahitien : Tetiaroa et Mehetia.

Un peu au nord-ouest, à 200 kilomètres à peine, est le groupe dit : les *Iles sous le Vent*, comprenant : Huahine, Raïatea, Tahaa, Bora-Bora, Motu-Iti, Maupiti, Maupihaa, Bellinghausen et Scilly.

Elles représentent plus de 30.000 hectares et seraient peuplées d'environ 6.000 habitants. Très accidentées, avec des bains superbes, havres de toute sécurité, elles ont aussi chacune leur ceinture madréporique et sont abondamment pourvues d'eau douce, comme Tahiti : mais si nous sommes installés depuis plus d'un demi-siècle dans cette dernière, il n'y a guère qu'une quinzaine d'années que les Iles sous le Vent sont devenues véritablement colonies françaises, convoitées qu'elles étaient par l'Allemagne.

Au nord de Tahiti, à quelques centaines de kilomètres, est le groupe considérable des îles madréporiques de *Tuamotou* ou *Pomotou* (archipel dangereux), singulières îles plus ou moins elliptiques, de formation purement coralienne, émergeant parfois à peine de la mer et plus ou moins couvertes de végétation, évidées à l'intérieur comme en un lac salé (formé par la pénétration de la mer) et dénommé *lagon*. C'est dans ces lagons, de profondeur très variable, que se pêchent les huîtres nacrières et perlières, formant avec le coprah (noix de coco sèche) les principaux objets d'exportation de la colonie. On compte 80 de ces îles, représentant une surface de plus de 85.000 hectares avec une population de quelques millions d'habitants.

Faisant suite et presque partie de ce groupe, est l'archipel de *Gambier*, représentant quelques milliers d'hectares et un millier peut-être d'habitants. Mangaréva en est la principale. Elle possède un bon mouillage.

Tout à fait au nord et proche de l'équateur, sont les îles *Marquises*, au nombre de onze : Hiva-Oa ou La Dominique, Tanata, Fatuhiva ou la Madeleine, formant comme un premier groupe ; Nuka-Hiva, Ua-Fu, Ua-Uka, Eiao et les îlots Hatutu et Motu-Iti avec les rochers de Motane et Fatuhuka. Le tout représenterait environ 125.000 hectares, avec quelques milliers d'habitants. L'aspect de ces terres volcaniques est des plus pittoresques, bien que les hauts sommets ne dépassent guère 1.000 à 1.200 mètres. Dépourvues de ceinture madréporique, ces terres n'offrent que peu d'abris naturels et cependant Nuka-Hiva possède la belle rade d'Anna-Maria, sur laquelle se trouve le chef-lieu de Taïohaé.

Enfin, à quelque cinq cents kilomètres au sud de Tahiti, un peu éparpillées sont : Tubuaï, Rivavae, Rurutu, Rimatara, renfermant chacune quelques centaines d'habitants.

Ce n'est pas tout, car il ne faudrait pas oublier Rapa, île bien plus au sud, de modeste importance, mais possédant une rade abritée.

A ces multiples archipels, rien ne nous eût été plus facile que de joindre l'archipel Cook, négligé par nous malgré ses offres, et qui s'est tourné vers l'Angleterre, ainsi que le groupe des Gilbert.

On nous permettra d'ajouter à ces données que le budget

de la colonie est de 1.800,000 francs, et de reproduire le petit tableau ci-joint, concernant son commerce pour le dernier exercice :

Commerce en 1904. — En 1904, les importations à Tahiti se sont élevées à 3.221,500 fr., dont 498.800 fr. venant de France et 2.722.700 fr. provenant de l'étranger. Les importations françaises consistent surtout en boissons (82.900 fr.), marbres, pierres, terres, combustibles, minéraux, etc., (77 500 fr.), broderies et vêtements, tissus, ouvrages divers, etc.

Les produits étrangers, achetés par Tahiti, comprennent surtout les farineux alimentaires (509.9000 fr.), les tissus (432.000 fr.), les produits et dépouilles d'animaux (306.000 fr.), les ouvrages en métaux, les ouvrages en bois, les machines et mécaniques, etc.

Les exportations (non compris les réexportations) ont été à Tahiti, en 1904, de 3.462.100 fr., dont 1.134.800 fr. pour la France et 2.327.200 fr. pour l'étranger. La France a reçu pour 806.200 fr. de nacre, 261.500 fr. de coprah et 49.800 fr. de vanille. L'étranger a reçu de Tahiti pour 1.423.200 fr. de coprah, 460.700 fr. de nacre et 353.400 fr. de vanille.

Disons encore, à propos de la nacre, que des règlements de pêche ont été institués tant pour les lieux à exploiter que pour l'usage du scaphandre, autorisé dans certaines conditions ; à propos de la vanille, que des mesures ont dues être prises en face de la surproduction et de l'avilissement des prix ; à propos du coprah, que l'on a eu à se plaindre de maladies affectant le cocotier. Des essais de plantation de coton ont été faites à diverses reprises, mais ils n'ont donné jusqu'ici que de médiocres résultats ; certaines tentatives ont même échoué. On a poussé à l'élevage pour lequel certaines îles sembleraient propices. Certaines cultures de fruits seraient dignes d'intérêt, comme celles des oranges, de l'ananas...

Enfin, au point de vue financier, on vient de créer à Tahiti une succursale de la banque d'Indo-Chine, notre florissante banque coloniale.

Ajoutons, pour la meilleure connaissance de cette colonie, qu'elle n'est reliée au reste du monde par aucune ligne télégraphique, que ses relations ne sont assurées que par des services de navigation étrangers onéreusement subventionnés (service américain sur San-Francisco, anglais sur la Nouvelle-Zélande), chacun mensuel, *aucun service direct ou indirect avec la métropole ou même une colonie n'existant*. Situation déplorable à tous égards, il n'est pas besoin d'ajouter !

Tout ceci posé, voyons maintenant l'intérêt tout particulier qu'offre cette colonie, trop ignorée et délaissée.

Nous ne dirons rien du charme proverbial de ces terres paradisiaques, tous ceux qui les connaissent étant d'accord à ce sujet et les ayant louangées à qui mieux mieux ; de même pour leur salubrité, leur richesse, et surtout la facilité de vie qu'elles offrent, puisque l'homme peut n'y être pas soumis à la rude loi du travail.

Mais tout cela semble d'un médiocre intérêt à côté de celui que présentent ces multiples archipels par leur exceptionnelle situation dans le Pacifique, que certains n'ont pas craint de dénommer lac américain, mais dont la suprématie pourrait peut-être bien être disputée aux Etats-Unis par les Anglais et surtout par les Japonais ! Nos îles sont, en effet, placées à peu près à égale distance des continents qui les avoisinent, et elles se trouvent aux intersections des lignes de navigation qui vont sillonner la plus vaste des mers; autrement dit, elles sont les escales nécessaires, obligatoires des tracés entre l'Amérique et l'Australie, voire même l'Asie, et leur importance s'accroîtra encore après le percement, qui ne saurait tarder, du canal de Panama. Nous craindrions d'abuser en les désignant chacune dans le rôle qu'elles doivent remplir, mais il suffit de jeter un coup d'œil sur la moindre carte pour s'en rendre compte, en se souvenant de ce qui précède sur les qualités multiples qu'elles offrent naturellement.

Et c'est maintenant que se pose la question : qu'avons-nous fait pour assurer la possession de ces archipels ? La réponse n'est, hélas ! que trop simple et on la devine à la

Cliché Verron.

M. LE Dr MONTAGNON
Vice Président
de la Société de Géographie commerciale de Saint-Etienne.
Vice Président du Congrès.

suite de ce qui a été exposé. C'est de la sorte que, ne se faisant aucune illusion, on envisage, dans un cas de conflit, l'abandon pur et simple de ces îles. Nous n'entamerons pas de discussion à ce sujet, mais on avouera que tout au moins on pourrait peut-être chercher à prendre quelques mesures pour le maintien présent de notre prestige et de notre influence, quand on songe que les étrangers semblent parfois se croire en pays conquis, que certains s'installent (des Allemands le faisaient dernièrement aux Marquises, un Américain achetait du terrain à Port-Phaéton); que des Américains, sous le fallacieux prétexte de missions religieuses, envahissaient nos archipels avec armes et bagages, les mettant en coupe réglée... Ce qui nous amène à formuler au moins quelques desiderata, savoir:

1° Pose d'un câble (tout au moins entre Tahiti et la Nouvelle-Calédonie);

2° Installation d'une ligne de navigation reliant Tahiti à Nouméa, à défaut d'une sur Panama se raccordant avec la Transatlantique par Colon, laquelle pourrait être prolongée jusqu'à Nouméa ; affectation à cette ligne de la double subvention faite aux lignes anglaise et américaine qui disparaîtront ;

3° Réinstallation d'un service à vapeur (subventionné, comme autrefois) reliant Tahiti aux divers archipels et ceux-ci entre eux.

4° Mesures à prendre pour se protéger de l'empiètement étranger (encouragements aux Français installés ou désireux de s'installer dans la colonie, avantages à eux faits, subventions aux écoles, aux ministres des diverses religions pour leur permettre de lutter avantageusement contre les missions américaines surtout).

Et alors on aura fait le possible, n'ayant rien à se reprocher, le jour où notre pavillon devra disparaître du Pacifique à la suite de conflagration inévitable.

LES NOUVELLES-HÉBRIDES

Par M. Charles LEMIRE.

L'archipel des Nouvelles-Hébrides a provoqué l'intérêt d'un grand nombre d'hommes distingués s'intéressant aux questions coloniales, et il nous serait difficile de donner ici la nomenclature de tous les ouvrages d'importance variée qui se sont occupés de ces îles (La brochure de M. Nicolas Politis en donne une longue liste qui cependant n'est pas complète).

Et pourtant s'il est un pays qui ait besoin d'être signalé à l'attention de nos nationaux par des illustrations et des renseignements, c'est celui-là. Tahiti est connu par ses hyménées, par ses Oupa-oupa, par le mariage de Loti. C'est un paradis que nous sommes en train de perdre, parce que les Américains, les Anglais et les Chinois, gens positifs, en apprécient et en exploitent les ressources commerciales.

La *Nouvelle-Calédonie* est connue par son bagne, ses richesses minières, son nickel, son café ; mais la masse du public connaît à peine de nom les *Nouvelles-Hébrides*, et si l'on prononce leur nom dans une réunion mondaine, même d'élite, on voit un air de surprise ignorante se peindre sur tous les visages.

On a beau rappeler que des « échelles françaises » relient San-Francisco, l'Australie, la Nouvelle-Zélande à Panama, future route maritime du monde asiatique ; que de Nouméa, Lifou, Port-Vila à Papaete, Bora-Bora, Raiatéa, Clipperton, nos possessions formeraient, en une chaîne ininterrompue, les escales obligées de Sydney à Panama. On a beau montrer ces « perles du Pacifique », cette « voie lactée des eaux », on répond dédaigneusement : « c'est une poussière d'îles, c'est bien loin ; que diable voulez-vous que nous nous préoccupions des antipodes ? » C'est un paradis, soit ;

mais le ciel est bien haut et on ne veut y aller que le plus tard possible,

Les étrangers cependant s'en préoccupent ardemment.

Le cadre de cette étude ne nous permettra pas de donner à cette question toute l'ampleur qu'elle mériterait ; du reste, notre but étant d'appeler l'attention sur les grands intérêts que la France possède aux Nouvelles-Hébrides, nous tenons à restreindre notre étude de manière à engager le lecteur à nous lire jusqu'au bout, et nous savons qu'à notre époque où la vie est devenue électrique, il ne faut pas trop demander au public qui n'a pas le temps de consacrer plusieurs heures à la lecture la plus attrayante.

Géographie. — Qu'est-ce donc que cette « poussière » de 70 îles formant l'archipel des Nouvelles-Hébrides ? Géographiquement, les Nouvelles-Hébrides forment trois groupes d'îles situés entre 9°45 et 20°16 de latitude sud, 163°20 et 168°10 de longitude, à environ 400 kilomètres de la Nouvelle-Calédonie, entre les îles Fidji à l'est, les îles Salomon au nord-ouest. Pour préciser leur position géographique, nous ajouterons que de Maré, une des Loyalty dépendant de la Nouvelle-Calédonie, à l'île de l'archipel la plus rapprochée (Anéitum) il y a 115 milles et de Nouméa 220 milles ; mais l'île principale, Vaté, est à 360 milles de Nouméa, ce qui représente 24 heures pour un des grands paquebots des Messageries maritimes. Par contre, les Nouvelles-Hébrides sont à environ 1.200 milles de Sydney. On voit tout de suite par ces chiffres que l'archipel néo-hébridais est géographiquement une dépendance de la Nouvelle-Calédonie et, avant toute autre considération, il saute aux yeux que, vu le voisinage de la Nouvelle-Calédonie, la France ne saurait souffrir que ces îles appartinssent à une autre puissance.

Les trois groupes sont les suivants :

1° Les Nouvelles-Hébrides proprement dites,
2° Les Banks,
3° Les Torrès.

M. Deschanel dans son ouvrage « Les intérêts français

dans l'Océan Pacifique », comprend aussi les *Santa-Cruz*, et avec juste raison; mais l'Angleterre, sans consulter personne, décréta en 1898 que les *Santa-Cruz* étaient une dépendance des *îles Salomon*, et les annexa tranquillement, sans le moindre scrupule. Personne d'ailleurs n'a protesté, et si les Français qui connaissaient ces parages ont été stupéfiés de ce sans-gêne, ils n'en ont rien dit : le fait est aujourd'hui accompli et irréparable. Mais il était bon de rappeler ce coup de surprise, afin qu'il ne se renouvelle pas pour les Torrès et pour les Banks, et qu'on sache partout que ces deux groupes font partie intégrante de l'archipel des Nouvelles-Hébrides. C'est l'avis unanime de tous les commandants des bateaux de guerre français et anglais!

Les Nouvelles-Hébrides proprement dites comprennent un grand nombre d'îles, une quarantaine à peu près, dont une vingtaine seulement ont de l'importance. Les principales sont dans le sud : Aneitum, Tanna et Erromango, et dans le nord : Vaté, Api, Ambrym, Mallicola, Pentecôte, Aoba et Spiritu Santo.

Les Torrès n'offrent aucune île d'une certaine importance.

Les Banks comprennent entre autres Vanua-Lava, Santa-Maria, Pakéa, etc.

L'ensemble de l'archipel occupe une superficie d'environ 1.600.000 hectares, ce qui constitue plus des deux tiers de la Nouvelle-Calédonie.

Historique. — Les Nouvelles-Hébrides furent découvertes en 1606 par le portugais Fernando de Quiros, au service de l'Espagne. Il en fit, dans son rapport à Philippe III, une description enthousiaste, d'un tel lyrisme qu'elle frise le ridicule et est inexacte. On peut lire ce rapport *in extenso* dans le livre « Terre Australe inconnue » dû à la plume de M. Gaston Beaune.

Pendant un siècle et demi après, malgré le rapport de Quiros, aucun navigateur ne visita ces parages. Ce fut un Français, BOUGAINVILLE, qui reconnut, en 1768, les terres découvertes par Quiros et ramena à des proportions plus normales les renseignements erronés de son prédécesseur, tout en reconnaissant la beauté de ces îles. Mais ce fut Cook, le grand navigateur, qui, en 1774, fit la reconnaissance la plus étendue de l'archipel des Nouvelles-Hébrides, et qui donna des noms aux îles et aux points qu'il avait visités.

Après lui, vinrent encore d'Entrecasteaux (1793) et Dumont d'Urville (1827). Ce fut la dernière expédition de reconnaissance accomplie.

Sans atteindre le lyrisme de Quiros, tous les explorateurs qui ont visité les Nouvelles-Hébrides ont pu, à juste raison, les admirer passionnément, car il est difficile de voir un pays plus beau, plus pittoresque, une végétation plus luxuriante. Quand le navigateur approche de la terre, il n'aperçoit partout que verdure et forêt : la brousse s'étend jusqu'au bord de l'eau, et, dès qu'il met pied à terre, il marche sous des dômes de feuillage sans fin, assez touffus souvent pour intercepter les rayons du soleil. Des arbres de cent essences variées, la plupart magnifiques, remplissent des forêts immenses et impénétrables.

D'autres fois, il débarque devant l'embouchure d'une rivière où les gros navires ne peuvent entrer, et il doit parcourir en canot 2 ou 3 milles; c'est encore alors un enchantement qui rappelle les descriptions de Fenimore Cooper que cette excursion en canot dans une eau profonde et paisible, sans autre bruit que le roucoulement des pigeons sauvages, le jacassement des perruches et le cri des hirondelles qui tourbillonnent au-dessus de sa tête ; les deux rives sont bordées de palétuviers entrecroisant leurs racines innombrables, d'immenses arbres à pirogues et de banians, l'arbre géant de ces parages.

Flore. — La flore des Nouvelles-Hébrides est fort riche : banians, arbres à pirogues, santal, bois de rose, acajou, filao, hibiscus, dracéna, bourao, pandanus, etc., etc., abondent dans toutes les îles, et l'exploitation de ces bois serait une richesse.

Comme arbres fruitiers, on distingue d'abord et avant tous le cocotier, roi de ces îles, dont quelques-unes en sont littéralement couvertes : arbre béni du ciel qui donne à l'indigène avec sa fibre de quoi se vêtir, avec ses feuilles, de quoi couvrir sa case, avec l'eau de son fruit vert, une boisson rafraîchissante, et avec sa noix mûre, une amande exquise d'une éblouissante blancheur, puis l'arbre à pain, bien précieux aussi, dont le fruit, cuit sous la cendre, a tout à fait le goût du pain. Que de fois les navires qui fréquentent ces parages, ayant épuisé leur provision de farine, ont été heureux de rencontrer ce fruit (mayoré), pour remplacer le pain.

Puis encore une masse d'autres espèces : bananiers, néfliers, orangers, mandariniers, manguiers, citronniers, papayers, pommiers canneliers, pommiers canaques, pommiers de Cythère, goyaviers, aréquiers et nombre d'autres, dont les fruits rappellent les noix, noisettes, amandes et châtaignes d'Europe.

Certains auteurs ont cité le figuier comme arbre des Nouvelles-Hébrides, ils ont fait erreur ; il peut bien y avoir chez quelques colons de rares spécimens de l'arbre cher aux gens du Midi, mais le figuier, aux Nouvelles-Hébrides, comme d'ailleurs en Nouvelle-Calédonie, ne produit que des fruits ligneux et secs comme de l'étoupe.

A ces arbres, il convient d'ajouter cent arbustes, plantes ou lianes intéressants comme l'ananas, la barbadine, le fruit de la Passion, le manioc, le tarot, l'igname, la patate douce, et beaucoup de plantes indigènes, qui remplacent nos choux, notre oseille, nos épinards. Les vieux colons savent bien que la brousse est pleine de produits comestibles, et ils les cueillent avec soin pour suppléer aux conserves, précieuses évidemment à certains moments, mais peu favorables à une bonne hygiène. Pour ne citer qu'un exemple, les jeunes pousses de pandanus fournissent une salade exquise, et tout le monde connaît le délicieux cœur de cocotier ou d'aréquier, qu'on ne peut manger d'ailleurs que par un meurtre véritable puisqu'il faut couper l'arbre pour l'obtenir.

On pourrait s'étendre longtemps sur la flore des Nouvelles-Hébrides. Notre but n'est pas de refaire les ouvrages qui se sont occupés de ces pays, mais simplement de tracer un croquis rapide des ressources infinies de ces îles attrayantes.

Faune. — La faune est assez pauvre : d'abord *aucun animal dangereux*, quelques très rares serpents inoffensifs, des cochons sauvages, des rats et des volatiles : pigeons de plusieurs espèces, dont le fameux notou, gros pigeon dont le roucoulement ressemble au mugissement du taureau, tourterelles, grives, poules sultanes, perruches innombrables et funestes aux plantations, roussettes et autres petites chauves-souris, hirondelles, martins-pêcheurs, et beaucoup de petits oiseaux, dont quelques-uns de couleurs éclatantes. Il y a aussi des oiseaux aquatiques, canards, sarcelles, courlis, râles, long-cous, etc.

La mer est très poissonneuse et renferme d'excellents poissons, mais il y a quelques espèces venimeuses : on trouve des homards sur tous les récifs et des crevettes d'eau douce dans les ruisseaux. Dans plusieurs endroits, comme Port-Havannah, Port-Sandwich, canal du Segond, Maskelynes, il y a de belles tortues et de grosses huîtres nacrières (sans oublier les huîtres comestibles plus petites) et certains autres gros coquillages tels que burgauds, casques, chapeaux chinois, etc., dont on a su depuis quelques années utiliser la nacre. On pêche enfin des holothuries ou biches de mer, dont les Chinois et les Japonais raffolent.

Climat. — Le climat des Nouvelles-Hébrides ressemble beaucoup à celui de la Nouvelle-Calédonie, avec une chaleur plus humide, parce qu'il y pleut plus fréquemment. La température varie de 12 à 40 degrés, mais rares sont les journées où il y a moins de 15/16 degrés, comme celles où le thermomètre monte au-dessus de 35°. La saison fraîche va d'avril en octobre et la saison chaude de novembre à mars, encore faut-il mentionner que trois mois seulement sont réellement chauds, décembre, janvier et février. Pendant cette période de chaleur, il y a quelquefois de graves perturbations atmosphériques, comme dans tous les autres pays tropicaux.

La fièvre paludéenne sévit aux Nouvelles-Hébrides, il serait puéril de le nier. Les émanations madréporiques d'une part et, d'autre part, les gaz qui se dégagent pendant les défrichements de ces terrains vierges, si puissamment riches en azote, phosphore, etc., sont les conducteurs de la fièvre, mais déjà, dans les centres cultivés et habités, la fièvre perd de son intensité et devient de plus en plus rare. Elle n'est d'ailleurs pas mortelle, et les quelques accès qu'on peut avoir n'empêchent pas les habitants de vivre et de bien se porter. Dans le temps, on craignait d'envoyer aux Nouvelles-Hébrides des femmes et des enfants; beaucoup y sont allés depuis 5 ans et nombreuses autant que prospères sont les familles à Vaté et à Api principalement.

Il y a certainement des terrains miniers aux Nouvelles-Hébrides, car des voyageurs ont rapporté des échantillons de divers minerais, cuivre, nickel, etc. On prétend même qu'il y a de l'or, mais personne n'a encore fait de prospection sérieuse, et, par suite, nous n'avons sur ce point aucune donnée précise.

Aux Nouvelles-Hébrides, il y a trois volcans, à Ambrym, Tanna et Lopévi, ce dernier forme à lui seul l'îlot de ce nom, il est toujours en activité.

Celui de *Tanna* également; il renferme une riche *solfatare* appartenant à la Société Française des Nouvelles-Hébrides. Le volcan d'Ambrym est éteint.

Aux Banks, il y a plusieurs volcans, entre autres celui de Vanua-Lava, au-dessous duquel se sont formés plusieurs bassins d'eau bouillante, et coule une rivière où l'eau atteint 35° de chaleur.

Population indigène. — On évalue de 60 à 70.000 habitants la population indigène de l'archipel néo-hébridais; mais il est difficile de se former une opinion précise à ce sujet, car dans l'intérieur de Mallicolo et de Spiritu Santo, il y a des tribus qui ne sont jamais venues au bord de la mer et dont on ignore l'importance.

Les indigènes de race papoue sont en général petits, laids et mal bâtis, les femmes ne sont pas plus attrayantes, mais il y a des exceptions, et dans certaines îles comme Tongoa, Aoba, on découvre parfois un joli type féminin ou une belle stature d'homme, ce qui indique qu'il y a eu de nombreux mélanges de races. Les indigènes sont maigres;

la phtisie, la scrofule et la syphillis les déciment épouvantablement. Dans beaucoup de villages, on ne voit plus d'enfants, très peu de femmes et pas un vieillard. Certaines îles, telles que Avré où vivaient il y a 20/25 ans 12 à 1.500 Canaques, n'en renferment plus que 100/150.

L'émigration a été aussi une cause de dépérissement de cette population, et les bateaux australiens qui, chaque année, emmènent au Queensland 12 à 1.500 indigènes, en ramènent à peine le quart.

Les ouvrages sur les Nouvelles-Hébrides contiennent beaucoup de détails sur les mœurs indigènes : tout le monde sait, qu'en principe, les Canaques sont anthropophages, mais on aurait tort de déduire de cette constatation que le Néo-Hébridais est violent et agressif. Au contraire, il n'y a pas de serviteur plus doux, plus discipliné et plus travailleur (à condition qu'on le surveille) que le Néo-Hébridais. Ils ne sont violents qu'en état de guerre et c'est toujours contre une tribu voisine ; alors, ils ne rêvent que blessures et mort, et quand ils ont fait des prisonniers, leurs instincts d'anthropophages se réveillent, et c'est à ce moment qu'ont lieu ces épouvantables festins de cannibales qu'on a souvent décrits.

L'indigène a évidemment la haine du blanc, mais il la dissimule et ne l'exercera qu'en dessous et avec perfidie ; jamais un Canaque n'attaque un blanc en face. Encore faut-il que le blanc donne matière à une vengeance. Le Néo-Hébridais n'oublie pas une injure, une injustice ; il venge surtout impitoyablement le rapt d'une femme ; cela a été la cause de beaucoup d'assassinats aux Nouvelles-Hébrides et la faute est d'autant plus déplorable de la part d'un blanc qu'il lui est extrêmement aisé d'acheter une femme et sans se ruiner.

Les indigènes s'engagent comme travailleurs ou domestiques chez les colons : le recrutement, à cause de l'opposition violente des missionnaires anglais, devient de plus en plus difficile, et on ne peut engager un Canaque, homme ou femme, pour 3 ans, à moins de 250 francs à payer au recruteur ; on donne en outre 15 francs de gages à l'indigène, plus la nourriture, le vêtement, les soins médicaux et le rapatriement. Les salaires se paient souvent en marchandises à la fin de l'engagement. L'indigène remplit sa malle de tabac, de figues, pipes, allumettes, bagues, miroirs, colliers de perles, étoffes, etc.

Le langage diffère d'une île à l'autre et parfois même de tribu à tribu de la même île. Les indigènes parlent presque tous le « bich-la-mar », affreux sabir, mélange de canaque, d'anglais et de français. On leur apprend facilement et assez vite un peu de français.

Les fêtes canaques sont des réunions guerrières et hurlantes appelés *sin-sin*, semblables au *pilon-pilon* de la Nouvelle-Calédonie et à la *tapriata* des Marquises. L'institution du tabou existe aussi : c'est l'interdiction temporaire mise par les chefs sur un village, une récolte, une plantation, un objet, et les indigènes s'y conforment strictement.

Depuis que les missionnaires ont pénétré dans le pays, les mœurs se sont adoucies, et l'anthropophagie a considérablement diminué.

***

Par ce qui précède, nous avons sommairement montré ce qu'était l'archipel néo-hébridais ; nous allons examiner maintenant ce que les Européens ont fait aux Nouvelles-Hébrides, ce qu'ils pourraient y faire, et le grand intérêt qu'a la France de s'annexer ce beau pays.

Les premiers Européens qui vinrent s'établir dans l'archipel furent, en 1839, des missionnaires protestants anglais, qui s'arrêtèrent à Aneitum et à Tanna et qui durent quitter le pays, à cause de l'hostilité des indigènes.

De même, 20 ans plus tard, la Société des Maristes y envoya les premiers missionnaires catholiques ; ils ne purent pas rester davantage, ils ne revinrent qu'en 1886 et pour ne plus s'en aller.

Entre temps, un Anglais avait entrepris le commerce du bois de santal, très abondant à ce moment, mais il épuisa cette richesse de l'archipel, si bien que le bois de santal est aujourd'hui assez rare aux Nouvelles-Hébrides.

Petit à petit arrivèrent d'Australie et de Nouvelle-Calédonie des colons européens, et ils étaient déjà assez nombreux en 1875 pour désirer que leur existence, leurs travaux fussent protégés par une puissance européenne. C'est ainsi qu'une pétition de colons anglais de Tanna, en 1875, demanda au gouverneur de la Nouvelle-Calédonie de provoquer l'annexion des Nouvelles-Hébrides à la France. Cette requête fut malheureusement dédaignée, ce qui est presque incroyable, et les conséquences de cette indifférence furent déplorables, puisque tous les colons de Tanna furent, peu après, contraints de quiter l'île, et plusieurs d'entre eux périrent dans ce déplacement.

L'année suivante, les colons de Vila ne furent pas plus écoutés : leur pétition au gouverneur de la Nouvelle-Calédonie resta également sans réponse.

On ne s'explique pas une pareille inertie du gouvernement français, à cette époque où aucune compétition ne gênait ses mouvements, et où il était universellement admis que les Nouvelles-Hébrides formaient une dépendance naturelle de la Nouvelle-Calédonie.

Cette inaction éveilla les espérances anglaises qui jusque-là n'auraient osé se produire. En 1877, les missionnaires Wesleyens créèrent une agitation en Australie sur la question des Nouvelles-Hébrides et réclamèrent à leur tour leur annexion à l'Angleterre. Le gouvernement anglais n'imita pas le nôtre ; il répondit, et tout en déclarant que l'annexion des Nouvelles-Hébrides n'était pas possible, il se garda bien de décourager les pétitionnaires.

Et, dès lors, la question des Nouvelles-Hébrides, jusque-là strictement française, devint diplomatique.

Cependant les colons continuèrent à arriver, séduits par la splendeur du pays et la fertilité du sol. Cette immigration avait pour inspirateur un négociant de Nouméa, d'une intelligence élevée, M. John Higginson. Le premier il comprit toute l'importance que présentaient les Nouvelles-Hébrides pour la Nouvelle-Calédonie. Quoique Australien d'origine, M. Higginson, adoptant avec passion sa nouvelle patrie, se promit à lui-même qu'il ferait les Nouvelles-

Hébrides françaises. Dès 1870, la question hantait son esprit, et, sans entrer dans un historique qui a été souvent raconté, il faut rappeler qu'en 1876 le gouvernement français donnait à M. Higginson ses lettres de grande naturalisation pour services rendus à la France.

En 1878, nommé commissaire de la Nouvelle-Calédonie à l'Exposition universelle de Paris, M. Higginson entreprit d'intéresser les pouvoirs publics aux Nouvelles-Hébrides. Il faillit réussir à émouvoir le gouvernement, qui fut, par malheur, tout à fait refroidi par un rapport de l'amiral Dupetit-Thouars, déclarant les Nouvelles-Hébrides peu intéressantes, dépourvues d'eau et manquant de ports convenables! L'amiral citait notamment Port-Sandwich, comme insuffisant et défectueux.

Tous ceux qui ont fréquenté les Nouvelles-Hébrides savent combien ces assertions sont inexactes. A part une île ou deux, les cours d'eau abondent aux Nouvelles-Hébrides, et, quant aux ports, il y en a plusieurs et ils sont excellents; nous citerons : Port-Vila, Port-Havannah, dans l'île Vaté, Port-Olry et le canal du Segond, à Spiritu Santo, Port-Patteson à Vanua-Lava, etc., etc... Quant à Port-Sandwich, décrié par l'amiral Dupetit-Thouars, c'est le plus remarquable de tous ; il est si beau et si précieux qu'il est certainement pour les Anglais un des plus grands attraits de l'archipel.

Ces négociations n'avaient pas échappé à l'attention du gouvernement britannique, et puisque la France semblait se désintéresser des Nouvelles-Hébrides, il résolut de faire un grand pas en avant.

En 1881, il nomma le gouverneur des îles Fidji commissaire général du gouvernement de S. M. la Reine dans le Haut Pacifique, avec juridiction civile et criminelle sur tous les sujets anglais de l'archipel. C'était un acte de haute portée, et pourtant il laissa la France indifférente. On aurait pu tout au moins imiter l'Angleterre afin de bien affirmer nos droits; rien n'était plus facile. On n'a pas voulu le faire, on n'a jamais su pourquoi.

M. Higginson n'était pas homme à se décourager quand

même et à renoncer si vite à ses idées. Puisque le gouvernement français ne voulait rien faire, il s'adresserait à l'initiative privée, et c'est ainsi qu'en 1882, il fonda la « Compagnie Calédonienne des Nouvelles-Hébrides », dont le double but était de coloniser l'archipel en y creusant des stations de culture et d'acheter beaucoup de terrain, afin que les Français fussent propriétaires du sol de l'archipel pour la plus grande partie possible. Ce programme fut exactement rempli. Trois grandes stations furent créées à Port-Vita, Port-Sandwich et au Canal du Segond; 350.000 hectares de terres furent achetés, dont 150.000 *aux Anglais*. Les achats, par la suite, atteignirent le chiffre colossal de plus de 800.000 hectares, soit les deux tiers à peu près de la superficie totale de l'archipel. Dès ce jour-là, on peut dire que M. Higginson avait donné les Nouvelles-Hébrides à la France.

Le récit de la prise de possession de Port-Sandwich par la Compagnie Calédonienne est vraiment digne d'être rapporté ici; il montre bien l'esprit d'énergie et de rapide initiative du chef de la Compagnie Calédonienne.

Le 26 octobre 1884, le paquebot-poste apporte à Nouméa la nouvelle que le Parlement de la Nouvelle-Zélande, sur une proposition du premier ministre, sir Julius Vogel, avait favorisé la création d'une Société anglo-australienne, ayant pour objet l'exploitation commerciale des Nouvelles-Hébrides. Le capital souscrit était de 25 millions de francs avec jouissance d'un intérêt annuel de 5 %, garanti par le Parlement de Wellington. Or, qui veut exploiter doit occuper. Une telle concurrence aurait ruiné l'influence française aux Hébrides, et les Anglais n'auraient plus eu qu'à y planter leur pavillon.

Le cas était grave !...

Que faire dans ces conjonctures ?

En appeler à la métropole, au pouvoir central ? C'est bien long et bien aléatoire ! On est absorbé en France par d'autres préoccupations plus graves... Le président de la Compagnie Calédonienne revenait des Nouvelles-Hébrides.

Le conseil d'administration décide qu'il y retournera immédiatement et qu'on devancera les Australiens.

Un petit vapeur français, le *Ne-Oblie* fut immédiatement affrété à Nouméa, et le soir du 3 novembre 1884, moins de huit jours après que la tentative des Australiens eût été connue, le président M. Higginson, plusieurs administrateurs, des négociants, un capitaine d'infanterie de marine, des officiers de la marine marchande, étaient en route pour les Hébrides, sans discours préalables, sans discussions, sans bruit.

Les 6 et 7 novembre, on prenait charge des produits des établissements français dans l'île Vaté, à Franceville et à Port-Havannah.

Dans ce dernier port, on trouvait un vieux ponton français qui y servait de magasin flottant. Il s'appelait le *Chevert*. Jadis, navire de guerre français, il avait promené notre pavillon en Océanie. Puis, une nuit sans lune, il s'était disloqué sur les récifs. Les débris avaient été achetés par la Compagnie Calédonienne qui, après réparation, en avait fait un comptoir commercial flottant.

Le *Ne-Oblie* le prenait à la remorque et l'on partait le même soir (7 novembre) pour Port-Sandwich, principal mouillage de l'importante île de Mallicolo.

La mer était très mauvaise au large.

Dans la nuit, la remorque du ponton casse sous l'effort des vagues. Deux capitaines français et les agents de la Compagnie, après deux heures de lutte contre la mer, dans une obscurité pleine de périls, réussirent à rétablir les amarres et à reprendre la remorque, Dans la nuit suivante (8 novembre), on était en face de l'entrée de Port-Sandwich.

On sait que les îles de la mer de Corail sont entourées d'une ceinture de récifs, murailles édifiées par des polypes, « ces faiseurs de mondes », comme les appelle Michelet, pour en défendre l'approche. Des passes étroites s'ouvrent entre ces formidables récifs. Il faut des pilotes et des manœuvriers habiles pour les reconnaître et les franchir.

Que l'on se représente deux navires amarrés l'un à

l'autre, se trouvant pris de tous côtés entre deux mascarets. Il est nuit. On entend mugir les vagues déferlant avec fracas sur ces dangereux récifs, couvrant le pont d'embruns et de vapeurs. On ne distingue que les nuages blanchâtres d'écume jaillissant à intervalles réguliers. On se prépare en silence à pénétrer entre les deux gouffres.

Passer la nuit au large, c'est risquer de nouveau de perdre le *Chevert*, de se perdre soi-même. Tenter l'entrée, c'est risquer la sécurité des deux navires, la vie des hommes, le succès de l'entreprise. D'intrépides marins hésiteraient; d'intrépides colonisateurs français n'hésitèrent pas. Ordre est donné, par Higginson, de franchir la passe. On arme une baleinière. On y embarque le capitaine Gaspard avec les feux de position du vapeur pour éclairer les abords de la passe et servir de pilote. La barre du steamer est solidement tenue. Le capitaine Martin a l'œil sur les feux de son pilote Gaspard.

Celui-ci avançait en godillant à l'arrière de son embarcation. La godille casse et le pilote tombe à la mer. L'un des fanaux s'abat dans l'embarcation. L'homme est perdu dans les ténèbres, mais les yeux perçants des Canaques le retrouvent se débattant dans les flots. Ils le repêchent et le ramènent sain et sauf dans son canot. Ainsi, voilà un des conquérants sauvés par les indigènes de ces peuplades qu'il va conquérir. Fait nouveau, non sans honneur, pour notre race. Les fanaux sont remis en position; on reprend la route, et vers 10 h, 1/2 du soir le *Ne-Oblie* et le *Chevert* mouillaient côte à côte dans le port de Mallicolo, bien à l'abri dans une baie entourée d'une magnifique végétation, et qui ne peut être comparée qu'à celle de Rio-Janeiro ou de Sydney pour son étendue et sa beauté.

Le lendemain, à l'aurore, la plage se couvrait d'indigènes étonnés de la forme bizarre du *Chevert*, et se demandant comment, dans la nuit, un pareil navire désemparé avait pu venir où il se trouvait.

Après quelques moments d'hésitation, des pirogues amènent à bord une cinquantaine de Néo-Hébridais, dont les principaux chefs de l'île qui compte 8.000 habitants.

Ils entrent en pourparlers avec le chef de cette expédition — pacifique — comme l'océan au milieu duquel elle s'accomplissait. Ils demandent à trafiquer avec les Français, à être protégés par eux, et s'engagent à protéger nos compatriotes établis dans ces parages. Ils réclament la faveur de se considérer comme *sujets français*, et d'arborer dans leurs villages et sur leurs pirogues le pavillon français.

C'était une proposition attendue et désirée. Le chef de l'expédition revêt le principal chef hébridais, Naïm Bangéréré, d'une vareuse galonnée et d'un képi de capitaine, et il lui boucle à la ceinture un sabre orné d'une dragonne aux trois couleurs nationales. Un contrat est rédigé, et les clauses, aussi courtes que précises, en sont traduites aux chefs assemblés par des interprètes de leur race, bien connus d'eux et ayant leur confiance. Les chefs y mettent leurs croix et tous les Français ou autres Européens présents y apposent leur signature. Ce traité confirmait en outre la vente de la baie de Port-Sandwich à la Compagnie Calédonienne et l'établissement d'un centre commercial français dans cette île. On sollicitait enfin la validation, de la part du gouvernement français, des stipulations conclues de part et d'autre.

Acte était aussi dressé du mouillage du « Chevert » pour servir de comptoir français et pour couvrir de notre pavillon les acquisitions faites par les Français.

A ce même moment, les Anglais envoyaient le commodore Erskine avec un cuirassé et quatre autres navires de guerre planter le pavillon britannique à *Moresby*, au sud de la Nouvelle-Guinée.

Avec l'aide d'un missionnaire presbytérien, le commodore parvint à réunir une quarantaine d'indigènes à bord du « Nelson ». On leur fit visiter les batteries du cuirassé; on leur servit du riz sucré à discrétion, puis, on fit savoir au chef que désormais son pays était placé sous l'autorité de la reine qui allait envoyer un fonctionnaire anglais y résider.

Le bruit des canons se joignit aux sifflets stridents de la

Cliché Verron.

M. RÉVEILLAUD
Trésorier
de la Société de Géographie commerciale de Saint-Etienne.
Trésorier du Congrès.

Cliché Verron.

M. BONNIOT
Trésorier adjoint
de la Société de Géographie commerciale de Saint-Etienne.
Trésorier adjoint du Congrès.

sirène et à l'éclat de la lumière électrique. Un mât de pavillon est planté par un missionnaire; le pavillon est hissé par un officier. Les pavois sont arborés, la musique joue *God save the queen*. Toutes les troupes sont en grande tenue. Le commodore investit le chef indigène d'un droit de suprématie sur les autres chefs de tribus, et il lui remet, comme insigne de son autorité, une canne d'ébène, garnie de l'effigie en argent de la reine Victoria, en disant : « Je « confie cette canne au chef, afin qu'il puisse déférer toutes « les affaires qui surgiront aux représentants de la reine « dont cette canne porte l'image ! »

Une distribution de cotonnades anglaises, de pipes, de tabac et de couteaux termine la cérémonie et le protectorat britannique était proclamé et établi sur une grande île de l'Océanie.

Comparez les forces mises en présence de part et d'autre aux Nouvelles-Hébrides et en Nouvelle-Guinée, et avouez que nos compatriotes peuvent être fiers d'avoir réussi avec de si faibles moyens !

Il va sans dire que la Société Anglo-Australienne en formation trouva qu'il n'y avait plus rien à faire pour elle : elle disparut.

En 1886, une série de crimes commis par les indigènes des Hébrides émut les habitants de la Nouvelle-Calédonie, et le commandant militaire de cette colonie crut devoir envoyer des troupes d'occupation qui s'installèrent à l'île *Vaté* et à l'île *Mallicolo*. On pouvait espérer que cette occupation deviendrait définitive et que notre drapeau, une fois planté, ne serait plus enlevé. Mais l'Angleterre, excitée par les missionnaires wesleyens, protesta contre cette expédition et le gouvernement français consentit à retirer ses troupes. Les soldats français étaient restés aux Hébrides du 1er juin 1886 au 15 mars 1887. On peut se demander si le retrait des troupes eût été si facilement obtenu dans le cas où les rôles auraient été renversés ?...

Pendant ce temps, la colonisation ne s'arrêtait heureusement pas. L'exemple de la Compagnie Calédonienne portait ses fruits et, en 1887, la *Société française de colonisation* facilitait l'installation aux Nouvelles-Hébrides de nombreux colons; la plupart de ceux-ci furent des travailleurs honnêtes et acharnés qui surent créer des propriétés devenues aujourd'hui très importantes.

Ce fut à cette époque que la Société des Maristes envoya de nouveau une dizaine de missionnaires et, désormais, les missionnaires catholiques ne quitteront plus l'archipel.

A ce propos, nous venons de voir que le gouvernement anglais avait été excité par les missionnaires wesleyens; il faut un peu s'arrêter sur ce fait que la France n'a pas, aux Nouvelles-Hébrides, d'ennemis plus acharnés que ces missionnaires. Ce sont des agents actifs et violents de l'Angleterre; ce sont eux qui excitent les indigènes contre les Français, leur persuadant que la France est une toute petite nation sans pouvoir, leur interdisant de recevoir l'argent français, s'opposant parfois, par la force même, au recrutement par les Français et provoquant ou prêchant par l'exemple, eux-mêmes, l'usurpation des territoires français. Et ces hommes dangereux sont généreusement subventionnés, puisqu'ils reçoivent chacun de 6 à 8.000 francs par an. Ils font en outre du commerce, jouissent de toute espèce de prérogatives, et trouvent toujours auprès de leur gouvernement un appui énergique. Ils sont une quarantaine aux Nouvelles-Hébrides, plus une centaine de « teachen », missionnaires canaques laïques, qu'ils forment et qui sont des auxiliaires dévoués.

Quant aux nôtres, les missionnaires catholiques, ils sont 16 seulement avec un traitement de 900 à 1.000 francs par an; ils ne font pas de commerce et sont mal protégés. Ils ont réalisé quand même d'excellentes choses, et leurs écoles de Port-Sandwich, Ambrym et Pentecôte, ces deux dernières surtout très fréquentées, préparent une génération d'indigènes catholiques parlant le français, aimant notre pays, et désirant lui appartenir.

Commerce. — C'est le moment de dire un mot des transactions commerciales de l'archipel. Après les bois de santal à peu près épuisés, le coprah (fruit du cocotier séché et coupé en morceaux) fut et reste encore le grand produit des Nouvelles-Hébrides qui sont, comme nous l'avons dit, couvertes de cocotiers. Son exportation a atteint 4.000 tonnes par an, et on peut en exporter encore davantage ; c'est un produit de première nécessité, puisque, grâce à ses propriétés particulières, la fabrication du savon ne peut pas s'en passer.

En arrivant, les colons plantèrent d'abord du maïs, produit d'un rapport rapide, et qui, dans l'archipel, peut donner trois récoltes par an ; ils plantèrent aussi du café qui réussit admirablement, qui est de toute première qualité et dont la culture représente aujourd'hui 180 tonnes de café marchand.

Les colons de Vaté et d'Api avaient aussi multiplié les plantations de bananiers et cette culture donnait de magnifiques résultats. Malheureusement, Sydney seul offre un débouché assez important pour consommer les 5 à 6.000 régimes de bananes que produisent Vaté et Api, et jusqu'à présent, il n'y a eu entre Sydney et les Nouvelles-Hébrides que des services maritimes trop espacés pour maintenir en activité la culture de la banane.

Depuis 4 ou 5 ans, les colons ont entrepris la culture du cacao et de la vanille et certainement ces deux produits ont admirablement réussi. Quelques colons ont essayé le tabac, le riz, le coton, le caoutchouc et ces cultures prospéreront aussi si on persévère, car le sol des Nouvelles-Hébrides est d'une merveilleuse fertilité, et il n'est pas de culture qui ne doive y réussir.

A la suite du retrait de nos troupes des Nouvelles-Hébrides, une convention fut signée le 24 octobre 1887, par laquelle la France et l'Angleterre convenaient de réserver la question de l'annexion des Nouvelles-Hébrides, et décidaient d'envoyer trois ou quatre fois par an, en croisière dans l'archipel, un bateau de guerre de chacune des deux nations pour réprimer les crimes et protéger les Européens ; une commission mixte, prise parmi les officiers des deux bateaux et présidée à tour de rôle par le commandant de chacun d'eux, fut instituée pour examiner les conflits qui pourraient se produire et pour exercer une action commune dans tous les incidents qui surviendraient.

Ce n'est pas le moment de critiquer les règlements de la commission mixte ; nous devons dire seulement qu'ils ont rendu son rôle à peu près inutile.

En 1894, la Compagnie Calédonienne céda la place à une nouvelle Société qui prit le nom de *Société française des Nouvelles-Hébrides*, et, pendant 7 ans, cette Société qui avait à sa tête les plus hautes personnalités coloniales, a réalisé d'excellents résultats au point de vue français. Elle a créé 6 nouveaux centres de culture et de colonisation, ce qui portait à 9 les stations françaises ; elle a construit à *Franceville* (Vaté) un hôpital pour les blancs, et un aussi pour les Canaques ; elle a fait venir, installé et entretenu à ses frais, des sœurs de la Mission pour diriger les hôpitaux et fonder une école (que les colons réclamaient ardemment depuis longtemps) ; elle a obtenu de la Société des Maristes l'envoi de 6 missionnaires nouveaux qu'elle a établis là où l'influence anglaise était à craindre ; elle a obtenu du gouvernement l'envoi d'un médecin de 1re classe du corps des médecins coloniaux, et a pris à sa charge une partie de son traitement : enfin, elle s'est engagée à faire, pendant 5 ans, à trente colons français, les avances nécessaires à leur établissement aux Nouvelles-Hébrides, n'en réclamant le remboursement qu'à partir de la 10e année de leur séjour.

M. Higginson, toujours sur la brèche, a contribué pour la plus large part aux sacrifices que la Société française s'est imposée.

Avec son concours, la Société française des Nouvelles-Hébrides a fait plus encore. Elle a fini par décider, en 1900, les pouvoirs publics à présenter au Parlement un projet de loi à double fin, autorisant le Président de la République :

1° A nommer le gouverneur de la Nouvelle-Calédonie commissaire général de la République française dans le Pacifique, avec latitude de déléguer ses pouvoirs à un résident permanent dans les îles ;

2° A organiser par décret un régime douanier spécial en

faveur des colons français des Nouvelles-Hébrides, leur permettant d'introduire leurs produits en France dans des conditions à peu près analogues à celles des produits coloniaux français.

Ce projet de loi, voté par le Parlement le 31 juillet 1900, est appliqué, à l'heure qu'il est, depuis quelque temps déjà. Le gouverneur de la Nouvelle-Calédonie a nommé des officiers de l'état civil dans les principaux centres, et a organisé les pouvoirs du résident au point de vue judiciaire. Désormais les Français des Nouvelles-Hébrides sont protégés par leur gouvernement, mais ces mesures, si excellentes, ne doivent être que la préface d'une annexion de plus en plus indispensable.

Malheureusement, la Société française des Nouvelles-Hébrides, épuisée par ses sacrifices, avait dû entrer en liquidation. Le gouvernement ne pouvait la laisser tomber définitivement. Sa chute aurait été synonyme de l'abandon de l'archipel aux Anglais. Déjà, en la voyant grièvement blessée, les Australiens ont chanté victoire. Ils ont créé de nouvelles lignes maritimes enserrant les Nouvelles-Hébrides dans un réseau d'îles anglaises, ils ont alloué 450.000 francs de crédit pour jeter dans l'archipel 200 colons dont le nombre contrebalancerait celui des Français. Le premier convoi est parti de Sydney le 1er juin. La reconstitution de la Société a eu lieu, le 24 mars 1904, sur de nouvelles bases plus solides, plus avantageuses et plus fécondes. Et peu après, M. J. Higginson, le promoteur des intérêts français en Calédonie et aux Hébrides, mourait prématurément. Son œuvre ne périra pas et la France honorera sa mémoire.

Depuis 15 ans, bien des occasions se sont présentées qui auraient permis au gouvernement français de régler à son profit la question des Hébrides. L'Angleterre a occupé les Salomon, les Santa-Cruz, Tonga, etc., sans demander notre avis ; l'équilibre en Océanie est depuis longtemps rompu (et dans quelles proportions !) en faveur de l'Angleterre, et nous n'avons pas songé à prendre les Nouvelles-Hébrides comme légitime compensation !!!

Les discussions diplomatiques ont embrouillé cette question, comme elle en embrouille beaucoup d'autres.

En terminant cette étude, il convient de ramener le débat à plus de simplicité et de clarté. La convention franco-anglaise du 8 avril 1904 n'a pas fait avancer notre cause, mais les commissions qu'elle institue reconnaîtront le bien fondé de nos droits et de nos revendications, comme le Parlement fera droit aux conclusions du rapport de M. L. Brunet sur la pétition de nos nationaux.

Ce sont les Français qui occupent les Nouvelles-Hébrides en immense majorité ; ce sont eux qui possèdent les 2/3 du sol ; eux seuls sont colons cultivateurs, à quatre ou cinq exceptions près, les Anglais n'ayant que des comptoirs commerciaux ; enfin, les Nouvelles-Hébrides ont toujours été considérées comme dépendances de la Nouvelle-Calédonie, dont elles ne sont distantes que de 24 heures !...

Comment l'Angleterre prétendrait-elle nous empêcher de posséder en droit ce que nous possédons en fait ?

Et si, par malheur, on laissait les Nouvelles-Hébrides devenir anglaises, a-t-on songé à ce que serait le sort de la Nouvelle-Calédonie ? Elle deviendrait elle aussi anglaise, fatalement ! Isolée au milieu du Pacifique, entourée d'îles anglaises, elles ne tarderait pas à devenir la proie de nos voisins et nous perdrions une seconde fois tous nos intérêts dans l'ouverture du canal de Panama.

C'est une déplorable éventualité, mais elle est certaine. Prenons-y garde et agissons pour qu'intervienne enfin la solution que nous réclamons depuis trente ans. Nous supplions le Congrès de formuler un vœu formel en ce sens.

LA HOUILLE BLANCHE
ET L'AMÉNAGEMENT DES MONTAGNES
PAR L'INITIATIVE PRIVÉE

Par M. Paul DESCOMBES, directeur honoraire des Manufactures de l'Etat.

La lutte contre le ravage des eaux. — Tous les esprits soucieux de l'avenir sont préoccupés de la dégradation toujours grandissante des montagnes, qui est une menace permanente de ruine pour notre belle France.

Dés eaux pluviales ruissellent sur le roc nu comme sur une toiture, ravinent les pâturages, grossissent les torrents, font déborder les rivières et entraînent dans les vallées la terre et les pierres de la montagne qui viennent surhausser le lit des rivières et envaser les embouchures des fleuves.

La dégradation une fois commencée va toujours en s'accélérant; l'écoulement de plus en plus précipité après les pluies provoque une pénurie d'eau de plus en plus accentuée dans leur intervalle ; le climat même se trouve modifié et, si l'on n'y porte remède, on doit prévoir dans un avenir peu éloigné la ruine simultanée des pasteurs de la montagne, des cultivateurs de la plaine et des commerçants des ports d'embouchure.

Tous sont solidaires, tous ont un intérêt égal à enrayer la dénudation des montagnes.

Le gazonnement des terrains en pente modérée, le reboisement des parties fortement inclinées et impropres au pâturage, constituent le remède universellement connu à la dégradation des massifs montagneux. Cette modification de la surface suffit pour substituer l'infiltration des eaux pluviales au ravinement du sol et régulariser le débit des eaux ; le torrent naguère dévastateur, moins rapidement grossi, ralenti dans son cours par des travaux d'une exécution facile, devient un fournisseur de houille blanche ; les inondations, les atterrissements dans la vallée, l'envasement des ports sont supprimés.

Cette importante question du reboisement des montagnes a pris depuis un demi-siècle une grande part dans les préoccupations du pays.

Le Parlement y a consacré les lois du 28 juillet 1860, du 8 juin 1864, du 4 avril 1882 et a consenti un sacrifice de près de 200 millions pour la correction des torrents, qui n'est cependant qu'une partie de la restauration indispensable du sol de nos montagnes.

Cet immense programme, dont une moitié sera bientôt terminée, ne s'applique en effet qu'à 315.000 hectares, sur lesquels les dangers sont nés et actuels, et il reste en France 6.226.000 hectares de terres incultes qui ne peuvent guère être mis en valeur que par le reboisement. Pendant qu'on dépense des millions à corriger les torrents existants, les pratiques ruineuses du pastorat en font naître de nouveaux et tout ce qu'on a entrepris court le risque de n'être qu'un travail de Pénélope.

Cette situation, qui paraît inextricable, provient de ce que les populations des montagnes ne se sont pas encore suffisamment rendu compte des bienfaits du reboisement, et la question pastorale a toujours été considérée comme l'écueil de la restauration des terrains en montagne. Presque partout les bergers accusent la forêt de tenir indûment la place de l'herbe que brouteraient leurs troupeaux et ils provoquent sa destruction, sans penser que la disparition de la forêt supprime tout d'abord les sources qui arrosent leurs pelouses et laisse ensuite la terre dénudée en proie aux ravages des eaux qui feront de larges brèches dans leurs pâturages.

Tous les esprits éclairés savent maintenant que les industries pastorales et forestières sont solidaires, que la forêt est le plus précieux auxiliaire du pasteur, et que la prospérité pastorale est la véritable sauvegarde des forêts.

L'idée forestière a fait de grands progrès dans l'opinion publique pendant le cours des dernières années, où les organes de la presse les plus écoutés et les plus répandus ont consacré à la nécessité du reboisement de nombreux articles dont quelques-uns doivent à la signature d'anciens ministres une autorité toute spéciale, et nous avons vu tout dernièrement les députés des régions montagneuses intervenir dans la discussion du budget pour réclamer une exécution plus rapide des reboisements et l'augmentation des crédits affectés à la restauration des terrains en montagne ; le ministre de l'agriculture s'est d'ailleurs prêté de la meilleure grâce du monde à concéder les améliorations demandées.

Quel contraste avec les discussions soulevées autrefois par les classements du périmètre à reboiser, présentés alors comme réduisant les montagnards à la misère ! La séance de la Chambre du 31 janvier 1905 doit être marquée d'une pierre blanche dans l'histoire de l'idée forestière.

On a enfin reconnu que le revêtement végétal de la montagne, indispensable pour l'intérêt général, était indispensable aussi pour l'intérêt particulier des montagnards ; cette vérité est maintenant admise par toute la population éclairée et il ne reste plus qu'à la faire pénétrer dans l'esprit des montagnards ; ce n'est pas chose facile ; nous aurons tout à l'heure à nous en occuper spécialement.

Ainsi, soit que l'on recherche la sécurité dans les vallées exposées aux inondations, la navigation dans les rivières, la profondeur dans les ports, on sait maintenant qu'il faut reconstituer une abondante végétation sur les sommets ; c'est au même remède qu'il faut recourir quand on poursuit l'utilisation des eaux pour la production de cette force motrice que les conducteurs électriques transportent maintenant à de grandes distances, et pour laquelle on emploie l'appellation pittoresque de houille blanche.

La houille blanche. — La « houille blanche » est devenue la question capitale de l'industrie, car l'homme a trouvé dans le travail hydro-électrique la première solution permanente pour la production des forces motrices nécessaires à son activité.

Si nous remontons la série des temps, le premier travail que l'homme employa fut celui de ses bras, et, comme son esprit inventif n'est jamais en défaut, il y substitua rapidement celui des bras de son prochain : les grands travaux que nous ont légués les premières civilisations, en Egypte et en Asie, furent édifiés par des armées de captifs, par des peuples entiers arrachés à leurs foyers ; toute construction de travaux publics devait débuter par une guerre victorieuse pour le recrutement du chantier.

On vit successivement au travail humain s'ajouter celui des animaux de trait, du vent et de l'eau, puis enfin de la vapeur, qui fut le grand facteur de l'industrie moderne. Depuis un siècle, elle a tout transformé. Permettant à l'homme de disposer d'un travail illimité où et quand il veut, la vapeur a depuis un siècle créé des prodiges que les générations antérieures ne pouvaient demander aux moteurs insuffisants ou irréguliers dont elles disposaient. Mais la machine à vapeur n'était qu'une solution transitoire ; elle s'alimente avec du charbon, et les gisements de houille sont limités. Un jour viendra, avec la consommation toujours grandissante, où ils seront épuisés, et l'homme serait menacé de manquer de force motrice et de se voir arrêté dans l'essor de son travail s'il n'avait trouvé une autre source d'énergie.

La houille blanche fut découverte à point pour rassurer l'humanité, et elle a sur la houille noire l'inappréciable avantage de se régénérer indéfiniment. L'eau qui a développé un travail en descendant de quelques mètres n'est pas consommée ; elle servira encore pour l'irrigation et la navigation ; elle développera un nouveau travail quand on l'utilisera plus bas dans une nouvelle chute ; puis, évaporée à la surface des mers, elle retombera en pluie et redescendra, en rendant les mêmes services, tant que le soleil enverra à notre globe sa chaleur, source de toute énergie.

La houille blanche constitue donc une source durable et permanente pour la production de la force motrice ; grâce à elle, le mouvement industriel créé par la houille noire, et qui a si fortement entamé le capital des approvisionnements souterrains, est assuré d'un lendemain. L'homme n'a plus à craindre que le défaut de force motrice vienne arrêter les milliers d'usines qu'il a édifiées et les millions de travailleurs qu'elles occupent, immobiliser les chemins de fer et la navigation; mais il est toujours intéressé à ménager l'emploi de la houille noire qui, tout en n'étant plus la source générale du travail mécanique, conserve un rôle régulateur; et pour la ménager, il lui faut substituer, aussi rapidement que possible, la houille blanche à la houille noire; on y est intéressé surtout en France, puisque notre pays cesserait ainsi d'être tributaire de l'étranger, en utilisant ses ressources hydrauliques au lieu d'importer du charbon comme il n'a cessé de faire depuis un siècle.

L'industrie française procédera tout naturellement à cette transformation de son outillage, d'une utilité générale incontestable, si elle trouve dans l'emploi des moteurs hydro-électriques les mêmes avantages d'économie et de régularité que lui procurait la machine à vapeur. Au point de vue de l'économie on peut encore espérer de nouveaux progrès et nous n'avons pas en nous occuper ici; nous avons seulement à traiter la question de régularité.

Disposer de l'énergie où et quand on le veut, telle est la nécessité constante de l'industrie; et, le plus souvent, toutes les fois qu'il s'agit d'un travail régulier, c'est sur le minimum d'énergie disponible dans la saison la plus déshéritée que devra être basée la production d'une usine. Quelle peut être, dans ces conditions, l'utilisation des cours d'eau en montagne, pour lesquels la grande hauteur de chute permet de se contenter d'un faible débit?

Vous ne le savez que trop. Dans toutes les montagnes déboisées, dans toutes celles surtout où le départ de la terre a tari les sources en mettant les rochers à nu, les ruisseaux se sont tranformés en torrents qui donnent assez d'eau pendant l'hiver, beaucoup à la fonte des neiges et pendant des orages, pas ou presque pas en été; tandis que les rares vallées qui ont conservé leur couronne de forêts donnent naissance à des cours d'eau d'un débit bien plus régulier.

Le rôle régulateur des forêts. — La progression désolante du déboisement réduit dans d'énormes proportions les ressources que les eaux des montagnes *pourraient fournir à l'industrie*. On parle bien d'y remédier par la création de réservoirs, mais ce sont des ouvrages coûteux, d'abord par leur construction, ensuite par leur entretien et la présence d'un personnel permanent pour la manœuvre de leurs vannes; avec eux, le moindre accident se traduit par des désastres. La reconstitution des forêts sur les pentes raides, des pelouses sur les parties peu inclinées, produirait des effets de régularisation équivalents, et comme ces opérations sont fructueuses par elles-mêmes, on obtiendrait ainsi des réservoirs naturels qui rapportent au lieu de réservoirs artificiels qui coûtent.

La forêt est un puissant régulateur du régime des eaux. Par l'enchevêtrement de ses racines elle maintient le sol, s'oppose au ruissellement des eaux pluviales et facilite leur infiltration souterraine pour l'alimentation des sources; par ses défoliations elle enrichit la terre et la tapisse d'un revêtement spongieux; elle ralentit la fonte des neiges et empêche la formation des avalanches; elle constitue, en outre, le plus énergique des paratonnerres, et son développement réduit le nombre des orages qui viennent ravager les récoltes; elle ralentit le nombre des nuages et régularise le régime des pluies; même sans pluie, sans nuage, elle contribue dans une large mesure à la condensation des eaux atmosphériques : en voyant de larges gouttes rouler, après une nuit transparente, dans les feuilles d'un modeste chou, qui n'offre pourtant qu'une bien faible surface au dépôt des rosées et des gelées blanches, on peut se figurer l'énorme quantité d'eau que les grands arbres soutirent de l'atmosphère dans les conditions les plus favorables à l'alimentation des sources.

La forêt influe dans le sens le plus heureux non seulement sur l'écoulement de l'eau, mais elle régularise encore la manière dont le sol la reçoit.

Il faut rendre à nos montagnes leur manteau de végétation, aussi bien pour alimenter nos usines en force motrice que pour donner à nos rivières l'eau nécessaire à la navigation et à nos vallées la sécurité contre les inondations ; il le faut aussi pour enrayer la disparition de nos montagnards. Quand l'arbre fait défaut, la pelouse est ravinée par les eaux et l'habitant fuit un sol dont la terre disparaît sous ses pas.

La décadence pastorale dans les Pyrénées. — Que l'on veuille conserver à la montagne sa terre ou ses habitants, le problème est le même.

Pour aboutir à des résultats pratiques, l'étude économique a dû être circonscrite à une région dans laquelle l'assiette de la propriété et le mode d'exploitation pastorale fourniraient les éléments d'une solution.

On s'est attaché d'abord aux Pyrénées; la propriété communale y comprend la moitié des terrains en montagne, et les pâturages y sont ravagés en été par des moutons transhumants, qui vont hiverner en Espagne ou dans des plaines éloignées (1).

L'examen approfondi des statistiques montre que les arrondissements en montagne des Pyrénées, dont la population s'était accrue sans interruption de 1801 à 1846, ont tous vu depuis cette époque le nombre de leurs habitants diminuer de près d'un quart; la quantité de bétail s'y est également réduite depuis 1846, et dans le département des Hautes-Pyrénées, cette diminution a été d'un vingtième sur le gros bétail et de plus de moitié sur l'espèce ovine. Le motif de la ruine progressive de la montagne et des montagnards est donc là bien facile à discerner : on avait envoyé sur les pâturages plus de bétail qu'ils n'en pouvaient nourrir, et surtout un nombre exagéré de moutons.

Il y a deux espèces de moutons dans la montagne, deux espèces identiques pour les zoologistes, mais distinctes pour les économistes : le mouton indigène et le mouton transhumant.

(1) Etude sur l'aménagement des montagnes dans la chaîne des Pyrénées.

Le mouton indigène, celui des habitants de la montagne, qui constitue leur seule industrie, dont le nombre se trouve naturellement limité par les ressources d'hivernage, est un animal précieux et qui ne peut être nuisible ; s'il était seul dans la montagne, ses propriétaires s'apercevraient à temps des dégradations causées par sa multiplication et ils seraient les premiers à en réduire le nombre.

Le mouton transhumant, celui qui appartient à des propriétaires habitant des régions de plaines plus ou moins éloignées et qui va hiverner soit en Espagne, soit dans le Gers, les Landes et jusque dans la Gironde, la Charente et la Dordogne, où les cultivateurs se préoccupent à juste titre de prévenir ses ravages, est illimité comme nombre et c'est ce qui en fait le danger. Sans que ses propriétaires en aient le moindre soupçon, son arrivée seule produit la surcharge des pâturages où on le conduit par immenses troupeaux, par « ramades » de 6.000 têtes ; ceux auxquels il appartient croient même faire une spéculation philantropique, puisque des bergers viennent chaque année de la montagne chercher des troupeaux en se chargeant de tous les détails de leur pâture d'été, choix du terrain, paiement des taxes, de pâturage, etc..., la transhumance a d'ailleurs été prônée jadis par certains agronomes comme un moyen économique de fumure pour les terres arables de la plaine.

Maintenant que la science fait extraire des gisements souterrains les nitrates, les phosphates et la potasse nécessaires à l'agriculture, que les syndicats agricoles, les stations agronomiques, les chaires départementales d'agriculture et les laboratoires d'essai, répandus dans toute la France, permettent partout d'employer des engrais chimiques avec toutes les garanties de sécurité et dans des conditions économiques, cette question d'engrais n'existe plus. On peut espérer que les propriétaires de bestiaux transhumants, éclairés sur les dangers qu'entraîne pour tous l'exagération du nombre des moutons dans la montagne, se décideront à chercher un autre emploi de leurs capitaux soit en achetant du gros bétail, soit de toute autre façon. L'opinion publique peut aider cette substitution si profitable à la région, en accordant autant et plus de considération au propriétaire de sept vaches grasses qu'à celui de cent moutons.

Bien qu'il soit peu facile de définir les motifs de la surcharge du pâturage et de la décadence qui en est résultée, il semble que l'industrie pastorale des Pyrénées ait été victime du progrès économique du xixe siècle ; que des séries nouvelles de capitalistes en quête de placements fructueux aient jeté leur dévolu sur le mouton transhumant, pour lequel le développement des communications ouvrait de nouveaux débouchés.

Ce n'est pas impunément qu'une industrie reste stationnaire dans la marche de la civilisation, et le pasteur, trop fidèle depuis des milliers d'années à l'unique préoccupation de remédier à l'épuisement des pâturages en conduisant ses troupeaux ailleurs, a vu arriver d'ailleurs de nouveaux troupeaux pour disputer aux siens leur maigre pitance.

Les données du problème sont absolument renversées pour le pastorat : au lieu de bétail restreint dans un pâturage illimité, il se trouve en présence de bétail illimité sur un pâturage restreint, affluant d'autant plus nombreux que les régions voisines sont plus riches. La prospérité dans la plaine est devenue une cause de ruine pour la montagne.

Les populations des montagnes sont dans l'impossibilité absolue de sortir par elles-mêmes de la situation lamentable qui les décime. Dans les Pyrénées, plus de la moitié du sol est en propriétés communales livrées à la vaine pâture. Depuis que la quantité du bétail dépasse les ressources du pâturage, c'est une course universelle à la destruction. Chaque berger veut arriver le premier pour choisir les parties les moins abîmées sans attendre que l'herbe soit poussée ; il est bien obligé d'attendre que la neige soit fondue, mais, toujours pour arriver le premier, il installe son troupeau sur un sol encore détrempé par la fonte des neiges que le piétinement du bétail désagrège et réduit en bouillie entraînée par la première pluie. Sur un pâturage surchargé il est presque impossible de laisser reposer aucune partie, ou d'effectuer quelque travail d'entretien que le passage des troupeaux viendrait bouleverser. La décadence du pastorat, qui en est la conséquence, met d'ailleurs les particuliers et les communes dans une situation de gêne qui leur rend impraticable toute espèce d'amélioration.

Les habitudes héréditaires font qu'aucun berger ne pense à prendre les précautions les plus élémentaires pour la sauvegarde des pâturages, et, d'ailleurs, celui qui les prendrait isolément ne pourrait qu'en souffrir ; au milieu de voisins continuant la course à la destruction, il serait victime de sa propre prudence.

Bien peu de communes, même avec la meilleure volonté du monde, pourraient se soustraire à ces pratiques ruineuses, car la plupart sont englobées dans les indivisions syndicales qui suppriment pour chaque commune la libre disposition de son propre territoire ; d'autres encore sont comprises dans des indivisions avec des municipalités espagnoles, indivisions qui vont parfois jusqu'à laisser aux bergers le droit de couper des arbres pour leurs abris et les besoins de la vie, droit qui est devenu bien platonique, non par modération dans l'usage, mais parce que depuis longtemps il n'y reste plus un arbre ; et personne ne pourrait songer à en planter dans de semblables conditions.

Les quelques communes qui sont libres d'entraves extérieures, qui n'ont à compter qu'avec les difficultés de la propre indivision de leur territoire entre les usagers, ne sont guère en meilleure posture ; presque toutes ont fait appel aux recettes de la transhumance pour boucler leurs maigres budgets, et ne peuvent plus rien contre la ruine de leurs pâturages qui va toujours s'accentuant. Il leur faut un concours extérieur ; mais aucun des procédés usités ailleurs pour la mise en valeur des terrains incultes, vente, emprunt, bail emphytéotique, concours de l'Etat ou du Crédit Foncier, n'avait pu s'appliquer dans les Pyrénées.

C'est la transhumance qui a ruiné les Pyrénées ; l'arrivée d'immenses troupeaux, affamés par une longue marche, a dévasté ses pelouses où chaque mouton arrachait sa touffe

M. Sylvain GIRERD
Secrétaire général
de la Société de Géographie commerciale de Saint-Etienne.
Secrétaire général du Congrès.

M. VALLADAUD
Secrétaire
de la Société de Géographie commerciale
de Saint-Etienne.
Secrétaire du Congrès.

M. ANDRÉOLY
Secrétaire Archiviste
de la Société de Géographie commerciale
de Saint-Etienne.
Secrétaire du Congrès.

M. ANDRE
Secrétaire adjoint du Congrès.

Clichés Verron.

d'herbe et piétinait l'emplacement dépouillé par son chef de file ; les parcours dénudés par les transhumants ayant pas eu ou peu d'herbe l'année suivante, les ressources du pâturage ont constamment diminué, sans qu'on réduisît la quantité de bétail qui n'a pas tardé à se trouver exagérée. Le pâturage était surchargé et jamais depuis il n'a cessé de l'être.

La surcharge du pâturage est venue s'ajouter à l'inextricable réseau de difficultés qui enserrait de toutes parts ces malheureuses populations, menacées de disparaître complètement avec la terre de leurs montagnes si l'on n'y porte remède.

Le remède. — Le remède auquel nous nous sommes trouvés conduits est d'affermer des pâturages communaux de façon à verser aux budgets municipaux pour restaurer leurs domaines autant que les propriétaires de transhumants y versaient pour les dévaster ; éliminer ainsi les moutons étrangers pour mettre dans l'abondance les bestiaux des montagnards et rendre disponible une partie du territoire pour des travaux de reboisement et d'amélioration. Tel est notre programme pour résoudre le double problème, identique comme solution, de conserver à la montagne sa terre et ses habitants.

Pour créer les ressources nécessaires à cette leçon de choses, on s'est adressé à l'initiative collective, cet admirable instrument élastique et puissant qui réunit la perpétuité et la flexibilité. On a fondé une association désintéressée de souscripteurs à 10 francs par an.

L'Association pour l'aménagement des montagnes compte à peine un an d'existence. Elle a trouvé, dès le début, les plus précieux concours et tout d'abord celui de la Chambre de Commerce de Bordeaux qui s'est inscrite au nombre de ses fondateurs en lui accordant une subvention de 1.000 francs, renouvelée en 1905, pour faciliter l'exécution de ses projets. L'appui et les subventions de l'Etat ne lui ont point fait défaut.

L'œuvre de l'Association. — Organisée pour l'action directe, l'Association a immédiatement commencé les opérations pratiques en vue desquelles elle s'était constituée : elle a loué dans le haut bassin de la Garonne, à l'extrémité de la ravissante vallée d'Aure, 2.000 hectares de terrains communaux dont elle a exclu 3.000 moutons espagnols qui, les années précédentes, y portaient la dévastation ; elle a mis dans la prospérité les troupeaux des montagnards ; elle a déjà préservé son territoire d'un désastre. A la suite de la sécheresse exceptionnelle de l'été de 1904, qui avait transformé toutes les pelouses en véritables paillassons, les pâturages voisins, surchargés de bétail qui avait arraché l'herbe en beaucoup d'endroits, ont été profondément ravinés par les pluies d'orage, tandis que ceux où l'Association avait réduit le nombre des moutons n'ont pas été dégradés.

L'Association a, de plus, entrepris d'importants travaux : pépinières, plantations, chemins, abreuvoirs, épandage d'engrais, embroussaillement de rochers.

La location du territoire n° 1 a été faite dans des conditions spéciales qu'il convient de vous expliquer. Les communes propriétaires affermaient chaque année, par voie d'adjudication réglementée par un cahier des charges, le droit d'amener 3.000 moutons sur le pâturage communal qui recevait en outre le gros bétail des communes composé d'environ 500 bêtes aumailles abandonnées sans gardiennage et de leurs moutons jusqu'à concurrence de 800 têtes.

L'Association s'est purement et simplement fait déclarer adjudicataire de ce droit de faire brouter l'herbe par 3.000 moutons, et cela pendant une période de cinq ans correspondant à la durée du cahier des charges.

Une location dans des conditions analogues à celle des propriétés ordinaires eût exigé de trop longs délais pour la confection d'un nouveau cahier des charges, les délibération des conseils municipaux et les arrêtés préfectoraux inséparables de toute opération administrative, ce qui aurait reculé outre mesure le début des essais ; mais on a suppléé à l'imperfection apparente de la méthode par une convention spéciale avec les communes propriétaires. Cette convention, préparée avec les maires le jour même de la location et approuvée depuis par les conseils municipaux, a donné à l'Association le droit de reboiser les terrains en pente raide et d'établir les pépinières nécessaires pour cette opération. Une seconde convention donnant à l'Association le droit de se procurer gratuitement des plants en faisant des éclaircies dans les bois communaux a été depuis approuvée en quelques jours, et l'Association compte bien ne pas s'en tenir là.

Elle prépare par d'autres conventions l'interdiction pour le bétail des parties les plus dégradées du territoire et l'organisation d'un troupeau communal pour assurer le gardiennage du gros bétail sans dépense pour les habitants. Elle poursuit ainsi par étapes successives la réglementation du pâturage et l'établissement d'un régime d'après lequel nous deviendrions les associés des communes et trouverions dans la communauté des intérêts un moyen permanent de leur infuser, goutte à goutte et minute par minute, le sentiment de la prudence. C'est un long et laborieux cheminement dans lequel il nous faut apporter un grand esprit de suite et une patience inlassable, mais les résultats de notre marche prudente commencent à se montrer plus rapidement encore que nous l'osions espérer.

Les travaux que nous poursuivons ont pour but d'habiller au plus vite le sol d'une végétation quelconque pour en assurer la conservation et pour diminuer le ruissellement des eaux. Il ne peut être question pour le moment de créer des forêts conformes aux règles de l'art avec des essences savamment assorties et des espacements minutieusement calculés. L'auxiliaire sur lequel nous comptons surtout est un travailleur que ne rebutent ni la fatigue, ni le froid, ni les intempéries, qui ne se met jamais en grève : c'est la nature.

La nature sèmera et les populations des montagnes récolteront. Elle semait déjà, elle a toujours semé, mais depuis bien longtemps tout ce qui provenait des semis naturels était dévoré à peine sorti de terre.

Notre rôle se réduit dans ses grandes lignes à laisser agir la nature et empêcher la destruction de ses créations.

Nous chercherons à l'aider en créant des centres de repeuplement sylvestre dans les régions dépourvues de bois que l'ensemencement spontané ne pourrait atteindre, en implantant des broussailles dans les fissures de rochers où la terre est insuffisante pour porter des arbres; là où l'érosion du sol avait fait de la montagne une toiture sur laquelle les eaux s'écoulent trop vite, nous cherchons à en faire une éponge. Nous nous efforcerons surtout de préserver les jeunes arbres de la destruction, d'empêcher de les brouter au fur et à mesure qu'ils poussent, et ce résultat ne peut être atteint qu'en limitant le bétail d'après les ressources du pâturage. Il est impossible de préserver les bois quand l'herbe est insuffisante sur les pelouses, et la prospérité pastorale est la véritable sauvegarde des forêts.

Un des principaux éléments de la prospérité pastorale consistera dans la substitution de l'espèce bovine aux bêtes à laine, et il faudra pour la réaliser l'installation d'une industrie laitière et la construction de chalets en montagne. Ce sera la seconde partie de notre œuvre. partie indispensable pour assurer la permanence des résultats obtenus.

La multiplication des moutons est toujours dangereuse parce qu'ils ruinent le pâturage avant de dépérir, tandis que la vache, qui choisit ses herbes, dépérit avant de ruiner le pâturage, ce qui établit une régulation automatique de sa multiplication.

L'Association s'est attachée à ne demander à chacun que le concours qu'il peut donner, tout en procurant à tous des avantages au moins équivalents. Elle demande aux montagnards leur bonne volonté pour la modification progressive de leurs habitudes, et elle combine ses opérations de manière que chaque étape leur apporte un bénéfice immédiat; elle demande aux habitants des villes et des plaines leur concours financier et leur donne le moyen de le récupérer dès maintenant; elle demande aux départements, aux villes, aux Chambres de Commerce, des subventions correspondant à la sécurité qu'elle leur procure. L'intérêt général et le bénéfice que tous ont à retirer dans l'avenir d'un aménagement judicieux des montagnes ne figure que pour mémoire dans les calculs de l'Association.

La bonne volonté du montagnard, une modification progressive d'habitudes qui a pour but d'empêcher leur ruine complète, il semble au premier abord que ce soit un concours bien faible que nous leur demandions; mais il faut se rappeler combien l'homme est esclave de ses habitudes et que celles dont nous avons entrepris l'amélioration datent de milliers d'années.

En supprimant la surcharge du pâturage, l'Association peut atténuer, dans une large mesure, les inconvénients de la vaine pâture; il devient possible, en effet, d'attribuer à chaque troupeau un parcours distinct, d'une étendue suffisante pour son alimentation, sur lequel les bergers seront assurés de profiter seuls de leurs travaux, de leurs précautions et de leur prudence; ils pourront ainsi, sans changement brusque de leurs coutumes, s'habituer à jouir du pâturage en bons pères de famille. C'est évidemment une entreprise longue et laborieuse pour laquelle il faut être armé de patience; mais à partir du moment où ce premier résultat sera obtenu, où le bétail sera cantonné, le progrès marchera à pas de géant, et les pâturages des Pyrénées, rendus à la prospérité, deviendront le siège d'une industrie pastorale digne de ce nom qui enrichira le pays et ses habitants.

La modification des habitudes qui doit transformer nos montagnards en amis des arbres, s'annonce d'ailleurs comme moins pénible qu'on eût pu le croire tout d'abord : ils se familiarisent peu à peu avec le but poursuivi par l'Association, ils comprennent bien les indications qu'on leur donne amicalement, et l'on a pu constater, dès la première année, des symptômes favorables à la conversion des habitudes pastorales. La commune de Campan a, sans concours étranger, supprimé la transhumance des moutons sur son territoire; celle de Tramezaïgues sollicite l'Association d'étendre sur son domaine les opérations de reboisement entreprises depuis un an dans les vallées de la Géla et de Saux, qui l'avoisinent; enfin, les syndicats de Saint-Savin et de Barèges ont chargé un inspecteur des eaux et forêts de les représenter au Congrès du Sud-Ouest navigable.

La marche du reboisement. — La modestie de nos débuts paraît, au premier abord, bien peu proportionnée à l'effort qu'il faudrait accomplir pour remettre en valeur plusieurs millions d'hectares improductifs, surtout si l'on considère l'énorme dépense qu'a dû assumer l'Etat pour la correction des torrents; mais tous les genres de désastre présentent entre eux des analogies, et la formation des torrents peut se comparer à celle des incendies. Quand le feu ne fait que couver, un verre d'eau suffit à l'arrêter; quelques minutes après, il en faut un seau, mais si personne n'apporte le verre ou le seau d'eau qui eussent prévenu tout dommage, il en faut des tonnes, et quand les pompiers arrivent, on est le plus souvent réduit à préserver les immeubles voisins.

Il en est de même pour la dégradation du sol. Si les montagnards sont attentifs à la conservation de leur domaine, s'ils réparent, dès qu'elles se produisent, les moindres brèches du pâturage, ils préviendront la formation des torrents, comme l'habitant soigneux prévient l'incendie de sa maison en apportant un verre d'eau sur le feu qui couve encore. Le jour où les populations pastorales comprendront l'intérêt qu'elles ont elles-mêmes au bon entretien de leurs pelouses et de leurs bois, la destruction sera enrayée, et il ne restera plus qu'à guérir les plaies déjà faites; cette guérison sera définitive.

La méthode de reboisement que nous avons inaugurée n'entraîne en somme que bien peu de dépenses : 50 centimes de location par hectare et par an, à peu près autant pour la garde et quelques travaux, ne représentent à l'hectare qu'un franc par an pour la période des vingt premières années, au bout desquelles l'opération couvrira ses frais. Appliquée aux six millions d'hectares improductifs qui restent en France, elle ne conduirait qu'à une dépense de

120 millions, inférieure aux saignées périodiques que l'on doit imposer aux budgets après chaque inondation.

Le programme du reboisement comporte donc deux opérations distinctes : d'une part, les corrections de torrents, définies par la loi de 1882 comme incombant à l'Etat; d'autre part, la reconstitution d'un manteau de végétation sur les montagnes pour prévenir de nouvelles dégradations. Cette reconstitution est, en général, une opération des plus fructueuses et il résulte des calculs de forestiers expérimentés qu'elle peut décupler en moins de 50 ans les fonds qu'on y consacre; on peut donc supposer qu'elle attirera les placements des capitalistes, et si les particuliers hésitaient à s'engager dans cette voie, craignant une trop longue immobilisation de leurs fonds, il n'en sera pas de même des collectivités, des Compagnies d'assurances, par exemple, dont les réserves employées en immeubles se chiffrent par un nombre fort respectable de millions; les Sociétés d'utilité publique et les Caisses d'épargne en feront autant quand un article additionnel leur aura permis d'appliquer une partie de leur fortune au reboisement, comme certaines peuvent déjà le faire pour les habitations à bon marché.

L'Etat, lui aussi, suivra le mouvement, et l'emploi en reboisements des millions immobilisés en garanties d'opérations à long terme, amènera un soulagement pour les contribuables, en même temps qu'il fera profiter gratuitement le pays de tous les bienfaits de la consolidation du sol; la création des retraites ouvrières pourra ainsi éviter des complications redoutables.

Ce ne seront donc pas les ressources financières qui manqueront pour le reboisement des montagnes, mais il est indispensable que cette grande opération se fasse avec le concours et la bonne volonté des montagnards.

Quand les montagnards sauront qu'en reboisant un tiers du terrain on peut nourrir sur le reste trois fois plus de bétail, que la transformation peut s'effectuer sans perte pour aucune catégorie d'intérêts et avec bénéfice immédiat pour tous, ils entreront dans le mouvement du progrès, comme l'ont fait pendant le dernier siècle les agriculteurs français qui ont doublé le rendement de leurs terres.

C'est cette leçon de choses que nous avons entreprise avec les ressources, infinies comme variété d'action, que fournit l'initiative privée, avec le désintéressement indispensable pour calmer toutes les inquiétudes de montagnards peu habitués à l'intervention des habitants des plaines. Cette leçon de choses à peine commencée porte déjà ses fruits, et déjà les montagnards nous sollicitent de la développer. — Il y a là une précieuse confirmation de nos espérances.

Notre leçon de choses ne doit pourtant pas sortir des limites modérées. — Notre Association n'a pas la prétention de reboiser à elle seule toutes les montagnes de France. — Quand elle aura donné l'exemple et résolu sur le terrain la série des difficultés, quand le montagnard saura que le reboisement lui est profitable à tous égards, des initiatives surgiront de toutes parts, et certes nous ne tenons pas au monopole.

Le plus difficile est déjà fait ; le mal qui ruinait la montagne et les montagnards est connu, le remède est trouvé, l'instrument créé et le traitement commencé dans la région jadis la plus réfractaire au progrès. — Les populations que nous voulons sauver de la destruction nous comprennent, elles viennent au-devant de nous ; il nous faut au plus vite développer notre champ d'expérience et le recrutement de notre Association, recrutement qui devient bien plus facile maintenant que le succès a couronné nos efforts.

Dans notre beau pays de France, où l'hésitation n'existe pas, quand il y a de grandes et nobles causes à servir, l'Association pour l'aménagement des montagnes est assurée de trouver des concours dévoués pour le développement d'une œuvre dont le programme est résumé par sa devise :

Sauver la terre de la Patrie.

⁎
⁎ ⁎

Réception à l'Hôtel de Ville

A l'issue des réunions des Sections, les Congressistes se rendent à l'Hôtel de Ville où une réception leur a été préparée par la municipalité, dans la grande Salle des Fêtes.

Ils y sont accueillis avec beaucoup de courtoisie par M. Philippe Dumas, adjoint, remplaçant M. Ledin, maire, absent, et par la plupart des adjoints et conseillers municipaux.

Tandis que les Congressistes se pressent autour des tables élégamment décorées et garnies de vins et de mets délicats, des toasts amicaux sont échangés, notamment par MM. Forest et Philippe Dumas.

*
* *

A une heure de l'après-midi, les Congressistes se rendent à la Manufacture française d'armes, l'établissement si magnifiquement installé de MM. Mimard et Blachon. Les voitures de la Compagnie électrique les y transportent gracieusement. Les directeurs de la Manufacture font, avec leur aménité habituelle, les honneurs de leur usine et répondent avec une parfaite bonne grâce aux nombreuses questions qui leur sont adressées par les Congressistes émerveillés.

Lundi soir.

A 3 heures du soir, les travaux des Sections reprennent au lycée.

I. Géographie générale et locale.

La séance est présidée par M. Deman, président et délégué de la Société de Géographie de Dunkerque.

Trois communications sont faites au cours de cette séance :

Une communication de M. Etienne Port sur le rôle des Sociétés de Géographie pour la constitution de collections documentaires, locales ou régionales, au moyen de concours ou d'expositions ; une communication de M. Georges Blondel sur le développement commercial des Etats-Unis ; une communication de M. Peyralbe sur la question de savoir si la géographie tient dans l'enseignement secondaire en France une place en rapport avec les progrès de cette science et les nécessités de l'heure présente.

M. Etienne Port, appelé depuis le Congrès à de hautes fonctions politiques, n'a pu, au grand regret du bureau, lui faire parvenir à temps le texte de sa communication. Le bureau du Congrès doit donc se borner à publier les conférences de MM. Blondel et Peyralbe.

LE DÉVELOPPEMENT COMMERCIAL DES ÉTATS-UNIS

Par M. Georges BLONDEL
Professeur à l'Ecole des Hautes-Etudes commerciales de Paris

Lorsqu'on envisage dans leur ensemble les transformations économiques du monde contemporain, on constate aisément qu'aucune nation n'a, depuis un quart de siècle, marché aussi vite que les Etats-Unis dans la voie de l'enrichissement et de la prospérité. C'est surtout le mouvement des exportations qui s'est prodigieusement accru. En dépit de deux crises assez graves, il a augmenté, dans la période décennale 1893-1903, de 67 %. Et il est permis de croire que la consommation intérieure s'est accrue dans des proportions plus fortes encore.

Les causes qui expliquent l'essor inouï de la grande république américaine sont nombreuses. Ce sont elles surtout qu'il importe aux peuples de l'Europe d'étudier et de bien comprendre.

a) Il faut d'abord tenir compte des ressources naturelles du pays. On trouve aux Etats-Unis tous les climats et toutes les natures de sol. Blé, seigle, orge, avoine, riz, maïs, pommes de terre, canne à sucre, houblon, tabac, coton, etc., y poussent à merveille suivant les contrées, à tel point que le *farmer* américain fournit, avec une somme de travail égale, une quantité de grains plus que double de celle que produit en moyenne le cultivateur européen.

Le sol des Etats-Unis recèle en abondance la houille, le fer, l'or, l'argent, le cuivre, le mercure, le plomb, le zinc, le nickel. Et les montagnes Rocheuses possèdent aussi, en quantité fort appréciable, cette houille blanche, cette force motrice des torrents et des cascades qui rend aujourd'hui tant de services. Près de 600.000 chevaux-vapeur sont dès maintenant utilisés.

b) La prospérité des Etats-Unis est due en second lieu à l'énergie des habitants et à l'intelligence avec laquelle ils ont su s'adapter aux exigences de la vie économique contemporaine. Les hommes du nouveau monde sont incontestablement plus actifs que ceux de l'ancien. La confiance extrême qu'ils ont en eux-mêmes les prédispose à un optimisme qui se traduit par un esprit d'initiative remarquable. Elle aboutit à des résultats d'autant meilleurs qu'elle se combine avec une grande patience et une incroyable ténacité.

c) De plus, le travail est merveilleusement organisé aux Etats-Unis. Nulle part au monde, on n'est arrivé à économiser autant de main-d'œuvre par l'emploi judicieux des machines. Les machines-outils, en particulier, sont l'objet de perfectionnements incessants : non seulement on les améliore sans relâche, mais on leur demande en outre le maximum de vitesse et de rendement Dans ces conditions, elles s'usent plus vite, c'est vrai, mais on les renouvelle davantage et on les remplace par des machines plus parfaites, ce qui fait qu'au point de vue de l'outillage, les Américains sont toujours en avance sur les autres peuples.

d) A la perfection de l'outillage répond la qualité des ouvriers, qui sont vraiment des travailleurs d'un type supérieur, habitués, grâce au taux élevé des salaires, à une vie plus raffinée que les ouvriers européens, et très défiants à l'égard des théories collectivistes, qui troublent en Europe tant de cerveaux. Plus sobres en général que la plupart des ouvriers européens, que les ouvriers anglais en particulier, ils fournissent néanmoins une somme de travail supérieure. Les enquêteurs qui ont étudié sur place les usines américaines déclarent qu'on utilise si bien leurs aptitudes et leurs forces qu'il n'ont pas, en définitive, à subir une plus grande fatigue que leurs camarades de l'ancien continent.

Mais il convient d'ajouter que la concurrence américaine est surtout redoutable pour les articles qu'on peut fabriquer en masse et pour lesquels le machinisme joue le principal rôle. En d'autres termes, la « fabrication » est plus intéressante que le produit fabriqué. Pour les articles de qualité supérieure où le tour de main et le goût individuel conservent une grande importance, les Etats-Unis sont encore en retard. Peut-être le seront-ils toujours !

Et il ne faut pas oublier que, tout compte fait, on gagne plus avec l'article de luxe qu'avec le produit à bon marché, et sans qu'il soit nécessaire d'atteindre un chiffre d'affaires aussi considérable. En matière de commerce, le principal, ce sont les bénéfices ! Peu importe de traiter moins d'affaires qu'un concurrent, si on a réalisé des gains plus élevés. C'est pour ce motif que la France, en présence des trois grandes nations exportatrices, l'Angleterre, les Etats-Unis, l'Allemagne, continue, grâce à sa supériorité pour les articles de luxe, à faire, malgré les chiffres plus faibles de son exportation, de si beaux bénéfices. Mais il faut s'attendre à voir les Américains faire encore de nouveaux progrès, grâce à l'ardeur avec laquelle ils cherchent à mettre à profit toutes les conquêtes de la science, à utiliser ces forces naturelles dont l'homme commence à peine à se rendre maître (vent, électricité, marées, etc.), à s'armer de pied en cap pour la lutte.

e) Le développement de la richesse aux Etats-Unis tient encore aux progrès des moyens de communication : les Américains se sont admirablement outillés pour le transport de leurs abondantes productions agricoles, minières, métallurgiques. Leurs voies ferrées ont été construites avec une prodigieuse rapidité. Le réseau américain est maintenant, tout à la fois par rapport à la surface et par rapport à la population, plus étendu que le réseau européen. Le bas prix du charbon (un dollar sur le carreau de la mine) diminue beaucoup les frais d'expédition, et, en raison des dimensions de leurs wagons (des wagons de 28 tonnes!), les trains américains ont beaucoup moins de poids mort que les trains de nos pays. Les Américains ne se bornent pas à multiplier les voies ferrées, ils s'occupent aussi des voies d'eau; ils ont amélioré leurs rivières et ont complété leur réseau fluvial par un excellent système de canaux. On estime que la coexistence de la batellerie et du chemin de fer a beaucoup d'avantages, qu'elle opère à l'intérieur du pays un classement utile des marchandises, qu'elle permet d'éviter à certaines époques un encombrement des voies ferrées et d'augmenter la production des usines dans de notables proportions. Et voici maintenant que les Américains veulent avoir une marine marchande en rapport avec leur puissance industrielle. Ils ont voté depuis deux ans des sommes considérables pour que leurs navires puissent prendre le plus promptement possible une large place dans le commerce mondial.

f) Il est nécessaire de dire aussi quelques mots de l'éducation donnée aux jeunes Américains. Elle est nettement orientée dans le sens « économique » et utilitaire. L'enseignement technique est extrêmement développé en Amérique. On considère que ce n'est pas un enseignement particulier, mais une partie intégrante de l'enseignement en général, un élément essentiel de toute éducation. On estime même que c'est par l'étude des questions techniques mises à la portée des jeunes intelligences qu'on arrive le mieux à dégrossir les enfants et à les façonner pour la plupart des carrières dans lesquelles ils pourront s'engager un jour. Le commerce tient aussi une place de premier ordre dans les préoccupations des habitants du nouveau monde : leurs idées contrastent à cet égard avec celles de beaucoup d'Européens, spécialement avec celles des Français, qui, pour la plupart, s'intéressent médiocrement aux luttes commerciales contemporaines. Les Français — qu'il soit permis de le dire ici — sont, en définitive, quand on les compare aux autres peuples, de très bons producteurs. Ils sont de médiocres exportateurs, ne savent pas assez aller au-devant de la clientèle étrangère, ne savent pas assez, tout en tenant compte des goûts particuliers de chaque peuple, faire ressortir les avantages des articles soignés sur les articles de pacotille, en montrant, par exemple, que les premiers sont en réalité moins chers que les seconds, parce que, grâce à leur solidité, ils font beaucoup plus d'usage. Les Américains savent surtout très bien que les habitudes commerciales se sont modifiées, que les clients ne se dérangent plus, qu'il faut aller les visiter, qu'il faut consulter leurs désirs et accepter leurs observations.

Fier du développement magnifique de sa richesse et de sa puissance économique, le *Yankee* rêve aujourd'hui d'immenses conquêtes. Reprenant et développant les idées de Mac Kinley, le président Roosevelt s'annonce comme l'apôtre du monde aux Américains. La lutte avec l'Europe est commencée, disait naguère M. Lodge en plein Sénat, elle ne peut se terminer que par la suprématie économique et commerciale des Etat-Unis.

En considérant ses ressources « illimitées » et les avantages que lui assure une situation géographique qui le met à l'abri des atteintes des armées, l'Américain pense que le moment est venu non seulement de parler haut dans les conseils où se pèsent les destinées du monde, mais aussi de planter en tout lieu le pavillon étoilé de l'Union. L'« impérialisme américain » n'apparaît pas, au surplus, comme un impérialisme conquérant dans le sens belliqueux du mot. On compte moins sur la force des bataillons que sur la force des dollars. Ce n'est pas à coups de canon que l'on veut enfoncer les portes, c'est à coups de marchandises. C'est par une force de production formidable qu'il s'agit d'écraser le vieux monde. Et les *trusts*, qui n'ont pas encore trouvé leur forme définitive, permettront aux milliardaires américains, sinon de broyer leurs concurrents, du moins de peser d'un poids décisif sur le marché universel.

L'étude de cette évolution des Etats-Unis, par laquelle il ne faut point d'ailleurs se laisser hypnotiser, montre qu'un grand changement s'est fait dans l'équilibre des nations. L'Europe n'est plus la reine du monde. A une période de domination incontestée va succéder une période de luttes et peut-être de luttes terribles. A ces luttes, toutes les grandes nations seront plus ou moins directement mêlées. Toutes assurément en ressentiront le contre-coup. Celles-là grandiront au milieu des conflits qui se préparent, qui comprendront le mieux les efforts qui doivent être faits pour s'adapter aux nouveaux courants de civilisation qui emportent le monde, qui étudieront avec le plus de soin les conditions dans lesquelles se fait aujourd'hui le progrès, qui montreront qu'elles sont prêtes à redoubler d'énergie, de vigilance, d'activité. En matière économique et commerciale, les positions conquises autrefois sur les peuples rivaux ne restent à ceux qui les avaient occupées que s'ils savent les défendre et s'ils continuent à les mériter.

LA GÉOGRAPHIE TIENT-ELLE, EN FRANCE, DANS L'ENSEIGNEMENT SECONDAIRE, UNE PLACE EN RAPPORT AVEC LES PROGRÈS DE CETTE SCIENCE ET AVEC LES NÉCESSITÉS DE L'HEURE PRÉSENTE ?

Par M. PEYRALBE, de la Société de Géographie et de la Société de Géographie commerciale de Paris.

En février et mars de cette année, l'enseignement géographique dans les lycées et collèges a fait l'objet de conférences et de discussions intéressantes au Musée Pédagogique de Paris. A la suite de ces réunions, le ministre de l'Instruction publique a été saisi d'une pétition qui a reçu l'adhésion de deux cents professeurs et dans laquelle on appelle son attention sur l'état actuel de l'enseignement géographique.

Les Sociétés françaises de Géographie, qui se sont donné comme tâche la diffusion des connaissances géographiques dans notre pays, ne sauraient rester indifférentes à ce mouvement qui tend à donner à la géographie la place à laquelle elle a droit dans notre enseignement secondaire. Il m'a semblé qu'aucune occasion ne pourrait être plus favorable pour attirer leur attention sur cette importante question que le Congrès qui nous réunit en ce moment.

L'ordre du jour de séance étant très chargé, je me bornerai à examiner brièvement la situation faite à l'étude de la géographie par le plan d'études et les programmes des lycées et collèges en vigueur depuis 1902, époque à laquelle l'enseignement secondaire fut complètement réorganisé.

Cette réforme, opérée à la suite de la grande enquête faite par une Commission parlementaire, sous la présidence de M. Ribot, avait pour objet de donner à l'enseignement secondaire plus de souplesse et de l'orienter mieux que par le passé vers les réalités de la vie. On pouvait espérer que l'étude de la géographie, éminemment propre à ce rôle, par son caractère à la fois spéculatif et pratique, verrait accroître son importance dans l'économie des études secondaires.

Cette attente a été déçue. Tandis que les heures de classe attribuées aux langues vivantes, aux sciences, à l'histoire elle-même (dans les sections A et B du second cycle) étaient sensiblement augmentées, la place, déjà si avarement mesurée auparavant à la géographie, était encore réduite. Elle perdait une demi-heure en première (ancienne rhétorique) et une heure en mathématiques (ancienne première moderne).

Voici quelle est, d'après le plan d'études actuel, la part respective faite à l'histoire et à la géographie.

Dans la *division élémentaire* (VIIIe et VIIe), ainsi que dans les classes du *premier cycle* (VIe, V^e, IVe et IIIe), trois heures par semaine sont attribuées à l'histoire et à la géographie réunies. Mais les classes étant d'une heure (exactement cinquante minutes), une classe seulement est consacrée à la géographie.

M. DOGÉ
Membre du Comité du Congrès.

M. Charles BOY
Membre du Comité du Congrès.

M. REUSS
Membre du Comité du Congrès.

M. LE Dr MERLIN
Membre du Comité du Congrès.

M. De CHAMPEVILLE
Membre du Comité du Congrès.

Clichés Verron.

Pour le *second cycle* (II*ᵉ*, I*ᵉʳ*) le partage est encore plus inégal. Dans les sections A (latin, grec) et B (latin, langues vivantes) de seconde et de première, nous trouvons deux heures d'histoire ancienne, deux d'histoire moderne et une seulement de géographie ; dans les mêmes classes, sections C (latin, sciences) et D (sciences, langues vivantes), deux heures d'histoire moderne et une de géographie.

Enfin, dans les classes de *philosophie* et de *mathématiques*, l'histoire a droit à trois heures et la géographie disparaît du programme.

Une heure de classe par semaine, cela représente pour l'année scolaire, déduction faite des congés réglementaires et sans compter l'imprévu, au maximum, 28 classes. D'autre part, la classe d'une heure est réduite par les mouvements et les récréations d'inter-classes à cinquante minutes. La remise et la dictée des devoirs et les interrogations absorbent, au minimum, vingt à vingt-cinq minutes. On voit ce qui reste au professeur pour l'enseignement proprement dit, pour appliquer les excellentes méthodes apprises à l'Ecole normale ou à l'Université, pour exercer les élèves à l'observation et à la réflexion. Comme le disait M. Paul Dupuy, dans une conférence faite au Musée Pédagogique, en février dernier : « L'enseignement de la « géographie, quelque transformé qu'il soit, n'aura jamais « qu'une efficacité très limitée, tant qu'il restera emprisonné dans l'unique classe de cinquante minutes par « semaine, heureux encore s'il ne produit pas, par suite « de l'extrême rapidité avec laquelle les faits et les idées « doivent être traités, de véritables déformations intellectuelles. »

A la rigueur, la classe d'une heure pourrait suffire dans le premier cycle, l'âge des élèves ne permettant qu'un enseignement presque élémentaire et grâce aux excellents manuels qui ont remplacé les sèches nomenclatures d'autrefois. Dans le second cycle, et surtout en seconde, c'est tout à fait insuffisant pour développer le nouveau programme de géographie générale vraiment encyclopédique qui embrasse l'étude systématique et raisonnée de la géographie physique, humaine et même économique. De même en première où l'étude de la France par régions naturelles, qui peut être si vivante et si intéressante, et celle de notre empire colonial peuvent difficilement se mouvoir dans de si étroites limites.

Quant aux classes de philosophie et de mathématiques, l'exclusion de la géographie est inexplicable ; c'est dans ces classes que l'étude en serait la plus profitable et qu'elle se combinerait le plus heureusement avec celle de l'histoire contemporaine et des sciences naturelles. En outre, la répartition des matières entre deux cycles d'une durée très inégale aboutit à ce résultat que, sauf pour la géographie générale et la France qui figurent deux fois au programme, les élèves n'ont plus l'occasion de revoir dans le second cycle ce qu'ils ont appris (disons plutôt ce qu'ils ont entrevu) dans le premier. De sorte qu'on enseigne pour la dernière fois la géographie de l'Amérique en sixième, à des enfants de onze ans, celle de l'Asie et de l'Afrique en cinquième, celle de l'Europe en quatrième.

Ce n'est pas tout. Il y avait encore, jusqu'à l'année dernière, une catégorie d'élèves à laquelle s'imposait une étude sérieuse de la géographie : c'étaient les candidats à l'école militaire de Saint-Cyr dont le programme d'admission comportait une partie géographique très importante avec un coefficient élevé. Or, l'an dernier, sous prétexte de mettre les programmes d'admission des écoles spéciales en harmonie avec ceux de l'enseignement secondaire, le programme de la classe de mathématiques est devenu, tel quel, celui de l'examen d'admission à Saint-Cyr.

Si bien que, en ce moment même, les candidats à notre plus grande école militaire sont interrogés sur un programme où la philosophie, les sciences naturelles et l'hygiène tiennent une large place et où la géographie ne figure que comme un accessoire de l'histoire, sans note spéciale et sans coefficient distinct.

Une situation aussi paradoxale ne pouvait évidemment être durable.

En adoptant comme programme d'admission à Saint-Cyr

celui de la classe de *mathématiques*, on rendait indispensable l'introduction d'une partie géographique dans les programmes de mathématiques et de philosophie.

Aussi le Conseil supérieur de l'Instruction publique, faisant droit partiellement à la pétition des professeurs de lycée dont je parlais en commençant, a-t-il, dans sa dernière session, émis l'avis qu'un cours de géographie soit établi dans les deux classes terminales du second cycle. Ce cours aurait pour objet de faire connaître aux élèves l'état économique des *principales puissances du monde*.

La proposition du Conseil supérieur sera, je n'en doute pas, ratifiée par le Ministre (1) et une des plus grosses lacunes de l'enseignement géographique sera ainsi comblée. Mais d'autres lacunes subsistent et vous avez pu vous convaincre, par l'exposé qui précède, que l'étude de la géographie ne dispose, surtout en seconde et en première, que d'un temps absolument insuffisant. Beaucoup de professeurs estiment qu'il serait possible de porter à une heure et demie la durée de la classe hebdomadaire de géographie et même de lui attribuer dans les sections A et B une des deux heures consacrées à l'histoire ancienne.

En ce qui concerne l'examen d'admission à Saint-Cyr, il ne suffit pas que la géographie figure sur le programme : il me paraît juste que l'épreuve de géographie soit affectée d'un coefficient assez élevé pour qu'elle compte d'une manière efficace dans le résultat final du concours.

Messieurs, à une époque où, chaque jour, notre attention est attirée vers tous les points du globe, où les explorations ont achevé de nous faire connaître des contrées hier encore presque ignorées, où la géographie, considérée comme une science, a fait des progrès et peut si utilement être employée à former l'esprit des jeunes générations et à leur donner le sens des réalités, vous estimerez, comme moi,

---

(1) Cette prévision était déjà réalisée, au moment où fut faite cette communication, par un arrêté ministériel signé à la veille de l'ouverture du Congrès.

qu'elle a droit à être traitée autrement que comme un enseignement accessoire, et vous voudrez bien adopter les vœux suivants que j'ai l'honneur de déposer sur le bureau de la Section.

Vœux. — Le XXVI⁰ Congrès des Sociétés françaises de Géographie, réuni à Saint-Etienne, émet le vœu :

1° Que le temps consacré à la géographie, spécialement à la géographie économique, dans les classes d'enseignement secondaire, soit augmenté ;

2° Que la géographie reprenne dans les programmes d'admission aux écoles militaires, une place au moins équivalente à celle qu'elle y occupait jusqu'à 1904.

II. Géographie Coloniale.

La séance est présidée par M. Eugène Gallois.

Deux communications sont présentées : l'une par M. César de Givenchy, délégué de la Société de Géographie de Saint-Omer, sur l'extrême-sud tunisien, Ben Gardane, ses rapports avec la Tripolitaine ; l'autre par M. Otman Djouini, de Tunis, sur le commerce tunisien.

L'EXTRÊME-SUD TUNISIEN, BEN GARDANE
SES RAPPORTS AVEC LA TRIPOLITAINE

Par M. César de GIVENCHY, délégué de la Société de Géographie de Saint-Omer.

Il n'est pas dans mes intentions de vous donner une description de l'extrême-sud tunisien, le temps départi à chaque rapporteur est trop court et j'aurai grande chance de me voir rappeler à l'ordre par notre président ; je le regrette, (je parle pour moi), car combien il y aurait à dire sur cette région au charme indéfinissable et vers laquelle se sentent attirés ceux qui l'ont connue. Pays de la lumière, qui recule les lointains à des profondeurs infinies, estompe les hauteurs de couleurs changeantes et les fait vibrer sous ses chaudes caresses et où le silence plane sur l'immensité blonde des sables, ou s'endort dans les profondeurs ombreuses des oasis. C'est dans ces régions du soleil qu'on a bien cette triple sensation de la lumière, de l'espace, du silence. A ceux qui voudraient des renseignements plus complets, je citerai pour mémoire : le très documenté *rapport au résident général*, par M. Violard ; *la colonisation romaine dans l'extrême-sud tunisien*, du capitaine Le Bœuf ; *les relations commerciales de la Tunisie*, par le colonel Rebillet ; *l'étude sur le développement économique de l'extrême-sud tunisien*, de M. Fallot ; *Croquis tunisien*, de M. Esteban, et combien d'autres.

Mais ce champ ne se peut tellement moissonner que les derniers venus n'y trouvent à glaner. Pour moi, j'ai consulté ces ouvrages, mes notes de voyages, et j'ai surtout mis à contribution celles qu'a bien voulu me communiquer le commandant Brünek, le très aimable et distingué chef du service des affaires indigènes de Tunisie, qui, avec l'opiniâtreté d'un homme de cœur, a continué l'œuvre de civilisation commencée par ses prédécesseurs. Il a eu la bonne fortune de trouver un excellent collaborateur en la personne du commandant Fouché, qui commande le territoire du cercle de Medenine.

Ce territoire est délimité :

Au nord, par la Sebkha-oum-Mezerssar, l'Oued-Zenis, la ligne des crêtes du Djebel-Souinia, Tebaja, Zemlet-en-Neguela, Oum-el-Casbah, Bir-Soltane ;

A l'est, par le littoral, depuis la Sebkha-oum-Mezerssar jusqu'à la pointe de Ras-Adjir ;

Au sud, par les Sebkha-el-Brega, Ettader-la-Mogta, le Khaoui-Smida, Touil-Dehiba et les espaces de l'interland tunisien ;

A l'ouest, par une ligne conventionnelle de Bir-Soltane à Bir-Queura passant par les points de Quacers-Tarcine, Rhedir-Slougui, Ghib-ed-Dokhane, Bir-Toinla.

Ce cercle se compose de quatre grands postes militaires : Medenine, Toum-Tatahouine, Ben Gardane, Djarzis, et de cinq petits postes mghzen établis sur la frontière tripolitaine : Allouet-el-Gouna, dépendant de Djarzis ; Sedi-Toni, de l'annexe de Ben Gardane ; Mecheted-Salah, Dehiba, Djencïen, de l'annexe de Tatahouine.

La route de Gabès à Medenine (82 kilomètres), qui est très bonne, traverse une immense plaine déserte et d'une grande monotonie que rompt heureusement l'oasis de Mareth où une blanche koubba dresse sa coupole au-dessus des pauvres masures formant le village.

A l'est, le littoral méditerranéen ; au sud-ouest, s'étend le Djebel-Nfouca, plateau des Matmata, contrée extrêmement accidentée, sillonnée en tous sens par d'étroits et profonds ravins qu'habitent les troglodytes dont les demeures sont souterraines et ne se trahissent au dehors que par une ouverture à fleur de terre, invisible à quelque distance. On arrive à Medenine par une belle avenue de faux poivriers, qui conduit au camp où l'administration militaire a bâti des casernes pour un escadron de spahis, et les soldats du bataillon d'Afrique, appelés joyeux ; un hôpital, les bureaux pour les affaires indigènes, un bordj pour le commandant Fouché où l'on est assuré de trouver une très confortable hospitalité. Autour se sont construits une hôtellerie, des magasins. Le commandant Fouché est un apôtre du reboisement, qui seul peut rendre à ces contrées la richesse et la prospérité qu'elles ont connues au temps des Romains, dont on retrouve encore les œuvres grandioses ensevelies sous l'amoncellement des sables. Aussi, dès son arrivée, a-t-il multiplié les abris, constitué des pépinières. Un de ses plaisirs les plus doux est de conduire ses hôtes dans son jardin où l'on est tout surpris de trouver des arbres d'essences les plus variées parmi lesquelles je citerai : le coulteria tinitaria, l'épineux parkinsania, le formesuna dont les petites fleurs jaunes répandent une odeur délicieuse qui rappelle celle du mimosa, l'ocasia eburnea, le laphanta, le lenghephora, le datura tatula. Il voit aussi se développer des cotonniers. Dans un terrain autrefois inculte, il a planté une belle olivette pleine d'espérance. Le village indigène est particulièrement curieux avec ses rhorfas. Ce sont des successions de voûtes construites les unes sur les autres avec une ouverture servant à la fois de porte et de fenêtre. Pour pénétrer chez lui, l'indigène s'accroche à des pierres qui font saillie. Arrivé à hauteur de son étage, il tire de dessous son burnous une petite latte de bois terminée par des pointes qui correspondent à des trous et la porte s'ouvre.

Le vaste territoire où se dresse aujourd'hui Ben Gardane a été pendant plusieurs années de suite le théâtre de luttes incessantes. Lorsque les Romains vinrent s'installer en ce coin d'Afrique, ils trouvèrent des tribus batailleuses et vagabondes, un pays désolé, des terres stériles. Ils retinrent l'eau des pluies, semèrent des céréales dans les vallées, plantèrent d'arbres les versants des mamelons et fixèrent au sol ces peuplades nomades. D'après le capitaine Le Bœuf, qui a particulièrement cherché, après Tissot, l'histoire de cette époque, ce furent les Berbères qui créèrent, sous l'action intelligente de quelques Romains, l'œuvre de colonisation dont les vestiges jonchent le sol de cette région syrtique. Ce furent eux, ces occupants du sol qui s'unirent pour doter ce pays de deux cents villes, villages ou installations rurales qui attestent la situation florissante à l'époque de l'occupation romaine. Les colons romains avaient trouvé un instrument de civilisation et de progrès en associant ces Berbères à leurs travaux. C'est l'honneur du gouvernement du protectorat de reprendre cette grande œuvre et de suivre cette voie que leur ont tracée les Romains, nos maîtres en fait de colonisation. Les conquérants civilisateurs durent céder la place aux conquérants destructeurs. Les vandales démolirent ce que Rome avait édifié, et plus tard les Arabes consommèrent la ruine d'un pays qui venait de sortir du néant. Les tribus berbères, refoulées par les envahisseurs arabes, n'avaient jamais abandonné leur prétention sur le territoire dont elles avaient été chassées et, dès que leurs forces le leur permirent, elles entreprirent l'expulsion de l'étranger. Les fractions se groupèrent selon leurs affinités, leurs usages, leurs besoins et s'unirent en trois grandes confédérations :

1° Les Oughamma, divisés en cinq tribus indépendantes : les Accara, les Khezour, les Touazine, les Ouderna, les Djebalia ;

2° Les Nefzaoua, qui comprennent quatre tribus : les Merazig, les Gherib, les Adara, les Oulad ou Lod yacoub ;

3° Les Matmata, tribu berbère qui a su conserver une certaine homogénéité.

La population des Oughamma compte 40.000 individus, dont 2.500 Arabes purs, 4.000 Arabes métis, 34.000 Berbères purs. Parmi les tribus les plus belliqueuses, il faut noter les Touazine qui, tour à tour battus et triomphants, parvinrent à expulser les Ouderna de leurs établissements de Gasseur Nebict et Gasseur Ben Gardane et purent camper jusqu'aux rives de la Mogta. Mais cette victoire n'avait jamais permis une occupation paisible.

Les troupeaux qui dépassaient l'Oued Tessi étaient exposés à être razziés. Les laboureurs qui ensemençaient les champs du littoral ne pouvaient s'éloigner de la lahia, où de fréquentes alertes les obligeaient à se réfugier.

Telle était la situation, lorsqu'en 1882 les premiers détachements de l'armée d'occupation pénétrèrent sur le territoire des Touazine. Des années s'écoulèrent pendant lesquelles les dissidents purent former le projet de se rendre indépendants et de créer un nouveau centre à Ben Gardane, tandis que les Touazine, enfin soumis, poursuivaient leur existence aventureuse et perdaient chaque année plusieurs centaines des leurs, sans que le sacrifice de ces vies améliorât leur situation. En 1889, les tribus vaincues reconnaissaient notre autorité. C'est dans ces conditions qu'à cette époque il fut, pour la première fois, question de créer un établissement permanent à Ben Gardane.

Le vieux fortin qui élevait à peu de distance du marabout de Sidi Jahia des ruines encore utilisables, parut pouvoir, à peu de frais, être aménagé pour loger un poste de Maghzen. Le bordj de Ben Gardane se trouvait au centre d'une immense cuvette où, à diverses époques, des agglomérations sédentaires s'étaient formées et avaient établi des jardins. Des ruines nombreuses couvraient le sol, ruines d'édifices sommairement construits en argile, suivant la mode encore usitée par certaines tribus. Partout d'anciens puits à demi-comblés indiquaient qu'à diverses époques les indigènes, dès qu'une période de calme leur avait assuré quelque sécurité, s'étaient groupés dans cette localité dont la situation était particulièrement favorable à la formation d'un centre sédentaire. Il était inévitable que l'occupation du bordj eut pour conséquence la formation d'une nouvelle colonie agricole. Aussi, dès la fin de l'année 1894, l'autorité militaire était saisie de plusieurs demandes formulées par les indigènes de la tribu des Touazine, en vue de complanter des terrains voisins du bordj. Ces demandes, qui offraient l'occasion de créer un groupement permanent au milieu des territoires de labour des Touazine, ne pouvaient passer inaperçues et le gouvernement du protectorat se déclara prêt à favoriser, dans la plus large mesure, une expérience.

En 1895, on traçait autour du bordj un premier polygone englobant 174 hectares qui furent alodés pour être répartis entre les indigènes. A la même époque, le commandant proposa la création d'un marché au milieu des concessions. Ces propositions reçurent la pleine approbation du gouvernement tunisien. Une ère nouvelle de prospérité commençait, et ce nouveau centre devenait un véritable emporium comme au temps heureux de la domination romaine.

L'intention des officiers était d'inviter les Touazine à se rendre acquéreurs des terrains alodés afin de former dans ce coin du désert un petit groupe de sédentaires. Mais ces nomades, chez qui restait un levain d'indépendance, ne voulurent pas accepter franchement l'offre si avantageuse qui leur était faite. Ils prétendaient avoir la pleine possession de ces terres qu'ils considéraient comme leur appartenant. L'autorité militaire fit alors appel aux Djerbiens et aux Accara de Djazis qui accoururent nombreux. En 1896, grâce à l'esprit d'initiative du lieutenant Flye Sainte-Marie, la réussite de l'œuvre était assurée, et à la fin de l'année une centaine de constructions s'élevaient, livrées autrefois aux rivalités des cafs (factions).

Peu après, au moyen de la main-d'œuvre pénitentiaire, les lieutenants du Breil de Pontbriand et Javel tracèrent des routes reliant Ben Gardane à Marsa Queriba, où la nature a placé un port naturel. En effet, à l'entrée de la mer de Bougrara, s'ouvre un étroit goulet fermé par une barre de sable qui débouche dans un petit lac, Bahiret-el-Biban, bassin d'une superficie d'environ 200 hectares. Dans la plus grande partie, on ne trouve qu'une faible profondeur, mais en certains endroits il existe des fonds de 3 et 4 mètres. Les dépenses seront peu élevées, les ingénieurs les évaluent à une centaine de mille francs. Combien il serait à désirer, pour le plus grand développement du commerce, de faire ce travail, grâce auquel les navires trouveraient un excellent abri sur cette côte inhospitalière de la grande Syrthe. Puis, il faudrait, pour compléter l'œuvre, autoriser un particulier, qui en a fait la demande, d'établir un Decauville qui relierait le marché de Ben Gardane à Marsa Queriba. Alors, l'occupation de Ben Gardane relié à ce port de Marsa Queriba, la formation en ce point d'un centre agricole et commercial florissant seront le couronnement de l'œuvre de pacification poursuivie par le gouvernement du protectorat avec l'assistance du gouvernement tunisien et de son distingué secrétaire général Roy, le meilleur conseiller de nos résidents dont on peut dire qu'il est l'éminence grise.

Les colons indigènes venant à augmenter, il fallut étendre le périmètre des concessions dont la superficie fut portée à 6.000 hectares, sans qu'aucune protestation ne se produise de la part des Touazine, qui avaient fini par reconnaître qu'il leur était plus avantageux de se soumettre. Ce terrain domanial fut morcelé en lots dont la contenance varie de 2 à 10 hectares. Les concessions ont été délivrées aux indigènes suivant des principes analogues à ceux adoptés pour le morcellement des terres Sialmès à Sfax. Moyennant un versement de 5 francs par hectare, le concessionnaire est autorisé à s'établir sur le terrain qu'il a demandé à complanter.

Il en devient le propriétaire au bout d'un délai de quatre ans, s'il a réalisé la complantation totale du terrain cultivable en arbres fruitiers ou autres, suivant l'usage du pays. Si ces conditions se trouvent remplies, le concessionnaire obtient, moyennant le versement d'une somme complémentaire de 5 francs, la délivrance d'un titre de propriété. De 1896 à 1904, plus de deux cents concessions représentant 1.200 hectares ont été délivrées à ces conditions. Alors qu'au début les Touazine semblaient se refuser à accepter ces offres avantageuses, ils se sont repris et en 1804 110 se trouvaient concessionnaires contre 32 Acara, 26 Djibiens, 15 Haouïa, 12 Ouderna et 6 étrangers à la région. Ce chiffre s'explique en ce que ces régions ne sont nullement favorables à la colonisation étrangère alors qu'elle peut et doit donner d'excellents résultats avec les indigènes. On n'a au reste qu'à suivre les exemples que nous ont donnés les Romains.

En 1904, avec le produit d'une souscription, on élevait une mosquée, produit de la dîme de Mahomet.

Le marché ou souk constitué par une cour carrée de 120 mètres de côté, entourée de boutiques précédées d'une galerie couverte, était achevé.

Appelé par sa situation à centraliser le commerce des céréales, le marché de Ben Gardane — que fréquentent des négociants d'orge qu'a su attirer l'autorité militaire — est encore le lieu de vente des produits des troupeaux des tribus frontières. Celles-ci entretiennent sur les pâturages du sud et des rives de la Mogta des troupeaux importants de chameaux et de moutons qu'elles vendaient, jusqu'à présent, sur tous les marchés de la Tripolitaine. On y rencontre des Algériens, qui viennent de l'Oued Souf, des Tripolitains, de la région frontière, avec l'intention d'acheter des chameaux offerts par les Touazine.

Les avantages naturels assurés à Ben Gardane par sa situation au milieu de terrains de culture et d'importants pâturages, se trouvent augmentés du voisinage de l'île de Djerba, l'île délicieuse où, dit la légende, « Calypso avait su faire oublier à Ulysse son épouse et sa patrie ». Aussi, sur 80 boutiques ouvertes actuellement au souk, 70 appartiennent à des Djerbiens. Des mahonnes circulent entre Houm-Souk et Marsa Queriba. C'est cette facilité d'approvisionnement qui attire les caravanes de Ghadamès, dont les habitants, d'esprit très entreprenant, ont organisé le trafic transsaharien qui a sa valeur, bien que son importance soit loin de celle que veulent lui donner certains, illusionnés par la magie des mots « commerce du Soudan » et dont le miroitement avait donné l'idée du fameux transsaharien.

En effet, à Ben Gardane les caravaniers ghadamèsiens trouvent des marchandises à une distance intérieure de deux étapes à celles qu'ils pourraient se procurer à Tripoli. On compte actuellement à Ben Gardane 23 maisons d'habitation, 106 ateliers de tisserands, 6 moulins-boulangeries, 14 ateliers de forgerons, 4 cafés maures, 1 taverne européenne, 3 cuisines arabes, 1 fondouk.

D'après les derniers renseignements qui m'ont été donnés le chiffre d'affaires avec la Tripolitaine pourrait s'élever à 900.000 francs pour l'importation contre 5 ou 600.000 fr. pour l'exportation.

Ce mouvement d'affaires n'existait pour ainsi dire pas avant la mainmise de l'autorité militaire sur le sud. Les chiffres donnés se rapportent aux opérations sur les marchés, mais des affaires sont également traitées entre tribus le long de la frontière, et celles-ci échappent à tout contrôle. Quant au commerce avec le Sahara, il est faible, 12 à 15.000 francs. Cela tient aux efforts de l'Algérie pour attirer le commerce saharien, alors que, naturellement, les Touaregs azgeurs devraient être les clients de la Tunisie.

J'ai déjà trop abusé de votre bienveillante attention et je termine.

Comme vous avez pu vous en rendre compte, l'admirable administration des affaires indigènes dans l'extrême-sud tunisien, avec des ressources infimes, et que l'on voudrait voir augmenter, a relevé des bordjs complètement abandonnés, en a construit de nouveaux, a su ramener sur certains points des tribus que notre occupation avait effrayées et fait fuir ; à tous ceux qui montraient quelque bonne volonté, elle a réparti en lotissement d'excellents terrains de culture, et, de nomades pillards, a fait des sédentaires qui sont devenus de bons agriculteurs ; par plusieurs distinctions elle a su flatter l'amour-propre de certains chefs : elle a établi à Medenine un camp militaire ; bâti une ville à Ben Gardane ; tracé une piste routière vers Bel-el-Ahmeur, Tatahouine, Tchibat, Djenicen, qu'elle aurait poursuivi plus loin, si certaines considérations, quelques peu timorées, ne l'avaient arrêtée à Zar. Aussi grâce à cette bonne influence protectrice du service indigène qui a jalonné la route vers Ghadamès par Zar bir-el-Adjer, l'oasis de Tiaret, l'oasis Mezczem, Sidi Mabed, elle tend à détourner les caravanes de leur route vers Tripoli pour prendre celle de Tunisie, qui est de beaucoup la plus courte et où la frontière est plus franche de toute barrière douanière.

Pour ma part, je serais bien fier si ce modeste rapport a pu attirer l'attention sur la belle œuvre des officiers des affaires indigènes dans l'extrême-sud tunisien où il y a, ce me semble, à trouver un enseignement excellent pour notre pénétration pacifique au Maroc où nous saurons prendre une place digne de la France.

LE COMMERCE TUNISIEN

Par M. OTMAN DJOUINI, membre de la Société de Géographie de Tunis.

Il est en ce moment hors de doute que la Tunisie n'a fait, depuis nombre d'années, que marcher constamment et d'un pas très ferme dans la voie du progrès.

Cette constatation favorable pour celui qui compare la Tunisie à sa sœur aînée, l'Algérie, conquise par les Français depuis quelque soixante-quinze ans, et cependant à l'heure qu'il est, avantageusement rattrapée par sa sœur puînée, ne laisse pas d'être édifiante et elle met en lumière les qualités de race et les affinités naturelles d'un peuple ayant de véritables tendances à l'assimilation.

N'ayant d'autre but en engageant cette causerie que de m'occuper de la question commerciale et économique proprement dite, je laisse à dessein de côté toutes autres institutions, n'en retenant qu'une : le développement des transactions commerciales, du crédit et des banques en Tunisie.

Je débuterai par quelques mots sur la place de Tunis en tant que centre commercial de la Régence.

Tunis, sans être ce qu'on est convenu d'appeler une place de premier ordre, figure cependant très honorablement parmi les ports les mieux réputés de l'Afrique ; c'en est même la troisième ville, puisque le Caire et Alexandrie, seuls, l'emportent par le nombre d'habitants.

Le port de Tunis, créé relativement depuis peu, accuse pour ces dernières années des entrées se chiffrant annuellement par huit à neuf mille navires, comportant un trafic de soixante-cinq à soixante-dix millions d'importation contre quarante à quarante-cinq millions d'exportation.

C'est là une situation qui, sans être exceptionnelle, ne laisse pas d'être considérée comme très satisfaisante, vu les difficultés très sérieuses qu'il a fallu surmonter au début pour faire d'un pays berbère une place de commerce aussi importante.

Mais que ces éloges ne nous détournent pas d'un autre point de vue, capital à mon sens : c'est celui qui consiste à formuler quelques critiques ; car si ces dernières années le commerce a été prospère, il n'en est plus de même depuis plus de deux ans, et l'horizon semble bien menaçant, présageant pour le commerce tunisien, sinon une définitive débâcle, tout au moins de rudes épreuves à subir.

L'élément commercial est composé à Tunis, pour une partie assez considérable (sauf des exceptions fort honorables), d'israélites débutant dans le commerce presque toujours avec rien, et n'ayant qu'un seul but : celui d'arriver à force de spéculations malhonnêtes à faire le magot, en l'espèce, la faillite avantageuse, premier bonheur et œuvre capitale de ces pieds-humides du commerce.

Débutant sans rien, ils s'insinuent peu à peu dans le centre des affaires ; au bout de bien peu de temps vous les voyez changer totalement le train de vie.

Contre la chambre unique et malpropre qu'ils occupaient avec des voisins, dans un misérable quartier juif, ils ont bien vite échangé un luxueux appartement situé en plein quartier central de la capitale et alors, pour se poser et conquérir une véritable situation de considération morale, ils s'empressent d'asseoir leur situation de famille, et aussitôt c'est le mariage du jeune négociant ou représentant fraîchement installé suivi de celui de sa sœur, de sa cousine, toutes bien entendu avec des dots à l'avenant, puis ce sont des visites fréquentes aux salles de baccaras où l'on perd la tête et l'argent.

Qu'importe ces sacrifices, ne jouit-il pas de la confiance que lui accordent ses maisons de crédit ? et il en jouit par le fait en parfait intrigant.

Et alors, petit à petit, comptant sur la confiance, ces jeunes gens s'imposent formant ainsi une vraie corporation.

N'avais-je pas l'occasion, le 9 février dernier, dans un article très détaillé, publié dans *La Dépêche Tunisienne*, d'appeler l'attention des pouvoirs publics sur l'organisation de ces véritables syndicats de faillites outillés à merveille pour l'exploitation du crédit et la ruine du commerce ?

Toutes les feuilles de Tunis, à cette époque, à la suite de cet article, se soulevèrent avec indignation contre ces institutions dites : agences de renseignements commerciaux, représentation, etc., etc., sortes d'officines véreuses instituées exclusivement pour être de connivence avec de certains négociants auxquelles elles préparent des faillites lucratives, en leur faisant accorder des crédits illimités dans d'importantes maisons de la métropole. N'a-t-on pas constaté au commencement de cette année, à Tunis, un scandale sans précédent de la faillite d'un simple petit épicier du quartier juif déposant son bilan avec un passif de plus de 90.000 francs ?

Et, fait à noter, ce petit commerçant, comme crédit sur la place, n'aurait jamais espéré obtenir la millième partie de ce qu'il a escroqué ainsi aux maisons de France par l'intermédiaire de ces complices : agents de renseignements et représentants. Un fait à ajouter, c'est que, d'après mon article du 9 février sus-indiqué où j'ai noté l'affaire, ce petit épicier demanda à ce que la justice soit saisie de l'affaire. Le parquet a ouvert une enquête qui a bien réussi, il a fini par trouver une grande partie des marchandises déposées ou confiées chez des amis, et le failli a été immédiatement incarcéré où il se trouve encore en prison.

Doux pays où la banqueroute est considérée comme une spéculation toujours heureuse profitant au failli, au représentant de commerce, à l'agent de renseignements, tous trois travaillant de concert, tous trois intéressés également dans la combinaison élaborée de longue main et préparée à l'avance, tous trois, enfin, complices éhontés de cette besogne malpropre. N'est-ce pas le représentant qui a présenté à la maison de crédit son « associé » le futur failli ? Et n'est-ce pas l'agent de renseignements qui l'a déclaré comme jouissant d'un crédit de premier ordre ? Dès lors, l'affaire est dans le sac, tout le monde a « fait » de l'argent et la maison de crédit a « écopé ». Ce n'est plus pour elle

M. LE D' RIOU
Membre du Comité du Congrès.

M. TEYSSOT
Membre du Comité du Congrès.

M. DEBITON
Membre du Comité du Congrès.

M. FOURNIER-LEFORT
Membre du Comité du Congrès.

Clichés VERRON

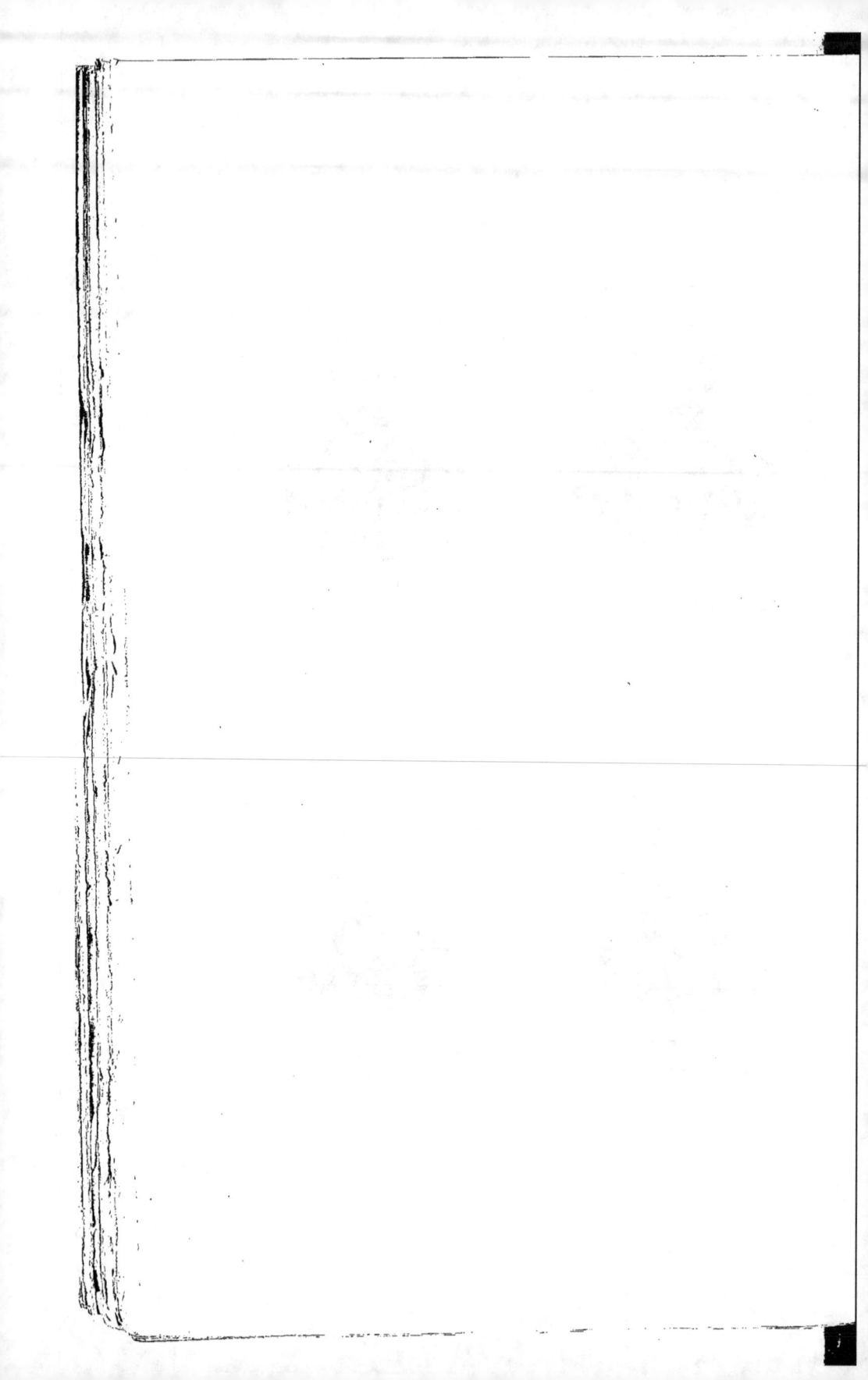

qu'une simple affaire de comptabilité à régler, un article de plus à ajouter au chapitre des profits et pertes ; ce qui ajoutera à l'opinion déjà faite sur le danger qu'il y a pour les maisons d'accorder du crédit à la place de Tunis. Ajoutez à cela cette plaie qui s'appelle les prêts sur gages qui s'attaquent comme une vipère à la fortune des petits ménages, lui enlevant un intérêt mensuel de 6.25 % ; ajoutez encore cette plaie mortelle pour le commerce tunisien qui s'appelle le petit escompte, qui est la ruine de tous les instants et qui est largement pratiqué par tous ceux, et ils sont nombreux, qui ne veulent pas se contenter du gain normal à la sueur du front, mais qui s'ingénient par les raffinements de l'usure à faire suer le sang pour eux.

Voulez-vous un exemple : un négociant honnête à court d'argent et dont le chiffre de crédit en banque est déjà coupé, se trouve souvent obligé pour faire face à ses échéances de s'adresser à ces petits banquiers, à ces usuriers ; il leur présente à l'escompte tout une série de billets sur des clients à lui, il est prié de repasser le lendemain, juste quelques instants avant l'heure habituelle du prêt pour avoir la réponse ; entre temps, l'usurier a trié les billets, presque tous, il est vrai, sont souscrits par des clients solvables.

Qu'importe ! l'usurier tient à profiter de cette épée de Damoclès suspendue sur la tête du négociant malheureux et qui s'appelle le protêt.

« Tous ces billets ne valent rien, lui dit-il, en faisant semblant de les lui restituer, mais, pour vous faire plaisir, je veux bien en accepter une partie à un taux très bas, 12 % d'agio et 1 % de commission, et, si vous voulez, le reste aussi à forfait moyennant 25 à 30 %. »

Il est onze heures moins le quart, le temps presse, et le négociant cède ; mais, au lieu de numéraire, le banquier nouveau genre lui souscrit un billet à trois ou quatre mois que le négociant est obligé d'escompter en banque avec agio pour faire de l'argent.

Des faits de ce genre, qui se renouvellent assez fréquemment, donnent une piètre idée de l'élément commercial tunisien et éclairent d'un jour bien singulier le fond malpropre de toutes les combinaisons malhonnêtes qui s'ourdissent journellement dans le but évident de faire la ruine des maisons de commerce et la mort du commerce local.

Ce fut encore à la suite de mes révélations que quelques maisons, malgré leur belle confiance, furent émues à juste titre et se décidèrent enfin à dépêcher vers Tunis des voyageurs chargés d'enquêter sur la situation de leurs agents et dépositaires.

C'est alors qu'il nous fut donné d'assister au spectacle peu banal et très peu réconfortant, mais combien concluant, d'une sorte de sauve-qui-peut général. ...

Du jour au lendemain, plusieurs agents dépositaires furent obligés de lever le pied, les uns filant en Tripolitaine, d'autres en Grèce ou en Syrie, tous laissant derrière eux des passifs variant entre cent et deux cent mille francs.

Aussitôt le premier moment de stupeur passé, on voit d'habitude immédiatement entrer en scène, à titre de médiateurs entre les maisons frustrées et les agents banqueroutiers, les associés mêmes de ceux-ci qui, dès le début de la combinaison, ont toujours travaillé dans l'ombre.

C'est alors pour eux l'occasion de déployer des trésors de ruse et de malice pour faire accorder à leurs acolytes un concordat ayant pour but de rendre en quelque sorte le vol un tant soit peu légal... Pauvre loi ! Que d'inégalités on commet en ton nom, car la plupart du temps la transaction est effectuée à raison de 15 % du capital englouti.

Dès lors, l'affaire est bâclée, elle est dans le sac, et la combinaison a pleinement réussi ; les agents faillis rentrent alors de l'étranger la conscience bien tranquille et tous prêts à recommencer à faire de nouvelles dupes ; il n'est donc pas étonnant de voir des individus tarés qui, après avoir fait deux ou trois fois faillite, jouissent cependant d'un crédit relativement important, même dans les banques, grâce à la complicité des agents de renseignements et des représentants.

Aussi le commerce souffre, le commerce se meurt,

puisqu'il est ainsi détourné de son but par cette bande d'aigrefins sans aveu, qui, presque toujours sûrs de l'impunité, ont élevé la banqueroute à la hauteur d'une institution.

Comment s'étonner après cela que le crédit fasse défaut à la place de Tunis et que les établissements financiers, au lieu de favoriser le commerce, s'en désintéressent en quelque sorte, craignant et à juste raison à voir sombrer leurs capitaux !

Je l'avais précédemment signalé et je le signale encore aujourd'hui : il y a urgence à ce que le gouvernement prenne des mesures sévères contre les abus scandaleux dont se rendent trop souvent coupables la plupart des agents de renseignements et représentants commerciaux, véritables détracteurs de la société, gens sans moralité aucune pour qui la loi ne saurait avoir trop de rigueur.

Car s'il est vrai que le crédit est l'âme du commerce, il n'en est pas moins certain que la confiance en est la base principale et le facteur le plus important.

Comment peut-on concevoir qu'une situation commerciale arrive à prospérer quand tout à l'entour elle n'est en butte qu'aux pièges, embûches et traquenards d'une véritable bande de malfaiteurs aux abois !

Une répression exemplaire s'impose en face d'un péril aussi évident.

Il y va de la prospérité du commerce tunisien, pour lequel l'état de choses existant n'est ni plus ni moins qu'une question de vie ou de mort.

Les mesures à prendre dans cet ordre d'idées sont d'autant plus urgentes et plus indispensables qu'il ne faut pas perdre de vue que la Tunisie n'est pas à dédaigner, commercialement parlant ; qu'elle constitue pour les raisons de commerce un débouché important qui se développe à mesure que le protectorat de la France devient plus ancien et l'assimilation plus accentuée. Il importe seulement de bien choisir ses agents et de savoir avec qui l'on traite.

Nos biens, dit un proverbe arabe, tirant leur légitime origine des échanges commerciaux, constituent une partie de notre cœur, et ce n'est pas au premier venu que nous devons donner notre cœur.

Une conclusion s'impose à ma causerie ; c'est celle-ci : il est urgent que le gouvernement du Protectorat dont la mission en Tunisie est toute de protection aussi bien pour la population tunisienne que pour tous ceux qui ont des intérêts en ce pays, il est, dis-je, du devoir du gouvernement de la République de veiller à ce que les abus que j'ai l'honneur de signaler soient vite et sévèrement réprimés ; il est aussi du devoir des autorités publiques de prendre des mesures énergiques en vue de supprimer l'usure et les méfaits des jeux qui ont été la cause de nombreuses ruines et de nombreux suicides.

Notre honorable Société de Géographie est bien placée pour ouvrir à ce sujet toutes enquêtes utiles et pour suggérer au gouvernement les moyens de remédier à la situation. A mon humble avis, le meilleur moyen de faire disparaître de la Tunisie tous les maux que je vous signale, c'est de faire armer la Chambre de Commerce française d'un pouvoir de contrôle plus vigilant et d'un service de renseignements capable de guider sûrement les maisons françaises qui veulent travailler avec la Tunisie.

Mesdames et Messieurs, j'ai fini, il ne me reste plus qu'à vous remercier de votre bienveillante attention et à m'excuser auprès de vous d'avoir abusé de vos instants.

CONFÉRENCE
DE MM. PORQUIER ET HUGUES LE ROUX

Le soir, à 8 h. 1/2, une conférence contradictoire sur la question éthiopienne avait lieu au Grand Théâtre. MM. Porquier et Hugues le Roux exposèrent successivement la façon dont ils envisageaient ce grave problème africain. Grâce au talent et à la renommée des éminents conférenciers, la vaste salle était remplie d'auditeurs.

M. G. Forest présidait ayant à ses côtés le Bureau du Congrès et la plupart des délégués.

Le président prend la parole et présente en ces termes les deux orateurs :

Mesdames, Messieurs,

La question des chemins de fer éthiopiens, qui fait l'objet de la conférence de ce soir, a pris, depuis peu, une importance considérable.

La France, installée souverainement dans la partie centrale du nord de l'Afrique, ne saurait se désintéresser de l'organisation politique et économique des régions situées au nord-est et au nord-ouest, c'est-à-dire le Maroc d'un côté et l'Ethiopie de l'autre.

Et le moment semble venu où la France est obligée, sous peine de se voir serrée comme entre les deux mâchoires d'un étau, de prendre des déterminations de la plus haute gravité pour son avenir.

Evidemment, messieurs, nous frôlons de près la politique — la fâcheuse politique — et c'est sur un terrain brûlant que vont s'engager nos excellents conférenciers, MM. Porquier et Vitalien d'une part, et M. Hugues Le Roux de l'autre, en nous faisant l'exposé de leurs vues et de la façon dont ils estiment que la France devrait s'y prendre pour tirer le meilleur parti de la situation actuelle en Ethiopie.

Je dis bien avec intention de sa situation « actuelle » et non de celle qui existait avant Adoua, avant Fachoda, avant les derniers événements que vous avez tous présents à l'esprit. Le fait accompli est un facteur dont on ne peut se dispenser de tenir compte.

C'est vous indiquer, mesdames, messieurs, combien est difficile et délicate la tâche entreprise par ces messieurs en abordant un pareil sujet.

Mais je connais assez leur tact et leur mesure pour me porter garant qu'ils sauront éviter aussi bien les empiètements politiques, qui nous sont interdits par nos statuts, que les attaques personnelles, qui nous sont défendues par nos traditions.

Puisse du choc de leurs idées ne jaillir que la lumière de la vérité, et puissent-ils tous se rallier de bonne grâce à la meilleure solution !

La parole est donnée à M. Porquier.

M. Porquier, ancien membre de la Chambre de Commerce de Nantes, s'exprime ainsi :

Parler de l'Ethiopie, c'est mettre en cause notre colonie de la côte des Somalis, dont le sort est intimement lié au sien.

Je n'imposerai pas à mes lecteurs une longue étude de notre colonie, déjà tant de fois décrite. Il me faut cependant dire quelques mots de ses ressources actuelles, de son développement possible, nécessaire même, étant donné son rôle dans l'ensemble de notre système colonial.

Actuellement, les steamers s'arrêtent à une certaine distance de la côte.

Il y aurait intérêt, au point de vue du commerce, à faire quelques travaux dans la partie de la rade qui avoisine l'emplacement occupé par les magasins de la Compagnie des Messageries Maritimes.

Approfondissement des points d'atterrissage, création d'un wharf; et les navires trouveraient alors, à toucher terre pour ainsi dire, des eaux profondes sur ce point abrité des vents du sud-est par le plateau du Serpent.

Au point de vue militaire, nos flottes trouvent un point d'appui merveilleux dans cette colonie située sur le parcours de la ligne d'Extrême-Orient.

C'est dans le fond de la baie, à l'endroit appelé le Gubbet-Kerab, qu'existe cet autre Bizerte, offrant un mouillage des plus sûrs, en eaux profondes, avec des passes très facilement défendables Les inconvénients du climat excessivement chaud sur toute cette côte, se trouveraient singulièrement atténués par l'établissement d'un sanatorium sur le mont Goudda, situé en arrière du Gubbet-Kerab, et que l'on pourrait relier au port militaire par un Decauville.

Le personnel européen trouverait au mont Goudda des nuits reposantes après les heures brûlantes de la journée.

Le système de défense du Gubbet-Kerab se relierait au port commercial de Djibouti, sans aucune difficulté, par un tronçon de voie ferrée, soustrait aux yeux de l'ennemi. et venant se souder en un point convenablement choisi, à la ligne Djibouti-Diré-Daoua.

Djibouti a vu son importance commerciale sérieusement grandir depuis que la voie ferrée le rapproche des plateaux de l'Ethiopie. Il est hors de doute que sa prospérité, enrayée par l'arrêt que subit la construction de la voie ferrée vers Addis-Ababa, croîtra rapidement lorsque la ligne sera terminée.

Remarquons en passant que notre colonie dépend du Ministère des Colonies, alors que notre représentation à Addis-Ababa relève du Ministère des Affaires Etrangères. Il y aurait un gros intérêt à uniformiser nos services sur ces deux points en les faisant dépendre d'un seul ministère, suivant en cela l'exemple de l'Angleterre qui relie l'Egypte et la représentation d'Addis-Ababa au Foreign Office seul.

Notre colonie, bien délimitée du côté du Somaliland anglais au sud-est, et des possessions italiennes au nord-ouest, vient s'appuyer à l'ouest aux terres désertiques soumises à l'autorité du Négus.

Une convention, en date de 1897, dont le texte n'a pas été publié, mais qui est conclue dans un esprit amical et désintéressé, place sous notre autorité directe une bande de terrain d'une centaine de kilomètres de profondeur (c'est au kilomètre 90 de la ligne du chemin de fer que se trouve notre frontière). Mais il est bien entendu qu'aucune puissance étrangère ne peut se prévaloir de cet arrangement — convention privée avec l'Ethiopie — pour intervenir dans les régions situées au delà de la zone placée sous l'autorité directe de la France.

Un traité conclu les 14 mai et 4 juin 1897 trace, au contraire, des limites précises entre le Somaliland anglais et l'Ethiopie.

Je rappellerai cette particularité au cours de cet exposé.

Battue à l'est par les flots du golfe d'Aden, notre colonie est séparée à l'ouest des fertiles plateaux de l'Ethiopie par un formidable obstacle, le désert...; le désert Somali, auquel fait suite celui des peuplades Danakil, qui se prolonge jusqu'au pied de la falaise éthiopienne.

L'obstacle est déjà vaincu sur une longueur de 310 kilomètres. La voie ferrée va, en effet, jusqu'à Diré-Daoua.

Il faut avoir traversé ces espaces pour se rendre compte des effrayantes difficultés contre lesquelles avaient à lutter les caravanes contraintes à les affronter : manque d'eau, impitoyable soleil, attaques des indigènes, tout s'unissait dans l'œuvre de destruction qui jalonnait la terrible route d'ossements d'animaux et de cadavres humains.

Aujourd'hui, le voyageur traverse en douze heures, avec un confortable relatif, ces paysages désolés où la pierre calcinée, d'un aspect noirâtre, donne, à perte de vue, pendant environ 200 kilomètres, l'impression d'un véritable enfer.

Ensuite, ce sont des steppes aux maigres pâturages, où le caprice des vents promène des colonnes de poussière, improprement appelées tornades, aux formes et aux couleurs changeantes et de l'aspect le plus étrange.

Le terminus actuel de la ligne, Diré-Daoua, est à une

altitude de 1 200 mètres environ. Cette petite ville est située à 35 kilomètres de Harrar, au pied du système montagneux qui se prolonge, sous le nom de Tchertcher, jusqu'au fleuve Aouache.

Elle a déjà une réelle importance, et cette importance est justifiée. C'est un centre industriel bien situé, et qui, lorsque le chemin de fer sera prolongé, sera le point indiqué pour les réparations ou les constructions du matériel du chemin de fer, car il se trouve à une distance à peu près égale de la côte et de la capitale d'Ethiopie.

C'est à Diré-Daoua que se forment les caravanes à destination d'Addis-Ababa; c'est là aussi qu'elles viennent déposer la presque totalité des marchandises provenant de l'Ethiopie, en vue de l'exportation.

Pour atteindre les riches provinces qui précèdent les hauts plateaux éthiopiens, il est nécessaire de parcourir encore de longues étapes à travers le désert des Danakils, à moins que l'on ne veuille aborder les crêtes du Tchertcher, assez rudes à gravir.

Les caravanes de voyageurs, si aucun incident fâcheux ne les arrête, mettent de quinze à vingt-cinq jours à traverser ces espaces infertiles.

Quant aux caravanes de marchandises, elles mettent parfois des mois à franchir cet intervalle, à cause des compétitions des transporteurs, souvent en rivalité de territoire à territoire.

Il ne faut donc pas s'étonner que la ligne ferrée n'ait actuellement à compter que sur des ressources limitées. Il en sera ainsi jusqu'à ce que le second tronçon soit fait entre Diré-Daoua et Addis-Ababa.

Je viens de suivre le tracé de cette partie de la ligne, et je puis affirmer que ce ne sont pas les obstacles matériels qui s'opposent désormais à la réalisation de ce tronçon de voie ferrée.

Nous avons accompli en vingt-deux jours, à dos de mulet, et au prix de quelques fatigues parfois, le parcours qui sépare Diré-Daoua d'Addis-Ababa, en prenant la route dite des Assabot, intermédiaire entre celle du désert des Danakils au nord, et celle du Tchertcher au sud.

On traverse, pendant 350 kilomètres environ, des espaces couverts d'une végétation assez dense, où la nature semble hérissée contre l'homme. Depuis le mimosa de belle taille jusqu'au moindre arbuste, tout est épineux.

L'eau est rare ; et la science des pistes et des points d'eau vous met seule à l'abri de cruels mécomptes, dans cette région désertique où la vie de l'animal porteur doit être sauvegardée avant celle de l'homme.

A Baltchi, c'est la falaise éthiopienne qui se dresse. On gravit 4 à 500 mètres à pic. Et, après avoir franchi en quelques étapes les derniers gradins, on se trouve en présence d'Addis-Ababa.

L'Ethiopie. — Addis-Ababa, « Nouvelle-Fleur », tel fut le nom donné par le Négus Ménélik à sa capitale, lorsque, quittant les hauteurs d'Entoto, il y a une douzaine d'années, pour se fixer dans la plaine, au pied de la ville qui avait cessé de plaire, il vint fonder cette cité nouvelle.

Le voyageur qui arrive de l'est, après avoir traversé la rivière Akaki, voit apparaître, dans un vaste cirque de montagnes, quelques collines jalonnant la plaine.

Sur l'une d'elles, placée comme en vedette de ce côté, l'œil distingue, dans la brume bleuâtre des lointains, quelques points blancs sur lesquels se joue le soleil. Ce sont les bâtiments du Guébi, palais de l'empereur.

En arrière et autour de cette colline, sur d'autres monticules, ce sont les différents quartiers de la capitale. Quelques ravins profonds les séparent, où coulent pendant la saison sèche de maigres ruisseaux, que la saison des pluies transforme en torrents que l'on traverse parfois à ses risques et périls, les ponts étant fort rares dans la capitale.

L'ensemble de la ville occupe, à une altitude de 2.500 mètres, une superficie de six kilomètres sur huit environ.

C'est à la fois une ville et un camp. Les paillotes, enduites de tchika (sorte de pisé), et couvertes en paille, s'étagent aux flancs des collines. Et de vastes espaces vides se couvrent parfois de tentes, dont la blancheur vient égayer l'aspect un peu terne que donnent au paysage les toitures de chaume.

C'est la ville des contrastes, où l'on sent que tout se modifie sous l'influence de la civilisation européenne qui commence à apparaître, tout au moins dans la capitale. Ici, de larges voies empierrées, mais inachevées, à côté de pistes que suivent gens et animaux ; là, des maisons construites en pierres, qui émergent de cet ensemble de huttes.

Les légations de France, d'Angleterre, de Russie et d'Italie entretiennent à Addis-Ababa un personnel diplomatique important.

Au milieu de la foule uniformément vêtue de cotonnade, l'Européen ne circule qu'à dos de mulet, et entouré de ses boys et de ses soldats d'escorte.

Il est assez difficile d'évaluer le chiffre de la population de cette capitale. Elle varie selon que les chefs de province, qui traînent à leur suite de véritables armées, rentrent dans leurs vice-royautés, ou viennent apporter au Négus le produit de l'impôt et faire acte de loyalisme.

La ville n'est pas éclairée. Chaque soir, vers dix heures, des patrouilles de Somalis, plus redoutées que les malfaiteurs qu'elles sont censées surveiller, parcourent les différents quartiers en faisant retentir les sonneries étranges d'instruments rudimentaires. A partir de ce moment, il est interdit de sortir sans lanternes ; cela équivaut, pour les indigènes surtout, à une défense de circuler.

Les nuits sont cependant fort bruyantes. Les aboiements des chiens sont ponctués par les basses profondes des lions enfermés au palais de l'empereur. Les mélopées des lépreux, qui se réunissent pour dire leurs infortunes, alternent avec les chants des servantes qui, chaque nuit, broient le grain destiné à l'alimentation de la famille.

Ce sont les hyènes, les chacals, les chiens et les oiseaux de proie qui se chargent de la répurgation.

*
* *

Il est malaisé, si l'on n'a pas parcouru ce pays, de se faire une idée de sa beauté.

Les sites alpestres du Nil Bleu, dans la merveilleuse lumière équatoriale, sont inoubliables ; et les aspects grandioses de la falaise d'Ankober font un indescriptible contraste avec les terrifiantes solitudes du désert Danakil, qu'elle domine d'une hauteur, à pic, de 2.000 mètres parfois.

Il faut citer textuellement Reclus :

« Au point de vue géographique, les frontières naturelles « de ce pays sont tracées par les côtes d'altitude qui sont « en même temps des lignes de séparation entre les régions « de flores, de faunes et de populations différentes. On peut « dire d'une manière générale que toute la contrée, de « forme triangulaire, qui se dresse entre la mer Rouge et « le Nil au-dessus d'un socle de mille mètres d'élévation, « constitue la véritable Éthiopie. »

Les conquêtes de Ménélik, dont plusieurs sont postérieures à la date où cette magistrale théorie était écrite, lui ont donné une éclatante confirmation.

L'Ethiopie actuelle, en y comprenant les régions désertiques, occupe une superficie beaucoup plus grande que celle de la France, avec une population que des statistiques assez imparfaites, il faut le dire, évaluent de 12 à 15 millions d'habitants.

Les différences d'altitudes, en créant les différences de climats, permettent au sol de donner à l'homme tous les produits disséminés sur les divers continents. Depuis le coton et le café jusqu'aux céréales de nos pays, depuis le genévrier et le kousso jusqu'à nos arbres fruitiers, tout existe ici, soit à l'état de culture pratiquée par les indigènes depuis des siècles, soit à l'état de fructueux essais dans les concessions européennes qui commencent à apparaître, surtout dans l'est de l'empire.

A Addis-Ababa, le blé vaut 3 francs à 3 fr. 50 les 100 kilos ; l'orge, 2 francs à 2 fr. 50.

Même variété, même intensité vitale, en ce qui concerne la flore, la faune de ce pays privilégié entre tous.

Les arbres, tels que le genévrier, atteignent jusqu'à 60 mètres et plus de hauteur.

En cinq ou six ans, les eucalyptus, récemment introduits dans la région d'Addis-Ababa, atteignent 25 mètres.

De l'éléphant au singe, de l'autruche à l'oiseau-mouche, du boa au minuscule serpent venimeux, toute la gamme des êtres peuple les forêts ou la brousse.

Et les pâturages des hautes terres fournissent les innombrables troupeaux de bœufs zébus, de moutons et de chèvres, qui servent à l'alimentation.

Enfin les chameaux, les chevaux, les ânes, et surtout les admirables mulets de ce pays, assurent les moyens de transport.

La température des terres d'altitude moyenne, qui constituent la majeure partie des plateaux éthiopiens, varie de 8 à 15° centigrades, la nuit, et de 18 à 25, le jour.

C'est donc un printemps perpétuel, que coupent deux saisons de pluies, auxquelles correspondent deux récoltes.

La grande saison des pluies dure de juin à septembre. C'est le Krempt, qui, en saturant d'eau les hauts plateaux, assure la régularité des crues du Nil, et entraîne vers la basse Egypte le précieux limon, seule cause de sa fécondité. La petite saison des pluies a lieu en février-mars.

Si la superficie du sol est à ce point privilégiée, on a tout lieu de penser que le sous-sol éthiopien n'est pas moins bien doué. La nature du pays est déjà un indice, à peu près sûr, de la présence de certains minéraux.

Jusqu'ici, le combustible industriel fait défaut; mais, personnellement, nous avons constaté la présence de gisements considérables de lignite dans les régions avoisinant Ankober.

Tout le monde sait que l'or existe dans l'ouest de l'empire. L'activité des Européens, prospecteurs d'or, s'est portée vers les régions du Baro, du Wallaga, des Beni-Chongouls.

Mais l'absence des voies de communication est le gros obstacle qui s'oppose pour l'instant au développement de la prospérité de l'Ethiopie.

Tout se transporte à dos de mulets et de chameaux, ce

qui grève de frais énormes la matière première et les produits fabriqués.

Quelques chiffres donneront une idée de ces frais. Je les extrais du remarquable rapport commercial de M le lieutenant Collat, faisant, par intérim, fonction de consul à Addis-Ababa, en 1904.

Le tissu de cotonnade, appelé aboudjedide, supporte, comme transport, 27 pour 100 de sa valeur entre Djibouti et Addis-Ababa. Le café, 96 pour 100; le pétrole, 256 pour 100.

Le chiffre des importations, dans ces conditions mauvaises, est de 9 millions, représentés principalement par l'aboudjedide, le pétrole et les spiritueux.

Celui des exportations, où figurent en tête de liste les peaux brutes, le café, la cire, l'ivoire et la civette, s'élève à 8 millions.

On se figure ce que l'apparition du chemin de fer à Addis-Ababa viendrait donner d'essor au commerce, et à quel point il favoriserait l'agriculture.

Des postes de douanes, établis sur différents points du territoire, perçoivent les droits qui sont, en principe, de 8 pour 100 de la valeur de la marchandise à l'arrivée, sur déclaration du négociant. Mais la douane se réserve la faculté — et elle en use souvent — de prélever le droit en nature.

A l'exportation, les droits se calculent d'après des barêmes.

*
* *

Jusqu'ici, la circulation monétaire était difficile en Ethiopie, faute de banques, quelques commerçants faisant tant bien que mal l'office de banquiers.

Il vient de se créer en Ethiopie, sous l'inspiration de lord Cromer, une vaste entreprise financière, plus politique encore que financière ; nous y reviendrons tout à l'heure.

Il n'existe ni monnaie d'or, ni monnaie de papier dans le pays.

L'unité monétaire est le thaler, pièce d'argent d'un module un peu supérieur à celui de notre pièce de 5 francs. L'avilissement du métal argent, ainsi que la hausse du change, l'ont ramené à une valeur de 2 fr. 40 environ, à Addis-Ababa.

Le thaler est frappé, en Autriche, à l'effigie de Marie-Thérèse, et en France, à l'effigie de Ménélik.

Les sous-divisions sont : l'alade, valant théoriquement un demi-thaler ; le roub, un quart ; la piastre, un douzième ; la cartouche du fusil Gras, un douzième ; l'amollé (pain de sel), un douzième de thaler.

Ces monnaies divisionnaires varient de valeur selon leur plus ou moins de rareté sur le marché.

***

La langue éthiopienne (amharique) appartient, nous dit M. Mondon, qui s'est particulièrement occupé de la question, au rameau « Sabéen » des langues sémitiques.

Quelques indications ethnologiques, ajoute le même auteur, peuvent servir à éclairer le problème de la formation de l'amharique.

D'abord habitée par des nègres dans les bas pays, alors que les hauts plateaux étaient déserts, l'Ethiopie fut occupée successivement par les populations appelées présémites ou berbères, puis par les sémites Hyksos, rejetés d'Egypte, les Phéniciens et les juifs, venus en marchands, colons ou organisateurs religieux et politiques, et les Himyarites, venus de l'Yémen.

Ces éléments sémitiques se sont servis de la langue ghez, qui a des relations particulières avec les langues anciennes de l'Yémen, et qui subsiste encore en Ethiopie à l'état de langue liturgique.

Et l'amharique, langue actuellement en usage en Ethiopie, résultante du mélange des races qui ont successivement occupé le pays, est à peu près à l'égard du ghez dans les mêmes relations que le français avec le latin.

***

Etudions maintenant l'organisme social du pays. C'est ici le moment d'esquisser l'originale figure de Sa Majesté Ménélik II.

Maître absolu des hommes et du sol, deux traits le caractérisent : la grande bonté et l'indomptable courage. Il n'est jamais sorti de son pays, mais son esprit, très ouvert, s'assimile dans la mesure du possible les choses d'Europe.

Diplomate avisé et guerrier redouté, il a su créer l'unité de l'Ethiopie et défendre son pays contre les convoitises du dehors.

Agé de plus de soixante ans, d'une taille au-dessus de la moyenne, son costume, dans la vie ordinaire, est le même que celui de son entourage. Il réserve pour les réceptions diplomatiques toutes les splendeurs du faste oriental.

Les circonstances politiques, souvent difficiles, ont amené Ménélik à recourir parfois à des mesures extrêmes, et on chuchote les noms des grands personnages qui expient, dans des résidences où ils sont étroitement surveillés et même enchaînés, des actes de rébellion ou des paroles inconsidérées — Louis XI, pourrait-on dire, dans ses luttes avec les grands vassaux.

Par contre, le fond de simplicité et de bonhomie de ce caractère se traduit par mille faits que n'eût pas désavoués notre populaire Henri IV.

Ménélik a été marié deux fois. Il n'a eu aucun enfant de ces deux mariages. Il a eu plusieurs enfants naturels, tous morts actuellement, sauf une fille. Et il lui reste deux petits-fils et une petite-fille.

L'impératrice, fort intelligente, exerce, dit-on, une grande influence sur l'esprit de l'empereur. Elle a été remarquablement jolie.

Autour du souverain, se groupent les grands dignitaires :

L'Afanégous (bouche du Négus), chef de la justice.

L'Aleka Guerbé Selassié, garde du sceau.

Le chef spirituel de la religion, l'Aboun Matheos, dont l'autorité est contre-balancée par celle du chef temporel, l'Etchéguié.

Les Ras, ou vice-rois. Citons, parmi les plus en vue, les Ras Walde Guiorguis, Olié, Makonnen, Tessama, diplomates ou guerriers, au-dessous desquels apparaît la foule des fonctionnaires.

M. Hugues LE ROUX

Tous, dans la main puissante du maître absolu qu'est le Négus.

Enfin, l'Empereur a auprès de lui, depuis une vingtaine d'années, comme ministre conseiller d'Etat, un Européen, M. Ilg, qui a contribué dans une large mesure à l'initier aux questions du dehors.

**

L'unification de l'empire et le transfert de la capitale à l'extrême frontière du Choa ont mis en présence deux éléments distincts : l'Amhara conquérant, et le Galla vaincu. Il en est résulté une fusion de races, dans laquelle il est malaisé de déterminer l'apport de chacun.

Le sol tourmenté de l'Ethiopie a créé ces infatigables marcheurs aux robustes poumons.

Le climat merveilleux du pays a réduit au minimum les besoins de la vie matérielle, causé par la grande simplicité des mœurs, mais aussi le peu de propension, parfois, au travail.

Le costume est le même pour tous, hommes et femmes. Il se compose d'un pantalon de cotonnade sur lequel flotte une chemise, qui se transforme en jupe pour la femme. Une sorte de toge, drapée à l'antique, complète ce costume.

Les gens de condition plus humble suppriment la chemise et la toge, et couvrent leurs épaules d'une peau de chèvre.

La coiffure, chez les hommes, comporte les cheveux courts. Beaucoup de femmes ont adopté la même mode, les autres ont les cheveux tressés en côtes de melon, ou disposés en mille petits bâtonnets qui donnent à la tête la silhouette du sphynx égyptien.

Tout le monde marche pieds nus. La couleur de la peau varie du noir foncé au jaune clair. L'angle facial, chez les Amharas surtout, est le même que celui des Européens.

D'un caractère gai, porté à l'épigramme, facilement irritable, d'allures excessivement polies, on pourrait reprocher à la masse populaire une sorte d'infatuation qui la porte à se croire supérieure à tous les étrangers.

La santé publique, favorisée par le climat, devrait être

excellente. Mais l'absence de règles d'hygiène générale engendre parfois de terribles épidémies. La lèpre et la syphilis y sont fréquentes, et l'usage de la viande crue fait que presque tous ont le ver solitaire.

***

La famille se constitue d'ordinaire par le mariage civil, très fréquemment rompu par le divorce.

Le mariage religieux — peu fréquent — crée des liens indissolubles. L'époux survivant ne peut se remarier.

La présence de femmes esclaves au logis est l'une des principales causes de l'abondance d'enfants naturels.

L'autorité du chef de famille est à peu près absolue, la femme mariée ne jouant qu'un rôle généralement secondaire au foyer domestique.

Les volontés dernières sont exprimées en présence de témoins assistés d'un prêtre.

Dans le cas de mort sans enfants, la moitié des biens du défunt fait retour à l'Etat. De cette moitié, on fait deux parts : l'une est destinée à couvrir les frais funéraires, l'autre revient à l'empereur.

***

La religion d'Etat est la même que celle des coptes d'Egypte. Mais l'élément musulman existe dans l'empire, ainsi que l'élément juif. Les catholiques romains forment, sur certains points, d'importants groupements.

La religion intervient aux différentes périodes de la vie éthiopienne ; et les pratiques religieuses, le jeûne très fréquent notamment, sont rigoureusement observées.

Le prêtre éthiopien doit être marié. Veuf, il prononce le vœu de chasteté. Les moines sont astreints au célibat.

L'instruction, très rudimentaire, est donnée dans les églises par le clergé — lui-même peu instruit.

***

Le principe, en matière de propriété, est que l'empereur, maître du sol, en dispose comme il l'entend.

Il existe cependant quelques biens de particuliers, dits biens de Gabar.

Tous les biens, sans exception, paient l'impôt sous deux formes :

10 o/o des recettes, et un certain nombre de jours de corvée, ceux-ci transformés en redevances pour les biens d'Eglise.

Les salaires sont des plus modestes : cinq à six francs par mois. La nourriture, qui est due par le maître ou le patron, coûte quatre à cinq francs par mois. Elle se compose de pois chiches, de galettes de farine de millet, et d'une sorte de sauce rougeâtre où le poivre est prodigué.

La boisson ordinaire est l'eau. On réserve pour les jours de fête le talla, bière d'orge, et le techt, qui n'est autre que l'hydromel. Et de nombreuses libations accompagnent alors les plats de viande, ou les quartiers de viande crue dans lesquels chacun découpe séance tenante, sous forme de lanière, son morceau préféré.

La viande ne coûte vraiment pas cher, et voici un détail qui fera rêver les ménagères : on peut obtenir 19 ou 20 poulets pour 2 fr. 40.

*
* *

L'esclavage existe dans le pays malgré les édits sévères qui condamnent à la pendaison les marchands qui se livrent à ce trafic. Ils prennent donc quelques précautions pour ne pas s'exposer à ce fâcheux incident.

Notons, du reste, que tout esclave fugitif dont on ne retrouve pas le maître, est considéré comme « res nullius », et comme tel, il vient grossir le nombre des esclaves de l'empereur. La condition de l'esclave est du reste fort douce.

*
* *

Un code des lois existe en Ethiopie. C'est le « Fatanegueust ». Il renferme plusieurs des prescriptions du Pentateuque, et il s'inspire aussi des lois de Justinien.

Deux fois par semaine, l'empereur rend la justice ; c'est à lui qu'est réservé le droit de vie et de mort.

L'Afanégous le supplée dans la pratique ordinaire de la

justice. En séance quotidienne, de six ou sept heures du matin jusqu'à midi ou deux heures, son rôle est écrasant.

Le Negadiras, prévôt des marchands, juge une partie des causes commerciales.

Comme trait de mœurs curieux, faculté est laissée aux assistants de donner leur avis au cours des débats.

Une coutume non moins curieuse oblige le passant arrêté par deux plaideurs par le mot « Ba Ménélik » (au nom de Ménélik), à juger leur différend.

Les peines sont sévères et immédiatement appliquées : la mort par pendaison, pour les crimes infamants, l'exécution du criminel par les parents de la victime, l'ablation de la main ou du pied, le supplice de la girafe, sorte de long fouet dont 50 coups entraînent d'ordinaire la mort, tout cela constitue un ensemble de peines de nature à faire réfléchir les natures mauvaises.

Le criminel a la ressource, si la famille de la victime y consent, de racheter sa vie par le paiement d'une somme d'argent.

Souvent on rencontre dans la rue deux personnes enchaînées ensemble par le poignet : criminel et parent de la victime devenu son gardien forcément vigilant ; ou débiteur et sa caution, en quête de la somme nécessaire pour se libérer d'un engagement financier.

*
* *

De longs siècles de luttes et la nécessité de se défendre contre les fauves font que tout homme valide est armé : lances, sabres, boucliers, et surtout fusils de variétés diverses où domine le fusil Gras.

Dans de tels milieux, le recrutement des soldats de profession est aisé.

Chaque grand personnage, l'empereur en tête, entretient une véritable armée.

La solde est maigre, parfois nulle. Mais il y a gloriole d'appartenir à tel ou tel chef renommé, qui vous entretient en armes, vêtements et nourriture. Il y aussi l'espoir des razzias.

Sur un signe du souverain, toute cette masse armée, que n'encombrent pas les *impedimenta*, se met en mouvement.

Au camp et dans la bataille, chacun est à sa place, malgré l'apparente confusion des marches.

Ras, Dedjasmatch, Fittorari, Cagnatzmatch, Gradzmatch, Ouobo, chefs de mille, chefs de cent, etc... encadrent et entraînent ces armées, dans lesquelles le courage individuel est indéniable.

Dans la bataille, le Likamacuaz, vêtu des insignes souverains, détourne de l'empereur l'attention de l'ennemi.

Un récent événement, dont les conséquences furent considérables, a prouvé que si l'on peut critiquer la tactique d'une telle armée, il faut compter sérieusement avec elle, surtout dans ces montagnes presque inaccessibles.

La Question Ethiopienne. — J'ai essayé de décrire le pays et son organisation sociale qui l'a protégé jusqu'ici contre toutes les convoitises.

Quelques mots maintenant des événements qui sont du domaine de l'actualité brûlante.

Au point de vue politique, les derniers traités de délimitations conclus avec l'Angleterre et l'Italie ont fait disparaître pour un temps les préoccupations de frontières qui hantaient l'esprit du Négus.

Deux questions restent pendantes : l'exécution de l'acte de concession de 1894 concernant le chemin de fer de Djibouti au Nil Blanc, et l'exécution du traité du 15 mai 1902, donnant à l'Angleterre, en même temps qu'un droit de contrôle sur les eaux de l'Ethiopie se jetant dans le Nil Blanc, l'autorisation de faire passer sur le territoire éthiopien le chemin de fer stratégique reliant le Soudan à l'Ouganda, tronçon de la ligne du Cap au Caire.

Il n'y a place ici pour aucune confusion, aucune équivoque, notamment en ce qui concernerait la création d'une voie ferrée, entre Addis-Ababa et le Nil Blanc, autre que celle, au tracé encore indéterminé, qui est prévue dans l'acte de concession de 1894, et qui nous concerne seuls, nous Français (1).

L'empereur n'a jamais pris d'autres engagements envers l'Angleterre que ceux — fort lourds du reste — énumérés dans le traité du 15 mai 1902. Ces engagements ne prévoient, en ce qui concerne les voies ferrées, qu'une ligne tangente à l'Ethiopie (on l'a dit avec justesse dans la presse), et construite dans le but unique de relier le Soudan à l'Ouganda (2).

Je viens examiner ici la question du chemin de fer Djibouti-Nil Blanc, uniquement au point de vue de nos rapports avec l'Angleterre.

J'ai le regret de le dire, alors que je trouve en rentrant en France les affirmations les plus rassurantes au point de vue d'une entente à laquelle je ne saurais assez applaudir, je viens de vivre là-bas pendant une année en plein cauchemar diplomatique, à propos de cette question du chemin de fer.

Et je n'ai aucune raison de taire ce qui m'a été dit par l'honorable représentant de l'Angleterre à Addis-Ababa, comme conclusion de nos conversations sur ce sujet.

« Nous ne pouvons admettre qu'un chemin de fer français existe, sous le contrôle du gouvernement français entre Djibouti et Addis-Ababa. »

Cette théorie anglaise se traduit par l'obstruction la plus complète en tout ce qui concerne la construction de cette ligne.

Voyons les faits.

Aux termes de l'acte de concession de 1894, chaque

---

(1) Art. 3 de l'acte de concession du 9 mars 1894, confirmé, en 1897, par la ratification de cette concession, obtenue par le gouverneur de Djibouti, envoyé en mission auprès de l'empereur Ménélik :
... « Il est de plus entendu qu'aucune autre Compagnie de chemins de fer ne sera autorisée à construire des lignes concurrentes partant des rives de l'océan Indien ou de la mer Rouge vers l'Ethiopie et le Nil Blanc »...

(2) Art. 5 du traité du 15 mai 1902 :
... « S. M. l'empereur Ménélik concède au gouvernement de S. M. britannique et au gouvernement du Soudan le droit de construire à travers le territoire abyssin un chemin de fer reliant le Soudan à l'Ouganda »...

tronçon de la ligne Djibouti-Nil Blanc ne doit être entrepris par la Compagnie qu'après autorisation préalable du Négus.

Le tronçon de Djibouti-Diré-Daoua est fait. Il s'agit actuellement de construire le tronçon Diré-Daoua-Addis-Ababa.

Le 24 mars 1904, Sa Majesté donne à la Compagnie l'autorisation nécessaire.

Le 26 mars, à la suite de démarches faites par « une puissance étrangère », il lui retire cette autorisation.

Le 8 août 1904, une lettre adressée par le Négus à notre gouvernement le prévient officiellement que la Compagnie est autorisée à construire ce tronçon. Quelques jours plus tard — le sait-on assez — l'Empereur faisait prier notre Gouvernement de s'entendre à ce sujet avec les puissances intéressées.

La réponse fut celle-ci :

« Le gouvernement n'a pas à s'entendre sur cette question
« avec d'autres personnalités que l'Etat éthiopien et la
« Compagnie du chemin de fer, seules parties à l'acte de
« Concession de 1894. »

Enfin, et ceci est d'hier, à la suite des déclarations de M. Delcassé affirmant les droits indiscutables de la Compagnie du chemin de fer Djibouti-Nil Blanc, a eu lieu la sensationnelle séance qui mit en présence de Sa Majesté les représentants des différentes puissances européennes à Addis-Ababa. Devant cette assemblée, dans des termes d'une extrême *énergie*, le ministre d'Angleterre, produisant quelques articles de notre presse, et les délibérations de quelques-unes de nos Chambres de Commerce (1), s'en fit une arme pour démontrer à l'empereur que la politique de

---

(1) A ce propos, une rectification ..
Un article des plus louangeurs a paru dans la *Dépêche Coloniale* du 22 février 1905 à propos du vœu, dont elle donne le texte, que la Chambre de Commerce de Nantes aurait émis en faveur de l'internationalisation.
J'ai mis cet article sous les yeux de la Chambre de Commerce de Nantes. Elle m'a affirmé que rien de semblable ne figurait au registre de ses délibérations ; qu'elle n'avait formulé aucun vœu, pour ou contre, sur la question éthiopienne — elle m'a autorisé à faire cette déclaration.

notre gouvernement était en désaccord avec l'opinion de la France sur cette question du chemin de fer ; que notre diplomatie jouait au quai d'Orsay et à Addis-Ababa un rôle peu en rapport avec les intérêts de l'Ethiopie...

Il y avait ici pour nous une faute diplomatique à commettre... et l'on y comptait. Mais nous avons à Addis-Ababa, en M. Lagarde, un très fin diplomate, rompu à ces questions, que la violence des uns et le machiavélisme des autres rendent fort malaisées parfois à résoudre.

La réponse fut ce qu'elle devait être, c'est-à-dire des plus modérées, des plus dignes. Elle se résume ainsi :

« L'attitude de la France, depuis vingt ans que j'ai
« l'honneur de la représenter en Ethiopie, suffit à
« édifier Sa Majesté l'empereur sur ce sujet ; et ce n'est
« pas le moment de discuter ici des questions qui font
« l'objet de négociations entre les cabinets de Londres et
« de Paris. »

On ne saurait mieux dire, ni réserver plus prudemment la question, en présence de l'attitude à laquelle de telles violences amenèrent l'empereur :

« Que les puissances intéressées se mettent d'accord,
« sinon je serai amené à faire le chemin de fer moi-même. »

Que conclure de tout ceci ?

Ce qui est vérité à l'ouest de l'empire, serait-il erreur à l'est ?

L'Angleterre aurait-elle, en vertu du traité de 1902, le droit de faire un chemin de fer stratégique à travers l'Ethiopie, alors que l'acte de concession de 1894, qui donne les droits que l'on sait à la Compagnie du chemin de fer de Djibouti au Nil Blanc, passerait à l'état de lettre morte ?

Je ne puis vraiment m'associer à la campagne faite dans ce sens par une certaine partie de notre presse avec l'approbation de la presse anglaise.

Les éloges d'alliés étrangers sont parfois un peu gênants. Qu'on en juge par l'extrait d'un article du *Morning Post* dont je trouve la traduction dans le numéro de la *Dépêche Coloniale* du 8 mars 1905.

« La répugnance des Français à renoncer à cette espérance que la propriété du chemin de fer leur donnerait une sorte de monopole dans le commerce de l'Abyssinie s'explique aisément : mais les Chambres françaises de Commerce sont composées, elles, de véritables hommes d'affaires qui reconnaissent la nécessité de s'incliner devant les faits accomplis, et qui, en conséquence, pressent leur gouvernement d'adhérer au projet d'internationalisation des chemins de fer éthiopiens, et d'assurer par là même au commerce et aux capitaux français des droits égaux à ceux du commerce et des capitaux des autres nations. »

Dois-je remercier le *Morning Post* au nom des « véritables hommes d'affaires français » ?

En ce qui me concerne, je suis ici pour dire que le « fait accompli » est la construction, déjà faite, de la ligne française Djibouti-Diré-Daoua, et que nous entendons tenir la main à ce que l'acte de concession de 1894 soit respecté...

Donc, quand on nous dit que l'empereur est hostile à la construction d'un chemin de fer uniquement français entre Djibouti et Addis-Ababa, je réponds sans hésiter : non.

L'Angleterre seule s'y oppose.

Quand on nous fait craindre qu'à la construction de ce chemin de fer français l'Angleterre réponde par la construction d'une voie ferrée anglaise à travers les vallées du Nil Bleu et de la Didessa, rejoignant Addis-Ababa, je réponds encore : non.

En dehors même des textes des traités qui s'y opposent (1), il faudrait des sommes folles pour que le rail puisse se poser à travers les massifs chaotiques de ces régions.

Et la théorie vraie me paraît être celle que M. le lieute-

---

(1) Comparer l'article 5 du traité anglo-éthiopien du 15 mai 1902, et l'article 3 de l'acte de concession du 9 mars 1894, tous deux cités au cours de cette étude.

nant de vaisseau Dyé a exposée avec tant de clarté à la suite du voyage de la mission Marchand :

« Pour conserver entièrement à la grande ligne du Cap au Caire son caractère impérial et stratégique, il est probable qu'on ne se hasardera pas à escalader le plateau éthiopien, même si les ingénieurs réussissaient à faire circuler le rail à travers ce chaos de pics et de ravins, de vallées et d'arêtes montagneuses. Il est donc très probable que le grand transafricain anglais remontera la vallée du Nil Bleu jusqu'aux environs de Roseires, puis suivra vers le sud, vers l'Ouganda, la lisière ouest des plateaux éthiopiens au pied de la brusque ascension des montagnes. La voie ferrée couperait ainsi la rivière Baro, juste dans les environs d'Itang, point où l'article 4 du traité prévoit l'octroi à l'Angleterre d'une concession territoriale. Sur les rives de la rivière Baro, Itang est situé dans la zone de transition entre les marécages nilotiques et les premiers contreforts rocheux qui se dressent à quelques kilomètres dans le nord-ouest. »

Enfin, si l'on nous dit que l'internationalisation des chemins de fer éthiopiens est, notamment pour la France, une garantie que tous les intérêts européens seront placés sur une même ligne, je réponds toujours : non.

Jetez les yeux sur la carte.

Au lendemain du jour où un tel accord serait signé, l'Angleterre, soit par une rectification de frontières du côté de Itang, soit par un infléchissement de la ligne aux environs de ce point, s'arrangerait pour soustraire sa voie stratégique, sur ce court intervalle, aux inconvénients de l'internationalisation qu'elle aurait imposée aux autres puissances.

Qu'on ne s'y trompe pas, qu'on le veuille ou non, la ligne Addis-Ababa-Djibouti drainera à son profit la majeure partie du trafic de l'Ethiopie. Cette ligne a moins de 800 kilomètres de longueur; il faut parcourir plus de 2.000 kilomètres pour aller à Souakim, plus de 3.400 kilomètres pour aller à Alexandrie.

Ces chiffres disent tout (1).

Devons-nous craindre, comme le disait sir John Harrington, que l'Angleterre établisse, avec Zeilah ou Berbera comme tête de ligne, une voie ferrée qui se souderait en territoire éthiopien à la ligne Diré-Daoua-Addis-Ababa, lui faisant ainsi une concurrence ruineuse ?

Non. Les frontières du Somaliland anglais sont nettement définies du côté des possessions éthiopiennes, et l'article 3 de l'acte de concession de 1894 est formel. Aucune autre Compagnie ne peut s'établir, à l'est, en territoire éthiopien (2).

Et si l'Angleterre, à la suite de délimitations de frontières non encore fixées dans le sud de l'empire, obtenait la faculté de relier ses possessions à l'Ethiopie par une voie ferrée, les difficultés d'accès et la plus grande longueur de la ligne ne permettraient pas une lutte de tarifs bien dangereuse pour la ligne Djibouti-Addis-Ababa.

*
* *

Causons maintenant de la neutralisation de l'Ethiopie.

Tout le monde la proclame avec la même apparence de sincérité.

J'ai cependant été frappé de ceci : lorsqu'on parle de neutralisation ou de chemin de fer, il s'agit toujours d'une

---

(1) « Insister pour que la ligne qui traverse le désert entre Djibouti et « Addis-Ababa soit française, disent les partisans de l'internationa- « lisation, c'est amener l'Angleterre à exiger que la ligne Addis-Ababa- « Nil Blanc soit anglaise. — Or, cette ligne traversera les champs d'or « du Wallega. — Vous aurez donné l'or, et vous aurez gardé les « pierres. »
L'image est aussi jolie que la pensée peu exacte. En droit, les traités nous donnent la ligne Addis-Ababa-Nil Blanc. — Maintenons nos droits..... En fait, que ce tronçon traverse, au sud, les riches provinces agricoles du Kaffa, ou qu'il atteigne le Nil Blanc par l'ouest, en traversant les régions minières et peu fertiles du Wallega, l'exode des produits doit toujours se faire, au point de vue kilométrique, par la ligne Addis-Ababa-Djibouti.
Vaudra-t-il mieux, dans l'avenir, assurer à cette ligne le transit de l'or, qui cube peu, ou celui des produits agricoles qui, peu considérables au Wallega, abondent au Kaffa ? Ce sera l'un des facteurs dont il faudra tenir compte au moment des études du tracé de ce tronçon.

(2) Article 3 de l'acte de concession de 1894 : « Il est de plus entendu qu'au- « cune autre Compagnie de chemin de fer ne sera autorisée à construire des « lignes concurrentes partant des rives de l'Océan Indien ou de la mer « Rouge vers l'Ethiopie et le Nil Blanc. »

entente à trois, sous le prétexte que l'Angleterre, l'Italie et la France ont seules des points de contact territoriaux avec l'Ethiopie.

Est-il nécessaire d'insister sur ce que cette théorie aurait de dangereux pour la France, ainsi mise en minorité dans ces discussions où une entente parfaite n'a cessé d'exister entre l'Angleterre et l'Italie ?

Quels sont les motifs empêchant d'admettre dans ces accords la Russie, qui est représentée dans ce pays, l'Amérique et l'Allemagne qui ont affirmé, par l'envoi de missions, leur volonté de ne pas se désintéresser des questions éthiopiennes ?...

Quelle est la puissance dont les intérêts sur cette question de neutralisation sont en complet accord avec son langage ? La France, qui, adossée au désert Somali, ne peut avoir qu'un objectif, conserver à sa colonie la protection que lui vaut un Etat tampon la mettant hors de contact avec les arrière-pays actuellement aux mains de puissances européennes.

Je n'ai garde de suspecter les intentions d'autres puissances ; mais je ne puis m'empêcher de redouter certains agissements financiers, qui se sont passés au mois de mars dernier.

Sous l'étiquette de Banque Ethiopienne, la puissante maison Cassel, établie à Londres et au Caire, s'est efforcée de fonder à Addis-Ababa une banque à laquelle le concours financier et prépondérant de l'Angleterre était assuré. Les douanes de l'empire étaient visées comme apport de l'Ethiopie :

La combinaison n'ayant pas abouti sous cette forme, vient d'être réalisée de la façon suivante. Je cite l'article d'un journal financier :

« Le décret khéidvial établissant la « Banque d'Abyssinie »
« dont nous avions annoncé la fondation, vient d'être pro-
« mulgué. Le capital est fixé à 500.000 livres sterling, et
« divisé en 100.000 actions de 5 livres sterling chacune et
« libérées du quart. Le siège est à Addis-Ababa, et le
« domicile de la Banque, au Caire. Des succursales peuvent

« être créées dans toutes les ville de l'Abyssinie. Le gou-
« verneur de la « National Bank of Egypt » sera appelé
« aux fonctions de président, au conseil des directeurs de
« ce nouvel établissement. »

Je n'aurai pas l'indiscrétion de demander à lord Cromer, ou à sir John Harrington, si les premiers souscripteurs étrangers qui se présenteront aux guichets d'émission y trouveront un nombre d'actions suffisant pour constituer, dans les assemblées générales, un groupe de quelque importance...

Les renseignements puisés à très bonne source, qui me sont parvenus du Caire, énumèrent les fondateurs, au nombre de 7 : 3 Anglais, 3 Italiens, 1 Allemand, tous employés à la Banque Cassel ! Il n'y manque, dit un journal du Caire, que le concierge et le facteur...

Les amis de l'Ethiopie ne sont-ils pas fondés à jeter à Sa Majesté ce cri d'alarme :

« Si vous voulez créer une banque d'Etat, faites-le avec
« le concours égal de tous. Donnez dans les conseils d'ad-
« ministration part égale, non seulement à la France,
« l'Angleterre, la Russie et l'Italie, mais aussi à l'Allemagne
« et à l'Amérique qui sont venues à vous dans ces der-
« niers mois.

« Pesez toutes les conséquences de ce contrat, ne vous
« engagez que dans les limites de vos ressources. Vous
« n'aurez pas de plus sûrs gardiens de votre indépendance
« que vos prêteurs ainsi syndiqués. »

Si l'Ethiopie ne tient pas compte de ces avis, son indépendance sera en grave péril. Et, ne l'oublions pas, ce ne sont pas seulement d'immenses territoires sains et fertiles qui tomberaient aux mains de l'envahisseur ; c'est aussi une armée de 150 à 200.000 hommes.

Je ne saurais assez le répéter. A l'indépendance de l'Ethiopie est lié le sort de notre colonie de Djibouti. L'une des garanties les plus sérieuses de cette indépendance est constituée par le chemin de fer, *commercial et français*, de Djibouti à Addis-Ababa, contrepoids nécessaire à l'est, au chemin de fer *stratégique et anglais*, qui traversera à l'ouest une partie du territoire éthiopien.

Actuellement, le chemin de fer de Djibouti-Diré-Daoua subit une crise financière dont nous avons indiqué la cause principale. Son prolongement jusqu'à Addis-Ababa en fera une affaire susceptible d'assurer à l'épargne un placement rémunérateur. Mais quelques années sont nécessaires pour que la situation devienne satisfaisante.

Nous ne doutons pas que notre gouvernement, après avoir protégé une première fois, en 1902, l'épargne française engagée dans cette affaire, trouve la solution patriotique et financière qui permette de mener cette entreprise française à bonne fin, au mieux des intérêts de notre colonie de Djibouti, et sans froisser les susceptibilités de l'Ethiopie.

En présence des jeunes et bruyantes ambitions qui se révèlent en Extrême Orient, nous avons le devoir absolu de veiller à la sécurité et au développement de notre colonie de la côte française des Somalis, point d'escale et d'appui de nos flottes, comme Aden l'est pour nos voisins.

Dans cet ordre d'idées, sachons rester maîtres de nos agissements à Djibouti. On nous demande de le déclarer à port franc. En fait, il l'est actuellement, Quel besoin avons-nous de nous lier à ce sujet par une déclaration quelconque?

Quelques mots encore, comme conclusion.

Quand verrons-nous cesser des agissements qui, au Caire et à Addis-Ababa, déforment si étrangement les instructions que Londres envoie conciliantes, je veux le croire, à propos de cette question d'Ethiopie qui, selon un mot heureux, doit être « la pierre de touche de l'entente cordiale » ?

Notre gouvernement a donné maintes preuves de son esprit conciliant, ici comme ailleurs, c'est l'heure de le rappeler, en demandant avec fermeté que nos droits soient respectés.

Et ce sera alors pour notre ministre, M. Lagarde, l'heure de dire, là-bas, ce qu'il s'est refusé à dire le 11 avril dernier, lorsqu'on l'y conviait de si étrange façon ! Je l'ai vu à l'œuvre, secondé dans sa très délicate besogne avec un tact, un sens politique des plus remarquables, par son secrétaire, M. le capitaine Martin Decaen.

La question ainsi posée sera présentée par lui de façon telle qu'une solution interviendra, satisfaisante et prompte.

* *

En m'exprimant sur la question éthiopienne comme je viens de le faire, j'estime que je m'acquitte, autant que je le puis, de la dette de reconnaissance que j'ai contractée envers Leurs Majestés l'empereur et l'impératrice pour l'accueil qui m'a été fait en Ethiopie. Nous avons là-bas de nombreux amis; et dire la vérité à ses amis, c'est le meilleur service que l'on puisse leur rendre. C'est ce que je viens de faire.

Après M. Porquier, M. le Dr **Vitalien**, médecin de l'empereur Ménélik, prononce quelques mots; il déclare s'associer purement et simplement aux conclusions de M. Porquier.

M. **Hugues Le Roux** se lève à son tour. Le bureau a le regret de ne pouvoir publier sa conférence qui fut improvisée; car, comme la question avait été surtout placée sur le terrain très spécial de l'internationalisation des chemins de fer éthiopiens, M. Hugues Le Roux se borna à réfuter, avec la merveilleuse éloquence qu'on lui connaît, la thèse contraire à celle qui avait été précédemment exposée.

Nous résumerons seulement en quelques mots l'argumentation de M. Hugues Le Roux; il estime que la France a perdu en Ethiopie sa situation prépondérante, qu'elle n'a plus auprès du Négus la place de choix qu'elle avait si péniblement acquise. L'Angleterre était là qui veillait, et, tandis que nous pensions qu'elle était absorbée au Transvaal, elle agissait contre nous avec cette surprenante activité qui lui permet de surveiller sans cesse tous les intérêts de son immense empire colonial.

« Nous traînons derrière nous Fachoda, dit M. Hugues Le Roux; notre diplomatie, dans ces questions de l'Est africain, a manqué d'énergie et de méthode, alors que l'Angleterre, avec son admirable sens pratique, a su regagner en partie le terrain perdu par elle en Ethiopie, au moment où son attention paraissait se porter tout entière sur le Transvaal.

« La France a laissé échapper une occasion unique. Elle ne peut que se résigner désormais. Et, pour ne pas perdre le peu d'influence qui lui reste encore en Ethiopie, elle doit accepter — comme un pis-aller peut-être — l'internationalisation du chemin de fer Djibouti-Nil Blanc que lui offre l'Angleterre.

« Nous avons à redouter, et Ménélik avec nous, que l'Angleterre ne demande, comme compensation au chemin de fer français Djibouti-Addis Ababa, un chemin de fer anglais venant s'implanter au cœur de l'Ethiopie par cette trouée de la Didessa ouverte aux envahisseurs. »

M. Hugues Le Roux développa cette thèse avec infiniment d'âme et de talent dialectique, et termina en montrant les efforts qu'il avait faits pour conserver à la France sa situation en Ethiopie.

« S'il y a un Français, s'est-il écrié, qui ait mis tout son cœur, toute son âme de Français à sauver de la détresse le chemin de fer de Djibouti, à conserver à la France la priorité de son rang dans ce pays envié, il est devant vous ; j'y mets toute ma vanité, tout mon orgueil de Français ! »

La vigoureuse réplique de M. Hugues Le Roux fut accueillie avec la même faveur que l'argumentation de M. Porquier, et la réunion fut levée à 11 h. 1/2 du soir, après une allocution de M. Gabriel Forest, qui remercia les conférenciers du très rare plaisir qu'ils avaient procuré à tous leurs auditeurs en leur exposant avec tant d'autorité et de talent une question vitale pour les intérêts français en Afrique.

M. PORQUIER

M. LE Dr VITALIEN

Clichés Verron.

Mardi 8 août.

A 6 h. 1/2 du matin, un grand nombre de congressistes se réunissaient sur la place Dorian et, sous la direction des dévoués commissaires du Congrès, se dirigeaient, dans les voitures mises à leur disposition, vers un certain nombre de puits de mines qu'ils devaient visiter. M. Petit, directeur de la Compagnie des Houillères de Saint-Etienne, et M. du Rousset, directeur des Mines de la Loire, avaient eu l'extrême obligeance de laisser descendre les congressistes, répartis par groupes, dans trois puits de chaque Compagnie. A l'orifice de chaque puits, nos hôtes furent reçus par les ingénieurs des Compagnies qui les accompagnèrent dans leurs divisions respectives, et, sur le « plâtre » de la mine, comme dans son sous-sol, leur donnèrent avec la meilleure bonne grâce toutes les explications utiles.

A 10 heures, les congressistes se retrouvaient au lycée et les travaux des sections reprenaient leur cours.

Mardi matin.

I. Géographie générale et locale.

La réunion est présidée par M. Demontès, secrétaire général de la Société de Géographie d'Alger.

Au cours de cette réunion, les travaux suivants sont présentés :

De l'unification des mesures de temps, par M. Nicolle, président de la Société de Géographie de Lille.

Forêts et pâturages des versants montagneux, par M. Emile Belloc, délégué du Club alpin.

De l'utilité pratique de la mise en observation des glaciers pyrénéens, par M. Belloc également.

Du reboisement dans le département de la Loire, par M. Vessiot, inspecteur des forêts.

Le bassin houiller de la Loire, par M. Petit, ingénieur, directeur des Houillères de Saint-Etienne.

DE L'UNIFICATION DES MESURES DU TEMPS

Question proposée par M. NICOLLE, président de la Société de Géographie de Lille.

M. Nicolle se borne à rappeler une communication qu'il avait faite au Congrès d'Oran en 1902 et qui fut insérée *in extenso* dans le compte rendu de ce Congrès. On pourra s'y reporter. Cette question n'ayant pas reçu encore de solution, M. Nicolle exprime le désir que les pouvoirs publics lui accordent toute l'attention qu'elle mérite.

LE BASSIN HOUILLER DE LA LOIRE

Par M. PETIT, directeur des Houillères de Saint-Etienne.

Avant d'aborder le sujet de cette conférence, j'ai à m'acquitter d'un double devoir.

Je tiens d'abord à remercier M. Forest, le distingué président de la section stéphanoise de la Société de Géographie commerciale, ainsi que les organisateurs de ce brillant Congrès, du grand honneur qu'ils m'ont fait en m'appelant aujourd'hui à prendre la parole devant vous ; je tiens, en outre, à réclamer toute votre bienveillante indulgence pour le conférencier.

Je me propose, dans cette brève causerie, de vous décrire l'allure générale du bassin de la Loire, de vous esquisser, à grands traits, son histoire et de vous faire connaître les conditions techniques et économiques de son exploitation.

I

Limites. — Le bassin houiller de la Loire occupe une dépression à peu près triangulaire limitée au sud-sud-est par la chaîne du mont Pilat ; au nord-nord-ouest, par la chaîne parallèle de Riverie ; à l'ouest, par les derniers contreforts de la chaîne du Forez.

Roches encaissantes. — Les roches qui composent la cuvette du bassin appartiennent au terrain primitif ; au pied du Pilat, ce terrain est formé surtout de micaschistes ; la chaîne opposée renferme surtout des bancs de gneiss, et le bord ouest est à peu près exclusivement composé de granit éruptif.

Longueur. — Le bassin houiller s'étend depuis le Rhône, à Givors, jusqu'à la Loire au delà de Firminy. Il suit les deux vallées qui longent le pied de la chaîne du Pilat : d'une part, celles du Janon et du Gier, allant de Terrenoire au Rhône, de l'autre la vallée de l'Ondaine qui va de la Croix-de-l'Orme à la Loire.

La *longueur* de ce bassin est de 46 kilomètres.

Largeur. — Sa *largeur* est des plus variables :

De 1.000 à 1.500 mètres à Givors.
  250 à 300 — à Tartaras.
  6.000 mètres auprès de Saint-Chamond.
  8.000 — à Saint-Etienne.
  12.000 — à La Fouillouse.

Depuis ce point, la largeur décroît rapidement. Au Chambon et à Firminy, elle est réduite à 5 kilomètres, et, entre Fraisse et Cornillon, le dépôt se termine en pointe sur les bords de la Loire.

La superficie totale du dépôt houiller entre la Loire et le Rhône est de près de 21.000 hectares.

Division en 7 étages. — Le bassin houiller de la Loire comprend 7 étages proprement dits, dont 3 stériles et 4 houillers. Ces 7 étages se succèdent, de bas en haut, dans l'ordre suivant :

1° *Brèche de la base.* — On nomme ainsi un puissant amas de *débris argileux*, dont la grosseur varie depuis celle du poing jusqu'à celle de plusieurs mètres cubes ; ces débris sont composés de morceaux de *granit*, de *gneiss* et de *micaschistes*, cimentés par des particules finement broyées des mêmes roches. Quelques-uns d'entre vous, messieurs, ont pu remarquer cette formation bizarre, bien apparente le long de la route qui conduit de Saint-Etienne à La Fouillouse.

2° *L'étage houiller de Rive-de-Gier*, dont la puissance est de 100 mètres environ, qui comprend 3 à 4 couches d'une épaisseur totale de 10 à 15 mètres.

3° *L'étage stérile* entre Rive-de-Gier et Saint-Etienne dont la hauteur varie de 500 à 700 mètres.

4° *L'étage houiller inférieur de Saint-Etienne*. — Hauteur 800 à 900 mètres.

Nombre de couches, 10 à 12.

Epaisseur de charbon, 20 à 25 mètres.

5° *L'étage moyen de Saint-Etienne*. — Hauteur, 300 à 350 mètres.

Nombre de couches, 8 à 9.

Epaisseur de charbon, 15 à 25 mètres.

6° *L'étage supérieur de Saint-Etienne*. — Hauteur, 200 à 250 mètres.

Nombre de couches, 6 à 7.

Epaisseur de charbon, 5 à 15 mètres.

7° *L'étage stérile* servant de couronnement au terrain houiller, dont la hauteur est de 450 à 500 mètres.

En *résumé*, l'épaisseur totale du dépôt houiller de la Loire est d'environ 3.000 mètres, en y comprenant la brèche. Le nombre des couches de houille, *de plus d'un mètre d'épaisseur*, est de 30 en moyenne ; la somme des épaisseurs utiles de ces couches varie, selon les districts, de 50 à 80 mètres. Au centre du bassin, au puits de Villebœuf, situé à proximité du Lycée qui donne hospitalité aux membres du Congrès, on ne peut guère s'attendre à recouper la grande couche de Rive-de-Gier, à moins de 2.000 mètres de profondeur.

Un grand nombre d'accidents géologiques, connus sous le nom de failles, affectent le terrain houiller ; les dislocations et bouleversements auxquels elles ont donné lieu rendent très difficile l'exploitation des couches de houille.

Pendant longtemps, les géologues ont émis l'avis que le dépôt de Rive-de-Gier constituait un bassin distinct de celui de Saint-Etienne ; les savantes recherches de M. l'Inspecteur général des mines Grüner ont fait rejeter cette hypothèse et admettre qu'il n'y a en réalité qu'un seul et unique bassin.

Nature du charbon. — Les houilles de la Loire sont, en général, caractérisées par une proportion élevée d'hydrogène et un pourcentage relativement faible d'oxygène ; ce sont des houilles collantes, c'est-à-dire des charbons gras.

Tous les charbons de la Loire peuvent se ramener à 4 types : 1° les charbons à gaz ; 2° les charbons de forge ; 3° les charbons à coke ; 4° les charbons maigres ou anthraciteux tels que ceux que produit la Compagnie des mines de la Péronnière.

II

L'exploitation de la houille, dans le bassin de la Loire, a été soumise aux nombreuses variations qu'a présentées, en France, le système législatif qui régit l'industrie minérale.

Sous *l'ancienne monarchie*, ce fut, — suivant la forte expression du sénateur Brossard qui a publié un remarquable travail historique sur l'établissement des concessions de mine dans le bassin de la Loire, — une période de ténèbres et d'arbitraire. Les concessions temporaires ou générales à un privilégié ou à une compagnie alternèrent avec le régime de la liberté absolue de l'exploitation.

L'assemblée nationale vota, le 28 juillet 1791, la première loi relative aux mines : ce fut une période de *transition*. Il semble que cette assemblée ait eu, comme préoccupation dominante, le souci de sauvegarder les droits des propriétaires. Le texte de cette loi porte l'empreinte de deux systèmes : système de la propriété *publique* des mines, système de la propriété *privée*. D'une part, elle déclarait que les mines étaient à la disposition de la nation et donnait au gouvernement le droit d'accorder les concessions à d'autres qu'aux superficiaires. *D'autre part*, elle reconnaissait au propriétaire un droit *exclusif* à la jouissance des mines jusqu'à cent pieds de profondeur et admettait la préférence en faveur du superficiaire sur tous les demandeurs en concession.

Par ses incertitudes et ses contradictions, cette loi de 1791 fut des plus pernicieuses pour l'industrie minérale ; les propriétaires prétendaient exploiter eux-mêmes leurs tréfonds et les concessionnaires, dans l'insécurité du lendemain, sacrifiaient l'avenir au présent, n'osaient risquer de grosses dépenses pour l'aménagement des travaux. Ce régime, comme il fallait s'y attendre, aboutit à un véritable gaspillage de la richesse nationale.

Pour mettre un terme à ces abus, la loi du 21 avril 1810, complétée et modifiée plus tard dans quelques-uns de ses détails par les lois de 1838 et de 1880, posa un principe essentiel nouveau : la distinction de la propriété de la mine d'avec celle de la surface ; les concessions devinrent perpétuelles, la propriété de la mine résida sur la tête du titulaire et l'acte de concession régla les droits du superficiaire.

En compensation de l'expropriation qui séparait la mine de la propriété terrienne, la loi de 1810, dans son article 6, alloue une indemnité aux propriétaires de la surface : cette indemnité, qui constitue la *redevance tréfoncière*, est une des plus lourdes charges qui ont pesé, pèsent et continueront à peser sur l'exploitation de la houille dans la Loire. Il n'est pas sans intérêt, messieurs, de retenir votre attention sur cette charge, spéciale à notre bassin, et de vous en faire ressortir toute l'importance.

Pour les concessions octroyées en 1824, 1825 et 1826, la détermination de la redevance, inscrite dans le cahier des charges, fait corps avec l'acte de concession.

Cette redevance, exprimée en tantième du produit brut de l'extraction, dépend à la fois de la *puissance des couches, de la méthode d'exploitation* employée et de la *profondeur du puits*.

Voici, pour une couche de 2 mètres à 1 mètre de puissance, le tarif de la redevance pour des profondeurs de 0 à 300 mètres.

Exploitation à ciel ouvert...................		1/6
—	par puits jusqu'à 50 mètres inclus.	1/9
—	— de 50 à 100 mètres...	1/12
—	— de 100 à 150 — ...	1/15
—	— de 150 à 200 — ...	1/18
—	— de 200 à 250 — ...	1/21
—	— de 250 à 300 — ...	1/24
—	— au delà de 300 mètres...	1/30

On ne concevait pas, à cette époque, qu'on pût pratiquement faire de l'exploitation à une profondeur plus grande ; on ne saurait expliquer autrement les lacunes énormément regrettables présentées par ce tarif qui, au lieu d'admettre une échelle dégressive avec la profondeur, c'est-à-dire avec le coût de l'exploitation, conserve à partir de 300 mètres un taux invariable à la redevance, quelle que soit la profondeur. Ce n'était certes pas, messieurs, l'esprit des parties ; mais le texte incorporé à l'acte de concession n'en garde pas moins, en fait, toute sa rigide brutalité, et je puis ajouter, toute son injuste rigueur. Certaines Sociétés de notre bassin, régies par les actes de concession de 1824, exploitent à 600 mètres, exploiteront à 1.000 mètres de profondeur, et continueront d'être frappées d'une redevance exorbitante, arbitrairement inscrite dans le cahier des charges. J'observerai, en outre, avec M. Leseure (auteur d'un remarquable historique des mines de houille du département de la Loire) que l'ordonnance de 1820 reconnaissait la validité des conventions intervenues avant l'acte de concession entre les propriétaires et les demandeurs en concession, et que ceux-ci, pour écarter les oppositions et les concurrences, s'étaient laissés entraîner à consentir des engagements ruineux pour la future exploitation.

Plus tard, à propos des nouvelles concessions octroyées à partir de 1842, on remédia aux effets de dispositions aussi abusives en abaissant le taux de la redevance, pour les profondeurs d'exploitation dépassant 350 mètres.

Dans les charges générales de la concession de la Calaminière, donnée en 1849, la redevance est de 1/60 au delà de 500 mètres pour les concessions de Plat-de-Gier et de la Faverge ; ce tarif s'abaisse à 1/150 à 500 mètres et 1/300 au delà de 600 mètres.

Le taux a été réduit encore, dans une forte proportion, dans la concession de Comberigol vendue en 1856, en même temps qu'on prévoyait de plus grandes profondeurs.

Le tarif fixé est de 1/450 à 500 mètres et de 1/3.150 à 1.000 mètres.

Ainsi, messieurs, il se trouve qu'aux deux extrémités de notre bassin, deux Sociétés minières exploitant, avec les mêmes difficultés de toutes sortes, à même profondeur, une couche d'égale épaisseur, se voient légalement appliquer deux régimes aussi dissemblables : l'une, à 1.000 mètres de profondeur, paie au tréfoncier le 1/30 du produit brut de l'extraction ; l'autre, à la même profondeur, ne supporte plus qu'une charge égale à 1/3.150 de ce produit, soit 100 fois moindre.

Mais je ne dois pas me borner à constater, en la déplorant, cette inégalité de traitement ; j'ai le devoir de faire ressortir, bien haut, que cette exagération du tarif de la redevance est une entrave au progrès, parce qu'elle paralyse l'initiative des exploitants, décourage leur bonne volonté, et ne leur apporte, en fait de stimulant à découvrir en profondeur de nouvelles richesses minérales, que la perspective d'une exploitation ruineuse, dont le produit net serait entièrement absorbé par le tréfoncier. La recherche du prolongement du bassin houiller de Rive-de-Gier sous celui de Saint-Etienne, est actuellement en suspens ; toute l'hésitation des exploitants, que des explorations présentent un intérêt évident d'ordre général ne sauraient laisser indifférents, naît des charges excessives que leur occasionnerait l'application pure et simple de traités particuliers relatifs au taux des redevances.

L'exploitation de la houille, dans le bassin de la Loire,

remonte à la fin du XIII° siècle ; le creusement des premiers puits verticaux date du commencement du XVIII° siècle. La production totale de la houille, qui était en 1760 de 100.000 à 120.000 tonnes, atteignait 264.000 tonnes en 1810. Elle a suivi, par périodes décennales, la progression suivante :

1810..	264.000 tonnes		1870..	3.315.000 tonnes
1820...	404.000 —		1880..	3.588.000 —
1830...	684.000 —		1890..	3.536.000 —
1840...	1.105.000 —		1900..	3.948.000 —
1850...	1.326.000 —		1904..	3.623.000 —
1860...	2.199.000 —			

En 1812, la production de charbon de la Loire représentait plus du tiers de l'extraction totale de la houille en France ; en 1904, cette production s'abaissait à 10.6 % du tonnage extrait par notre pays.

Trois facteurs, que je vais rapidement passer en revue, ont contribué au développement progressif de l'extraction dans notre bassin :

1° La législation minérale qui a supprimé les inconvénients inhérents au morcellement des concessions.

2° La création et le perfectionnement des moyens de transport.

3° Les progrès techniques réalisés dans l'art des mines.

1° *Législation minérale*. — Les vices organiques qui entachaient la loi de 1791, c'est-à-dire la mutabilité des concessions et la confusion des deux propriétés de la surface et de la mine jusqu'à 100 pieds de profondeur, furent supprimés par la loi de 1810. Cette loi ouvrit une ère de prospérité pour l'industrie minérale et permit la création d'entreprises, solidement assises, fondées à l'aide de capitaux qu'attirait la certitude d'une complète sûreté de jouissance et de possession.

De 1824 à 1826, diverses ordonnances royales créèrent ou régularisèrent, entre Saint-Chamond et Firminy, 27 concessions, et à l'est de Saint-Chamond 20 concessions.

Malheureusement, sur chaque périmètre concédé, beaucoup d'anciens exploitants restèrent cantonnés dans leur petit champ d'exploitation, tel qu'ils l'occupaient précédemment ; en sorte qu'après 1830, les 60 concessions de la Loire comprenaient, en réalité, 105 exploitations indépendantes.

Ne pouvant supporter les effets d'une concurrence effrénée, les exploitants furent amenés à s'associer. Ce groupement eut, comme dernier terme, la création, le 7 novembre 1845, d'une Compagnie unique dite « *Compagnie des mines de la Loire* » qui englobait 25 concessions, après avoir immobilisé, pour ces diverses acquisitions, un capital supérieur à 4.000.000 de francs.

Cette association fut considérée comme un danger pour le pays ; le Conseil général de la Loire, dans sa séance du 30 août 1845, émettait un avis dans ce sens en déclarant que le but avoué de ce groupement était l'accaparement des moyens de production. Dès la formation de cette Compagnie, baptisée à l'origine du nom significatif de « Monopole », une campagne de protestation formidable fut vigoureusement menée, entretenant dans tout le pays une agitation des plus ardentes.

Le 19 octobre 1854, un décret signé par l'empereur prononça la dissolution de la Compagnie des mines de la Loire et son fractionnement en quatre Compagnies distinctes, avec les dénominations suivantes :

Société des Houillères de Rive-de-Gier.
Société des mines de la Loire.
Société des Houillères de Saint-Etienne.
Société de Montrambert et de la Béraudière.

Un seul point est à retenir de ce bref historique, c'est que l'éparpillement des concessions, au début de l'application de la loi de 1810, avait, par les innombrables inconvénients qui en étaient la conséquence, poussé à une concentration exagérée des moyens de production ; le fractionnement, intervenu en 1854, supprima les abus d'ordre général qu'entraînait un monopole déguisé et constitua des entreprises, solidement assises sur des capitaux suffisants, qui purent développer leur production et mettre utilement en œuvre les abondantes ressources minérales que chacune d'elles avait reçues en partage.

2° *Création et perfectionnement des moyens de transport.* — La création et le perfectionnement des moyens de transport fut le second facteur qui donna un nouvel essor au développement de la production houillère dans le bassin de la Loire.

Au XIVe siècle, les transports du charbon s'effectuaient, de Saint-Etienne à Lyon, à dos de mulets ; au XVIIe siècle, les marchandises étaient expédiées par voitures de Saint-Etienne à Roanne, et là embarquées à destination des provinces du centre et de l'ouest de Paris.

En 1690, les charbons commencèrent à s'écouler par le port de Saint-Rambert jusqu'aux canaux de Briare et du Loing, et de là, par la Seine, jusqu'à Paris.

Le 6 décembre 1780, le canal de Rive-de-Gier à Givors fut livré à la navigation, en dépit des oppositions et des protestations acharnées des muletiers de Rive-de-Gier et des riverains. L'ouverture de cette voie d'eau engendra tout naturellement un accroissement notable de la production, en déterminant un sensible abaissement du coût des transports.

On songea bien à prolonger, jusqu'à la Loire, le canal de Givors, mais on recula devant les difficultés d'une semblable entreprise.

Jusqu'en 1816, les charbons du Forez furent très recherchés dans toutes les régions situées sur les bords de la Loire jusqu'à Nantes, et sur les bords de la Seine, au delà de Paris jusqu'à Rouen.

Le 1er octobre 1828, une voie de chemin de fer à traction par chevaux, entre Saint-Etienne et le port d'Andrézieux sur la Loire, fut livrée à la circulation ; cette voie, qui transportait la houille au tarif de 0 fr. 372 par tonne kilométrique, desservait directement les mines les plus importantes à l'est de Saint-Etienne.

Le 28 juin 1830, fut ouverte la section du chemin de fer

de Givors à Rive-de-Gier et le 3 avril 1832 celle de Lyon à Givors ; la section de Rive-de-Gier à Saint-Etienne fut livrée pour le transport des marchandises le 25 février 1833.

Vers la fin de la même année, fut mis en service le chemin de fer d'Andrézieux à Roanne.

En 10 années, de 1826 à 1836, la production du bassin houiller de la Loire augmenta de 100 %, passant de 500.000 tonnes à un million de tonnes.

A trois périodes différentes, en 1861, 1885 et 1890, la Compagnie P.-L.-M. apporta quelques adoucissements aux tarifs de transport qu'elle appliquait aux houilles de la Loire, mais, comme je le démontrerai dans quelques instants, les concessions accordées furent insuffisantes.

3° *Au point de vue technique*, messieurs, si nous mesurons le chemin parcouru depuis le commencement du siècle dernier, jusqu'à nos jours, dans l'art des mines, des progrès immenses ont été accomplis ; l'outillage d'abord primitif s'est perfectionné et a été mis en parfaite harmonie avec les difficultés grandissantes de l'exploitation, au fur et à mesure de l'approfondissement des puits ; les méthodes rudimentaires du début ont fait place aux aménagements et aux déhouillements rationnels, conçus par d'excellents ingénieurs sortis de notre Ecole des mines : MM. Fournet, Dyèvre, Wéry, Grangette, Marsais, Devillaine.

L'humble manège à chevaux remorquant la petite provision de houille, renfermée dans l'antique et classique cuffat, a été remplacé par la machine d'extraction grandiose et puissante, déroulant ses câbles sur des chevalements de forme légère et de masse imposante ; les premiers types en furent installés dans la Loire par les ingénieurs Baure, Bessy et Villiers.

Le primitif foyer, qui échauffait l'air à la base des puits pour déterminer un aérage naturel la plupart du temps très insuffisant, s'est vu supplanter par le ventilateur mécanique qui déverse à flots le courant d'air vivifiant et réparateur et fait sentir son action bienfaisante jusque dans les moindres recoins des artères les plus éloignées du puits. Le temps est loin où, pour assainir les chantiers envahis par le grisou, le malheureux pénitent, recouvert de sa coiffe et de son surtout de cuir, pénétrait dans la mine avant la descente du poste, pour mettre le feu au gaz accumulé dans les chantiers. Les deux termes de cette transformation sont la bougie du pénitent et la lampe perfectionnée Chesneau, précieuse indicatrice de la teneur de l'atmosphère.

C'est un de nos compatriotes, le distingué directeur des mines de Montrambert, M. Murgue, qui, le premier, a posé les bases d'une théorie rationnelle, aussi claire que savante, de l'aérage des mines ; c'est à un ancien professeur de l'Ecole de Saint-Etienne, M. Rateau, et à un ancien élève de cette Ecole, M. Mortier, qu'est due la création récente de ces ventilateurs si puissants et d'un aussi admirable fonctionnement.

C'est l'ingénieur Marsais qui, en 1842 et 1843, réussit à fabriquer pratiquement avec de la houille menue des agglomérés ; cette invention merveilleuse a eu, sur la marche de l'industrie minière, une influence considérable : la production des briquettes en 1903 a été dans notre bassin de plus de 200.000 tonnes.

Vous le voyez, messieurs, après avoir rapidement parcouru avec moi ces diverses étapes, le bassin de la Loire a, pour une large part, concouru, par les conceptions et les découvertes de ses ingénieurs, aux progrès rapides et importants réalisés dans l'art des mines.

III

Il me reste, messieurs, après vous avoir, à grands traits, esquissé l'historique des moyens de production dans le bassin de la Loire, à vous faire connaître les conditions économiques actuelles de l'industrie minière dans notre région.

Nous souffrons d'un double mal : 1° de charges très fortes résultant principalement des particularités que présente l'exploitation de nos couches ; 2° de l'élévation des tarifs de transport appliqués à la houille que nous produisons.

1°

Le prix de revient de l'exploitation des couches du bassin de la Loire est grevé de frais qui lui sont spéciaux et qu'occasionne le déhouillement à grande profondeur de veines de charbon épaisses, encaissées dans des terrains très ébouleux, en général très grisouteuses, et souvent très inflammables. Le gisement affleure à la surface du sol et, par ces affleurements, pénètrent, dans l'intérieur des travaux, d'énormes quantités d'eau, dont l'épuisement, bien qu'effectué par les procédés les plus perfectionnés, pèse lourdement sur le coût de la tonne de houille extraite.

1° L'enlèvement de grandes masses de charbon, quoique déhouillées selon toutes les règles de l'art, avec la mise en place onéreuse de remblais abattus à l'extérieur et descendus dans la mine pour combler les vides, se traduit par des dislocations de terrains impossibles à éviter.

Les colonnes de puits subissent des déformations très importantes ; les guidages en bois ou en fer, le long desquels courent les cages d'extraction, se déplacent, perdent rapidement leur verticalité ; pour assurer le service de l'extraction de la houille et opérer la translation du personnel en toute sécurité, il est nécessaire d'effectuer des réparations presque continues des colonnes des puits et de leur guidage ; c'est là une charge qu'ignorent les bassins français du Nord et du Pas-de-Calais.

2° La nature ébouleuse des terrains encaissant les couches de houille oblige à avoir, dans l'intérieur de la mine, des équipes très nombreuses d'ouvriers préposés aux travaux de soutènement des chantiers en activité et d'entretien des artères de roulage. Pour la Société des Houillères de Saint-Etienne, que j'ai l'honneur de diriger, le rapport entre l'effectif des boiseurs et l'effectif des piqueurs abattant la houille est voisin de deux ; il est exactement égal à 1.972, avec un minimum de 1.11 dans un de nos puits et un maximum de 3.65 dans un autre. Les chiffres traduisent d'une manière caractéristique l'importance exceptionnelle des dépenses en main-d'œuvre et fournitures qu'occasionnent, dans le bassin de la Loire, le boisage et l'entretien des chantiers et galeries de toutes les mines.

3° Plusieurs Sociétés du bassin de la Loire effectuent l'extraction de la houille à une grande profondeur, 600 mètres, 700 mètres, 800 mètres. Le prix de revient de l'extraction croît avec la profondeur; c'est là une affirmation qui se passe de démonstration.

D'autre part, dans la plupart des cas, les couches deviennent d'autant plus grisouteuses qu'elles sont plus profondes ; or, toutes les mesures de précaution qui sont employées pour lutter contre le grisou et ses redoutables dangers coûtent fort cher, soit 50 à 60 centimes par tonne.

4° L'épuisement est, d'une façon générale, très intensif pour la raison que j'ai développée à l'instant ; à certaines époques de l'année, quelques Sociétés tirent en poids, de leurs mines, jusqu'à 12.000 m^3 d'eau par 24 heures, soit 5 à 6 tonnes d'eau pour une tonne de charbon. On s'estime heureux lorsque des venues d'eau exceptionnelles ne paralysent pas complètement le service de l'extraction de la houille dans certains puits. Cet épuisement intensif grève le prix de revient, suivant les quantités d'eau tombée annuellement, de 50 à 70 centimes.

On a préconisé l'emploi de haveuses mécaniques comme moyen de compenser l'abaissement de tonnage résultant de la diminution, fixée par une loi nouvelle, des heures de travail. Or, messieurs, on peut affirmer que dans la plupart des mines du bassin de la Loire ces outils ingénieux ne sauraient être employés : les chantiers, dans nos exploitations, ressemblent bien plus à une forêt, avec un fouillis de bois souvent inextricable, qu'aux carrières à charbon vastes, dégagées, qu'on rencontre en Amérique. Aucune machine ne pourrait pratiquement évoluer à travers les lignes de boisage, souvent jointif, dans l'espace limité qui sépare le remblai du massif de charbon.

5° La redevance tréfoncière, dont je vous ai défini l'origine, variable avec la profondeur et l'épaisseur des couches, peut atteindre le cinquième de la production brute ; cette charge exceptionnelle atteint, en moyenne, 1 franc par tonne : c'est vous dire que les Compagnies de mines du bassin de la Loire sont légalement tenues de prélever, sur leurs bénéfices annuels, plus de 3.500.000 francs, pour les verser entre les mains des propriétaires superficiaires ou de leurs ayants droit.

6° Plusieurs Sociétés, notamment celles dont les concessions sont groupées autour de la ville de Saint-Etienne, se voient condamnées à payer des indemnités considérables pour dégâts à la surface : certaines Compagnies subissent, de ce chef, une charge de plus de 1 franc par tonne.

Pour toutes ces raisons, le prix de revient de la houille est et restera fort élevé dans le bassin de la Loire, en dépit de tous les perfectionnements intelligents apportés dans les méthodes d'exploitation, l'agencement des installations et l'outillage. Il est supérieur de plus de 4 francs par tonne à celui de beaucoup de bassins concurrents.

Comme conséquence, même en se contentant d'un bénéfice modéré, les Sociétés houillères de la Loire se voient dans l'obligation de vendre leur production à un prix relativement élevé.

2°

L'exagération des tarifs de transport limite les débouchés ; notre exportation est barrée, au sud, par les produits des bassins du Gard et du Midi ; au nord et à l'est, par les houilles du Centre, de Saône-et-Loire, du Nord, du Pas-de-Calais et les charbons allemands.

Notre département n'a pas de canaux ; notre bassin est séparé des voies d'eau, du côté de Lyon, par 60 kilomètres ; du côté de Roanne, par 80 kilomètres. La Compagnie P.-L.M. nous applique pour Lyon le prix de 4 francs, pour Roanne le prix de 5 francs, soit plus de 6 centimes par tonne et par kilomètre. On consomme, à notre porte, sur la place de Roanne, ville où l'industrie florissante se développe de jour en jour, près de 100.000 tonnes de houille ; ce centre, situé dans notre rayon d'écoulement naturel, est devenu le fief de la Société de Blanzy qui, avec un fret de 1 fr. 50, peut transporter des houilles, concurrençant les nôtres, de la mine à l'usine.

M. Jean DUPUIS

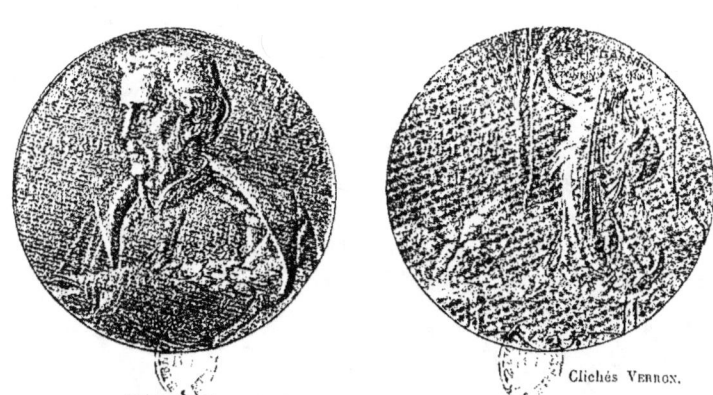

Clichés Vernon.

Médaille Francis Garnier offerte à M. Jean Dupuis.

De telles inégalités de traitement apparaissent encore plus flagrantes lorsqu'on compare le régime de transports, dans les puissants et riches bassins du Nord et du Pas-de-Calais, à celui qui nous est imposé. Ainsi, par exemple, sur les chemins de fer de la Compagnie du Nord, entre Valenciennes, Dunkerque et Calais, pour une distance à parcourir de 120 kilomètres, le prix de transport des charbons est de 2 fr. 50, soit, ramené à l'unité kilométrique, un tarif de *2 centimes 2 millièmes*.

M. le Ministre des travaux publics, à l'occasion de la discussion du budget, saisi de cette importante question par les représentants des mines du Centre et du Midi, a bien voulu reconnaître que tout n'allait pas pour le mieux dans la tarification des charbons. Il a déclaré que la vérité économique résidait dans l'unification des tarifs : tout le monde se rangera à un avis aussi judicieux ; il a formellement promis, en outre, de faire examiner par les soins du service du contrôle si, à défaut d'une unification immédiate sur l'ensemble du territoire, il ne serait pas possible d'aboutir à des remaniements s'appliquant à des groupements régionaux, de manière à établir un équilibre normal entre les prix des différents bassins houillers, sur les points où ils peuvent se faire concurrence.

Nous avons enregistré cette bonne promesse et nous émettons fermement le vœu qu'elle soit suivie d'effet ; les mines sont situées là où la nature les a placées ; on ne peut, arbitrairement, fausser les conditions économiques de la production en appliquant des régimes de transport aussi dissemblables aux Sociétés qui ont mission de mettre en service, au profit de tous, les richesses minérales qui leur ont été légalement concédées.

Débouchés commerciaux. — La valeur totale des produits extraits des mines de houille de la Loire, en 1903, s'est élevée à près de 62 millions de francs.

En raison de l'exagération des tarifs de transport, la consommation des houilles de la Loire se fait dans un rayon très limité. Elle alimente nos grandes usines industrielles de Firminy, Unieux, Le Chambon, Saint-Etienne, Saint-Chamond et Lorette. La ville de Lyon offre un important débouché aux houilles de notre bassin.

La production totale se répartit approximativement de la façon suivante :

>   41 % dans la zone de   0 à 50 kilomètres.
>   42 %   —   de 51 à 100   —
>   11 %   —   de 101 à 150   —
>   6 %   —   au delà de 150   —

Personnel ouvrier. — Le nombre moyen des ouvriers occupés dans nos houillères a été, pour l'exercice 1903, de 19.444 unités, se répartissant comme suit :

>   12.895 occupés à l'intérieur des travaux.
>   6.549   —   à l'extérieur.

Les salaires moyens ont été :

>   Pour les ouvriers du fond............ 5 fr. 03
>   Pour les ouvriers du jour............ 3 » 66
>   Pour l'ensemble du fond et du jour... 4 » 56

D'une façon générale, les salaires ont une marche régulièrement ascendante ; si on se reporte à 20 ans en arrière, en 1883, ils étaient :

>   Pour le fond........................ 4 fr. 63
>   Pour le jour........................ 2 » 96
>   Pour le fond et le jour............. 4 » 13

soit une augmentation globale, de 10.4 %.

Institutions de prévoyance. — La loi du 29 juin 1894 règle, dans la Loire, comme dans tous les autres bassins, pour les ouvriers mineurs, le fonctionnement des caisses de secours et les versements à la caisse nationale des retraites ; mais, bien avant l'intervention législative, les Compagnies houillères de la Loire avaient créé des caisses patronales assurant de très sérieux avantages à leurs ouvriers.

En 1869, cinq Compagnies de mines parmi les plus importantes s'associaient pour la fondation d'une *caisse centrale*. Cette caisse avait pour but : 1° de donner des secours aux ouvriers blessés, de servir des pensions viagères aux blessés atteints d'incapacité de travail permanente et aux veuves et aux enfants des ouvriers morts par suite d'accident de mine ; 2° de servir des pensions de retraite aux ouvriers âgés de plus de 55 ans et comptant trente années de service effectif dans l'une ou l'autre des compagnies adhérentes. Celles-ci restaient solidaires des engagements de la caisse centrale. La pension de retraite était réversible par moitié à la veuve en cas de décès du titulaire. La caisse était alimentée par des retenues sur les salaires des ouvriers et par une subvention égale des Compagnies.

La création de cette caisse centrale méritait, messieurs, de vous être signalée, car elle est digne de figurer en lettres d'or dans l'histoire de notre bassin. Inspirée par une idée généreuse et philanthropique du patronat, elle appliquait, par avance, les dispositions de la loi de 1894, et permettait à l'ouvrier de se déplacer d'une Société à l'autre du bassin tout en conservant les droits à la retraite qu'il avait acquis au service de chacune d'elles.

IV

Messieurs, j'arrive à ma conclusion, en m'excusant d'avoir aussi longtemps retenu votre bienveillante attention, et de vous avoir présenté un exposé quelque peu décousu et forcément incomplet.

Notre vieux bassin houiller de la Loire ne mérite pas l'épithète de rétrograde que parfois on lui a injustement décernée ; il dispose de richesses minérales abondantes ; son personnel ouvrier a de réelles qualités professionnelles et une endurance remarquable ; ses installations récentes sont à hauteur de tous les progrès modernes ; ses méthodes sont en parfait rapport avec la nature du gisement ; il ne lui manque, pour se développer en dehors des montagnes qui l'enserrent, qu'un régime de transport plus favorable à l'expansion de ses houilles de première qualité.

Et si, en terminant, messieurs, je ne craignais de faire revivre ici un passé douloureux, déjà lointain, je constaterais avec une indicible joie que, depuis 1891, soit depuis près de 14 ans, après des catastrophes tristement célèbres, nous n'avons pas eu à déplorer la plus légère flambée de grisou sur toute l'étendue du bassin houiller de la Loire. Je le constaterais avec cette satisfaction passionnée, mais légitime, qu'éprouve tout ingénieur pénétré de la grandeur de sa tâche sociale et de la responsabilité de sa mission, lorsque, dans cette lutte de tous les instants contre les forces naturelles, aveugles et brutales, la victoire reste finalement à la science prévoyante qui conçoit et coordonne les méthodes, à l'inflexible discipline qui impose et obtient le respect absolu des règlements.

UTILITÉ PRATIQUE DE LA MISE EN OBSERVATION DES GLACIERS PYRÉNÉENS

Par M. Emile BELLOC, délégué de la Société de Géographie de Paris et du *Club Alpin Français* (1).

Chacun sait que les fluctuations glaciaires sont directement liées aux conditions atmosphériques. Malheureusement, les lois qui régissent ces variations sont encore imparfaitement connues. C'est pourquoi — les glaciers constituant des réserves puissantes d'alimentation pour les sources naturelles, les cascades qui fournissent la force motrice, les cours d'eau et les fleuves — un très grand intérêt s'attache à leur étude, tant au point de vue de l'alimentation publique qu'à celui de l'agriculture et de l'industrie.

Dans les Pyrénées Centrales, où plusieurs lacs des hautes régions ont été convertis en bassins-réservoirs, rien n'avait encore été entrepris au point de vue pratique.

Mes premières recherches et les études personnelles que

(1) Nous ne donnons ici qu'un résumé de la communication de M. Belloc, qui ne nous a pas été remise *in extenso*.

je poursuis activement dans ces hauts parages m'ont déjà permis de constater un amoindrissement considérable de la masse glacée. En effet, presque tous ces glaciers, déjà formidablement réduits depuis les temps préhistoriques, diminuent encore dans des proportions inquiétantes.

La période décroissante que traversent ces appareils glaciaires est inégalement répartie dans les différentes régions pyrénéennes.

Cette évolution régressive est-elle sur le point de finir, ou bien ce retrait va-t-il encore s'accentuer ?

La mise en observation méthodique de ces appareils glaciaires, récemment entreprise et consciencieusement poursuivie, nous l'apprendra dans un avenir plus ou moins lointain.

FORÊTS ET PATURAGES DES VERSANTS MONTAGNEUX

Par M. EMILE BELLOC, chargé de missions, délégué de la Société de Géographie de Paris et du *Club Alpin Français* (1).

Il est peu de personnes fréquentant les montagnes qui n'aient remarqué le développement considérable que prend le pâturage au détriment de la forêt; aussi nos richesses arboricoles diminuent-elles d'une manière très sensible.

Néanmoins, il reste encore en France — notamment dans l'Ardèche, dans les Cévennes, dans les environs de la Grande-Chartreuse et de Géradmer (Vosges) et surtout dans les Pyrénées et dans le Jura — de fort belles forêts de sapins. Mais, si l'on tarde à prendre des mesures sérieuses de protection, si l'on ne protège pas énergiquement nos sapinières contre la dent et le piétinement des troupeaux et, avant tout, contre les déprédations des bergers et des indigènes, nos beaux arbres de France, qui fournissent au pays sa plus belle parure et des ressources

(1) Nous ne donnons également qu'un résumé de cette communication.

considérables à l'industrie nationale, cesseront bientôt d'exister.

Le mal est déjà grand dans certaines contrées, néanmoins il ne paraît pas encore irréparable : n'attendons pas que le pâturage ait achevé l'œuvre de destruction pour agir.

Une réglementation sérieuse s'impose à bref délai. Ceci ne veut pas dire que le troupeau soit fatalement l'ennemi de l'arbre ; cependant, si dans un pacage circonscrit par la forêt l'on met le double ou le triple d'animaux qu'il peut raisonnablement servir à alimenter, ce qui arrive malheureusement dans la plupart des cas, les pauvres bêtes, bientôt réduites à la portion congrue, ne trouvant pas la nourriture suffisante, s'attaquent à la forêt. Les animaux, choisissant de préférence les jeunes sujets dont la flèche pyramidale fournit une proie facile et une nourriture succulente, mutilent les plus vigoureux rejetons et entravent ainsi, d'un seul coup de dent, l'œuvre éminemment utilitaire du repeuplement forestier.

Il serait facile, semble-t-il, à l'aide d'une réglementation soigneusement étudiée, mais rigoureusement appliquée, ou bien en mettant en interdit, durant un laps de temps déterminé, les régions les plus menacées, de favoriser l'expansion progressive des pâturages sans danger pour nos richesses forestières. Par ce moyen, la stabilité de la couche végétale, protectrice du sol, étant assurée pour un assez grand nombre d'années, l'embroussaillement naturel des penchants montagneux, surtout dans les parties rocheuses, aiderait singulièrement au développement de la couche arboricole.

C'est ainsi, sans dommages appréciables pour les finances de l'Etat, et par conséquent pour les contribuables, qu'on pourrait arriver, en même temps, à protéger le pâturage et à reconstituer la forêt, sans être obligé de recourir aux opérations incontestablement utiles mais très onéreuses du reboisement.

LE REBOISEMENT
DANS LE DÉPARTEMENT DE LA LOIRE

Par M. VESSIOT, Inspecteur des eaux et forêts.

Le département de la Loire couvre une superficie de 475.962 hectares. Sur ce chiffre, 420.527 hectares font partie du bassin supérieur de la Loire. Si l'on ajoute que, sauf la plaine du Forez et celle de Roanne d'une contenance totale d'environ cent mille hectares, tout le surplus, soit trois cent mille hectares, est situé en région montagneuse, on comprendra sans peine que le taux de boisement du département de la Loire ne soit pas sans influer sérieusement sur le régime du grand fleuve français qui lui prête son nom.

Mais, sans méconnaître l'intérêt général que présente la question du reboisement dans la Loire, je voudrais, dans cette brève étude, m'attacher à mettre en lumière plus spécialement les intérêts immédiats et directs qu'a le département à conserver ses forêts actuelles et même à s'efforcer d'en augmenter la superficie.

La production industrielle annuelle de la Loire a été évaluée, pour l'année 1902, au chiffre total de 390 millions de francs. L'industrie du tissage tient la tête avec un chiffre, pour la soie et le coton réunis, de 182 millions, les industries métallurgiques viennent ensuite pour 103 millions, les mines pour 60, la meunerie pour 20 et diverses industries pour 25.

Parmi les industries énumérées, celle des mines consomme une importante quantité de bois. Le boisage des galeries des houillères de la Loire, ouvertes dans un terrain peu consistant, absorbe chaque année 170.000 mètres cubes de bois de pin sylvestre, d'une valeur totale d'environ quatre millions de francs. Ces 170.000 mètres cubes représentent la production normale de 50.000 hectares de pineraies en parfait état. Or, le département de la Loire, sur les

66.000 hectares de forêts qu'il renferme, ne contient pas plus de 15.000 hectares de forêts de cette essence. Le déficit est comblé par l'importation venue des régions les plus proches du département de la Haute-Loire.

La Haute-Loire, dont les forêts couvrent au total 90.000 hectares, n'a pas plus de 30.000 hectares de pineraies. C'est donc tout au plus si leur production totale, ajoutée à celle des pineraies de la Loire, pourrait suffire à la consommation de ce département. Mais il est loin d'en être ainsi. La Haute-Loire doit pourvoir en outre à ses propres besoins. De plus, en raison du prix élevé des transports, elle ne peut diriger sur Saint-Etienne que les bois des pineraies situées à proximité des voies ferrées. Il est donc hors de doute que si jusqu'à présent les houillères de la Loire ont pu s'alimenter en étais de mines dans la région qui les entoure, ce n'est que *grâce à des destructions de forêts remplaçant une exploitation normale*.

D'ailleurs, si l'on remonte seulement à l'époque prospère de 1900 où l'industrie minière traversa une période d'activité intense, on peut se rappeler que les bois de mine devinrent rares. Une grande Société houillère de Saint-Etienne essaya, tentée par leur bon marché, de suppléer au manque de bois de pin sylvestre en faisant venir des pins maritimes du Var. L'expérience ne donna pas les résultats qu'on en attendait, ces bois manquant de résistance et de souplesse. Ils ne pouvaient, dans des terrains aussi peu stables que les terrains houillers de la Loire, remplacer les pins sylvestres des Cévennes et du Plateau central à croissance régulière et lente.

En plus des mines, les autres industries et, en dehors d'elles, le bâtiment surtout, dans un département qui compte une population totale de 647.000 habitants, avec une population spécifique de 128 habitants par kilomètre carré, absorbent de très grandes quantités de bois. Ces bois sont en majeure partie importés du Jura et même de la Suisse. On est amené à se demander si, dans quelques années, en raison du prix des transports qui pour une marchandise aussi lourde et encombrante que le bois, croît très vite avec la distance, l'industrie houillère n'aura pas complètement épuisé les ressources boisées situées dans la zone où elle peut commercialement s'approvisionner, et si une crise n'est pas à prévoir.

Mais, dans la Loire, les forêts ne sont pas seulement indispensables en vue de suffire à l'énorme consommation locale du matériel ligneux, elles ont encore, dans un département où l'industrie a atteint un tel degré de développement, à jouer un rôle important au point de vue de l'utilisation des forces hydrauliques. Il est inutile d'insister sur l'importance de cette dernière question. Si jusqu'ici l'industrie s'est concentrée sur les points où affleuraient les gisements houillers, au point que dans un pays donné la carte des terrains houillers pourrait presque sans changements représenter la carte des régions industrielles, on ne peut nier que depuis quelques années, depuis les merveilleuses applications de l'électricité asservie et domestiquée, on assiste à une sorte de déplacement de l'industrie. Elle paraît abandonner peu à peu ses emplacements séculaires pour se transporter lentement, mais d'un mouvement continu, vers les régions des grandes forces hydrauliques. Le département de la Loire, dont la ceinture est formée par une ligne continue de chaînes de montagnes, monts du Lyonnais et du Beaujolais, massif du Pilat, monts du Forez et de la Madeleine, qui descendent par des pentes raides, d'une part sur le Rhône, à l'est, d'autre part, sur la plaine du Forez au centre du département, compte, par le fait même de cette orographie, un nombre considérable de chutes hydrauliques importantes. Malheureusement, toutes ces chutes sont rendues difficilement utilisables par l'irrégularité du débit des cours d'eau qui les alimentent. Ici, les cours d'eau ne s'abreuvent pas en été comme dans les Alpes, aux glaciers et aux neiges éternelles, ni comme dans les Vosges aux nappes accumulées dans un sous-sol abrité par la forêt contre l'évaporation que provoque le soleil torride des mois d'été, mais ils s'alimentent péniblement aux landes désolées qui couronnent les montages du Forez, landes de genêts et de bruyères. Là, rien ne vient ralentir et prolonger la fonte des neiges au printemps, rien n'y protège contre les ardeurs du soleil l'humidité emmagasinée dans le sous-sol pendant les mois pluvieux. Aussi, si l'on ajoute que la roche sous-jacente, granit, gneiss ou micaschiste, est partout imperméable, on ne s'étonnera pas de constater que le Lignon, par exemple, passe d'un débit minimum de 1 mètre cube à un débit maximum de 356 avec un débit ordinaire de 8 mètres cubes.

C'est à cette irrégularité du débit, due à la dénudation des bassins supérieurs, qu'il faut attribuer l'emploi médiocre des forces hydrauliques dans un département cependant éminemment industriel et dans lequel ne font défaut ni l'initiative ni les capitaux.

Le taux de boisement du département de la Loire est à peine de 14 %, inférieur au taux moyen de boisement de la France qui est de 17 %. Le taux de boisement des Vosges, département industriel où la force hydraulique est admirablement utilisée, est de 35 %. La statistique dressée par le service des ponts et chaussées accuse un chiffre de 9 277 chevaux hydrauliques seulement utilisés dans la Loire. Nous y voyons de grands cours d'eau comme l'Aire, offrant de très nombreuses chutes naturelles, mais dont le bassin supérieur, 18.000 hectares, est dénudé (taux de boisement 17 %), ne fournir que 660 chevaux répartis entre 64 usines. Le Lignon, le cours d'eau le plus important du département, avec un taux de boisement analogue, un bassin supérieur de 31.000 hectares, alimente 202 usines et leur fournit 2.200 chevaux ; le Rhins, qui se jette dans la Loire à Roanne, et qui traverse une région essentiellement manufacturière, ne peut fournir que 735 chevaux répartis entre 39 usines.

En élevant le taux de boisement des bassins supérieurs, il serait possible de relever en même temps le débit moyen des rivières, le seul en vue duquel peuvent être établies les installations hydrauliques. Les fortes crues ne font que causer des dégâts aux usines sans qu'il soit possible d'en utiliser l'énergie. La forêt agit comme un accumulateur. A l'inverse des barrages, elle emmagasine l'eau sur une très vaste surface et sous une épaisseur relativement médiocre (épaisseur du sol), alors que ceux-ci l'emmagasinent sur une surface relativement restreinte et sous une grande épaisseur. Dans la montagne, les barrages et les forêts jouent donc, en définitive, un rôle analogue ; leurs effets s'ajoutent et se complètent. Ils y sont tous deux à leur place.

Enfin, sans les exagérer, on ne peut passer sous silence les dégâts causés dans la plaine agricole du Forez par la torrentialité des rivières qui la traversent. C'est ainsi que, par exemple, la seule crue du 30 mars 1902 a changé le lit du Lignon sur 200 mètres de longueur à Saint-Etienne-le-Molard, a enlevé une passerelle à Sainte-Agathe-la-Bouteresse et coupé le chemin de grande communication. Au mois de septembre 1897, après trois jours de pluie consécutifs, le Bonson, dont les eaux en temps ordinaire ne donnent pas 2 mètres cubes à la seconde, déborda dans la plaine du Forez, emporta le pont de la route de Saint-Etienne à Montbrison et causa plusieurs morts d'hommes. A la même date, un petit affluent de la Coise, presque sans eau en temps ordinaire, inonda la gare de Saint-Galmier et détruisit la voie ferrée sur plusieurs centaines de mètres. On pourrait multiplier ces exemples.

Cette question du reboisement dont j'ai, dans ce qui précède, tâché de mettre en évidence les aspects divers et les intérêts spéciaux qu'elle présente pour le département de la Loire, n'a pas été sans préoccuper depuis longtemps le département et l'Etat. Grâce au concours du département, de l'Etat et des particuliers, on a entrepris de lutter contre le déboisement. C'est de cette lutte, des procédés employés et des résultats acquis que je voudrais vous entretenir en terminant.

Si l'on feuillette les anciennes délibérations du Conseil général de la Loire, on voit déjà avant 1850 cette assemblée émettre des vœux en faveur du reboisement des montagnes de la Loire.

Dès 1862, elle vote une subvention de 3.000 francs pour contribuer, dans la mesure du possible, à l'œuvre du reboisement. A l'aide de cette subvention, à l'aide du concours de l'Etat et de la ville de Saint-Etienne, on put créer à Saint-Etienne même, dès 1863, dans des terrains appartenant à la ville, une vaste pépinière qui couvre aujourd'hui une superficie de 3 hectares 10 ares. Le sol a été concédé par la ville à l'Etat pour une durée indéterminée moyennant une redevance annuelle de 6.000 plants. La ville fournit, de plus, gratuitement l'eau pour l'arrosage.

Cette pépinière a produit les plants nécessaires aux reboisements exécutés dans les périmètres obligatoires établis en exécution de la loi du 28 juillet 1860, et ceux délivrés gratuitement aux particuliers, aux communes et aux établissements publics. Depuis 1883, toute sa production est délivrée, aucun périmètre n'ayant été maintenu.

Les plants sont donnés gratuitement aux particuliers, communes et établissements publics qui en font la demande. Ils sont même rendus franco de port et d'emballage dans la gare qui est indiquée par le pétitionnaire. Des graines de pin sylvestre sont mises à la disposition du public chaque année dans les mêmes conditions. Enfin, il est prélevé annuellement sur la subvention départementale une somme de 1.500 francs, qui est répartie, à titre de subvention pour travaux de reboisement, aux communes et établissements publics du département qui en font la demande.

En 1904, on a ainsi délivré gratuitement plus de 1.500.000 plants et 35 kilogrammes de graines.

Depuis l'origine, 1.745 propriétaires différents, particuliers ou communes, ont reçu des plants ou des graines gratuitement, 6.200 hectares ont été reboisés. Le département a contribué pour une somme effective de 138.000 francs, les particuliers pour une somme évaluée à 382.000 francs, les communes pour une somme effective de 46.000 francs, et l'Etat pour une somme évaluée à 262.000 francs, à la dépense totale s'élevant à 828.000 francs.

Le reboisement d'un hectare est donc revenu, en moyenne, à 130 francs, tous frais compris.

En 1904, grâce au concours du département, de l'Etat et des particuliers, on a pu créer deux nouvelles pépinières destinées à augmenter la production de la pépinière de Saint-Etienne devenue insuffisante en raison du chiffre toujours croissant des demandes de plants (en 1904, 147 demandes, formant un total de 1.600.000 plants).

Une pépinière d'une superficie de 1 hectare 43 ares a été créée à Saint-Just-en-Chevalet sur un terrain mis gratuitement pour 99 ans à la disposition de l'Etat par M. le vicomte de Meaux. La création s'est faite à frais communs, l'Etat subvenant pour les deux tiers, le département pour un tiers aux dépenses. L'entretien se fait dans les mêmes conditions.

Une deuxième pépinière de 15 ares a été établie dans des conditions analogues à Saint-Bonnet-le-Château. Le terrain a été concédé gratuitement par les Hospices de Saint-Bonnet-le-Château sous la condition qu'ils pourraient y prendre les plants nécessaires à l'entretien de leur forêt. Les frais de création et d'entretien sont faits par les Hospices et le département, à raison d'un tiers pour les Hospices et de deux tiers pour le département. L'Etat fournit gratuitement les graines nécessaires à l'ensemencement.

Les services que nous venons d'énumérer, qui permettent de mettre gratuitement chaque année à la disposition des particuliers les plants et les graines qu'ils désirent, ont absorbé, en 1904, un crédit de 9.092 francs, dont 4.800 à la charge du département et 4.292 à la charge de l'Etat. Il a été distribué la même année, en subventions aux communes ou établissements publics, pour travaux de reboisement, une somme de 2.835 francs, dont 1.500 à la charge du département et 1.335 à celle de l'Etat. Enfin, par application de la loi du 4 avril 1882, l'Etat a fait étudier deux projets de périmètre obligatoire s'étendant sur 4.317 hectares, pour lesquels l'achat et le reboisement des terrains seraient, le cas échéant, entièrement à sa charge.

De son côté, l'initiative privée n'est pas demeurée indifférente. M. le sénateur Audiffred, dans le but de stimuler l'initiative privée, a pensé qu'on pourrait utilement associer les enfants des écoles à cette œuvre du reboisement.

Il a pensé, suivant ses propres termes, « qu'il convenait de
« donner à chacune des Sociétés scolaires mutuelles
« cantonales de la Loire un terrain bien choisi pour sa
« fertilité, d'environ 5 ou 6 hectares que l'on reboiserait en
« vue de la production forestière. On s'attacherait en
« même temps à l'aménager pour donner aux enfants, en
« certaines circonstances, une promenade instructive et
« agréable, ce qui serait facile dans les régions accidentées
« et pittoresques. Un hectare de terrain dénudé, envahi
« par les bruyères et les genêts, peut être acheté au prix
« moyen de 200 francs. Reboisé d'une manière intelligente
« par les soins ou sous la direction du service des Eaux et
« Forêts, il vaudra avant 30 ans 2 ou 3.000 francs, et, dès
« la dixième année, donnera, par l'élagage, des revenus
« appréciables. Chaque Société cantonale serait dotée, dès
« le début et très rapidement, d'un capital de 10 à 12 mille
« francs, qui s'accroîtra par des dons nouveaux. Les
« revenus de ce domaine forestier, au début assez faibles,
« atteindraient avec le temps, deux, trois cents francs et
« même plus, et seraient employés à bonifier les versements
« des enfants à la Caisse Nationale des retraites. On
« initierait ainsi les enfants à une œuvre sociale : la
« prévoyance et la constitution de pensions de retraite, et
« à une œuvre économique : le reboisement du bassin
« supérieur de la Loire. On les préparerait, par cette éduca-
« tion continue, à comprendre ces idées, à s'y attacher et à
« en devenir les uns les adeptes réfléchis, les autres les
« ardents propagateurs. »

Ce projet, qui date d'hier, a déjà reçu un commencement
d'exécution. M. le sénateur Audiffred a recueilli une
somme de 10.000 francs provenant de deux dons particuliers,
chacun de 5.000 francs, dont l'un est dû au regretté
Daniel Dorian, député de la Loire.

Grâce au concours de l'Etat qui a pris généreusement à
sa charge la moitié des frais d'acquisition des terrains et la
totalité des frais de reboisement, on a pu, en ne distrayant
de la somme de 10.000 francs que 1.500 francs, acquérir et
reboiser à ce jour un terrain de 6 hectares pour la Société

mutuelle scolaire de Saint-Haon-le-Châtel et de 7 hectares pour la Société mutuelle scolaire de Roanne.

Les terrains à reboiser ne manquent d'ailleurs pas dans le département. Sur une superficie totale de 475.962 hectares, on compte plus de 40.000 hectares de landes et de pâtis, soit plus de 8 % à l'état inculte. Ces landes, qui ne servent qu'au pâturage, ne rapportent, d'après les calculs qui ont été faits, pas plus de 3 à 4 francs par hectare au maximum. Une expérience exécutée sur plusieurs hectares dans les pâturages communaux de Doizieu (Loire) a montré qu'en améliorant par des extractions de genêts et quelques épandages d'engrais chimiques les parties qui ne sont ni trop rocheuses ni trop déclives, on pouvait obtenir sept fois plus de foin qu'on n'en obtient en abandonnant la lande à elle-même.

Il serait donc possible, en améliorant les portions de ces landes qui en sont susceptibles, de maintenir et même d'augmenter le rendement total en foin tout en reboisant d'énormes surfaces. On ne diminuerait en rien, on accroîtrait même les ressources en fourrage nécessaires à l'industrie pastorale et on installerait la forêt sur des étendues considérables où elle rendrait les plus grands services au département.

Comme on a pu s'en rendre compte, la caractéristique de l'œuvre du reboisement dans la Loire a été de faire, autant que possible, appel à l'initiative privée en l'encourageant par des délivrances gratuites de plants et de graines faites sans formalités.

Il semble qu'on ait réussi dans une certaine mesure. Le nombre de plants délivrés ne cesse de croître d'année en année; depuis deux ans, il dépasse 1.500.000, et, quand les deux nouvelles pépinières créées en 1904 seront en plein fonctionnement, on peut espérer atteindre et dépasser le chiffre de deux millions.

Les cultivateurs commencent à user des banques agricoles. Elles pourront rendre de grands services au reboisement en fournissant une partie des avances nécessaires pour les travaux de plantation, l'Etat et le département prenant déjà ici, à leur charge, la fourniture gratuite des plants nécessaires. Ainsi pourra s'opérer dans la Loire, lentement mais sans à-coups et sans heurts, cette œuvre du reboisement. Elle enrichira le département, aidera au maintien et au développement de sa puissance industrielle et agricole et contribuera, de plus, à une œuvre nationale : l'amélioration du régime de la Loire.

B. — Géographie coloniale.

La Section de Géographie coloniale s'est réunie sous la présidence de M. Paul Hazard, délégué de la Société de géographie de Bourges.

Au programme, figuraient les questions suivantes :

Culture et production du coton dans l'Afrique occidentale française, question proposée par MM. Lenfant et Bourdarie. — Utilisation de la faune indigène dans la colonisation ; possibilité et utilité de barrages sur le Niger ; la question du Tchad par rapport à l'Algérie, au Soudan et au Congo ; les chemins de fer à construire au Congo ; domestication de l'éléphant d'Afrique, questions proposées par M. Bourdarie.

Le temps trop restreint dont disposaient les congressistes n'a pas permis, malheureusement, d'étudier tous les sujets proposés. Une très intéressante discussion s'est néanmoins engagée sur la **question cotonnière**.

M. Aspe Fleurimont, après avoir examiné comment cette question se pose, a présenté un vœu ainsi conçu :

« Que le gouvernement général de l'Afrique occidentale étudie, au plus tôt, les moyens propres à engager les indigènes à cultiver le coton, en leur garantissant notamment, et sous certaines conditions de qualités et de conservation, que l'administration le recevra au titre de paiement de l'impôt de capitation sur des bases déterminées.

« Que pour faciliter cette réforme économique, provisoirement et à titre d'essai, un accord intervienne entre

Cliché VERNON.

M. LE COMMANDANT DE RUEDA
Délégué du Gouvernement espagnol.

le gouvernement général et les sociétés privées s'occupant du coton, aux fins qui viennent d'être exposées, en assurant notamment l'achat, le transport et l'écoulement de ces produits de l'impôt, et aussi du surplus du coton, offert au moyen de centres d'égrenage et de classement, en conformité des intérêts administratifs, financiers et commerciaux de notre empire ouest-africain. »

Ce vœu a été très vivement discuté par **M. Bourdarie**, publiciste, délégué de l'Association cotonnière coloniale, qui s'est exprimé ainsi :

Messieurs,

« M. Aspe Fleurimont vient de vous présenter un vœu relatif à la culture du coton en Afrique occidentale. C'est une initiative qui lui est toute personnelle, et j'ai mission, représentant ici l'Association cotonnière coloniale, de ne présenter ni discuter aucun vœu de cette nature, mais seulement de vous faire entrevoir en quoi consiste la question du coton colonial et de vous exposer rapidement le but cherché et les résultats obtenus.

« Le point de départ de cette belle et grande entreprise réside dans ce fait universellement connu que l'Amérique produit à elle seule les trois quarts du coton consommé dans le monde, soit : 10.500.000 balles de 500 livres anglaises sur un total de 14.000.000 de balles environ.

« L'ingéniosité commerciale des Américains devait nécessairement trouver à s'exercer sur cet état de choses et l'on vit le trust du coton comme on avait vu le trust du blé, le trust du fer, etc.

« La spéculation américaine arriva à surélever du double le cours normal de cette matière première qui tient une place si importante dans la vie des humains et occasionna des pertes sensibles dans l'industrie cotonnière européenne.

« Mais cette spéculation, pour si dangereuse ou même meurtrière qu'elle fût, ne constituait pas, à proprement parler, *péril de mort*. Le véritable danger, à échéance rapide, résidait dans le développement accentué, méthodique et intensif de l'industrie cotonnière américaine, l'augmentation du nombre des filatures et des tissages menaçant directement l'industrie européenne par la *transformation at home* de tout le coton produit dans les immensités des territoires confédérés.

« Pour qu'on en puisse juger, il suffit de citer quelques chiffres montrant les réalités pressantes de ce développement industriel destiné à suivre une progression toujours plus forte.

« Dans les Etats-Unis du sud, en 1850, il n'existait que 145.810 broches réparties dans 168 filatures. Sur une production de 2.469.093 balles de coton, ces usines ne consommaient que 80.300 balles, soit 3,3 % de la récolte.

« En 1896, nous trouvons 354 filatures, avec 2.867.333 broches qui, sur un total de 7.161.094 balles, en consomment 857.835, soit : 12 % de la récolte.

« En 1901, le nombre des filatures passe à 581 avec 5.590.783 broches, et la consommation, qui est de 1.576.786 balles sur 10.401.453 balles, s'élève à 15,2 %.

« En 1903, la production du coton passe à 10.630.945 balles dont 1.925.954 demeurent dans les filatures américaines au nombre de 640, actionnant 7.100.292 broches. Le % de la récolte employé s'élève à 18,1.

« Or, cette consommation du coton américain dans les Etats du sud ne fait que s'ajouter à celle qui a lieu aussi dans les Etats du nord en donnant un total de 3.968.364 balles transformées dans les filatures américaines.

« Et ce qui tend à prouver que ce développement industriel est voulu suivant un plan méthodique, c'est que les nouvelles filatures sont créées dans les points les plus exactement à portée des champs de production, des mines de charbon ou de pétrole, des voies ferrées ou des ports d'embarquement, conditions qui sont de nature à diminuer considérablement les prix de revient des tissus fabriqués.

« Les industriels américains ne déguisent nullement, du reste, leurs visées économiques, et conseillent narquoisement aux industriels européens de n'avoir plus à se préoccuper de filature ou de tissage.

« C'est en présence de tels problèmes, messieurs, que

l'on peut mesurer et peser les avantages pratiques de la politique coloniale suivie par les puissances européennes, et en particulier par la France, dans le dernier quart du siècle dernier. C'est cette politique qui va sauver de la ruine l'industrie cotonnière européenne. C'est cette politique qui va permettre à l'une des plus puissantes industries nationales de continuer à produire en assurant la vie aux 250.000 ouvriers qu'elle emploie.

« La Russie a son Turkestan qui lui donne 560.000 balles de coton environ.

« L'Angleterre a les Indes : elle a surtout l'Egypte où sa diplomatie, aussi habile et énergique que tenace, lui a conquis la belle et grande vallée du Nil — pays à coton. Mais l'Egypte produit un coton spécial d'une valeur supérieure qui ne peut répondre qu'à certains besoins. D'où il suit que l'industrie cotonnière anglaise, dont on connaît l'importance (moitié environ de la production mécanique), est menacée comme le sont les industries cotonnières française ou allemande.

« La France, l'Angleterre et l'Allemagne cherchent dans leurs colonies respectives des terres propres à la culture du coton : la France au Soudan, au Dahomey, à Madagascar, en Algérie; l'Angleterre au Lagos et dans la Nigéria; l'Allemagne au Cameroun et au Togo.

Partout, ce sont des associations d'industriels cotonniers et de commerçants coloniaux qui ont entrepris le développement de cette culture dont le premier profit enrichira les indigènes. Ceux-ci, en retour, deviendront de meilleurs clients de l'industrie européenne.

« Disons maintenant quelques mots de l'*Association cotonnière coloniale*, présidée par M. A. Esnault Pelterie et dirigée par un Comité où l'on relève tous les grands noms de l'industrie cotonnière française, parmi lesquels MM. Ancel-Seitz, Berger, Marande, Maigret, Boy, Waddington, etc., etc.

« Elle fut fondée en 1903 pour une durée de six ans, c'est dire que ses fondateurs supposaient qu'en six années son œuvre serait sinon achevée, du moins très avancée. Il est probable qu'elle devra proroger son existence.

« Son budget annuel, qui dépasse 110.000 francs, est alimenté par les cotisations plus ou moins élevées de ses 700 membres et les subventions des Chambres de commerce. Il est probable que le Parlement sera appelé à voter et votera une subvention importante...

« Ces ressources sont employées comme suit :

« L'Association cotonnière envoie dans les colonies des agents techniques chargés de faire l'éducation pratique des indigènes par l'installation de champs d'essais où sont recherchées les variétés de coton qui conviennent le mieux au pays. Ces agents enseignent aussi des méthodes de culture plus rationnelles et, par conséquent, plus productives ; ils distribuent les graines importées des pays producteurs de coton et sélectionnées ; ils installent, pour les mettre à la disposition des indigènes, des machines à égrener ou à presser le coton...

« Ainsi, depuis sa fondation, l'*Association cotonnière coloniale* a distribué plus de 30.000 kilogrammes de graines, et expédié 15 machines à égrener.

« C'est là, on le voit, une œuvre éminemment pratique et utilitaire.

« Quels sont les résultats obtenus ?

« L'action de l'Association cotonnière a porté plus spécialement sur le Soudan, le Dahomey, l'Algérie et Madagascar.

« Au Soudan et au Dahomey, l'indigène, qui s'adonnait déjà à la culture du coton pour son compte, a accueilli avec la meilleure volonté les enseignements qui lui étaient donnés. Le concours très actif et très dévoué des gouverneurs Merlaud-Ponty et Liotard a eu la plus heureuse influence. Mais il a fallu compter dans ces colonies avec des imprévus du climat.

« A Madagascar, l'œuvre en est encore à ses débuts.

« En Algérie, la culture du coton paraît devoir remédier en partie aux pertes occasionnées par la mévente des vins. M. le professeur Malbot évalue à plus de 200.000 hectares la surface des terres algériennes qui se prêtent à cette culture.

« La production du coton colonial, en provenance des possessions françaises, qui avait été de 18.000 kilogrammes en 1904, s'élèvera en 1905 à 50.000 kilogrammes dont la répartition est approximativement la suivante : Algérie, 8.000 ; Dahomey, 30.000 ; Soudan, 12.000. Nous sommes encore loin des 200.000 tonnes nécessaires à l'industrie cotonnière française. Mais il est écrit que toutes choses ont leur commencement.

Notons ce fait intéressant, que la Fama Mademba, de Sansanding, vient d'exporter du Soudan, *pour son compte*, 25 balles d'un très beau coton qui a obtenu au Havre le cours élevé de 75 francs.

« Deux choses sont essentielles dans la poursuite du but. Tout d'abord, au fur et à mesure que grandira la production indigène, il faudra assurer à cette production le marché d'achat. Il y aurait de grands risques à courir pour l'avenir si, après avoir incité l'indigène à la culture extensive du cotonnier, on lui laissait pour compte sa récolte ! Il faut ensuite mettre à sa portée les machines à égrener et à presser le coton. L'*Association cotonnière coloniale* a pu jusqu'ici faire l'indispensable. Mais quand la production sera devenue assez élevée, il appartiendra à l'initiative privée, mise au service d'intérêts financiers, de faire le nécessaire, c'est-à-dire tout le reste.

« Au résumé, nous assistons en ce moment à une modification profonde dans les relations économiques de l'Europe et de l'Amérique. Pour la France seule, il s'agit d'une dérivation sur ses colonies d'un courant commercial annuel de 300 millions environ. Nous assistons en même temps à une transformation heureuse de la production coloniale. Disons aussi que, par le travail agricole et les pratiques de la prévoyance, les populations indigènes amélioreront considérablement leurs conditions de vie. La culture du coton aura des vertus civilisatrices.

« L'œuvre est de telle envergure et aura de si grands retentissements sur la fortune de la France elle-même que les masses ouvrières ont été fortement impressionnées, et que deux Associations ouvrières, l'« Union des ouvriers de la maison Cliquet » de Falaise, et la « Bourse du travail indépendante de Lyon » ont apporté leurs souscriptions à l'Association cotonnière. C'est une sorte de conquête dont les coloniaux peuvent se féliciter.

« L'avenir du coton colonial paraît désormais assuré. »

La question des **Barrages du Niger** est ensuite mise en discussion. M. Bourdarie donne à ce sujet quelques indications intéressantes :

Le problème posé, dit-il, se résume à construire sur le Niger, en un point à déterminer (les environs de Tossaye, par exemple), un barrage à haut niveau qui, sans interrompre la circulation sur le fleuve, permettrait d'emmagasiner en amont une quantité considérable d'eau provenant des crues du Djoliba. Ces eaux, refoulées dans l'Issa-Berr, permettraient une irrigation constante de la région ; le niveau de la retenue dans le pays de Macina, serait sensiblement celui des crues annuelles, de façon à ne pas détruire les agglomérations permanentes existant, tout en développant les surfaces cultivables et en facilitant la navigation sur le Niger. La capacité du réservoir formé serait d'environ 200 milliards de mètres cubes, s'étendant sur une superficie de 50.000 kilomètres carrés.

Ce chiffre correspond sensiblement à la crue annuelle du Djoliba. Cette quantité considérable d'eau se partagerait ainsi : 100 milliards comptés pour l'évaporation et l'écoulement à travers le barrage, afin d'assurer en aval un débit suffisant, indépendant de l'étiage ; 100 milliards pour les irrigations en amont du barrage

Le remplissage du bassin serait fait, une première fois, de façon que chaque année, à la crue, tout en faisant le plein du réservoir, il reste suffisamment d'eau pour permettre un écoulement constant et suffisant en aval. Ces 100 milliards de mètres cubes, prévus pour les irrigations, seraient écoulés dans le désert, soit vers Arrouan, soit vers le désert El-Djouf, et distribués par des canaux dans toute la zone qui s'étend au nord du Niger, entre l'extrémité occidentale du lac Faguibine et Tossaye. La silimitude du climat nigérien avec le climat nilotique permet d'espérer que les cultures seront identiques et aussi rémunératrices avec une irrigation rationnelle.

M. Bourdarie établit ensuite la dépense en eau à l'hectare pour le riz, le coton, la canne à sucre et les céréales, et arrive à la conclusion suivante : que cette immense réserve d'eau pourrait donner à la culture 4 millions d'hectares de terrains désertiques ; puis, entrant dans les considérations de rendement à l'hectare, en s'appuyant sur les données connues, il démontre que la culture du coton, qui intéresse si vivement le monde colonial à l'heure actuelle, ne peut être avantageuse et même vitale que par des irrigations bien comprises et analogues à celles faites en Egypte. M. Bourdarie présente ensuite les moyens d'établissement de ce barrage en plein centre africain, les travaux accessoires de communications à établir avec l'Europe pour l'exécution des travaux, et enfin, dans un détail très étudié des prix de revient, donne un prix approximatif de l'œuvre d'environ 68 millions, chiffre supérieur à celui du barrage d'Assouan, construit dernièrement sur le Nil et qui peut être très bien pris dans le cas actuel comme comparaison.

La période d'exploitation est également indiquée dans ses grandes lignes, et, toujours en s'appuyant sur les données que nous possédons des irrigations en pays tropical, M. Bourdarie démontre que l'exploitation rationnelle de seulement 200.000 hectares, irrigués et plantés en coton, serait rémunératrice pour les capitaux engagés, et avantageuse pour la colonie.

Il montre en terminant que, étant donné l'état de nos connaissances sur les régions considérées, il y a là une idée à examiner et peut-être un grand programme pour l'avenir et il pense que les chemins de fer transsahariens, qui ne paraissent actuellement à beaucoup qu'une nécessité politique, pourraient devenir, par la culture du centre africain, une nécessité économique.

Réunion du soir.

I. — Géographie générale et locale.

M. Guénot, délégué de la Société de Géographie de Toulouse, préside la réunion. Il a comme assesseurs MM. Vicenti Vera et Etienne Port.

M. Georges Blondel prend le premier la parole et traite des projets récents d'amélioration des voies navigables en Allemagne.

DES PROJETS RÉCENTS D'AMÉLIORATION DES VOIES NAVIGABLES EN ALLEMAGNE

Par M. Georges BLONDEL, professeur à l'Ecole des Hautes Etudes.

Messieurs,

La plupart d'entre vous se rappellent sans doute qu'au Congrès international de la marine marchande, qui s'est tenu à Paris pendant l'exposition de 1900, on a voté à l'unanimité le vœu suivant : « Considérant que la batellerie est l'auxiliaire indispensable du commerce, de l'industrie, de l'agriculture et, à un très haut degré, de la marine marchande et de la prospérité des ports — que d'autre part l'expérience a démontré que loin d'apporter aucun préjudice aux chemins de fer, l'augmentation du trafic de ces derniers est en progression constante partout où la batellerie est devenue prospère, le Congrès s'associe par ses vœux aux efforts qui sont faits par les gouvernements pour améliorer le réseau européen de la navigation intérieure. »

Ces efforts, ce n'est pas en France malheureusement qu'ils ont été les plus énergiques et les plus soutenus. Ici encore, nous pouvons chercher chez nos voisins des exemples et des leçons. L'Allemagne, notamment, est devenue plus que toute autre nation en Europe le pays des transports par eau. Elle tend à le devenir chaque jour davantage, malgré des conditions hydrographiques défectueuses dont elle a triomphé au prix de grands efforts et d'une persévérance qui ne s'est jamais ralentie.

J'ai déjà cherché, au congrès des Sociétés de géographie qui s'est tenu à Rouen en 1903, à vous donner une idée des résultats obtenus chez nos voisins en vous parlant des cours d'eau naturels et des améliorations qu'on leur a fait subir, des canaux par lesquels on a relié ces cours d'eau les uns avec les autres, et de l'organisation si remarquable de la batellerie.

Je me bornerai à dire aujourd'hui que les Allemands ne se contentent plus des succès qu'ils ont déjà obtenus. Le *Centralverein für die Hebung der Flusse und Kanalschiffahrt* déploie une grande activité pour créer des voies de navigation intérieure nouvelles.

La question la plus importante à résoudre est celle du *Mittelland Canal*. Il ne s'agit pas seulement de relier le Rhin à l'Elbe, mais encore à la Vistule et à l'Oder. Et c'est une dépense de près de 400 millions de marcs en perspective, qui doit se répartir sur une période de 15 ans!

Ce projet n'a pu encore aboutir, dans son ensemble, par suite de l'opposition du parti agrarien. Les agrariens ont obtenu d'importants relèvements des droits de douane. Et c'est grâce à eux que l'attention publique s'est concentrée sur les questions de politique commerciale qui ont, en effet, une importance capitale pour le nouvel empire.

Il importe cependant de noter que l'on est parvenu à se mettre à peu près d'accord sur quatre des cinq projets de loi déposés au Landtag. On a décidé : 1º la construction d'un canal du Rhin à Hanovre ; 2º d'importants travaux destinés à rendre accessible à des navires d'un fort tonnage la voie d'eau qui existe entre Berlin et Stettin ; 3º l'amélioration de la voie navigable entre l'Oder et la Vistule, ainsi que le cours de la Wartha ; 4º la canalisation de l'Oder depuis le confluent de la Neisse, de Glatz jusqu'à

Breslau. Les mémoires étendus qui ont été distribués aux députés avec des cartes excellentes, des croquis, des graphiques et des tableaux de tout genre à l'appui, mettent aussi en relief la bonne organisation commerciale des voies navigables en Allemagne. Après avoir créé de nouveaux instruments de prospérité économique, les Allemands ont tout fait pour en tirer le meilleur parti possible. En visitant les ports du Rhin, de l'Elbe, de l'Oder j'ai été frappé de la peine qu'ils se donnent pour souder le réseau des routes fluviales à celui des voies ferrées, et pour multiplier les places de transbordement. La collaboration intime et constante de la voie fluviale et du chemin de fer a eu une grande importance pour la prospérité économique de l'Allemagne. Son étude est propre à montrer la méthode avec laquelle on a poursuivi l'organisation commerciale des fleuves et des canaux.

Des millions ont été dépensés et le seront encore à Ruhrort, Duisbourg, Dusseldorf, Cologne, Coblentz, Mayence, Mannheim, Strasbourg. On vient d'achever à Urdingen, à quelques kilomètres de Crefeld, un port industriel et de transbordement de premier ordre. Déjà on s'attend à voir de nombreuses usines s'installer dans le voisinage immédiat des nouveaux bassins.

Le *Mittelland Canal* comportera une dizaine de places de transbordement dans le genre de celles qui viennent d'être organisées sur l'Oder, à Cosel, Neusalz et Maltich qui ont été aménagés en prévision d'un développement considérable.

De plus en plus aussi on se préoccupe de pourvoir ces places d'un outillage perfectionné : culbuteurs, grues à portiques, élévateurs, greniers, hangars, magasins de toute sorte.

L'effort remarquable, dont je ne puis que donner ici une idée, est complété par l'usage de tarifs spéciaux de transbordement *Umschlaztarife*. Les Allemands se servent de ces tarifs pour étendre vers la Suisse et l'Italie la zone d'influence de leurs ports du haut Rhin. C'est par la combinaison des tarifs de la batellerie et des chemins de fer que

Manheim, Francfort et plus récemment Strasbourg ont été mis à même de disputer le marché suisse à Marseille, à Gênes, à Trieste et que la voie du Rhin peut concurrencer les voies de l'Arlberg et du Saint-Gothard pour le transport des grains, du charbon, du pétrole, du coton, etc... Depuis 20 ans on a promulgué une dizaine de ces tarifs de transit qui sont devenus une arme de concurrence redoutable et élargissent considérablement la zone d'influence des places de commerce, l'aire de diffusion de certains produits. C'est grâce à eux, par exemple, que la houille allemande vient concurrencer, dans l'Italie septentrionale, les houilles de l'Angleterre, de la Belgique, de la France.

Cette organisation de la navigation intérieure, des ports fluviaux, des tarifs de transbordement a puissamment contribué à accroître l'activité des grands ports allemands, de Hambourg en particulier, qui *domine* comme place de commerce non seulement la plus grande partie de l'Allemagne mais une partie de l'Autriche.

Et il s'agit, pour accroître son champ d'action, de relier le Danube à l'Elbe et à l'Oder, à l'Elbe par la vallée de la Moldau, à l'Oder par celle de la Morawa. On parle même de relier le Danube au port de Trieste.

Plus j'étudie ces questions de transport, qui prennent une si grande place dans nos relations contemporaines, plus je constate que les Allemands comprennent et apprécient les services que les cours d'eau rendent à l'industrie et au commerce. C'est le long des fleuves et des canaux que l'industrie se développe le mieux. L'exemple que nous donne l'Allemagne à cet égard doit nous inciter à faire mieux, à nous dire que dans le ralentissement de notre vie commerciale il y a beaucoup de notre faute, à nous persuader que c'est par une amélioration des moyens de transport que nous devons chercher une diminution du prix de revient pour un grand nombre de nos produits.

**

Après M. Blondel, M. Yann-Morvran Goblet traite de l'Irlande au xixe siècle.

NOTE SUR LA SITUATION ÉCONOMIQUE DE L'IRLANDE AU XXe SIÈCLE

Communication présentée par M. Yann-Morvran GOBLET.
Examinateur à l'Institut Commercial de Paris
Membre de la Société de Géographie Commerciale de Paris.

Dans toute l'Europe, le xxe siècle naissant a assisté à de nombreux mouvements nationaux ; les petits peuples, opprimés par les grands états centralisateurs, ont secoué le joug impatiemment supporté, et nous assistons à une foule de renaissances encore à leur début et qui se transforment rapidement en une prospérité durable.

L'Europe centrale et orientale a été le théâtre de la plupart de ces mouvements nationaux ; mais, dans l'extrême ouest européen, une race noble et vigoureuse — qui n'avait jamais perdu conscience de sa valeur, mais qui se débattait depuis des siècles contre l'adversité — une race au brillant passé, au présent douloureux, s'est remise avec ardeur à la régénération de son pays.

Le mouvement néo-celtique est l'un des plus caractéristiques de l'heure présente : les cinq nations (les six en comptant Kerne, la Cornouailles britannique) travaillent en des plans différents, avec une même vigueur, à l'œuvre de renaissance. La Bretagne et l'Ecosse, dans leurs péninsules, le pays de Galles, dans ses montagnes, Man et l'Irlande, dans leurs îles, se sont mis avec une ardeur religieuse à cultiver de nouveau leurs langues jamais oubliées, bien que mises en interdit par les centralisateurs tyranniques de Paris ou de Londres ; la voix des bardes, soutenue par la harpe celtique, s'est élevée de nouveau, et notre antique nation s'est réveillée de sa longue somnolence.

Des économistes ont suivi les poètes. Les mouvements nationaux ont pris un caractère pratique ; on n'a pas cessé de chanter la beauté des landes et des lochs, la sauvage grandeur de l'océan breton et de la mer irlandaise. Mais on s'est aussi inquiété des ports qui pouvaient se développer sur nos rivages, des minéraux qui dormaient dans nos montagnes, des cultures qui enrichiraient nos campagnes, des industries qui prospéreraient dans nos villes. Les préoccupations d'ordre économique des initiateurs de la renaissance celtique sont un gage de réussite pour l'entreprise de rénovation ; partout nos lendemains sont ainsi assurés.

Mais, nulle part mieux qu'en Irlande, l'œuvre nécessaire n'a été sainement comprise, utilement conduite ; c'est pourquoi j'ai choisi entre toutes les nations celtiques — qui toutes me sont également chères — la nation irlandaise, pour montrer le développement harmonieux et parallèle de la vie intellectuelle celtique — œuvre des bardes et des dramaturges, et de la vie matérielle celtique, due aux économistes et aux industriels ; c'est pourquoi j'ai essayé d'exposer aussi nettement que possible le travail des Celtes d'à présent, en prenant pour exemple celui de l'une des premières parmi les cinq nations, en disant le labeur patriotique de l'Irlande.

*
* *

Il est assez difficile de faire un tableau de l'Irlande économique, faute de documents d'ensemble : « L'Irlande « économique, disait le regretté William P. Coyne, dans « la préface de l'excellent ouvrage *Ireland Agricultural* « *and Industrial*, l'Irlande économique est encore une « *Terra incognita* pour un trop grand nombre de personnes, « même parmi les Irlandais ». L'ouvrage cité a déjà contribué puissamment à éclairer la question, et la littérature économique de l'Irlande en gaélique et en anglais devient chaque jour plus substantielle et plus abondante.

Le mouvement économique irlandais a ceci de très remarquable — et de commun avec tous les mouvements celtiques — qu'il est à la fois pratique et idéaliste. Des brochures de vulgarisation agricole, par exemple, sont répandues dans le peuple : elles sont écrites dans la langue des ancêtres, dans la langue des bardes ; en même temps que le peuple irlandais cherche à édifier sa fortune, il travaille à élever son âme, dans un esprit gaélique, dans un esprit national. Le grand patriote irlandais Michael Davitt me disait à ce sujet, il y a deux ans : « Les mouvements gaéliques, intellectuel et économique, se tiennent étroitement, et leur connexité est bien faite pour donner aux étrangers — et surtout aux Français — une idée du noble caractère, de l'idéal intellectuel du peuple irlandais moderne. En Angleterre, les luttes politiques ont pour sujet le *prix de la nourriture* qui peut résulter de la modification des tarifs ; en Irlande, nos pensées sont plus hautes : les questions nationales, l'étude de la langue gaélique, notre idéal politique et social sont inséparables de la question économique ! »

Ainsi se présente l'économie politique interprétée par un esprit celtique et — dans le cas présent — irlandais. Le côté pratique n'est pas négligé pour cela, ainsi que le montrera la suite de cette note.

.*.

L'Irlande économique suggère immédiatement, même à ceux qui connaissent le moins les questions irlandaises, la pensée des Land Bills et de la lutte pour la terre, l'image terrifiante des évictions et des crimes agraires. La question agraire, voilà la base de la politique pure aussi bien que de la politique économique irlandaise.

La domination anglaise a réalisé en Irlande ce triste prodige de faire d'une île au sol fertile, au climat d'une douceur presque méditerranéenne, l'un des pays les plus pauvres du monde. Bien que l'Irlande soit essentiellement agricole, l'industrie et le commerce étaient destinés à y prospérer ; mais les industries irlandaises ayant été ruinées une à une par la jalousie britannique, le peuple d'Erin ne dut compter que sur la terre pour le faire vivre, ou plutôt pour l'empêcher de mourir de faim. Or, cette terre devenue anglaise fut louée à ses véritables propriétaires à des conditions telles qu'elle ne put les nourrir. Des siècles durant, les Irlandais ont lutté pour affermer ou racheter leur patrimoine à un taux équitable ; la fixation de la vente et le rachat des terres, voilà les deux éléments de cette question agraire, si importante qu'elle a pu, à certains moments, passer avant le Home Rule lui-même.

Tel est, fort résumé, le double problème à résoudre. Les Land Acts ont essayé avec plus ou moins de bonne foi, d'en donner la solution. Le dernier, celui de 1903, devait, au dire de ses auteurs, apporter la réponse définitive. Résultat de la conférence des landlords et des tenanciers et des projets de M. Wyndham, il s'occupe seulement de la vente des terres qui est la grosse question, le rêve des paysans irlandais. Il fixe le prix des terres d'après la valeur de leur rente légale, et ce prix est payable par annuités. L'Etat fait aux paysans l'avance du prix d'achat ; en outre, il donne aux landlords, pour les encourager à vendre, un bonus égal à trois années de fermage.

A Dublin, à la fin de 1903, alors qu'on ne savait pas encore ce que cet Act donnerait à l'usage, M. Barley, de la Land Commission, m'avait dit que l'Act aurait pour heureux effet de créer en Irlande une classe de petits propriétaires cultivant, semblable à celle qui existe chez nous et que tant de pays nous envient. M. Michael Davitt m'avait exprimé quelque confiance, mais à la condition expresse que l'Act fût appliqué par une administration nationale et honnête ; autrement dit, le Home Rule est indispensable à toute solution sérieuse, un Land Act n'étant qu'un outil dont le travail dépend de l'ouvrier qui le manie. Enfin, quelques paysans m'avaient dit : « Le Land Act ne servira à rien tant que nous n'aurons pas obtenu la vente obligatoire des terres et le gouvernement national de l'Irlande. »

Près de deux années ont passé depuis lors. Les propriétaires ont montré tant d'exigences et de mauvaise volonté que l'on est bien obligé de reconnaître que le Land Act a tout simplement été une loi de plus — et qu'il faudra bien en venir, un jour ou l'autre, au système de la vente obligatoire. Car la vraie solution de la question agraire — et par suite de la question de l'émigration et de la plupart des questions économiques irlandaises — peut se formuler ainsi : le sol au cultivateur. Or, nous sommes encore loin de là.

.˙.

Cependant, en dehors de la lutte politique nécessaire, on peut travailler dans le domaine économique à la préparation des temps meilleurs. L'Irlande a été si longtemps en état de crise que son peuple a pour ainsi dire désappris à être heureux : une situation normale pourrait, à première vue, lui sembler étrange. On a donc entrepris l'œuvre de l'éducation économique des masses irlandaises décimées par la misère et la fatale émigration.

Cette œuvre n'était pas facile ; comme dans tous les pays celtiques, comme dans notre France, si celtique, quoiqu'on puisse dire, l'esprit de parti est très développé en Irlande, et on n'y admet pas facilement la collaboration d'un adversaire politique, même pour une œuvre étrangère aux questions de partis. De là, vient peut-être l'opposition que certaines créations purement économiques ont rencontrée dans divers milieux. Je me garderai bien de rien trancher à cet égard : il est trop délicat d'entrer dans les querelles intérieures d'un pays, même (et peut-être surtout) quand il s'agit d'un pays cousin de sa propre patrie et pour lequel on a — comme c'est mon cas pour l'Irlande — la plus sincère et la plus vive sympathie. Je me bornerai donc à exposer rapidement l'œuvre d'éducation économique nationale dans ses principales manifestations.

Le « Department of Agriculture and technical instruction for Ireland » fut créé en 1899 sur l'initiative de sir Horace Plunkett ; c'est un véritable ministère irlandais de l'agriculture et de l'industrie. En outre, il s'occupe de toutes les questions de statistique et de sociologie concernant l'Irlande. Il encourage les initiatives privées, réunit les éléments nécessaires pour l'étude de l'économie irlandaise, sous la direction d'un conseil de l'agriculture qui constitue une sorte de représentation nationale professionnelle des agriculteurs irlandais.

Plaque apposée sur la maison natale
de Jules Garnier

Le Department ne descend pas dans tous les détails de l'organisation agricole de l'Irlande. Il laisse ce soin à l'*Irish Agricultural organisation society* — antérieure de cinq ans au Department — et qui a conservé la partie directement pratique de l'œuvre agricole. La Société enseigne aux paysans le « commerce agricole » (the business of farming). Ses agents parcourent l'Irlande, faisant des conférences, provoquant la formation de sociétés coopératives de production et de consommation, fondant des bandes coopératives (Raiffeisen), visitant les laiteries coopératives, les sociétés d'agriculteurs et d'éleveurs. Plusieurs fédérations ont été créées, et on a pu procurer aux agriculteurs des instruments perfectionnés, leur faire connaître les procédés d'exploitation modernes, améliorer les races de bestiaux et leur ouvrir des marchés nouveaux. La Société publie une revue agricole hebdomadaire, *The Irish Homestead*, qui tient les paysans au courant des choses agricoles.

Mais ce n'est pas encore suffisant. Il est des parties de l'Irlande du nord et de l'ouest où les tenures sont si petites, où la population est si pauvre et si dense que la loi commune ne saurait y être appliquée ; ce sont les districts *congestionnés* dont un bureau spécial, le Congested District Board, essaie d'atténuer la misère et de créer peu à peu l'indispensable outillage économique.

Une énumération, même très abrégée, serait incomplète si on omettait l'œuvre de la Gaelic League (Conuradh na Gaedhilge). Cependant, cette ligue n'a d'autre but que la conservation et l'extension de la langue irlandaise et on pourrait s'étonner de son influence dans le domaine économique. C'est justement là un phénomène propre au génie celtique de trouver ses inspirations les plus pratiques dans son idéal même, et de faire intervenir toujours son noble rêve dans la vie de tous les instants. La ligue gaélique enseigne l'irlandais, c'est vrai ; mais elle enseigne en même temps l'amour de la terre irlandaise, l'attachement au sol, le désir de le rendre prospère, et par là elle rend les plus grands services à l'agriculture et aux industries.

De plus, elle organise des conférences en langue nationale, des conférences où on enseigne mille choses utiles au cultivateur, à l'industriel et au commerçant. Et ces choses sont mieux entendues, étant écoutées avec respect, avec piété, pourrais-je dire, parce qu'elles sont dites dans la langue des ancêtres.

Un commissionnaire en machines agricoles américaines me disait un jour qu'il n'y avait rien à faire pour son industrie en Bretagne : « Avez-vous des catalogues en breton, avez-vous des voyageurs qui parlent la langue bretonne ? lui ai-je demandé. » Il m'avoua qu'il n'avait point songé à cela, malgré son esprit pratique d'Américain : ne lui avait-on pas dit à Paris que la langue celtique n'existe plus en France, alors qu'un million et demi de Bretons la parlent encore, la parleront toujours ? Je lui ai conseillé de se souvenir de l'existence de la langue bretonne s'il voulait convaincre les Bretons ; il l'a fait et il s'en trouve bien. Car on écoute toujours avec plus de bienveillance, surtout quand on est Celte, ce qui nous est dit dans cette langue maternelle que nous appelons la langue du cœur.

Voilà le secret de l'influence de la Conuradh na Gaedhilge sur toute la vie irlandaise ; voilà pourquoi nous la trouvons au premier rang dans l'œuvre sociale, agricole et industrielle ; voilà pourquoi aussi tout mouvement, pour être fécond en Irlande, doit être avant tout un mouvement national et celtique.

**

La rénovation des industries irlandaises n'est pas moins à l'ordre du jour que celle de l'agriculture. Je dis la rénovation, car l'industrie fut jadis florissante en Irlande, mais elle fut ruinée par l'Angleterre. M. Froude, un auteur qui serait plutôt partial en faveur de l'Angleterre, dit que « l'Angleterre a voulu rendre l'Irlande pauvre et « misérable parce qu'elle a pensé que c'était le meilleur « moyen pour l'empêcher de devenir gênante ».

L'élevage et l'agriculture s'étant vu fermer le marché britannique, l'Irlande avait travaillé ses laines elle-même.

Charles II interdit l'importation en Grande-Bretagne des lainages irlandais. Un statut de Georges II ruina la verrerie irlandaise. Les cotonnades irlandaises furent frappées d'un droit de 25 pour cent. Il fut un temps où toutes les toiles à voiles de la marine britannique venaient d'Irlande ; on mit sur la toile des droits prohibitifs.

Toute industrie étant ainsi devenue impossible à l'Irlande, la Grande-Bretagne n'eut plus à craindre sa concurrence et se développa économiquement ; puis, quand ses industries furent fortes, elle adopta le Free Trade. Pendant ce temps, l'Irlande était devenue, bon gré mal gré, un pays agricole et le Free Trade consomma sa ruine.

Aujourd'hui, les industries sont ruinées, les richesses minérales inexploitées, les chemins de fer accordent de meilleurs tarifs aux marchandises étrangères qu'à celles du pays ; les industries qui se fondent partout manquent encore de capitaux et de bras, les hommes du peuple étant pris par l'émigration et ceux de la bourgeoisie par les carrières libérales, qui exercent sur les Irlandais la même fâcheuse attraction que le fonctionnarisme sur nos compatriotes.

Trois industries seulement prospérèrent : ce sont la brasserie, à Dublin, la fabrication des toiles et la construction des navires, à Belfast, vivantes preuves de ce que peuvent faire les Irlandais quand par hasard ils ne voient pas tous leurs efforts systématiquement combattus.

D'ailleurs, on réagit partout, et la *Irish Industrial League* travaille utilement et courageusement. Elle a démontré que l'Irlande peut se suffire à elle-même et dressé une liste des articles fabriqués en Irlande ; il y en a plus de deux cents.

Mon confrère Griffiths du *United Irishman* me disait à ce sujet : « L'Irlande peut se lancer dans la grande indus-
« trie. Nous sommes pauvres en houille ? Si vous avez
« jamais descendu le cours du Shannon, ou erré dans nos
« campagnes, vous avez pu voir si la force hydraulique, si
« la houille blanche nous fait défaut. Et nos tourbières,
« nos bogs si méprisés, sont, tous les ingénieurs vous le

« diront, d'immenses réservoirs d'énergie électrique. Nous
« avons des produits agricoles en quantité, et de loin en
« loin des essais se font que le succès récompense : à
« Limerick, c'est le foin comprimé ; dans l'ouest, ce sont
« les conserves de viande de porc. Si nous étendons l'aire
« de la culture du lin, nous aurons bientôt dix, vingt
« Belfast.

« Nos tissages de laines ne demandent qu'à se multiplier ;
« dans les campagnes, on fait toujours des homespuns
« incomparables ; il fut un temps où nos tweeds ne se
« vendaient que sous une marque irlandaise ; aujourd'hui,
« les tweeds d'Ecosse se recommandent d'une étiquette
« irlandaise. Pourquoi toutes ces industries ne peuvent-
« elles se développer ? Connaissez-vous nos marbres, nos
« pierres à bâtir, nos ardoises, nos argiles à poterie, toutes
« les richesses inexploitées de nos mines et de nos carrières ?
« Non, n'est-ce pas ? Et je crois bien que même parmi mes
« compatriotes, il en est qui les ignorent. »

C'est cette indifférence, c'est cette ignorance que verra
disparaître le xxe siècle. L'Irlande, ayant pris conscience
des richesses qui dorment chez elle, pourra reparaître enfin
au rang qui lui convient parmi les nations industrielles.
L'Exposition nationale de Dublin nous montrera sans doute
bientôt les résultats obtenus.

Aujourd'hui, l'œuvre de la renaissance des industries
irlandaises est double. D'une part, il faut développer la
consommation des produits indigènes et étendre le marché
national en vendant à meilleur compte ; en même temps, il
faut restreindre l'émigration — émigration des hommes et
émigration des capitaux — afin d'avoir de bons ouvriers et
des usines bien installées ; le développement de la main-
d'œuvre et de la production et celui de la clientèle s'opére-
ront de la sorte simultanément.

*
* *

Je n'ai pu que passer très hâtivement en revue les principaux points de mon sujet ; mais il me semble que je puis
maintenant essayer de formuler une conclusion.

La question agraire se résoudra nécessairement un jour au bénéfice des fermiers ; un jour, peut-être proche, viendra où les paysans d'Irlande recueilleront enfin le fruit de tant de siècles de luttes. Alors, une classe de petits propriétaires exploitants sera constituée, et le double fléau de la famine et de l'émigration diminuera jusqu'à disparaître. En même temps, les industries se développeront, grâce à l'énergie et au patriotisme admirables des Irlandais.

Cette énergie, ce patriotisme se retrouvent partout, jusque dans les annonces des journaux irlandais, qui, presque toutes, commencent par rappeler aux lecteurs qu'il faut encourager les industries nationales. Et les journaux patriotes, non seulement signalent au fur et à mesure toutes les tentatives faites pour le relèvement des industries, mais encore dénoncent avec la plus grande énergie tous les coups qui leur sont portés, et même les simples « négligences » commises à leur égard par ceux qui ont employé des produits étrangers alors qu'ils auraient facilement trouvé des marchandises nationales similaires.

Tel est le caractère national de l'œuvre du relèvement économique de l'Irlande. Ce mouvement est certes l'un des plus intéressants qui soient, car il a pour promoteur un peuple tout entier, et il englobe toute la vie de ce peuple. Un esprit pratique mais aussi une âme élevée y président, et on ne peut mieux conclure ce rapide exposé que par ces lignes que m'écrivait M. Michael Davitt : « L'Irlande considère que l'enseignement supérieur, l'étude de son ancienne littérature, la conservation de sa vieille langue celtique, sont, aussi bien que le gouvernement national, que la réforme définitive du régime agraire et que la résurrection de ses industries, les objets principaux de l'action politique et du devoir public. Ces trois mouvements (1) la conduiront à la fois vers une vie nationale, intellectuelle, sociale et économique plus élevée, qui la préparera pour le triomphe final, pour le Home Rule. » Ce sera l'œuvre de

---

(1) Renaissance gaélique, intellectuelle et économique.

l'Irlande au xx° siècle. Déjà le siècle est commencé et l'œuvre est en bonne voie.

*
* *

Cette très intéressante réunion se continue par une communication de M. Schuehmacher, maître répétiteur au lycée de Saint-Etienne.

DU PROJET D'ÉDITION DE GUIDES SPÉCIAUX OU DE RECUEILS DE RENSEIGNEMENTS SUR LES PAYS ÉTRANGERS. — PLAN D'UN GUIDE PRATIQUE POUR L'ALLEMAGNE.

RÉSUMÉ DU CHAPITRE AYANT TRAIT A L'ORGANISATION COMMERCIALE ALLEMANDE

Par M. SCHUEHMACHER, maître répétiteur au lycée de Saint-Etienne.

L'objet de cette petite communication serait d'attirer l'attention du Congrès sur l'utilité qu'il y aurait pour nous, Français, à créer des guides pratiques pour les pays étrangers ou des recueils de renseignements de toute nature se rapportant aux sujets les plus intéressants et les plus utiles à connaître concernant les autres peuples.

Je donne plus loin l'analyse d'un guide pratique de ce genre dans lequel j'ai surtout étudié les pays de langue allemande ; le plan de cet ouvrage pourra servir pour les autres pays.

Ce guide serait d'un genre tout nouveau et contribuerait à combler une véritable lacune dans la littérature de voyage. En effet, les Bœdeker, les Joanne, pour ne citer que les principaux auteurs, quoique parfaits dans leur genre, n'ont guère songé qu'à une catégorie spéciale de voyageurs privilégiés, aux touristes amateurs qui sèment leur or, sans profit aucun dans les villégiatures en vogue ou qui, sur la foi des prospectus et de la réclame, visitent les stations balnéaires ou les sites à la mode, sans se préoccuper de tirer un parti quelconque de leur séjour à l'étranger.

Ces guides sont en outre exclusivement géographiques et par suite de nature trop spéciale pour répondre aux besoins des différentes personnes que leurs affaires, leurs intérêts ou leurs études et non uniquement le goût des voyages appellent dans les pays étrangers.

Au contraire, c'est aux voyageurs qui veulent s'instruire, pénétrer la vie intime des peuples étrangers, en étudier la langue, les mœurs, les coutumes et les institutions que ce livre s'adressera spécialement.

L'étranger isolé dans un pays, où tout est nouveau pour lui, éprouve le désir assez naturel de se renseigner sur tout ce qui l'entoure. S'il est écolier ou étudiant, par exemple, il lui sera de la plus grande utilité de connaître les programmes, les cours et la nature des établissements d'enseignement étrangers ; s'il est commerçant ou industriel, il voudra avoir un aperçu de l'organisation économique de ses rivaux ; enfin, s'il voyage dans le simple but de s'instruire, il sera curieux de connaître les questions à l'ordre du jour, traitées par les différents journaux, ainsi que la nuance et les tendances politiques et économiques de ces derniers.

Enfin, la douane, l'argent, le change, le tourisme, la vie matérielle, la vie politique, l'organisation générale du commerce et de l'industrie, etc., sont autant de sujets qu'il importe de connaître.

Parmi tous les sujets énumérés plus haut qui sont à traiter dans un guide du genre décrit précédemment, j'en prends spécialement un comme modèle, celui qui a le plus de rapport avec l'objet de notre réunion.

Pour ne pas abuser de vos instants, je ne vais donner, si vous le permettez, qu'une brève analyse de la première partie du chapitre VI de mon travail qui est, en quelque sorte, un tableau des institutions commerciales allemandes dignes d'être mentionnées, et dignes d'être proposées en modèle à l'Etat et aux particuliers français.

RÉSUMÉ DU CHAPITRE VI

Les Allemands n'ont pas atteint leur prospérité économique par le fait du hasard seul ; ils ont dû, au contraire, déployer de grands efforts et créer toute une organisation d'écoles, de sociétés, et d'institutions aux rouages multiples pour favoriser le commerce et l'industrie.

L'enseignement commercial, les écoles de perfectionnement. — La base de cette organisation est constituée en quelque sorte par les « Fortbildungsschulen » ou écoles de perfectionnement : ces écoles sont maintenant organisées dans l'Allemagne entière, en vertu d'une loi spéciale dite « Gewerbe ordnung ». Ce sont les jeunes gens sortis des écoles primaires qui les fréquentent. La fréquentation de ces écoles tend de plus en plus à devenir obligatoire dans les rares Etats de l'Allemagne où elle ne l'est pas encore.

Les patrons sont obligés, sous peine d'amende, de donner à leurs employés les loisirs nécessaires pour assister aux cours qui ont lieu le soir de 6 à 8, ou le matin de 7 à 9 heures et quelquefois même le dimanche matin, en dépit de l'opposition du clergé. On sait qu'en Allemagne, comme en Angleterre, le repos dominical est religieusement observé.

Les matières enseignées sont l'allemand, le calcul, la géométrie, le dessin pour les artisans ; les langues vivantes, la comptabilité, la géographie, le droit commercial, la sténodactylographie, etc., etc., pour les futurs commerçants. Les professeurs sont des ouvriers ou des commerçants habiles de la localité pour les matières spéciales ; les instituteurs complètent le cadre de ce personnel enseignant pour les connaissances générales. Ces écoles sont de quatre catégories différentes : rurales (les moins développées), commerciales, industrielles et corporatives, ces dernières entretenues par les corporations ou syndicats de petits patrons dont l'organisation est maintenant réglementée par l'Etat. Les patrons non syndiqués sont obligés de payer aussi leur quote-part des dépenses nécessitées par les institutions subventionnées par les corporations. Quand le bien public est en jeu, le gouvernement, en Allemagne, n'hésite pas, comme on le voit, à exercer une action quelque peu despotique sur les patrons qui ne comprennent pas leur intérêt de façon suffisante.

Nous serons également obligés d'en venir là en France si nous ne voulons pas rester inférieurs aux autres peuples dans la lutte économique.

L'enseignement pratique est extrêmement étendu et développé en Allemagne, grâce à cette base solide et incomparable formée par les cours ou écoles de perfectionnement annexés à toutes les écoles primaires des villes et des communes importantes, et d'où sortent par centaines de mille des recrues pour le commerce et l'industrie, formant l'armée d'artisans et de commis instruits qui travaille avec succès à la prospérité de l'empire allemand.

En France, nous n'avons rien de semblable, et à Saint-Etienne, en particulier, où l'enseignement technique industriel est suffisamment organisé, rien n'a été fait pour le développement de l'enseignement commercial, ou à peu près rien. En attendant la création d'une école pratique de commerce, placée sous le régime de la loi de 1902, il serait urgent de créer une école de perfectionnement pour le commerce. Quelques centaines de francs seulement seraient nécessaires pour créer les cours commerciaux indispensables, qui n'existent pas encore dans notre ville (1).

Si nous envisageons la situation générale en France, l'enseignement commercial pratique est encore l'apanage de la minorité, et l'enseignement supérieur n'est donné qu'à quelques centaines de jeunes gens privilégiés.

---

(1) Il serait facile de créer à peu de frais une petite école de perfectionnement commercial à Saint-Etienne, sur le modèle de celles de Crefeld, par exemple.
Une école publique ou privée quelconque prêterait volontiers ses locaux, les professeurs pris parmi les membres de l'enseignement pour les matières générales et parmi les commerçants, pour les matières spéciales, ne seraient pas difficiles à trouver. Nous avons l'intention de réaliser cet intéressant projet et nous profitons de l'occasion qui nous est offerte pour faire un chaleureux appel à tous les intéressés. Nous avons déjà pu réaliser une idée émise au Congrès en créant le club franco-étranger de Saint-Etienne; nous espérons que le projet précédent verra aussi le jour.

L'enseignement pratique post-scolaire, complément indispensable de l'apprentissage, le seul accessible à la masse des jeunes gens et par conséquent le seul vraiment démocratique et utile n'existe encore en France qu'à l'état embryonnaire. Beaucoup de villes et la plupart des communes n'ont ni cours, ni écoles, où l'apprenti, où le commis obligés dès l'âge de douze ou treize ans de gagner leur vie puissent néanmoins compléter les connaissances rudimentaires acquises à l'école primaire. Les grandes villes seules font exception à cette règle et encore les cours, surtout commerciaux, font presque partout défaut; élèves et professeurs se recrutent difficilement parce que nous ne sommes pas suffisamment convaincus, en France, que la science commerciale s'enseigne et s'apprend tout comme une autre science.

J'ai surtout insisté sur ce point de l'organisation allemande, parce que j'estime que c'est sur la fondation d'institutions de ce genre que doivent, à l'heure actuelle, se concentrer les efforts de ceux qui veulent le relèvement économique de notre pays. A mesure que ces cours populaires et pratiques se multiplieraient, l'opinion mieux éclairée se pénétrerait aussi de cette idée bienfaisante qu'il est préférable de diriger les jeunes gens vers les professions lucratives que vers le fonctionnarisme; sous ce rapport, l'éducation du public est encore entièrement à faire, comme sous le rapport de la conscience de l'utilité de l'enseignement commercial élémentaire et pratique.

Ecoles supérieures de commerce. — Des écoles supérieures de commerce allemandes, je ne dirai rien, car elles ne sont pas mieux organisées que les nôtres; elles ne sont surtout remarquables que par leur nombre et par la quantité prodigieuse d'élèves et d'auditeurs libres qui suivent leurs cours.

Le haut enseignement commercial est représenté par cinq « Handelshochschulen » ou écoles de hautes études commerciales. Ce sont de véritables facultés de commerce, qui ont pour objet, comme disent les statuts, de compléter l'instruction commerciale de la même façon que les universités complètent l'instruction générale.

En résumé, l'enseignement commercial allemand, par rapport au nôtre, est remarquablement organisé, surtout à sa base; nous avons, en effet, suivant une affirmation connue, commencé par le toit au lieu d'assurer les fondations.

Si nous avons un enseignement commercial supérieur assez bien organisé, nous n'avons, par contre, qu'un enseignement pratique élémentaire qui est à peine en voie de formation, et qu'on n'a pas encore mis à la portée du peuple.

En ce qui concerne Saint-Etienne, notamment, les étrangers sont étonnés d'apprendre que ce centre d'affaires important n'a pas encore son école pratique de commerce pour jeunes gens. Aussi, une des conséquences déplorables de cet état de choses, c'est que quantité de postes importants, surtout dans les maisons de commission, sont occupés par des étrangers instruits et versés dans la connaissance des langues.

Institutions commerciales. — Les institutions commerciales émanant soit de l'Etat, soit de l'initiative privée, sont des plus nombreuses; nous n'avons pas la prétention de les étudier toutes, nous ne mentionnerons donc, comme toujours, que celles qui offrent pour nous un réel intérêt, soit par le but qu'elles se proposent, soit par le rôle qu'elles jouent.

Ecoles de voyageurs de commerce. — Au nombre des créations les plus heureuses de l'initiative privée, signalons d'abord les « Ecoles de voyageurs de commerce », fondées par l'Union commerciale de Hambourg et de Leipzig. Dans ces établissements, les voyageurs, ces auxiliaires indispensables du commerce moderne, apprennent les procédés des industries qu'ils représenteront, les habitudes et les usages des pays qu'ils auront à parcourir, les langues étrangères, etc. Parmi les plus habiles et les plus instruits de ces commis, on recrutera même des agents consulaires. Ce fait de recruter le personnel diplomatique parmi de simples commis-voyageurs nous paraît quelque peu étrange à nous autres, Français, pourtant si imbus de sentiments démocratiques, du moins en apparence (1) !

Creditreform. — Au nombre des autres institutions, nommons encore la « Creditreform » ou Association mutuelle de renseignements commerciaux qui renseigne les commerçants sur le crédit à accorder à leurs clients du monde entier. Les négociants peuvent ainsi opérer à coup sûr, et depuis l'existence de cette institution, véritable police secrète du commerce, les pertes ont été considérablement réduites.

La foire de Leipzig. — Ensuite, une des plus belles créations des associations de commerçants et des Chambres de Commerce est la grande foire de Leipzig.

L'Allemagne, avec ses assises du commerce moderne, a fait revivre ces grandes foires du moyen âge, où se rendaient tous les marchands de l'Europe, et dont quelques-unes, comme celle de Beaucaire, eurent une réputation universelle.

Les Allemands, dédaignant à juste titre les grandes expositions, qui offrent plus d'inconvénients que d'avantages, organisèrent donc, dans cette ville de Leipzig, autour de laquelle se livrèrent, il y aura bientôt un siècle, les plus sanglantes batailles des temps modernes, ce grand tournoi pacifique du commerce allemand, et même, on peut le dire, mondial, dont l'importance semble échapper encore à nos négociants.

Cette foire se tient chaque année aux environs de Pâques et en automne, dans les premiers jours d'octobre ; la première est seule vraiment intéressante.

Durant des semaines entières, Leipzig offre un spectacle

---

(1) M. Valladaud a fait au Congrès une communication au sujet de la création d'une école de ce genre à Saint-Etienne.

curieux ; la ville est transformée en un vaste bazar ; les rues et les maisons sont tapissées d'enseignes et d'avis divers dans toutes les langues. On voit des marchandises du monde entier que le gouvernement, pour les attirer, exempte des droits de douane.

La foire occupe une surface de 54.000 mètres carrés qu'il est question d'étendre encore. Il y a eu, en 1904, 30.000 exposants dont 10 Français seulement et 8.000 acheteurs. Cependant, cette année-ci (1905), grâce aux efforts du Comité parisien, 3, rue Martel, de la foire de Leipzig, le nombre des exposants de notre nationalité a triplé (1).

Cette foire, comme presque tout ce qui se fait chez nos voisins, est organisée méthodiquement ; elle a son administration, ses publications, ses journaux et édite un annuaire spécial, tiré à dix mille exemplaires distribués partout.

Cette publication est divisée en trois tomes ; le premier contient la céramique, la verrerie, les objets en métal et la bimbeloterie ; le deuxième, les cuirs et les articles de fumeurs, la brosserie et la vannerie ; le troisième, les textiles. On peut consulter, dans les bibliothèques des principales Chambres de Commerce françaises, ce véritable catalogue du commerce moderne.

MUSÉES PRATIQUES DE COMMERCE ET D'INDUSTRIE
(KUNSTGEWERBEMUSEEN)

Musées pratiques de commerce. — A la suite de la foire, nous citerons une institution qui a une certaine analogie avec elle, c'est le Kunstgewerbemuseum ou musée pratique de Commerce et d'Industrie. Ces musées, qui seraient mieux nommés « magasins », car on y fait des opérations commerciales, se divisent en trois parties, la première est pour les produits du pays ; la deuxième, pour ceux de l'étranger, avec tous les renseignements nécessaires, prix,

---

(1) Renseignement communiqué à la séance du Congrès par M. Blondel.

origine, mode de fabrication ; la troisième est une bibliothèque technique ou même, comme à Stuttgart, un laboratoire où viennent travailler les particuliers.

Ces musées spéciaux constituent pour ainsi dire les arsenaux de la guerre économique que livre l'Allemagne aux autres pays. Ils ont été créés par les deux cents « Kunstgewerbevereine » et les nombreuses associations de négociants pour les arts industriels et le commerce (1).

Kùnstgewerbevereine ou Association de commerce, d'art et d'industrie. — Ces Sociétés vivantes et prospères ont été formées dans le but de favoriser et d'augmenter l'activité industrielle et commerciale, de développer la production et la fabrication au point de vue de la beauté des formes et de rendre accessibles au monde du travail les ressources de l'art et de la science. Ces associations sont fédérées ; elles organisent des congrès, des excursions, des conférences, envoient des délégués aux expositions, éditent des revues, des annuaires, des catalogues, font des prêts de modèles, organisent même sur des bateaux disposés *ad hoc* des expositions flottantes qui ont le plus grand succès.

Nos commerçants français pourraient, de leur propre initiative et avec leurs seules ressources, s'engager résolument dans cette voie et créer des musées de commerce semblables aux musées allemands. Nos beaux rubans de Saint-Etienne auraient partout, j'en suis certain, un succès de bon aloi ! Nos deux cents fabricants pourraient aisément tenter quelque chose dans cette voie féconde.

SOCIÉTÉS COMMERCIALES ALLEMANDES

L'esprit d'association de nos voisins, qu'on ne saurait assez vanter et assez proposer en exemple à nos compatriotes les a encore incités à fonder une foule de Sociétés commer-

---

(1) Le syndicat d'initiative de Saint-Etienne aurait l'intention de fonder dans notre ville un musée analogue aux musées allemands décrits plus haut.

ciales, dont le rôle, moins apparent que celui des institutions précédemment énumérées, est cependant des plus importants.

Il est impossible de les citer toutes dans un opuscule de ce genre ; je me bornerai à énumérer quelques œuvres et quelques Sociétés, dont le rôle économique a été prépondérant au delà du Rhin, ou qui ont acquis, grâce à des circonstances spéciales, une importance particulière.

SOCIÉTÉS D'UTILITÉ GÉNÉRALE

L'institution qui forme le couronnement de toute l'organisation commerciale allemande est le « Handelstag » ou Parlement du commerce, qui tient des sessions tous les deux ans à Berlin pour représenter les intérêts généraux du commerce et de l'industrie.

Dans l'intervalle des sessions, cette assemblée, véritable haute cour du commerce, constituée par la fédération de toutes les associations commerciales et des Chambres de Commerce, tient à Berlin un bureau permanent ou office central pour représenter les intérêts généraux du commerce et de l'industrie dans l'empire.

Des Chambres de Commerce allemandes, nous ne dirons qu'un mot : si leur organisation est identique à celle des Chambres françaises, elles ont sur ces dernières l'avantage du nombre, de l'influence, de l'autorité et disposent de revenus plus considérables.

Au nombre des principales associations commerciales dignes d'attirer l'attention, je citerai les suivantes :

L'Union centrale des commerçants et industriels allemands à Leipzig (*Centralverband deutscher Kaufleute und Gewerbetreibender*) qui a pour but de sauvegarder les intérêts économiques et de favoriser chez les patrons l'acquisition des connaissances professionnelles ; elle comptait en 1904, 17.000 adhérents ; l'Union pour les traités de commerce (*Handelsvertrags-Verein*), 40.000 membres, à Berlin, qui a pour but de défendre la politique douanière et commerciale actuelle contre les attaques dirigées par les agrariens protectionnistes à outrance qui sont les « Mélinistes » de l'Allemagne.

La lutte fut vive entre les deux camps, et les journaux d'outre-Rhin retentirent du bruit de leurs querelles passionnées. Depuis que l'Allemagne est devenue définitivement un Etat industriel et commercial, d'agricole qu'il était auparavant, l'influence des agrariens tend de plus en plus à décroître ; les dernières élections législatives leur ont infligé une véritable défaite au profit des catholiques (Centrums Partei) et surtout des socialistes.

D'autres Sociétés, comme l'Union des Négociants de Berlin, avec 12.000 membres, prêtent leur appui à la précédente. Nous ne citerons qu'en passant l'Union coloniale allemande dont le titre indique le but ; elle compte 32.000 adhérents. Cette Société a fortement contribué à créer un empire colonial allemand qui n'existait pas avant 1870 et qui compte déjà des possessions ayant en superficie six ou sept fois l'étendue de la France et que les Allemands rêvent encore d'agrandir !

Union nautique (Flotten-Verein). — Mais une des plus intéressantes associations dont le rôle est fort peu connu en France est certainement « l'Union nautique allemande » « Flotten-Verein » (1), qui compte plus de 600.000 adhérents et qui tire, à des milliers d'exemplaires, un journal illustré intitulé « la Flotte », des brochures où la vie maritime est dépeinte sous les plus riantes couleurs, et même un livre de chansons où les charmes de la mer sont mis en paroles et en musique. Cette Union est, comme on le voit, une véritable œuvre de propagation de la foi maritime.

Grâce à son influence, l'empereur a pu obtenir du Parlement les gros sacrifices qu'il exigeait pour la flotte allemande.

En résumé, dans toutes les branches de l'activité économique, les efforts des partisans du progrès ont été secondés

---

(1) La ligue navale française, de fondation récente, compte à peine 4.000 membres.

Cliché Verron.

Le Monument Francis Garnier

en Allemagne par de nombreuses et utiles Sociétés qui sont venues de toutes parts apporter leur contribution à la prospérité commune, dans aucun autre pays on n'a mieux mis en pratique le dicton familier: « Aide-toi, le ciel t'aidera. »

Conclusion

Notre petit exposé ne serait pas complet si nous ne tentions pas de dégager les traits caractéristiques de toute cette organisation et les enseignements qui en découlent pour nous Français.

Tout d'abord, il faut noter la quantité prodigieuse d'écoles pratiques qui prospèrent sur le territoire de l'empire, et le nombre considérable de leurs élèves que l'obligation ou simplement la conscience de l'utilité pratique de leur enseignement y amène. Bon nombre d'auditeurs libres, ce qui contribue encore à enfler les statistiques, viennent également suivre certains cours des écoles supérieures.

Il faut ensuite mettre en évidence le rôle considérable de l'initiative privée unie à l'esprit d'association si vivace chez les Allemands et auxquels on doit toutes les institutions analysées sommairement dans ce petit aperçu et enfin le rôle considérable de l'Etat qui a énergiquement secondé les efforts des particuliers, en créant, en remaniant et en subventionnant les cours et les écoles, en rendant l'enseignement pratique obligatoire, en réorganisant les corporations et en promulguant tout un ensemble de lois (Gewerbe ordnung) qui feront époque dans l'histoire économique de l'empire.

Par suite de ces dispositions, on peut affirmer que les Allemands de toutes les conditions sont enrégimentés dans les écoles pratiques comme ils le sont dans les casernes. Il s'y prépare une guerre sans fusils et sans canons, bien plus redoutable que n'importe quelle autre.

Au cours de cette lutte d'un nouveau genre, ceux-là seuls seront vainqueurs qui auront su grouper et unir leurs efforts et rallier le drapeau qui ne peut aller à la victoire s'il n'est pas suivi de légions d'hommes unis, résolus et conscients des nécessités inéluctables de l'heure présente. Plus que jamais, nous devons méditer le mot de la Bible « Vae soli », malheur à celui qui est seul ! »

.

Enfin, M. Valladaud, le secrétaire de la Section stéphanoise, expose son projet tendant à la création d'écoles de voyageurs de commerce.

ÉCOLES PRATIQUES DU COMMERCE EXTÉREUR

LEUR ORGANISATION, CE QU'ELLES DOIVENT ÊTRE

Par M. H. VALLADAUD, conseiller du Commerce extérieur.

Le plus grand titre de gloire de la Société de Géographie commerciale est peut-être d'avoir préconisé ce grand mouvement d'expansion commerciale et coloniale qui entraîne aujourd'hui toutes les nations européennes à chercher la meilleure méthode d'enseignement commercial.

En ce qui concerne notre pays, des hommes versés dans les questions d'éducation ont fait au système scolaire français le reproche de s'être jusqu'à présent préoccupé d'ouvrir les intelligences sans songer à leur adaptation. On a cru, disent-ils en substance, qu'il était du domaine de l'école de faire de l'instruction sans tenir compte du milieu et sans songer à ce que l'enfant fera plus tard.

Aussi, partant de considérations idéales, on a pris ses exemples dans le passé et appuyé le système de l'enseignement sur l'étude de l'antiquité.

Sans discuter le bien et le mal d'une telle conception, voyons les résultats. Le principe du passé dominant tout dans la pratique des cours, on a étudié les Grecs et les Latins, disséqué leur histoire, admiré leurs poètes, disserté sur leurs actions, leurs mœurs, leurs religions.

Pendant que l'on passait ainsi de longues années à discuter Sénèque ou à commenter César, le XIXe siècle faisait sa révolution scientifique et industrielle. Des usines se construisaient, des produits nouveaux se fabriquaient; la lutte pour la vie devenait plus intense et plus âpre et les classes restaient des cloîtres à l'abri du mouvement du monde.

Une des conséquences de l'exagération de ce système a été la suivante : les mieux doués parmi les écoliers ont poussé aussi loin qu'ils ont pu leurs études désintéressées ; la course au diplôme a commencé ; ceux qui ont paru les moins aptes à ce genre de sport se sont rabattus à regret sur le commerce, l'industrie ou l'agriculture ; car se lancer dans cette voie, c'était presque une déchéance. C'était en tout cas un pis aller, un refuge de désespéré. Plus de 80 % de la population scolaire s'est ainsi trouvée obligée de prendre, malgré elle, une direction pour laquelle elle n'était pas préparée.

Alors tout était à recommencer : l'apprentissage, qui aurait dû être fait en partie dès l'école, a commencé après.

Heureusement, ces jeunes gens se sont trouvés très souvent pourvus des réelles qualités qui déterminent le succès dans la vie.

Les meilleurs parmi les vaincus ont réussi dans leur second apprentissage. Percevant clairement, à cause de leur intelligence même, la direction qu'ils devaient suivre, ils ne sont pas rebutés devant les difficultés et ont acquis peu à peu les moyens de les réduire en suivant les cours d'une école meilleure : l'atelier, l'usine, le magasin.

Eh bien, c'est cette erreur d'aiguillage que l'on cherche à éviter depuis déjà quelques années. On a enfin compris, devant les dangers qui menacent l'expansion française, que la culture littéraire n'est pas la seule et unique forme du développement intellectuel, qu'elle n'est pas toujours la plus utile. D'autres facteurs que l'on ignore, que l'on dédaigne entrent en ligne de compte, la vie le prouve.

Des hommes éminents, Maurice Schwob, Emile Faguet, Jules Lemaître, Charles Gauthiot, Georges Blondel, etc., etc., ont cherché depuis de longues années à faire comprendre que la vie sociale se transforme, qu'elle ne repose plus exclusivement sur l'étude des langues, de la grammaire, de la rhétorique visant à donner avant tout une souplesse élégante à l'esprit, à faire ce que l'on appelait *l'honnête homme.*

Notre civilisation devient de plus industrielle et scientifique. Il faut former des ingénieurs, des médecins, des pharmaciens, des commerçants, des industriels, des explorateurs, des mécaniciens, des voyageurs de commerce. A quoi servent pour cela les longues années consacrées à ânonner les langues mortes ?

En un mot, le temps est passé où « le fabricant de moutarde doit être taillé sur le même patron que le futur ministre, où nos établissements d'enseignement ressemblaient à des arbres auxquels on demandait de produire à la foi des amandes et des prunes, des cerises et des coings. »

Il faut donc réunir toutes les énergies, toutes les bonnes volontés pour donner à cette grande quantité de jeunes gens que les carrières libérales ne tentent pas — *la France de demain* — le moyen de porter au loin les produits que fabrique l'innombrable armée ouvrière de notre pays.

Il faut pour cela créer des écoles où le fils du petit bourgeois, de l'employé, de l'ouvrier, trouvera et acquerra une instruction moderne, solide, pratique, basée sur la raison.

Ces écoles ne prétendront pas jeter dans la vie complètement armé, mais *mieux* armé. Il restera à l'élève, après son séjour sur les bancs, beaucoup à faire et la meilleure école sera toujours pour lui l'école de la réalité ; mais, au moins, il n'aura pas, en entrant dans l'usine et le magasin, à brûler ce qu'il a adoré et à recommencer sa vie. Il s'appuiera, au contraire, sur ce qu'il aura appris pour marcher de l'avant ; il poursuivra sa route au lieu d'en prendre une opposée ; il marchera plus vite étant déjà entraîné, plus droit parce que sa direction sera tracée.

On comprendra donc toute l'utilité de l'enseignement pratique ; son domaine est vaste, puisqu'il s'étend à la préparation de la vie productive. Il est très limité pourtant puisqu'il ne peut avoir, en aucune façon, la prétention de faire des fonctionnaires ni celle d'empiéter sur le domaine dé l'enseignement secondaire dont la mission est de préparer aux carrières libérales.

Pourtant, si l'enseignement est la préparation de la vie pratique, il doit s'inspirer de cette vie même, en suivre les modifications, le progrès et s'adapter à ses exigences.

Il ne faut pas oublier qu'en ces dernières années une révolution économique dont on ne peut encore mesurer les effets a bouleversé la situation respective des puissances de l'Europe centrale.

Ce n'est plus seulement avec l'Angleterre qu'il nous faut compter sur les marchés du monde : l'Allemagne, les Etats-Unis, l'Italie, la Belgique, le Japon, et demain la Chine elle-même, seront dans la lice.

Devant ces rivaux inattendus, il y a eu d'abord quelques surprises chez nous. Notre pays, fort heureusement, n'a pas tardé à se ressaisir ; après être demeuré quelque temps immobile dans le champ clos des intérêts, il a pris résolument l'offensive (1).

Et il a pensé, avec juste raison, que nous avions fait jusqu'à ce jour fausse route ; que nos écoles de Commerce ne répondaient plus aux besoins généraux du marché économique ; que de ces écoles sort chaque année un brillant état-major de diplômés destinés à devenir chefs de maison, administrateurs de sociétés ou fonctionnaires de haut grade, mais point de voyageurs pour lutter sur les marchés lointains contre la concurrence étrangère.

La chose s'expliquait d'elle-même ; les jeunes gens qui, jusqu'à ce jour, allaient dans ces écoles (ou tout au moins une grande partie de leurs élèves) étaient des fils de la bourgeoisie qui ne voyaient là qu'une façon d'obtenir une dispense pour le service militaire. La loi nouvelle de deux ans éloignera certainement, jusqu'à nouvel ordre, cette catégorie de jeunes gens ; le recrutement de ces écoles sera plus difficile, jusqu'au moment où l'on comprendra qu'il faut faire appel

---

(1) Après les Congrès de 1900 et sous la pression du monde commercial, le programme des lycées a été transformé ; celui de l'enseignement moderne donne déjà aux jeunes gens des notions plus exactes de ce que doit être la vie économique d'un pays comme la France.

à la grande réserve populaire, à ces fils d'ouvriers et de petits commerçants qui s'occupaient dans le magasin et dans l'atelier de leurs parents et qui, aujourd'hui, pour des raisons nouvelles (évolution commerciale d'un côté, développement du machinisme de l'autre), s'occuperont de placer, comme voyageur de commerce, les produits fabriqués dans l'atelier paternel. Autrefois, il fallait à chaque métier, à chaque machine-outil un ouvrier, cet ouvrier devait tout faire par lui-même ; aujourd'hui, un ouvrier surveille plusieurs métiers et la machine-outil conduite par un seul homme produit bien souvent autant que dix ouvriers de l'ancien temps.

Dès leur sortie de l'école primaire (école où ils auraient été déjà préparés par l'enseignement bien compris de l'histoire et de la géographie commerciale), il faudrait aiguiller ces jeunes gens, qui n'ont plus désormais place à à l'atelier, vers les écoles de Commerce établies dans la région commerciale où habite l'écolier.

L'enseignement de cette école de Commerce devrait être à deux degrés, divisés comme suit :

Deux années en France dans une école de Commerce, une année à l'étranger dans une école supérieure pratique de Commerce extérieur.

Ces écoles, dont nous donnons le programme à la fin de cette étude, seront la pépinière des futurs voyageurs de commerce.

Leur fonctionnement sera assuré par les subventions de l'Etat, des Chambres de Commerce françaises et par toutes les organisations qui touchent de près ou de loin au commerce d'exportation.

Si nous comprenons nos devoirs, si, une fois pour toutes, nous voulons entrer dans le domaine des réalisations pratiques, avant dix ans nous aurons là une réserve d'énergies inépuisable, nous serons outillés pour franchir tous les obstacles. Nous pourrons montrer encore une fois que notre vieille race française a toujours les qualités de hardiesse et de ténacité qui ont fait autrefois sa force ; que son labeur présent et son énergie commerciale, en recevant une nouvelle impulsion, surmonteront toutes les difficultés et, avant peu, nous aurons reconquis la place économique qui nous est due dans le monde par la science, par le commerce et par la paix.

Nous demandons depuis de longues années que l'éducation commerciale commence dès l'école primaire ; nous avons toujours pensé, en effet, que l'on pouvait donner à l'enfant (surtout en histoire et en géographie) des notions plus exactes des choses ; en un mot, ne pas se contenter de lui apprendre les faits principaux et les départements avec leurs chefs-lieux et sous-préfectures, mais aussi l'histoire de ces départements (en commençant par le département habité par l'élève) en indiquant les productions, les importations et les exportations de chacun d'eux. Depuis quelques années des inspecteurs primaires avisés et des instituteurs prévoyants ont fait une large part à cet enseignement, mais il faudrait aller plus loin ; cet enseignement doit être considéré comme un essai, il faudrait en haut lieu encourager ces initiatives et en procurer la généralisation.

M. Devignol, à l'école primaire supérieure de Saint-Etienne a, depuis plusieurs années, créé une section commerciale, 42 élèves y sont inscrits et les cours ont une durée de deux années. La géographie commerciale y tient une large place. Le professeur très distingué et très consciencieux qu'est M. Devignol a obtenu déjà de bons résultats. Les meilleurs élèves, tous les ans, accompagnés de leur professeur, font un voyage à l'étranger. Ce voyage est en partie payé par la ville de Saint-Etienne qui montre en cette occasion la part qu'elle prend à ces études pratiques.

Notre Société a créé des prix de Géographie commerciale dans cette école ainsi qu'au lycée.

Nous sommes heureux de constater aussi que nous nous trouvons en communion d'idées avec un industriel de haute valeur (1) qui dernièrement, dans un Congrès commercial, s'exprimait en ces termes :

(1) M. E. Rousselot, rapporteur général au Congrès du Commerce et de l'Industrie.

« La dénomination d'enseignement commercial ou
« industriel nous semble trop étroite et nous aurions
« préféré celle beaucoup plus générale d'enseignement
« pratique. La diversité des besoins, comme celle des
« aptitudes, nécessite l'enseignement professionnel.

« L'unification de l'enseignement qui a pu être considérée
« comme un progrès est aujourd'hui l'erreur la plus lourde
« qu'il faut se hâter de réparer.

« Il en est de l'instruction élémentaire comme de l'instruc-
« tion supérieure. Elle doit être essentiellement spécialisée
« d'après les besoins et les aspirations. Nous entendons
« par là que, dès l'école primaire, à côté des notions géné-
« rales indispensables, il faut tenir compte des besoins de la
« région et des aspirations de l'élève, et créer les sections
« professionnelles qui s'imposent. Cette division aura
« toute l'élasticité désirable, il est évident que dans les
« petites communes on ne pourra donner qu'un enseigne-
« ment professionnel, celui qui représente la principale
« industrie du pays : agricole, dans nos pays de culture,
« maritime, sur notre littoral ; mais, aussitôt que l'impor-
« tance de la commune le permet, la subdivision peut
« s'élargir.

« N'est-il pas, en effet, profondément illogique que l'ins-
« truction primaire soit strictement la même dans toute la
« France, alors que races, climats, besoins et aptitudes
« sont si divers ? Pourquoi ne pas canaliser et régulariser
« dès l'origine ces aspirations et énergies qui, pour repa-
« raître plus tard, devront éliminer le bagage inutile dont
« on les a surchargées et acquérir l'instruction profession-
« nelle qu'il eût été simple de leur donner à l'école commu-
« nale ?

« Combien d'élèves auront le temps ou le courage de
« recommencer, une fois sortis de l'école, des études régu-
« lières et profitables ? La minorité ! alors que tous
« devraient arriver dans leur profession avec des connais-
« sances particulières indispensables.

« Peuvent seuls les acquérir aujourd'hui les jeunes gens
« qui ne quittent l'école primaire que pour entrer dans une

« école spéciale; autrement dit, ceux qui ont les moyens
« de poursuivre des études à un âge où beaucoup sont
« dans l'obligation de commencer à gagner leur vie.

« C'est donc refuser aux enfants du peuple la possibilité
« de parvenir aux situations prépondérantes qu'ils sont en
« droit d'ambitionner.

« Cette nécessité de l'enseignement pratique s'impose
« à tel point que les législateurs ont décidé et d'en poursuivre
« la réalisation. Mais leur étude ne porte pas sur la
« réforme que nous préconisons. La tâche leur a peut-être
« semblé bien lourde de reconstituer sur de nouvelles
« bases un enseignement primaire qui a été si difficile à
« établir et à unifier, ils ont préféré demander à l'ins-
« truction post-scolaire cette éducation professionnelle dont
« nous avons tant besoin.

« Un projet de loi a été déposé, relatif à la réorganisa-
« tion de l'enseignement technique en France et à l'obliga-
« tion de l'enseignement post-scolaire professionnel.

« Ce projet s'est inspiré des législations actuellement en
« vigueur à l'étranger et il n'est pas douteux qu'il donnera
« chez nous des résultats aussi satisfaisants que chez nos
« voisins ».

L'étranger, en effet, a mieux compris que nous l'éducation de son armée commerciale. Nos voisins ont discerné que, dans la lutte pour la conquête du marché mondial, la victoire appartient, comme à la guerre, au parti qui compte les soldats les plus valeureux et les mieux entraînés, les forces le plus habilement distribuées, l'outillage le plus parfait, l'organisation la plus souple, le chef le mieux renseigné, le plus sage et à la fois le plus hardi.

Complétons ces observations en notant rapidement ce qui se passe chez nos concurrents étrangers.

Amérique. — Les Américains ont admis depuis longtemps que l'éducation de leur armée commerciale devait se faire depuis l'école primaire. Lors de l'enquête faite aux Etats-Unis par un certain nombre de délégués des *Trades Unions* anglaises, ceux-ci ont été frappés du plus long temps passé sur les bancs de l'école par les enfants des familles ouvrières américaines.

« Mon avis, a écrit le délégué des fileurs du Lancashire, est que, par le premier renseignement qu'il reçoit, le jeune Américain est mieux équipé que le jeune Anglais pour la lutte pour la vie. Les enfants des travailleurs américains restent à l'école jusqu'à quatorze, quinze ou seize ans, et, dans cette dernière période, les connaissances qu'ils acquièrent les mettent à même, dès leur entrée dans la vie, d'être utiles à eux-mêmes et à leur pays. Les enfants de la classe ouvrière anglaise abandonnent l'école beaucoup trop tôt. »

L'école américaine fournit la preuve que l'éducation pratique et technique peut et doit utilement commencer à la classe primaire, sans toutefois supprimer l'apprentissage ou l'enseignement professionnel proprement dit.

Suisse. — En Suisse, nos commerçants qui parcourent ce pays si intéressant et si pittoresque, ne manquent pas d'être frappés de la richesse de l'enseignement professionnel dans les différents cantons de la Confédération.

Un rapport de M. Clavel, directeur de l'école pratique de commerce et d'industrie de Nîmes, à la Chambre de Commerce de cette ville, exprime l'admiration pour le nombre et la valeur des établissements d'instruction professionnelle de Suisse, 270 établissements de garçons subventionnés par la Confédération, comprenant des écoles de métiers. En Suisse également, comme dans les Etats du nord d'Amérique, la fréquentation scolaire est obligatoire jusqu'à quatorze ans et même, dans quelques cantons (Zurich, par exemple), jusqu'à quinze ans. L'enseignement professionnel se prolonge ainsi, pour un certain nombre de jeunes gens, jusqu'à dix-huit ans ; il remplace l'apprentissage et donne des résultats des plus satisfaisants.

Les cours professionnels du jour ou du soir sont très répandus. La Confédération possède, pour les petites localités dépourvues de personnel et de ressources, des professeurs ambulants, appelés par nos voisins *itinérants*, qui vont de bourgade en bourgade, instruire les ouvriers, les employés, les apprentis. Ces derniers sont obligés de suivre les cours, de par la loi.

Italie. — En Italie l'instruction professionnelle est moins développée qu'en Suisse. mais son armée commerciale augmente pourtant tous les jours. La multitude d'Italiens qui sont en France ont, parmi eux, des gens qui possèdent le petit questionnaire suivant qui sert et servira aux voyageurs de commerce futurs :

1° *Caractères généraux du pays où vous séjournez*, au point de vue de la production de la consommation. Ressources naturelles de toute nature ; produits du sol et des mines ; manufactures et industries diverses en leur état actuel et par rapport à un plus grand développement industriel du fait de la participation des capitaux et de la main-d'œuvre italienne ; législation locale en matière de commerce et d'industrie, etc.

2° *Si vous êtes dans un port*, communications de la côte avec l'intérieur ; conditions de viabilité en général, chemins de fer, routes ordinaires, navigations intérieures, services des postes et télégraphes, coût des transports suivant les différents modes adoptés, sûreté des communications, etc.

3° *Navigation maritime* : Dans quelles conditions, par quels moyens, etc., par qui les lignes de navigation sont exploitées ; services des marchandises, des passagers et des valeurs ; nombre et régularité des escales ; si c'est le cas, ressources locales pour le mouvement des marchandises et des opérations commerciales en général, dépenses y afférentes.

4° *Ports et rades* : Situation naturelle des ports et ouvrages construits en vue de les améliorer ; services portuaires et leur coût.

5° *Echanges* : Importation et exportation pendant les les dernières années ; provenances et destinations des marchandises ; pavillons des navires qui ont transporté les marchandises, etc.

6° *Droits douaniers* : Leur régime en général; exemptions et privilèges, taxes locales, etc.

7° *Agents et représentants commerciaux, voyageurs de commerce* : Conditions dans lesquelles ils exercent leur profession, provisions usitées, etc.

8° *Population italienne résidante* : Emigrants établis ou résidant temporairement, classes sociales auxquelles ils appartiennent ; leurs professions et métiers, etc. Italiens employés dans les administrations publiques et dans les maisons de commerce, usines, agences, etc. Conditions générales des Italiens par rapport aux immigrants appartenant à d'autres nationalités, au point de vue des préférences locales, de l'estime dont ils jouissent et de la manière dont leur concours est apprécié.

Ce questionnaire se passe de commentaires, à nous d'en tirer l'enseignement qu'il comporte pour notre pays.

Belgique. — La Belgique possède une organisation commerciale technique complète qui enseigne aux élèves de l'école primaire les notions de géographie commerciale, coloniale, agricole, etc. Elle a créé dernièrement à Bruxelles une école de commerce pratique, dont les élèves iront ensuite se perfectioner à l'Université de Bruxelles.

Un ensemble de cours permettra aux élèves de se rendre compte des conditions techniques de la production, de l'utilisation des forces que l'industrie met en œuvre, de la préparation et du transport des produits, enfin de l'influence que la technique exerce sur les modes d'exploitation (grande et petite industrie, industrie à domicile ou en atelier, concentration des entreprises, groupements ou associations des producteurs : syndicats, trusts, etc.). Ce sera, en quelque sorte, la physiologie de l'industrie moderne, enseignement non moins indispensable aux futurs chefs d'industrie qu'aux transporteurs, aux agents commerciaux et surtout aux hommes de finances, ainsi qu'aux voyageurs de commerce qui, eux aussi, doivent avoir une éducation commerciale parfaite pour lutter avec leurs rivaux américains, anglais et allemands.

La Belgique avait créé en 1876 un grade de licencié ès sciences commerciales pour donner une sanction aux études faites à l'Institut supérieur de commerce d'Anvers. Ce diplôme représente un ensemble d'études commerciales supérieures organisées aujourd'hui dans près de quatre universités du pays et dans six autres établissements d'instruction, sans compter l'Institut commercial des industriels du Hainaut, qui confère un diplôme spécial. En outre, le diplôme d'agent colonial s'obtient à l'Institut supérieur du commerce d'Anvers et le diplôme d'agent consulaire est délivré par les deux Universités de l'Etat, l'Université de Louvain, l'Institut supérieur d'Anvers, l'Ecole des Hautes Etudes de Liège et l'Ecole supérieure commerciale et consulaire de Mons.

On voit que l'enseignement commercial tient une large place dans les préoccupations de nos concurrents belges.

Allemagne. — Il existe en Allemagne un grand nombre d'écoles commerciales, fondées presque toutes par les villes, les Chambres de Commerce, les associations, à côté des écoles techniques fondées par l'Etat.

Une des plus remarquables écoles de commerce a été créée par la municipalité de Nuremberg. L'enseignement y dure six ans. Il comprend les langues vivantes, les mathématiques, la physique, la chimie, les sciences commerciales, la sténographie et la gymnastique.

L'Institut Gambitch, établissement privé, poursuit le même but.

Enfin, l'édifice de l'enseignement commercial est complété par des cours organisés par une puissante assosiation de négociants, la « Verein Merkur ». Ces cours comprennent tous les degrés. Les heures de leçons sont fixées de manière que les jeunes gens puissent les prendre sans dommage pour leur assiduité dans les bureaux où ils sont occupés.

Dans les écoles commerciales, les langues vivantes figurent au premier rang ; l'histoire devient surtout l'histoire des échanges ; la chimie devient l'analyse des différents produits ; la géographie insiste sur la production des pays, les travaux, les besoins et les goûts des peuples.

Les journaux complètent cette éducation commerciale en fournissant avec abondance des renseignements d'ordre économique ; l'association ajoute son action à celle de l'école et du journal.

Elle ne donne pas seulement l'instruction, elle procure des places. Elle offre une importante bibliothèque. Elle ménage des réductions dans les magasins. Elle donne des consultations de droit. Elle a un bureau de traduction, des clubs de conversation française et anglaise, de sténographie. Elle organise des conférences et des réunions.

Nous ne devons pas passer sous silence dans cet exposé les deux écoles qui rendent d'inappréciables services au commerce allemand, écoles qui sont connues de tout le monde commercial français. Je veux parler de celles de Leipzig et de Hambourg.

L'employé de commerce reçoit dans ces deux établissements une éducation pratique complète. Prenons la première, si vous le voulez bien. Lorsqu'un patron remarque chez un de ses employés quelques dispositions spéciales, il le fait entrer dans l'Institut qui a été créé par l'*Union Commerciale* de la grande ville hanséatique ; il va même jusqu'à lui payer tous les frais de son instruction, certain par la suite de les retrouver au décuple.

Le jeune homme apprendra ainsi les langues vivantes, non seulement le français et l'anglais, comme dans les lycées et collèges, mais toutes celles qui peuvent lui être utiles dans sa future carrière. Comme il sera peut-être appelé à voyager dans les pays scandinaves, il trouvera un maître de danois ; un maître d'espagnol et portugais lui donnera les notions qui lui permettront de vendre dans l'Amérique Centrale et l'Amérique du Sud. S'il se propose de parcourir l'Orient, il s'initiera au turc.

Des visites dans les usines ou dans les musées d'échantillons si remarquables d'outre-Rhin compléteront ces données, qui risqueraient autrement de se confiner dans la pure théorie.

Le jeune Allemand étudiera aussi la géographie, la comptabilité, mais surtout on le mettra au courant des tarifs douaniers, des règles des assurances, des usages locaux, si bien qu'il pourra ensuite marcher à la conquête des débouchés, sans crainte de se heurter à un obstacle imprévu ou de commettre une erreur accablante. Il ne se hasardera pas, comme certains de nos négociants, à expédier sur la côte d'Afrique des cargaisons d'objets qui ne sauraient convenir aux naturels ; il n'affrontera pas un marché qui finalement lui serait désavantageux parce qu'il aurait mal calculé les perceptions douanières.

Lorsque le futur employé a passé trois ou quatre ans dans son établissement où les consuls, les conseillers de commerce, etc., sont venus, à chaque passage, parfaire son instruction par des conférences appropriées, on l'envoie à à l'étranger, non seulement à Paris ou à Londres, mais à Canton, à Yokahama, à Valparaiso, à Melbourne, et là il continue sur place ses investigations. Il n'est réellement nommé représentant de commerce que du jour où il a présenté une sorte de rapport ou de thèse, et où ses mérites ont été suffisamment appréciés. Chez nos voisins, on devient *voyageur de commerce* comme on reçoit chez nous le diplôme de licencié ès lettres ou de docteur en droit.

On conçoit maintenant quelle supériorité l'Allemand tire de cette organisation et quelle sera la chance de ses concurrents étrangers, incapables de discuter avec les négociants indigènes sans le secours d'un interprète d'ailleurs coûteux.

Les représentants de commerce ont rendu à l'empire germanique des services d'un autre ordre — mais non moins efficaces — que l'instituteur et le fusil à aiguille quarante ans plus tôt.

Or, le voyageur de commerce joue, à notre époque, un rôle énorme ; il a été, si l'on peut dire, missionnaire de la grande industrie allemande dans les deux hémisphères ;

c'est lui qui, pour le compte de Guillaume II, a chassé les cotonnades anglaises de l'Extrême-Orient et l'horlogerie suisse d'Amérique. S'il dispose d'un armement moderne, il ouvre brusquement à son pays des débouchés qui se chiffrent par dizaines de millions : avec les procédés commerciaux de jadis, il eût été infailliblement vaincu.

Nous revenons d'Algésiras et nous savons que l'Allemagne a déclaré la guerre économique à l'humanité. Partout le gouvernement allemand appuie les mouvements stratégiques du commerce germanique : c'est sur tous les marchés du monde, un immense : sus à l'Anglais, sus à l'Américain, sus aux Français !

L'Allemand est fort, car, depuis plus de vingt années, il se prépare à cette lutte, il a organisé plus de quinze mille écoles où l'on enseigne, où l'on prépare les enfants par la géographie et l'histoire commerciale à devenir plus tard de bons employés, de bons voyageurs de commerce.

Conclusion

Nous espérons que les pouvoirs publics, les Associations de voyageurs de commerce, les unions de Chambres syndicales comprendront que nous devons refondre notre système d'enseignement commercial, l'asseoir sur des bases plus pratiques.

Reconnaissons que notre outillage est défectueux ; le véritable patriotisme consiste à regarder les choses en face et à écarter toutes illusions dangereuses, et c'est la pire des erreurs que de fermer les yeux sur les lacunes de son propre armement, qu'il soit militaire ou industriel.

Fort heureusement, nous ne sommes plus à l'heure où nous nous enfermions impassibles dans la contemplation de nous-mêmes : nous voyons enfin qu'il y a profit pour nous à étudier l'étranger et à nous inspirer de ses propres progrès après lui avoir si souvent servi d'exemple.

Aucun souci n'est plus légitime et la concurrence économique demande que nous prenions des mesures énergiques et promptes.

Les voyageurs de commerce français sont les plus spirituels de la terre ; on ne leur refusera ni l'activité, ni l'habileté dans l'art de présenter un article, mais l'usage de la langue leur fait trop souvent défaut.

Ils seraient invincibles s'ils recevaient l'enseignement qui s'est acclimaté outre-Rhin.

Donnons-leur cette éducation, faisons voir que nous avons une volonté de vivre et de créer. A ce prix seulement, nous serons fort moralement et commercialement, et, comme disait il y a vingt ans M. Paul Deschanel dans une de nos réunions de la Société de Géographie, la France possède le monopole du bon goût, aucun peuple ne lui dérobera ce privilège, et il ajoutait : « Créez des écoles, formez des voyageurs de commerce extérieur, avec eux vous ferez la conquête commerciale de la terre. »

Nous vous proposons d'admettre le vœu suivant :

1° *Que la géographie commerciale soit enseignée d'une façon suivie et bien comprise dans toutes nos écoles normales, supérieures et primaires.*

2° *Qu'il soit créé, dans toutes les villes où il existe des écoles pratiques de commerce, une section de commerce extérieur préparant les jeunes gens à faire de bons voyageurs de commerce.*

3° *Que les villes industrielles et commerciales où il n'existe pas de ces écoles, les Conseils municipaux, les Chambres de Commerce, les Associations de voyageurs de commerce s'entendent pour combler cette lacune.*

ÉCOLES PRATIQUE DE COMMERCE EXTÉRIEUR

PROGRAMME

L'enseignement commercial *pratique* doit comporter :

1° Des écoles *élémentaires* établies en France dont le programme comprendra :

Description, prix, qualités des différentes marchandises ;

leurs lieux de production, leurs usages, leurs places d'écoulement ;

Transport par voies ferrées, par mer, par eau, à l'intérieur de la France et les pays avec lesquels elle est en relations commerciales. Tarifs et durée des transports ; droits de douane ;

Droit commercial français, comptabilité commerciale, éléments de langues étrangères, sténo-dactylographie.

Durée de l'enseignement : deux ans.

2° Des écoles *supérieures* établies à l'étranger et recevant les élèves ayant passé par les écoles élémentaires. Leur enseignement comprendrait :

Etude approfondie des marchandises intéressant la production et la consommation locale (description, prix, qualités, lieux de production, usages, places d'écoulement et transports locaux) ;

Droit commercial, usages commerciaux et langues du pays ;

Tactique et statistique commerciale.

Durée du cours : un an.

3° Un stage *rétribué* sur les crédits affectés à l'enseignement pratique, accompli dans les maisons de commerce étrangères par les jeunes Français sortis de l'école ou *des* écoles supérieures établies dans le pays. Ces jeunes gens se feront admettre comme *volontaires* chez les commerçants *locaux* ; les *bourses* qui leur seront attribuées seront concédées pour *un an* mais pourront être prorogées *avec majoration* pendant trois années consécutives *au maximum*.

Les bourses seront *réparties* et composées comme suit :

Bourses de 1ʳᵉ année. Nombre : selon les ressources.

Montant : somme strictement nécessaire à l'existence du titulaire dans le pays intéressé.

Bourses de 2ᵉ année. Nombre : 3/5 de celui des bourses de 1ʳᵉ année.

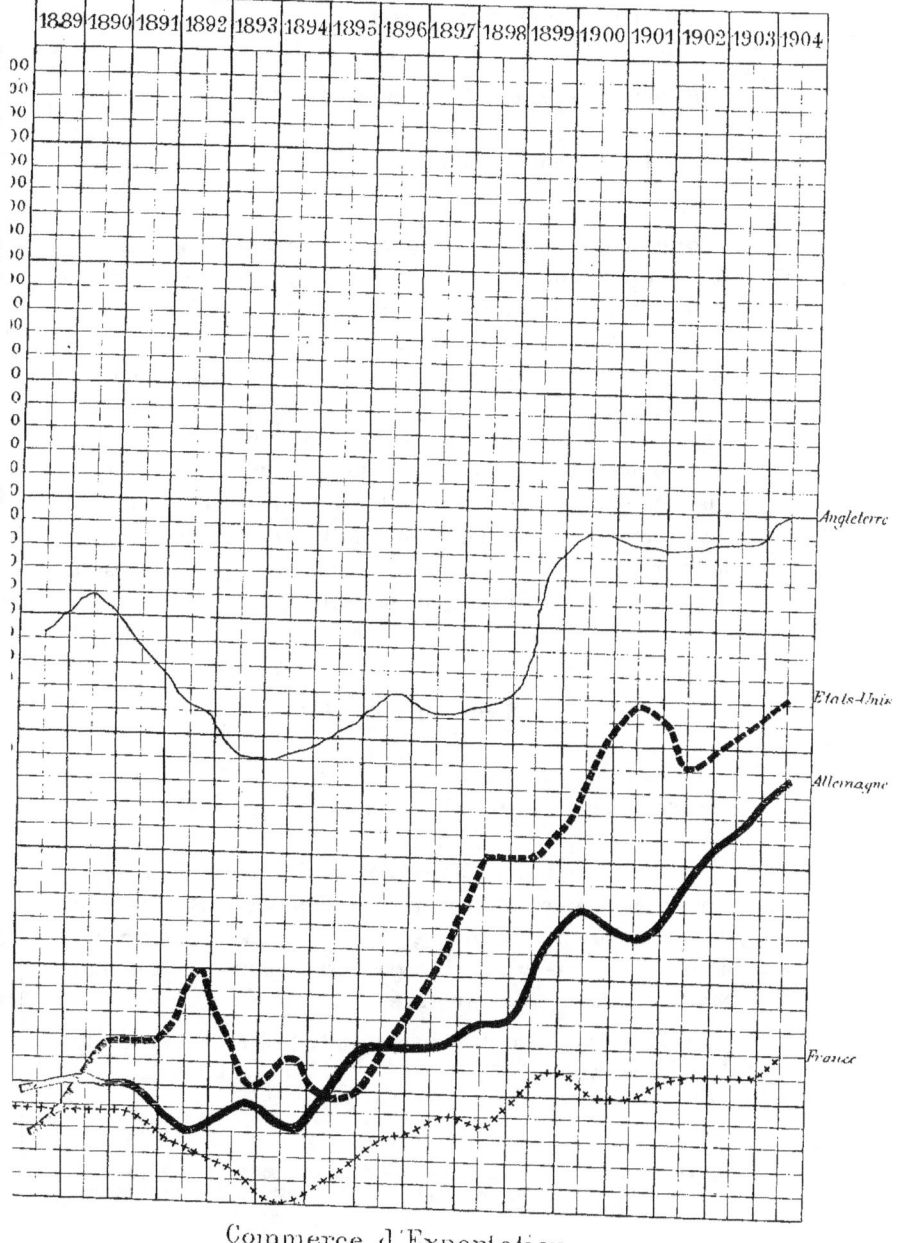

Montant : comme les bourses de 1re année, avec majoration de 20 %.

Bourses de 3e année. Nombre : 2/5 de celui de la 1re année.

Montant : comme pour la 1re année, avec majoration de 30 %.

Bourses de 4e année. Nombre : 1/5 de celui de la 1re année. Montant : comme pour la 1re année, avec majoration de 45 %.

Les titulaires de bourses seront tenus de fournir mensuellement des mémoires ou notes résumant leurs observations sur le fonctionnement du commerce local ; en fin d'année, ils établiront un travail d'ensemble sur le même sujet avec discussion des procédés employés et indication des innovations possibles, le tout étayé de documents justificatifs. Les travaux et notes fournis par les titulaires de bourses de même année seront l'objet d'un classement, la prorogation de la bourse pour l'année suivante sera accordée dans l'ordre de classement.

Section coloniale.

La Section coloniale se réunit sous la présidence de M. Porquier, délégué de la Société de Géographie de Nantes.

M. Valladaud, secrétaire de la Section Stéphanoise, prend le premier la parole pour déposer sur le bureau du président un mémoire de **M. Charles Lemire** empêché d'assister au Congrès, sur le musée colonial scolaire à Paris et en province (1).

Trois communications sont ensuite présentées au cours de cette réunion.

---

(1) On trouvera ce mémoire, imprimé avant le Congrès, au bureau de l'Association pour le placement gratuit des Français à l'étranger et aux colonies, 13, boulevard Arago, Paris.

DE L'UTILISATION DE LA MAIN-D'ŒUVRE PÉNITENTIAIRE DANS LES TRAVAUX PUBLICS AUX COLONIES

Par M. BORDY, officier d'administration de 1re classe du génie.

A l'heure présente, nous avons, tant à la Guyane qu'en Nouvelle-Calédonie, une armée de 10.000 forçats ou récidivistes en état de manier des outils de pionniers, qui ne font rien ou si peu que cela ne figure que pour mémoire.

Nous avons environ 5.000 condamnés militaires qui pourraient être employés plus utilement qu'ils ne le sont.

Nous avons également environ 10.000 condamnés civils, qui pourraient être fructueusement employés, alors qu'ils ne font presque rien.

Soit au total environ 25.000 condamnés dont on pourrait faire des travailleurs profitables, qui seraient utilisés à l'exécution d'une grande partie des travaux publics dont nos colonies ont tant besoin. Il ne faudrait placer ces travailleurs que dans les seules colonies où les blancs peuvent se livrer sans inconvénients aux travaux manuels. Nous possédons donc là une énorme main-d'œuvre dont la plus grande partie est à peu près entièrement inoccupée.

Nous ne parlons pas des nombreux condamnés annamites qu'on pourrait utiliser beaucoup mieux que dans leur internement des îles Poulo Condor.

Les 10.000 condamnés ou récidivistes de la Guyane et de la Nouvelle-Calédonie ne servent guère à autre chose qu'à dévorer paisiblement le gros budget de l'administration pénitentiaire du ministère des colonies, cela sans aucun profit utile pour les colonies et, on doit le dire, pour la ruine des contribuables français.

Les condamnés ne servent réellement, disons-le avec

courage, qu'à entretenir un nombreux état-major de fonctionnaires de l'administration pénitentiaire.

On sait que la loi du 30 mai 1854 a obligé les forçats à faire des travaux publics.

Or, voilà environ 50 ans que les condamnés sont dans les deux colonies de la Guyane et de la Nouvelle-Calédonie. Quant aux travaux publics exécutés par eux, il n'en existe pas ou si peu, que ce n'est pas la peine d'en parler. Tous ceux qui ont visité ces colonies pourront certifier ce que nous avançons.

Nous avions dernièrement à Ouakam, à 9 kilomètres de Dakar, des disciplinaires de l'armée coloniale. Ce ne sont pas, il est vrai, des condamnés militaires, mais ce ne sont pas non plus de bons sujets.

Ces disciplinaires ne faisaient pas autre chose que de produire du jardinage pour eux ; ils étaient très bien logés, bien nourris, travaillaient par distraction et étaient si satisfaits de leur situation qu'une fois rentrés dans un corps de troupe quelconque, ils commettaient vite un nouveau méfait pour retourner à leur chère résidence « La nouvelle Capoue sénégalaise d'Ouakam ».

A côté de cela, vous avez les sapeurs du génie qui sont employés aux études et à la construction des chemins de fer en Afrique occidentale, qui vivent continuellement dans des campements, travaillent sous l'ardent soleil des tropiques tant que les jours sont longs, subissent toutes les intempéries et parfois même des privations, comme nous avons eu l'occasion de le constater. Nous ne parlons pas des nombreuses maladies tropicales qu'ils subissent et dont étaient à peu près exempts les disciplinaires en raison des bonnes conditions hygiéniques comme logement, situation et nourriture dont ils jouissaient. Les sapeurs ne sont pas des militaires punis, ce sont simplement des braves gens qui font leur devoir avec ardeur et sans se plaindre.

On peut donc dire que les vauriens ont une situation matérielle préférable à celle des honnêtes et bons serviteurs de l'Etat. Tous les chemins de fer de l'Afrique occidentale sont construits en régie par le génie militaire. On pourrait donc employer utilement ces disciplinaires par petits groupes et suivant la profession de chacun, maçon, menuisier, charpentier, mineur, forgeron, tourneur, ajusteur, jardinier même, à la construction de ces chemins de fer. Ils seraient sous la surveillance de leurs gradés et des gradés du génie.

Vous savez déjà que les forçats de Nouvelle-Calédonie se trouvent si heureux au bagne calédonien, que le plus ardent désir des criminels de France est d'être envoyé à la Nouvelle.

Donc, comme nous le disons plus haut, l'état de choses est tel, actuellement, qu'en Nouvelle-Calédonie comme à Ouakam et comme ailleurs, il constitue pour ainsi dire une véritable prime à l'inconduite et la criminalité.

C'est cette prime d'un nouveau genre qu'il faudrait autant que possible arriver à supprimer, car les pénitenciers et les bagnes ne sont pas comme notre marine marchande, ils se recruteront toujours assez et ils vivront sans prime. Cette déplorable situation, cette prime à la criminalité, nous la devons à des théoriciens, à des gens qui font de l'humanitarisme par méthode et par genre, qui se font un piédestal de grandes théories à effet et qui éblouissent le populaire en jouant de la fibre sensible, le plus souvent, il est vrai, à leur profit particulier.

Ces sensibleries-là font un mal énorme, car elles paralysent l'action de l'autorité, l'action des surveillants militaires, encouragent les condamnés à ne rien faire, et provoquent dans la métropole la recrudescence du vice et du crime en faisant de la Nouvelle-Calédonie et des pénitenciers, le paradis, l'Eldorado désiré de tous les misérables.

Comme nous venons de vous le dire, nous avons 10.000 condamnés ou relégués qui ne servent à rien autre qu'à dévorer paisiblement, comme le feraient de bons rentiers ou des fonctionnaires inutiles, un bon morceau du budget de la métropole.

Et cependant, si nous le voulions, non seulement ils ne

dévoreraient pas le budget, mais ils ne coûteraient rien, et loin d'être une grosse charge pour les contribuables de France, ils deviendraient une source de profits pour nous et pour nos colonies où il y a tant de travaux publics indispensables à exécuter.

A l'appui de ce que nous avançons et pour vous montrer tout le parti qu'on pourrait tirer de la main-d'œuvre pénitentiaire, qu'on nous permette de citer des faits dont, pour quelques-uns, nous avons été témoins.

En 1882-1883, nous étions chargé par le chef du génie d'Aïn-Draham de construire la route de Tabarka à Aïn-Draham.

Comme il fallait aller vite, on avait employé, en plus de 500 terrassiers italiens et de deux compagnies d'infanterie qui étaient déjà tous occupés à la construction de cette route, environ 300 soldats de la compagnie de discipline.

Nous voulions naturellement obtenir un bon travail ou, si vous le voulez, un bon rendement de ces derniers. Comme les règlements s'opposaient à ce qu'on leur alloue la prime de travail alors accordée aux autres militaires, l'adjudant chef du détachement, un brave Alsacien nous dit ceci : « Mes vauriens ne sont sensibles que par la bouche, que par l'estomac ; pour les faire travailler, je vous propose que vous leur donniez un quart de vin à chaque repas et une double ration de tabac », toutes choses dont ils étaient alors privés.

Partant de ce conseil, nous demandâmes l'autorisation à notre chef de distribuer aux disciplinaires le vin et le tabac à la condition que chacun d'eux fournirait une tâche journalière déterminée, soit environ la moitié de celle d'un terrassier civil.

Eh bien ! savez-vous que pendant les six mois que nous les avons employés jamais nous n'avons eu l'occasion de supprimer à un seul d'entre eux la ration de vin et de tabac ; chacun d'eux a exécuté journellement sa tâche imposée.

Vous voyez que ces gens-là sont encore sensibles à quelque chose, et qu'on pourrait obtenir de bons résultats d'eux si on savait les régler, les conduire par l'estomac.

Pendant que nous étions employés à fortifier Bizerte, en 1899, le très distingué et regretté général du génie, Marmier, gouverneur de la place, le même auquel nous devons en 1892 l'étude du chemin de fer de Kayes au Niger, fit venir 350 condamnés militaires de l'atelier des travaux publics de Bône, pour les employer à construire les routes stratégiques qui relient la ville aux différents ouvrages fortifiés des environs.

En deux ans et demi, ces 300 condamnés militaires ont construit un réseau de routes magnifiques, et nous pouvons dire hardiment qu'ils ont produit plus de travail utile, fait plus de travaux publics et de bonne besogne dans ce court laps de temps de deux ans et demi que les 10.000 condamnés ou relégués de la Guyane et de la Nouvelle-Calédonie n'en ont fait dans les dix dernières années.

Nous avons estimé que par chaque journée employée ils avaient produit pour environ 1 fr. 50 de travail, si ce travail eût été exécuté par de la main-d'œuvre civile.

Et savez-vous quel état-major il y avait pour administrer, commander et diriger ces condamnés dans l'exécution des travaux de route, travaux tracés par le génie? un adjudant, trois sous-officiers et six caporaux. De plus, il n'y a pas eu d'évasion, et cependant s'il est un lieu d'où il est facile de s'évader, c'est bien dans un port de mer.

Tous ceux qui sont allés en Algérie, en Tunisie et dans nos autres colonies vous diront comme nous que toutes les fois que des condamnés sont gardés par des tirailleurs algériens ou des troupes indigènes il n'y a jamais d'évasions.

Un autre exemple : après Fachoda, un capitaine d'artillerie coloniale, que nous connaissons beaucoup, a été chargé de construire les ouvrages fortifiés et les casernes du cap Saint-Jacques, qui se trouvent, comme on le sait, à l'embouchure de la rivière de Saïgon.

Comme il était nécessaire de mener rapidement ces travaux alors urgents, on eut l'heureuse idée de lui donner 500 condamnés annamites qui étaient détenus au pénitencier des îles Poulo Condor.

Ces 500 condamnés travaillèrent admirablement bien pendant tout le temps, c'est-à-dire pendant les dix-huit mois qu'ils furent employés sur les chantiers. Il n'y eut qu'une seule tentative d'évasion, qui fut du reste infructueuse puisqu'elle coûta la vie à son auteur.

Ce capitaine nous disait dernièrement à Dakar : « Il est vraiment dommage qu'on ne sache pas tirer parti du travail que pourraient produire ces gens-là ! »

Nous venons de vous citer les exemples précédents pour vous montrer que l'expérience est faite, qu'elle est concluante, et que, quand nous le voudrons, nous pourrons utiliser avec profit l'énorme main-d'œuvre des condamnés à l'exécution d'une grande partie des travaux publics de nos colonies. Si les exemples cités ci-dessus ne suffisaient pas pour vous convaincre, vous n'auriez qu'à chercher d'autres exemples dans les colonies anglaises.

A Sainte-Marie-de-Bathurst, chef-lieu de la Gambie anglaise, des officiers anglais nous ont montré des condamnés indigènes occupés à réparer les chaussées, et certains d'entre eux étaient condamnés seulement à 24 heures de prison.

Les Anglais sont beaucoup plus habiles et plus pratiques que nous ; ils savent très bien tirer parti de la main-d'œuvre de leurs condamnés.

Nous savons bien qu'on va nous faire les deux objections suivantes :

La première, qu'en faisant travailler les condamnés dans la campagne il y aura des évasions ; la seconde, que si les condamnés ne veulent pas travailler, on se trouvera impuissant à les y obliger.

Qu'on se tranquillise ! Comme les condamnés travailleront en Algérie, en Tunisie, sur les hauts plateaux de Madagascar et en Nouvelle-Calédonie, c'est-à-dire dans les seules colonies où les Européens puissent travailler manuellement, ils seront gardés par des troupes indigènes et il n'y aura pas d'évasions.

Pour la dernière question, c'est-à-dire si les condamnés veulent être réfractaires au travail, on saura bien, si on veut, les y obliger en les y contraignant par l'estomac, autrement dit en ne leur donnant à manger qu'à la condition qu'ils produisent journellement une tâche déterminée. S'ils devenaient par trop réfractaires au travail et qu'il plaise à eux de se laisser mourir de faim, dame! la perte ne serait pas grande et il n'y aurait pas lieu de trop s'en désoler.

On a bien vu d'honnêtes gens désireux de travailler, qui ne trouvant pas de travail, meurent bien malheureusement de faim. Ce qui est arrivé autrefois à d'honnêtes gens peut bien arriver aujourd'hui à de grands criminels !

En résumé, on peut donc affirmer que les condamnés civils et militaires de race blanche peuvent être utilement employés à l'exécution des travaux publics, dans les colonies de l'Algérie, de la Tunisie, de la Nouvelle-Calédonie et des hauts plateaux de Madagascar (et espérons plus tard au Maroc), c'est-à-dire partout où l'Européen peut travailler manuellement longtemps et sans danger.

Ce serait une erreur que de vouloir faire travailler manuellement des blancs dans nos autres contrées tropicales ; il faudrait seulement utiliser les condamnés indigènes à l'exécution des travaux publics dans ces dernières colonies.

La division des chantiers, travaillant tous dans les campagnes, aurait encore pour heureux résultats de supprimer de gros fonctionnaires sédentaires de l'administration pénitentiaire ; il suffirait seulement d'avoir quelques inspecteurs et quelques comptables, mais surtout de bons surveillants militaires.

Quand les condamnés sauront qu'ils seront astreints au travail et qu'à l'avenir ils n'iront plus vivre en rentiers dans les fermes calédonniennes de l'administration pénitentiaire, l'attrait de la Nouvelle n'existera plus pour eux et, par suite, il y aura moins de criminalité.

Quant à l'emploi utile de cette main-d'œuvre, il est, pour ainsi dire, illimité.

Nous avons encore d'immenses travaux publics à exécuter, tant en Algérie qu'en Tunisie ; des ports, des chemins de fer, des routes, des barrages, des travaux de canalisation, des puits à forer sur les hauts plateaux pour alimenter en eau les troupeaux de moutons, des chemins forestiers pour mettre en valeur les forêts de chênes-lièges, etc.

En Nouvelle-Calédonie, sur les hauts plateaux de Madagascar, nous avons à construire des routes, des chemins de fer, à faire des captations d'eau, des travaux d'irrigation, des édifices publics à construire, ainsi que bien d'autres travaux que nous ne pouvons pas tous énumérer ici.

Qu'il nous suffise, pour terminer, de vous laisser entrevoir la quantité de travaux publics très utiles qui pourraient être exécutés par 25.000 condamnés bien dirigés et transformés en productifs travailleurs.

RAPPORT SUR LA QUESTION MAROCAINE

Par M. César de GIVENCHY, délégué de la Société de Géographie de Saint-Omer.

M. de Givenchy n'a pu donner à ce rapport toute l'ampleur qu'il aurait voulu lui donner, certains renseignements qui devaient lui être communiqués ne lui étant pas parvenus avant le Congrès. Aussi s'est-il borné à développer l'idée que la France n'obtiendrait rien du Maghzen, au Maroc, et qu'il lui fallait négocier avec les grands chefs de tribus.

LES OASIS DU SUD ALGÉRIEN ET TUNISIEN

Par M. Eugène GALLOIS, chargé de missions.

Ce qui nous a amené à aborder ce double sujet, c'est le désir de communiquer des impressions recueillies sur place et de faire part d'études spéciales concernant des questions peut-être un peu trop superficiellement connues et dont il ne paraît pas nécessaire de souligner davantage l'intérêt puisque les unes sont d'actualité, se rattachant à l'affaire marocaine, tandis que les autres concernent l'exploitation rationnelle du Sahara en accroissant en quelque sorte l'Afrique française du nord.

Il nous sera bien permis aussi de ne pas négliger quelques explications ou descriptions pour la meilleure vulgarisation de ces succursales de la France en Algérie et Tunisie.

Nombre de congressistes venus à Oran, comme à Alger et Tunis, ont prouvé l'intérêt particulier qu'ils portaient à ces questions, et c'est pourquoi, si nous passons rapidement sur ce qui leur est devenu familier, nous insisterons sur les points qu'ils n'ont pu atteindre. Ils nous permettront bien cependant de rappeler quelques notions élémentaires pour ceux de nos collègues non familiarisés encore avec ces pays et les questions que nous voulons traiter.

Tout d'abord, nous dirons deux mots sur les voies d'accès, en ce qui touche surtout l'objet de la première de nos études.

On connaît ou l'on est censé connaître les routes qui de France conduisent à notre Afrique du nord. Les lignes de navigation n'offrent que l'embarras du choix, mais comme bien des voyageurs reculent encore devant la traversée de la Méditerranée il est intéressant de rappeler qu'il en est une, beaucoup plus brève que les autres, celle de Carthagène à Oran, pour laquelle quelques heures de navigation nocturne suffisent. Et c'est ainsi que de France on peut facilement gagner l'Oranie et même le sud de la province, voisine du Maroc, grâce au chemin de fer dit du Sud-Oranais amorcé, il y a déjà des années, par la Compagnie franco-algérienne. Poursuivi surtout en ces derniers temps dans un but politique, il va peut-être subir un arrêt à la suite des événements récents... Mais, tel qu'il est, il semble bien digne d'intérêt déjà, même ne fût-ce qu'au point de vue touristique, puisqu'il permet d'atteindre confortablement la porte même de la fameuse oasis du Figuig, grâce au nouveau matériel de la ligne (wagons à couchette sur boggies, et bientôt wagon-restaurant) et grâce à l'accélération de vitesse dans la marche des trains réduisant à moins de vingt heures le trajet, sur lequel nous ajouterons quelques mots descriptifs.

La ligne ferrée en question, à voie étroite, dessert d'abord le petit port d'Arzew pour se diriger droit ensuite vers le sud, en coupant la ligne d'Oran-Alger, à la station de Perrégaux. Elle gravit ensuite les plateaux pour atteindre successivement cinq cents et huit cents mètres ; sur le parcours, ou peu s'en faut, sont Mascara, desservi par un petit embranchement, puis Saïda, centre de colonisation au delà duquel s'étend alors, comme un premier désert, les vastes plaines monotones où pousse la plante de l'alfa, sur l'utilisation industrielle de laquelle il n'est pas besoin d'insister. Sur cette partie du parcours, quelque peu monotone, c'est tout au plus si quelques lointaines montagnes apparaissent, comme des îles ou les rives de cette mer, dont la surface plutôt verdoyante semble frissonner sous le souffle de la brise. La vie y apparaît à peine et la présence de l'homme n'y est évoquée que par les stations espacées au long de la voie, semblables à des fortins destinés à protéger et à surveiller la ligne. Parfois le sol fléchit, se creuse en des dépressions, sortes de lacs réservoirs où viennent mourir les oueds, ce sont les chotts plus ou moins vastes; véritable mer intérieure est celui d'Ech Chergui ; sur les rives plates, le sable saturé de sel et de sulfate de chaux provoque dans ses miroitements les fantastiques mirages. Le vent souvent fait rage en ces solitudes où les orages passent en grondant, où la neige tombe parfois abondante, vu l'altitude élevée de mille, douze cents, treize cents mètres et plus, comme au point culminant de la ligne, à El-Mekalis. On redescend alors pour atteindre Aïn-Sefra, resté longtemps terminus de la ligne.

Placé en une sorte de cuvette au bord d'un oued qui a, malheureusement, trop fait parler de lui, par une terrible crue dévastatrice, Aïn-Sefra comporte, en dehors d'un bien modeste village, d'importants établissements militaires dont l'action s'étend dans tout le sud et l'extrême sud où s'égrènent les postes multiples, chaîne ininterrompue qui permettra à notre cher pavillon de flotter au sein du Sahara.

A partir d'Aïn-Sefra, le chemin de fer traverse pendant près de cent cinquante kilomètres une région accidentée où il a fallu avoir recours à des travaux d'art. La voie se glisse parfois dans le lit même d'un torrent, comme ce terrible oued Dermel dont les eaux gonflées arrachaient un lourd tablier métallique l'entraînant au loin et rasant les piles du pont... Sur ce parcours, on retrouve encore des gares fortifiées qu'il faut approvisionner, ravitailler, en eau surtout, à l'aide de wagons-citernes.

Après Aïn-Sefra, Duveyrier a été terminus, puis Beni-Ounif-de-Figuig ; après, c'était Ben-Zireg, bientôt ce sera Béchar (de Colomb). La ligne devait ensuite se diriger non sur Igli, mais vers Kenadsa, autrement dit pénétrer dans le Tafilet.

Avant de dire quelques mots du Figuig, c'est peut-être le moment de faire allusion au voisinage du Maroc.

La question de frontière avec notre voisin en est au même point depuis plus d'un demi-siècle, depuis les accords de 1844-45 ; c'est-à-dire qu'il existe une délimitation provisoire de frontière s'étendant à partir de la côte jusqu'à cent et quelques kilomètres, tracé non encore définitivement arrêté. Au delà, la limite est la zone de défense et de protection, zone très hypothétique que nous pouvions chercher à étendre; c'est ainsi du reste que non seulement nous avons toujours poussé plus loin les limites de nos territoires dans le sud, mais que nous avons aussi tiré à l'ouest, englobant l'oasis du Figuig, depuis longtemps convoitée.

Aujourd'hui on peut presque dire, en effet, que nous y sommes chez nous, en tous cas elle est bien accessible, comme nous avons pu nous en rendre compte par nous-même. Mais nous ne saurions descendre de train à Beni-Ounif-de-Figuig sans dire deux mots de ce nouveau centre ouvert à notre activité. Lors de notre passage (il y a quelques mois), ce n'était encore qu'un modeste village aux maisonnettes de terre ou de pierre, plus ou moins badigeonnées de couleurs claires, et où cependant les affaires se traitaient par centaines de milliers de francs chaque mois. L'agglomération ne comportait encore ni mairie, ni église, ni cimetière (on n'avait pas eu de mort à y constater! et les malades étaient dirigés sur Aïn-Sefra). Par contre, il y avait une école et un hôtel (Grand hôtel du Sahara), sans parler de nombreux commerçants en tous genres, parmi lesquels coiffeurs, débitants de boissons, naturellement, épiciers, etc. La population pouvait être évaluée à un millier d'habitants, sans tenir compte de l'élément militaire cantonné dans la redoute située près de la gare et à proximité du village indigène, à moitié ruiné, dont les maisons chancelantes s'élèvent sur les bords d'un oued au lit raviné. Là aussi, à côté d'une blanche mosquée, ont été installés le bureau arabe et une infirmerie indigène. Derrière Beni-Ounif se dresse une suite de collines, entre lesquelles des cols, comme ceux de Tarla, Zenaga, de la Juive, sont autant d'accès à la plaine où s'étale la vaste tâche de verdure de l'oasis figuiguienne. La plus intéressante de ces échancrures est celle de Zenaga, désormais célèbre par l'attaque dont fut victime le gouverneur général et son escorte. Pénétrons par cette porte aujourd'hui ouverte à tous et qui le restera, car il n'est pas de doute que les Ksouriens du Figuig n'aient compris que nous assurions aujourd'hui la sécurité de leurs foyers et qu'ils avaient tout à gagner à accepter notre voisinage jusqu'au jour, prochain, où ils s'abriteront à l'ombre de notre drapeau.

Quelques kilomètres à peine séparent Beni-Ounif du col au sol accidenté et raviné qu'il faut franchir en traversant une palmeraie clairsemée pour voir apparaître l'oasis dans son ensemble avec son encadrement de montagnes rosées, hautes de quinze mètres et plus comme les djebels Maïz et Grouz, et, en premier plan, le village de Zenaga avec son enceinte où nos obus firent une brèche alors encore béante. A quelques pas de là se présente une place avec des tombeaux de saints personnages, modestes koubas; à côté, un bâtiment à triple arcade figure le Palais de justice. Plus loin, c'est la mosquée à demi-ruinée. La ville présente ce dédale de ruelles, caractéristique des agglomérations sahariennes ou ksours. Certaines voies forment de curieux passages couverts avec logements au-dessus. Les maisons, au surplus, comportent parfois deux et même trois étages. Et enfin on remarque en ces constructions une certaine recherche d'architecture, particulièrement dans les arcatures, franchement marocaines.

Le silence règne en ces petites cités et les rencontres de passants sont rares entre ces hautes murailles crevées de distance en distance dans leurs parties basses par des portes de bois au rustique mais ingénieux verrou. La propreté de ces ruelles nous frappa et ce qui nous aida à l'expliquer fut l'installation que nous trouvâmes, à notre grande surprise, de cabinets d'aisance publics avec canalisation d'eau courante (le tout-à-l'égout au désert!)

La description de Zenaga peut s'appliquer aux autres villes du Figuig, car l'oasis compte sept petites cités peuplées de seize à vingt mille habitants, placées surtout dans la partie nord de la palmeraie (comptant plus de 3oo.ooo têtes d'arbres et vaste de plusieurs kilomètres carrés). Les jardins, bien cultivés, sont irrigués avec soin à l'aide d'un système de canaux souterrains dit « foggara », grâce à des sources abondantes qui approvisionnent aussi des réservoirs gracieusement encadrés de verdure. Le trop-plein des eaux s'écoule dans la Zousfana, une rivière saharienne qui ne tarit jamais. L'altitude élevée du Figuig, environ neuf cent mètres, explique son climat quelque peu froid l'hiver. Les palmiers-dattiers n'y donnent aussi que des fruits de qualité fort secondaire. Enfin, on trouve quelques oiseaux à l'état sauvage, comme des colombes et des ramiers, dans la forêt de palmiers, ainsi que des gazelles, dans la région du moins.

Avant d'aborder la seconde question que nous nous sommes proposé de traiter, il nous sera bien permis de rappeler sommairement le sujet de l'étude, c'est-à-dire les multiples oasis tant algériennes que tunisiennes que nous avons pris soin de visiter pour la plupart. Ces « jardins du désert » dont les charmes ne sont plus à vanter, ont en effet une importance économique beaucoup plus considérable que bien des gens ne se l'imaginent, et ce rôle joué par les oasis peut être amplifié quoiqu'il se soit accru singulièrement depuis l'origine de notre conquête. C'est ce que nous allons chercher à démontrer, en songeant qu'à notre époque aucun coefficient de développement d'un territoire acquis ne doit être négligé.

Cette étude ne pouvant cependant prendre de trop vastes proportions, nous nous résumerons sans entrer dans la longue nomenclature des oasis, renvoyant le chercheur au modeste ouvrage que nous venons de faire paraître sous le titre : *Aux oasis d'Algérie et de Tunisie*.

Commençant par l'Oranie, nous dirons tout d'abord que cette province algérienne nous a paru la moins intéressante. Les minuscules oasis d'Aïn-Safra, Tiout, Moghrar, sont peu de chose en effet, et ce n'est vraiment que le Figuig qui peut être pris en considération. Certains même, et non des moins autorisés, prétendent que nous devrions en faire un point sérieux d'occupation, une véritable base d'opérations.

Le fait certain, c'est que sa situation et sa richesse en eau sont bien dignes de sérieuses considérations ; mais nous ne saurions insister après tout ce que nous en avons dit précédemment.

D'autres oasis jalonnent la route de l'Extrême-Sud, soit au long de la voie ferrée, soit en suivant la vallée de la Zousfana, comme celle de Taghit qui, avec les cinq centres principaux de la tribu des Beni-Goumi, compterait environ 80.000 palmiers. Igli en grouperait plus de 20.000. Au delà, dans la vallée de la Saoura, la région de Beni-Abbès avec les environs représenterait près de 100.000 palmiers.

Quant aux nouvelles régions occupées du Touat, du Gourara et du Tidikelt, elles représentent des chapelets d'oasis plus ou moins espacées, mais de certaine importance, si on songe aux milliers d'habitants qui y vivent (plus de 100.000), ce qui peut donner une idée des nombreux palmiers cultivés (dont nous n'avons pu arriver à nous procurer un chiffre même approximatif, bien que le Tidikelt à lui seul en donnerait 300.000).

Il convient d'ajouter au surplus que, par rapport au point de vue auquel nous voulons nous placer, l'intérêt dans l'espèce nous paraît secondaire, l'éloignement de ces oasis et le manque de communications limitant leur action au seul désert.

Le sud de la province d'Alger est plus intéressant au point de vue des oasis; malheureusement elles sont, à égale distance, le moins facilement accessibles. le chemin de fer ne pénétrant qu'à cent trente kilomètres, c'est à-dire à peine à la façade nord des plateaux de l'Atlas, au terminus de Berrouaghia, d'où il faut de longues journées de voiture pour gagner Djelfa (à une altitude de plus de mille mètres), puis Laghouat, jolie oasis de plus de 30.000 palmiers (à près de 600 kilomètres d'Alger). Dans la région, il est quelques autres oasis, que l'on pourrait appeler « de montagne », vu leur situation et leur altitude. A quelque deux cents kilomètres au sud, il est un groupe intéressant, le Mzab, avec oasis détachées, comme Berrian au nord, d'une importance à peu près équivalente à celle de Laghouat, et Metlili, au sud, situées encore à quelques centaines de mètres d'altitude. Quant au Mzab, à proprement parler, c'est une oasis allongée au fond d'une faille où court un oued souterrain, auquel il faut aller demander l'eau bienfaisante par des puits multiples, plus ou moins profonds. Nous traiterons plus loin cette question si intéressante des puits. Cinq petites villes se sont construites dans cette crevasse saharienne : Gardaïa, Melika, Bou-Noura, El-Ateuf, et Beni-Isguen. Quant à la palmeraie, elle se chiffrerait par 200.000 pieds.

Encore, à plus de 200 kilomètres plus loin, c'est El-Goléah, jadis très importante oasis, réduite à quelques milliers de palmiers.

A l'est du Mzab, c'est aussi Guerrara, oasis encore intéressante.

En passant, n'omettons pas de citer, ne fût-ce que pour mémoire, la petite oasis si artistiquement pittoresque de Bou-Saâda, que nous avons déjà surnommée, il y a des années, la « perle des oasis ».

La province de Constantine offre un champ beaucoup plus vaste à la question oasis. Celles-ci y sont nombreuses et généralement groupées, comme on va le voir.

C'est d'abord la région des Zibans, dont Biskra, accessible comme on le sait, mérite, à coup sûr, le surnom de reine qui lui a été décerné. Cette oasis n'a plus besoin de réclame... rappelons seulement qu'elle compte plus de 200.000 palmiers. Une soixantaine d'oasis lui forment comme une auréole, réunissant près d'un demi-million d'arbres; elles sont d'importance fort variable, mais certaines, comme Sidi-Okba, Tolga, Ourlal, représentent encore, chacune, de 50.000 à 70.000 pieds, et, après elles, d'autres, dont les noms importent peu, comptent encore 30.000, 25.000, 20.000 palmiers. Elles sont situées au pied des montagnes et bénéficient dans une plus ou moins large mesure de ce voisinage sous le rapport de l'eau, dont certaines sont cependant privées au fort de la chaleur.

Une zone désertique, d'une centaine de kilomètres d'épaisseur, sépare les Zibans du groupe suivant, l'Oued-Rirh (ou rivière souterraine), suite d'oasis (on en compte une quarantaine) échelonnées sur plus de cent kilomètres au long d'une vallée saharienne. Cette région, qu'on a cherché à développer, sur laquelle ont porté principalement les efforts, où même des Français se sont installés, où des capitaux métropolitains ont été placés, représente à l'heure présente de six à sept cent mille palmiers en rapport, car c'est ainsi qu'on évalue une oasis suivant les pieds d'arbres susceptibles de payer l'impôt, recensement et perception étant faits par les caïds. Tougourt est la principale de ces oasis. Au delà, il en est encore d'autres comme Temassin (50.000 palmiers) et plus loin Ngouça, avec à peu près autant, sur la route d'Ouargla, qui forme un groupe comportant près d'un demi-million de palmiers.

A l'est, et isolé dans les hautes dunes de sable est le Souf dont le centre principal El-Oued compterait près de 70.000 arbres, alors que le groupe entier en représenterait 200.000 en chiffres ronds.

Il est encore, dans ce coin du Sahara de notre Afrique du Nord, d'autres oasis disséminées ou parfois plus ou moins rapprochées ou groupées; telles sont celles du Zab-Chergui, des Ouled-Djellal et de Sidi-Khaled (ensemble 70.000 à 80.000 palmiers), des Ouled-Sidi-Salah, des Ouled-Zebri, de Doucen, représentant toutes ensemble encore des dizaines de milliers de palmiers, comme bien on suppose.

Enfin, il va sans dire qu'en dehors des Zibans et de l'Oued-Rirh, et encore parfois, ces oasis sont difficilement accessibles.

Quant à la Tunisie, elle possède, elle aussi, des oasis et non des moins intéressantes, certaines même offrent un caractère tout à fait spécial comme on va voir. Les plus justement réputées sont celles du Djerid que l'on atteint ou que l'on atteindra du moins bientôt très facilement, grâce au chemin de fer, ligne prolongée de Sfax à Gafsa. Présentement, on peut s'y rendre de Tunis, soit par voie maritime, au port de Sfax, soit par voie de terre, par Sousse et Sfax; d'où la voie ferrée par Gafsa dessert Metlaoui, centre des exploitations de phosphate, en attendant qu'elle aille chercher les produits agricoles des plus belles palmeraies de notre Afrique du Nord.

En réalité, Gafsa est la capitale de Djerid, bien que, malgré ses 100.000 palmiers et ses 100 000 oliviers, elle soit loin d'être riche comme ses sœurs. Il est vrai qu'elle est à environ trois cents mètres d'altitude et entourée de montagnes, tandis que les autres oasis sont plus au sud et dans des conditions exceptionnelles. Elles sont, rappelons-le : El-Hamma, El-Oudiane, Tozeur et Nefta. Groupées au bord de cette fameuse mer intérieure, le vaste chott Djerid, elles sont abondamment pourvues d'eau jaillissant des sables ; aussi leur prospérité est-elle remarquable, car non seulement elles comptent plus de 1.200.000 palmiers au moins, mais leurs jardins, vastes de milliers d'hectares, renferment aussi par centaines de milliers des arbres fruitiers les plus variés et jusqu'à des espèces qu'on est surpris de trouver à la latitude nord africaine. La réputation de leurs dattes n'est plus à faire, au reste. Inutile d'ajouter que ces pays sont relativement peuplés et qu'ils sont une des réelles richesses de la Régence. Nous ne citerons que pour mémoire quelques autres oasis de minime importance situées plus au nord dans le voisinage des montagnes.

Au bord de la mer s'étale une oasis maritime jouissant aussi d'une certaine réputation, Gabès, facilement accessible, soit par terre, soit par mer. Vaste de milliers d'hectares, elle comporte au moins 250.000 palmiers et de nombreux échantillons d'essences diverses à fruit. On semble vouloir s'y adonner à la culture du bananier, d'un produit rémunérateur. L'oasis, bien arrosée par une eau courante, peuplée, renferme divers centres et une véritable colonie européenne.

En retrait, dans la direction du Djerid, il convient de signaler encore l'existence de diverses oasis comme El-Hamma et surtout le groupe éparpillé du Nefzaoua, renfermant des centres de certaine importance, comme Kebili, Douz, Doniret, dont quelques-uns comptent encore les palmiers par dizaines de milliers.

Au sud de Gabès, en allant vers la frontière tripolitaine, il est encore quelques fausses oasis, comme les ksars Métameur et Medenine, Foum-Tatahouine, de bien modeste intérêt.

Et enfin, pour finir, c'est l'oasis marine, unique, la plus vaste et de beaucoup, avec ses 64.000 hectares, la verdoyante île de Djerba avec ses 2.000.000 de palmiers et presque son million d'oliviers, superbe terre de culture, bien peuplée et qui a attiré quelques colons.

L'arbre par excellence du désert est donc le palmier-dattier (phœnix dactylifera) que l'on retrouve dans les régions de sable aussi bien en Asie qu'en Afrique, mais auquel le sol saharien semble convenir plus particulièrement. Il en est de nombreuses variétés, plus d'une soixantaine, dans la simple nomenclature desquelles nous ne pouvons même pas songer à entrer ici. Cet arbre est également dioïque, c'est-à-dire qu'il est représenté par des types des deux sexes et qu'il faut le concours des deux pour la fécondation, laquelle, faite naturellement, est bien incomplète. Le palmier se reproduit par bouture ou drageon, et commence à produire des fruits au bout de quelques années (cinq ans environ); le rendement augmente au fur et à mesure qu'il vieillit. Vers quinze ans, il est en pleine force, et il vit vieux, souvent plus d'une centaine d'années. Ressource du désert par-dessus tout, non seulement le palmier nourrit l'homme et les animaux, mais encore il est utilisé pour son bois, ses feuilles, son écorce, et, qui plus est, debout, il abrite, en protecteur, d'autres arbres ou plantes de nature plus délicate. C'est qu'en effet, robuste entre tous, le palmier supporte de grands écarts de température, le froid et la chaleur, car il gèle parfois à plusieurs degrés au-dessous de zéro au désert, alors qu'à d'autres moments le thermomètre atteint des cotes de plus de 40° et même plus de 50°; les écarts dans la même journée sont quelquefois même considérables (on en a vu de plus de 30°). Mais si le palmier est peu exigeant, il lui faut cependant lumière, chaleur et fraîcheur, autrement il doit avoir (comme disent les Arabes) la tête au feu et les pieds dans l'eau.

Le soleil se charge de lui fournir, et abondamment, le premier de ces besoins, mais il n'en est pas toujours de même du second, car les pluies sont rares au désert et bien insuffisantes, et la plupart du temps l'eau manquant à la surface du sol, il faut aller la chercher dans le sous-sol. Parmi les oasis, comme on l'a vu, certaines bénéficient du voisinage des montagnes, d'où découle l'eau bienfaisante, comme dans les Zibans, d'autres sont gratifiées de sources plus ou moins abondantes, comme au Figuig, dans le Djerid, à Gabès ; mais la plupart doivent demander au sous-sol une eau qui fuit la surface, qui semble se cacher, comme celle de ces rivières souterraines, lesquelles vont se déverser dans les chotts ou encore celle de nappes souterraines, sortes de réservoirs parfois difficiles à atteindre.

De tout temps on a songé que l'eau devait être l'objet des soins les plus attentifs, et c'est ainsi qu'on trouve des traces de travaux faits en ce sens dès avant l'occupation romaine, laquelle nous a laissé de véritables monuments en ce genre, dont certains sont encore utilisés. Les Arabes eux-mêmes ont si bien compris ce rôle de l'eau qu'ils ont creusé le sol, créant, depuis une époque très reculée, des puits, par centaines, par milliers. Une corporation spéciale de travailleurs s'était adonnée à ces ouvrages, mais elle tend à disparaître, son action devenant nulle en face des perfectionnements de l'outillage moderne des puisatiers actuels. Ils creusaient le sol par des moyens rudimentaires, boisaient légèrement leurs puits, profonds encore parfois de 30, 50 mètres et plus. Ils plongeaient, au besoin, pour débarrasser le fond de ces puits du sable qui les obstruait, rendant les plus grands services, et non sans danger. Et malgré tout, certaines régions manquaient d'eau, des oasis dépérissaient. Lorsque nos soldats victorieux atteignirent le revers saharien des plateaux de l'Atlas, de suite ils comprirent le rôle qu'ils allaient avoir à jouer vis-à-vis des vaincus ; l'ère de la conquête était passée, celle de la pacification et de la civilisation allait commencer. Il fallait prouver aux indigènes que nous n'étions pas seulement des maîtres, mais des bienfaiteurs, et c'est ainsi qu'on s'occupa de leur prêter l'appui de procédés plus modernes dans la recherche de l'adduction de l'eau. Le forage artésien était tout indiqué, il fallait seulement l'expérimenter. On sait, au surplus, que par la suite cette conquête artésienne de l'eau rendit plus de services à la cause française qu'une série de victoires par les armes.

Voilà plus de soixante ans que le premier sondage a été fait au désert, à Biskra... Et les études dans ce but portèrent d'abord sur la région du Sud-Constantinois. Ingénieurs et officiers avaient été frappés du dépérissement des oasis de l'Oued-Rirh, puis du Souf, et ils voulurent y porter remède. L'œuvre ainsi poursuivie du reste depuis un demi-siècle, est due à la collaboration du double élément civil et militaire, mais on doit constater que ce fut surtout ce dernier qui s'y dévoua, et à tel point que plusieurs officiers y périrent victimes des fatigues endurées. On intéressa le gouvernement local à la question, et on obtint chaque année un crédit qui fut augmenté en raison des résultats reconnus. Les Arabes, comprenant alors tout le bénéfice qu'ils pouvaient tirer de ces tentatives, le plus généralement concluantes, s'y associèrent, prêtant leur concours, non pas seulement en main-d'œuvre, mais pécuniaire, si bien que maintenant ils s'offrent souvent à faire les frais nécessaires malgré le chiffre parfois élevé auquel cela peut les entraîner.

Chaque année a complété l'œuvre de la précédente; le matériel opérant dans la même région ou faisant son apparition sur un autre point, car l'inauguration du puits de Tamerna en 1856 eut un grand retentissement au désert, et bientôt des demandes vinrent de différents points. Il fallut donner satisfaction aux uns et aux autres, et les équipes, doublées, triplées, se portèrent aussi bien dans le sud des autres provinces et même sur les plateaux, où les sondages artésiens collaborèrent ainsi directement à la colonisation française. Le matériel se perfectionna. Aux bras humains, on substitua la vapeur, et cela permit d'atteindre de plus grandes profondeurs; c'est ainsi que l'on poussa des sondages jusqu'à des 200 et 300 mètres et même davantage, et cependant sans que ces onéreux efforts soient toujours couronnés de succès, comme nous avons pu nous en rendre récemment compte par nous-mêmes. La liste serait trop longue pour que nous songions à la reproduire ici, de tous ces travaux (tant perforation qu'aménagement et curages de puits existants), mais les résultats se sont traduits par le développement de certaines oasis, par la résurrection de certaines, et la création de quelques-unes. Dans le Mzab, par exemple, l'œuvre a été très efficace, malgré les multiples puits indigènes ; El-Goleah a échappé à la ruine ; les Zibans recueillent leur part de bénéfice ; mais ce sont surtout les régions de l'Oued-Rirh et du Souf qui ont eu à se louer des puits artésiens, grâce auxquels elles ont pu se développer, alors qu'elles semblaient vouées à la décrépitude, à la ruine peut-être... Ce sont ces régions, faciles d'accès, qui ont aussi attiré l'attention des Européens, premiers colonisateurs, on peut dire, du Sahara. Des Sociétés ont été constituées pour l'exploitation d'oasis, pour la culture du dattier et surtout pour le commerce des dattes. Des particuliers ont même tenté des expériences personnelles, car il ne faut pas perdre de vue que ces jardins du désert sont propres à toutes cultures, même maraîchères, pour certaines du moins ; et c'est de la sorte qu'on a déjà envoyé des primeurs, asperges entre autres, jusque sur nos marchés de France, qu'on pourrait expédier du raisin, et tenter d'autres essais. Les questions de transport, qu'on pourrait objecter, sont déjà élucidées ; des mesures enfin ont été prises pour déjouer les néfastes effets des grèves des ports, et l'Algérie est maintenant assurée de ses relations avec la métropole.

L'œuvre française de colonisation au désert ne fait donc que commencer, car il y a autre parti à tirer de ces oasis, propriétés arabes, à part de très rares exceptions. L'indigène est bien obligé d'aider la nature pour la fécondation du dattier, mais il le fait trop souvent incomplètement ; de même, il ne prend ensuite pas toujours suffisamment soin de l'arbre, qu'il ne fume presque jamais, qu'il butte plus ou moins négligemment, qu'il ne débarrasse pas assez de ses feuilles inutiles ; toutes choses pour lesquelles il conviendrait d'être son éducateur au besoin. De plus, comme il vient d'être dit, on pourrait amener l'Arabe à être producteur de primeurs d'un rendement rémunérateur.

Enfin, le commerce des dattes, déjà important puisqu'il se chiffre par millions de francs, pourrait être accru au profit des uns comme des autres, surtout par la suppression de certains intermédiaires onéreux. Les cours pourraient être régularisés et moins sujets à de fantaisistes fluctuations de prix.

Nous pourrions encore ajouter que des capitalistes osés, quoique prudents, trouveraient un emploi de leur argent à des taux très avantageux, tant en prêts sur récoltes ou terrains qu'en avance de fonds. Le métier de banquier est, du reste, déjà exercé, mais parfois de façons qui laissent à désirer et rappellent certains procédés usuraires contre lesquels on ne saurait trop s'élever, dans un esprit de justice.

Ce sont là, au résumé, multiples questions, qu'à l'occasion nous nous proposons encore de développer, car elles intéressent la prospérité de cette France africaine constituée par l'Algérie et la Tunisie, en attendant l'adjonction, fatale un jour ou l'autre, si nous manœuvrons bien, du Maroc, lequel est appelé à devenir peut-être, par la suite, la plus riche des trois provinces de l'Afrique française du Nord !

BANQUET OFFERT AUX CONGRESSISTES
PAR LA SOCIÉTÉ DE GÉOGRAPHIE

Le soir, à 7 heures et demie, un dîner de 150 couverts rassemblait, en une cordiale réunion, tous les congressistes, membres ou délégués des Sociétés de Géographie et des Chambres de Commerce, des professeurs, des publicistes, et de simples invités que passionnent les questions d'économie commerciale et coloniale.

Au hasard, et en nous excusant par avance des omissions, fatales en pareille occurrence, notons : MM. Mascle, préfet de la Loire, Gabriel Forest, président de la Société stéphanoise de Géographie, Blondel, vice-président de la Société de Géographie de Paris, Paul Labbé, secrétaire général de la Société de Géographie de Paris, Hanusse, chef d'hydrographie de la marine, Meynieux, président du Tribunal civil, Mallein, procureur de la République, Dumas et Plantevin, représentants de la municipalité, Hendlé, secrétaire de la préfecture, Naud, chef de cabinet du préfet, Alexandre Colcombet, Delestrac, Reuss, Tavernier, docteurs Montagnon et Riou, Berthon, de Champeville, Réveillaud, Valladaud, Debiton, Peix, greffier en chef du Tribunal civil, Bobichon, notre valeureux explorateur, Raverot, Tiblier, président de la Chambre des négociants, Lebois, Charles-Boy, Gerest, docteur Vitalien, Porquier, Andréoly, Fournier-Lefort, Jeandros, André, commissaires du Congrès, Gaston Routier, rédacteur au *Journal*, Véra, rédacteur à l'*Imparcial* et secrétaire général de la Société de Géographie de Madrid. Sylvain Girerd, secrétaire général du Congrès, tous les délégués des Sociétés de Géographie, les ingénieurs qui ont guidé les congressistes dans les mines etc., etc.

A l'heure des toasts, M. Gabriel Forest, en sa qualité de président de la section stéphanoise de Géographie, prend le premier la parole. En se levant pour porter la santé des hôtes illustres qui l'entourent, M. Forest demande à M. le préfet la permission d'adresser à son chef, M. Etienne, ministre de l'intérieur, l'assurance de l'expression de son sincère et respectueux souvenir.

« Après des étapes glorieuses, dit M. Gabriel Forest, M. Etienne est aujourd'hui au pouvoir; puisse-t-il y rester longtemps pour faire fleurir, sur notre sol de France, l'amour de la patrie qui lui tient si cher au cœur. Il m'est particulièrement doux de formuler ce vœu dans un moment où l'on est presque sur le point de se demander s'il faut distinguer en France deux camps ennemis : ceux qui aiment la France et les autres. De ces autres, il n'en est point parmi nous, conclut M. Forest, et c'est de tout cœur que vous lèverez, Mesdames, Messieurs, notre verre à la France coloniale, à la grande semeuse d'idées, à la France éducatrice des peuples opprimés. »

M. Mascle, préfet de la Loire, qui prend la parole après M. Forest, s'exprime en ces termes :

« Mesdames, Messieurs,

« J'aurai soin de faire connaître au ministre de l'intérieur l'accueil que vous avez bien voulu me faire et les aimables paroles que lui adressait tout à l'heure M. Gabriel Forest, le distingué et dévoué président de la Société de Géographie commerciale de Saint-Etienne.

« Je sais trop avec quel entrain M. Etienne suit les congrès de géographie; je connais trop ses sentiments à l'égard des Sociétés pour n'être pas certain que le chef du parti colonial sera très sensible à l'accueil fait à son préfet. Je vous en remercie ».

« M. Forest a fait allusion dans le discours qu'il a prononcé à une campagne sacrilège qui tendrait trop à se propager dans le pays. Je puis, comme préfet de la République, vous donner l'assurance que c'est un cas isolé et que tous, comme le grand Français dont il rappelait le nom — Gambetta — « Nous sommes patriotes avant tout. »

« Et maintenant Mesdames, Messieurs, laissez-moi vous dire que c'est un plaisir pour moi d'être appelé dans cette glorieuse et brillante assemblée à porter la santé de M. le Président de la République. Je le fais avec une entière confiance sachant quel respect et quelle sympathie sa magistrature et sa personne ont inspirés à tous.

« Le devoir qui est toujours doux du représentant du gouvernement de la République m'est particulièrement agréable ce soir puisque j'ai à vous demander de lever vos verres en l'honneur de l'homme éminent qui par la dignité de sa vie, par la droiture de sa raison, par sa sagesse profonde, par son sang-froid que rien ne peut influencer, a conquis l'estime et l'admiration de la France entière et qui, arrivé au terme constitutionnel de son mandat, a conquis dans notre pays la plus grande et la plus légitime popularité.

« Enfin, je viens aussi vous demander de lever vos verres aux hôtes distingués qui sont venus des différents points de la France apporter leur appui à votre congrès. Vous connaissez tous, Mesdames, Messieurs, cette ville dont M. Forest vous rappelait l'histoire si intéressante au début de vos travaux ; elle fut calomniée, il faut bien que je le dise. Vous savez tous que si nous n'avons pas de monuments à vous présenter, comme le constatait mes très aimables voisins, M. Hannusse, délégué du ministère de la marine, et M. Blondel ; si nous n'avons pas à vous présenter de monuments, nous pouvons avec orgueil vous montrer nos usines.

« Nous pouvons vous dire par ces usines, par les produits de ce pays qui sont connus, appréciés, répandus dans le monde entier que la ville de Saint-Etienne était digne de l'honneur que vous avez bien voulu lui faire en la choisissant pour le siège de votre congrès ; et je ne crois pas que nulle part, sauf peut-être en Amérique, je ne crois pas que nulle part, on puisse autant qu'à Saint-Etienne constater cette force admirable qui fait la gloire de l'industrie française ».

En terminant, M. le préfet souhaite que la France, et le Forez plus particulièrement, où s'est transmis très vivace le culte de la grande et de la petite patrie, fournissent toujours de vaillants et hardis pionniers, sous l'inspiration des Sociétés de Géographie.

M. Philippe Dumas, au nom de la ville de Saint-Etienne, dit qu'il a un devoir à remplir au nom de la municipalité, car les congressistes ont toujours eu des paroles aimables à son endroit. Il est convaincu que des congrès comme celui-ci facilitent la tâche de la diplomatie, facilitent aussi l'échange des idées qui doivent nous mener à la paix universelle et à l'émancipation des travailleurs; il a l'espoir que les congressistes emporteront de Saint-Etienne un souvenir agréable, et il porte un toast à la Section stéphanoise de Géographie.

Après lui, c'est M. Blondel, qui exprime, en quelques mots, les excuses de M. Anthoine, président de la Société de Géographie de Paris. Puis, il félicite les organisateurs de ce congrès admirablement réussi; il dit quelles peines, quels souci ont dû être les leurs pour organiser et ces réunions et ces excursions.

« La Société de Paris est fière de sa fille de Saint-Etienne qui a su grandir d'une façon remarquable, et dont le florissant succès est dû aux hommes de cœur comme MM. Forest, Girerd, Valladaud qui sont les ouvriers admirables de cette œuvre.

« Tous ceux qui suivent l'évolution économique contemporaine savent que Saint-Etienne est au premier rang des villes de France et d'Europe au point de vue du développement industriel. Elle est le foyer vivant de notre activité nationale, et l'on apprend à la connaître en admirant les produits de son industrie dans les diverses Expositions.

« Tous, ici, industriels, commerçants, professeurs, publicistes nous sommes unis, dans un effort commun, pour former un faisceau de bonnes volontés dans le but d'aider la France dans ses luttes économiques de jour en jour plus âpres et de lui conserver son prestige séculaire. Je forme les vœux les plus ardents pour la section stéphanoise de géographie et pour toute votre population si laborieuse, si vivante et si vraiment française. »

M. Reuss, chargé par le Congrès pour l'avancement des Sciences, siégeant alors à Cherbourg, d'apporter ses salutations cordiales au Congrès de Géographie, rappelle que c'est dans le même Congrès pour l'avancement des sciences tenu à Saint-Etienne en 1897, que furent jetées les premières bases de la Société de Géographie stéphanoise.

— « Il faut, dit-il, donner ce souvenir en passant. La
« grandeur d'une nation consiste à se développer commer-
« cialement ; il faut donc développer les sciences, la
« géographie, les méthodes commerciales, car c'est avec
« ces armes que l'on peut lutter et que l'on peut conquérir
« les marchés du monde. »

Le docteur nègre Vitalien, médecin particulier de l'empereur Ménélick, dans une improvisation d'une élégante facilité, remercie Saint-Etienne du bienveillant accueil qu'il y a trouvé.

M. Gallois, l'explorateur bien connu à Saint-Etienne, où il est venu faire si souvent d'intéressantes conférences se lève pour boire à la santé de Ménélick, en l'honneur de son médecin, le docteur Vitalien.

MM. Guénot, délégué de la Société de Géographie de Toulouse, Paul Hazard, délégué de la Société de Géographie de Bourges, Bordy, officier du génie, prononcent aussi des toasts fort applaudis.

Enfin, M. Gaston Routier, représentant du *Journal*, profite de la présence de M. Vera, rédacteur à l'*Imparcial* et secrétaire de la Société de Géographie de Madrid, pour remplir un devoir d'amitié à l'égard de ce dernier qui est un de ses meilleurs camarades. Il pense que c'est un acte de haute courtoisie internationale de la part de l'Espagne de nous avoir délégué cet aimable représentant, et nous devons lui en être reconnaissant ; la Société de Géographie de Madrid ne pouvait mieux choisir qu'en désignant M. Vera.

M. Routier termine en disant qu'il ne connaît pas un pays où les Français soient accueillis avec plus d'effusion que dans ce beau pays d'Espagne.

M. Vera répond à M. Routier par quelques mots aimables.

A 11 heures 1/2 du soir, le banquet prenait fin.

Mercredi 9 Août.

Séance du Mercredi matin.

A 8 heures, les Congressistes se réunissaient au lycée et les sections commençaient à travailler.

I. — Géographie générale et locale.

M. Rogé, délégué du Havre, préside.

Un rapport sur le canal de la Garonne à la Loire est déposé sur le bureau du Congrès au nom de M. Aubarbier, président de la Chambre de Commerce de Périgueux (1).

Deux communications sont ensuite faites : M. Garnier, délégué de la section de Constantinople, parle de la sériciculture en Turquie ; M. Bondoux raconte son voyage à travers la Perse. Puis deux rapports préparés par des congressistes absents sont lus : l'un de M. Pageyral, de la section tunisienne, sur le commerce des minerais de plomb tunisien ; l'autre de M. Chuzel, de Constantinople, sur la langue française en Orient.

LA SÉRICICULTURE EN TURQUIE

Par M. Jacques GARNIER, délégué de la Société de Géographie
de Constantinople.

Le hasard, ce grand inconnu, fait quelquefois bien les choses, et, dans le cas présent, je suis heureux de le constater.

Né à Saint-Etienne même, c'est réellement pour moi une bonne fortune d'avoir, de la part de la Société de Géographie de Constantinople, à présenter à ce Congrès un

---

(1) Périgueux, imprimerie Jougla, 1903.

travail qui peut intéresser à un haut degré une des principales industries de Saint-Etienne. Peu de questions peuvent, en effet, présenter pour cette ville plus d'intérêt que celle de la « Sériciculture », car elle tient la seconde, sinon la première place dans l'industrie de la soie du monde entier.

Comme Stéphanois, je dois par politesse, étant chez moi, céder le pas à notre grande voisine, la splendide ville de Lyon, dont la réputation n'est plus à faire pour ses tissus de soie, tout en faisant remarquer que ces deux villes, Lyon et Saint-Etienne, occupent réellement toutes les deux, bien qu'à des titres différents, la première place, l'une par ses soieries pour vêtements et ameublement, l'autre par ses rubans et ses velours.

La Société française de Géographie de Constantinople, désirant voir présenter la question « Sériciculture » au Congrès de Saint-Etienne, a bien voulu, comme fonctionnaire de la Dette, m'en confier l'étude, pensant que je pourrais, avec l'autorisation de mes chefs, me procurer les renseignements les plus précis. J'ose espérer que son attente ne sera pas déçue, car si ce travail fait par moi, au lieu des distingués érudits faisant partie de notre groupe, y a perdu en littérature, il se rachète comme exactitude de chiffres.

En effet, la Dette Publique Ottomane a, en vertu du décret du 28 mouharrem 1299, (8/20 décembre 1881) l'administration du revenu de la soie, qui fait partie des « revenus concédés » par ce décret aux porteurs de fonds turcs. J'ai donc été à même de puiser à la source les renseignements concernant cette question.

Comme vous le savez, messieurs, le but poursuivi par les Sociétés de Géographie commerciale est de faire connaître à l'activité française les ressources que chaque pays peut lui offrir et le degré de sécurité des capitaux qu'on pourrait lui confier.

Permettez-moi, messieurs, de rappeler ici, que les Français sont de beaucoup les plus forts détenteurs de fonds turcs et que, si le crédit de la Turquie s'est si vite relevé, elle le doit en grande partie à l'élément français.

Si la sériciculture s'est aussi relevée et a acquis en si peu de temps une si grande prospérité, c'est en grande partie à nos compatriotes qu'en revient le mérite. En première ligne, il convient de citer M. le commandant Léon Berger, depuis 15 ans président alternatif de la Dette Publique Ottomane, dont la haute compétence en fait la première personnalité financière et administrative de l'empire ottoman ; ses collaborateurs : M. le comte d'Arnoux, directeur général, et M. Scanavi, directeur ; M. Abonneau, secrétaire général. Au service technique séricicole : M. Xavier Dybowski, élève de l'école de Grignon, contrôleur ; M. de Raymond, contrôleur ; M. Guyot, licencié ès lettres, contrôleur ; M. Voisin, ingénieur de l'administration. Nous devons aussi faire ressortir l'influence toute particulière qu'ont exercée les *Ecoles françaises* sur l'élément cultivé indigène : ainsi S. E. Sélim Mélhamé, ministre de l'agriculture, des mines et forêts, est élève de l'école de Grignon ; S. E. Hamdy Bey, doyen du Conseil de la Dette, directeur de l'école des Beaux-Arts et du musée impérial de Stamboul, homme d'une haute culture, doublé d'un artiste distingué, est élève de notre regretté grand maître Gérôme ; Torkomian Effendi, conseiller technique agricole, directeur de l'institut séricicole de Brousse, sort de l'école d'agriculture de Montpellier ; Ismet Bey, aide contrôleur, également. Les surveillants séricicoles sortent, qui, des écoles d'agriculture de Valabre, d'Ecully (Rhône), etc., et les autres des écoles indigènes créées par des professeurs sortant des écoles françaises.

Il serait injuste, messieurs, de passer sous silence les noms des premiers pionniers qui vinrent implanter, dans l'empire ottoman, l'industrie de la filature de la soie dite à la Chambon. C'est en Syrie, de 1845 à 1850, que débuta cette industrie sous la direction de plusieurs filateurs français qui vinrent s'y fixer : MM. Portalis, Mourgues, Palluat, Testenoire ; l'élevage des vers à soie, en Syrie, n'a guère commencé à prospérer qu'à l'arrivée de ces Français. Le nombre des bassines était en 1870 de 1.900, il est aujourd'hui de 11.000, dont 750 en 8 filatures appartiennent à des Français et le reste aux indigènes. C'est Lyon qui alimente les filateurs syriens.

Ceci posé, je n'entrerai pas, bien entendu, dans les questions purement techniques de l'élevage du bombyx, ses différentes transformations, les soins qu'on doit lui prodiguer, ses maladies et leur prophylaxie; en un mot tout ce qui concerne le côté pratique du grainage, de l'élevage, des cocons, de la soie grège, etc., nombre d'ouvrages ont été publiés sur cette intéressante branche de l'industrie et avec une autre compétence que je ne saurais le faire, n'étant pas spécialiste, et mon rôle, plus modeste, se bornant à un exposé succinct des diverses phases qu'a traversées la sériciculture dans l'empire ottoman : 1º avant 1882, et 2º depuis la création de la Dette Publique Ottomane.

La sériculture, jadis si florissante en Asie Mineure, était arrivée en 1881 à un tel état d'abaissement que rien, à cette époque, ne faisait prévoir son prochain relèvement; l'éleveur découragé arrachait ses mûreraies pour les convertir en terre de labour. Tel était l'état déplorable de la sériciculture, lorsque le décret de mouharrem créa l'administration de la Dette Publique Ottomane.

Il ne fallait rien moins que la haute autorité qui s'attache aux fonctions de délégué nommé par les syndicats des porteurs de titres ottomans de chaque puissance intéressée, et le dévouement sans bornes avec lequel ces messieurs se vouent à leur tâche, pour relever une industrie tombée si bas et en faire en quelque sorte une des premières, comme, en quelque 20 ans, une des principales sources des revenus de l'empire.

Oh! cela n'alla pas tout seul! On ne change pas du jour au lendemain les vieilles coutumes d'une nation; il fallut faire une étude sérieuse de la question, se rendre sur les lieux de production, et, pour vaincre la routine invétérée chez des paysans illettrés pour la plupart, donner de sérieux encouragements aux premiers qui se lancèrent dans la voie des réformes; créer de toutes pièces un service technique, élaborer des règlements, instituer des concours séricicoles, instaurer une station séricicole pour vulgariser le système Pasteur de sélection cellulaire. Plusieurs mûreraies modèles furent également créées, et de ces pépinières on envoya dans tous les centres séricicoles des quantités considérables de plants qui furent distribués gratuitement aux éleveurs.

Tant de soins et de persévérance devaient être récompensés et ce succès fut si grand, si palpable, qu'il dépassa de beaucoup les espérances les plus optimistes, De Ltqs. 11.554 que produisait la dîme de la soie en 1881, dans les régions concédées à la Dette, elle s'est élevée en 1903 à Ltqs. 106.117. La production en cocons passa de 1.394.735 à 7.434.490 kg. soit une augmentation de 6 millions de kg.; le rendement des graines de 22 kg. à l'once est monté en 1903 à 45 kg. 731; la production de la soie grège, presque nulle en 1881, était en 1892 de 296.464 kg. et en 1903 de 501.196 kg. Il est, je crois, inutile d'insister devant l'éloquence de ces chiffres.

J'ai dû, pour la clarté de ce travail, le diviser en plusieurs chapitres :

Le 1° « Etat de la sériciculture avant 1882 » contient des extraits d'un rapport très documenté demandé par la Dette Publique Ottomane à M. Scholer, négociant à Brousse, sur la sériciculture dans cette région ; le 2° « Développement de la sériciculture depuis la création de la Dette Publique Ottomane » donne année par année les soins donnés par cette administration à la sériciculture et la marche régulière de son développement, l'étude approfondie qui est faite de toutes les questions l'intéressant, les règlements élaborés et mis en vigueur pour sauvegarder les intérêts des éleveurs et du fisc, enfin, les résultats obtenus chaque année ; le 3° « Institut séricicole de Brousse » étudie la création, l'organisation et le fonctionnement de la station séricicole d'après le plan de M. Maillot, professeur agrégé, directeur de l'école d'agriculture et de sériciculture de Montpellier ; le 4° traite du « Procédé Pasteur » afin de démontrer les difficultés que devait surmonter l'administration dans sa tâche ; le 5° a trait aux « Concours séricicoles » et donne les règlements auxquels ils sont soumis ainsi que les prix qui y sont décernés ; le 6°, qui s'occupe des « Mûreraies », donne la façon de cultiver et la qualité du mûrier employé en Turquie. D'après M. Guyot, les arbres sont espacés de 1^m à 1^m,20 et récépés annuellement à une hauteur de 2 m. au maximum ; ce sont des mûriers blancs sauvages, greffés de mûriers blancs cultivés, ce qui donne un produit abondant, il faut un deunum et 1/2 de mûriers de 7 à 8 ans pour l'élevage d'une once de graines de vers à soie : ce qui fait de 12 à 1.500 kg. de feuilles, et s'approche sensiblement des données des spécialistes français. Ce chapitre contient encore un aperçu sur les mûreraies modèles, etc., et les règlements pour arrêter l'extension des maladies des mûriers ; le 7° a trait à la « Législation fiscale de la sériciculture », c'est-à-dire aux impôts qui la grèvent, les exemptions en faveur des nouvelles plantations de mûriers, la façon dont les produits doivent être vendus, les amendes, confiscations, règlements, etc. ; le 8° « Régime douanier » donne le tarif des droits d'entrée et de sortie et leur réglementation ; le 9° « Exportation par pays » ; le 10° « Les cours par année des cocons et soies grèges ; enfin 9 tableaux et graphiques donnent le mouvement ascensionnel de la sériciculture depuis 1882 ou 1892 jusqu'à 1904 (1).

---

(1) C'est un simple résumé de son travail qu'a donné M. Marius Garnier, aux Congressistes. Ce travail extrêmement complet, et qui ferait à lui seul la matière d'un volume, se trouve au bureau de la Société de géographie de Saint-Etienne. Il sera communiqué à toute personne qui en fera la demande.

A TRAVERS LA PERSE

Par M. Georges BONDOUX, peintre attaché à la mission de Morgan.

Mesdames, Messieurs,

J'ai aujourd'hui la bonne fortune de vous entretenir de la Perse, cette vaste contrée si peu connue des Européens, que j'ai pu, comme attaché à la mission de Morgan, parcourir pendant de longs mois, en la traversant du sud au nord. Je ne m'étendrai que très peu sur la description physique du pays, pour vous parler plus longuement du rôle que la France a dans cette partie de l'Asie, et aussi de l'influence grande, de la prépondérance que notre race, notre langue possèdent depuis déjà plusieurs siècles.

La mission que dirige si remarquablement M. de Morgan, et que vous connaissez tous, a pour but d'explorer les trésors archéologiques que les souverains de Perse, Nasser-ed-din et son fils Mouzaffer-ed-din, nous ont abandonnés si magnifiquement. Car vous savez qu'une partie de la Perse actuelle est édifiée sur les ruines des empires asiatiques qui ont dominé le monde ancien. Nous n'avons pas le droit de continuer en Mésopotamie ce que nous faisons en Perse, car S. M. le sultan n'a pas sur ce sujet, les mêmes idées que S. M. Mouzaffer-ed-din, et je dis continuer, car nous ne devons pas oublier que ce sont des Français, Botta, Place et d'autres, qui ont ouvert le champ des trouvailles assyriennes.

M. de Morgan a donc eu l'idée de réunir sous sa direction les différentes branches de la science et l'art aussi, et après avoir fouillé le tell de Suse pendant l'hiver (les seuls mois où l'on puisse travailler dans ce désert torride), les voyages d'été s'accomplissaient en recueillant les objets tout le long de la route, pour enrichir nos collections scientifiques : histoire naturelle, géologie, minéralogie, botanique, etc. Puis, jugeant que le grand public lui aussi a droit à l'attention des savants, et voulant se mettre à la portée du plus grand nombre, il a essayé de l'initier à ses travaux, à ses voyages, et pour cela il lui a présenté un certain nombre de peintures, sorte d'illustrations de ce grand et magnifique livre qu'il consacre à la Perse ancienne et moderne.

Il m'a fait l'honneur de me choisir comme colloborateur; avant de partir, il m'avait expliqué quelles étaient ses idées, quel était son but, et m'inspirant de nos entretiens j'ai rapporté du beau voyage que j'ai fait avec lui une longue série d'études. La réussite auprès du public de ces illustrations en couleur a prouvé à notre chef de mission qu'il avait vu juste, et que le meilleur moyen d'intéresser les gens qui passent, c'est de les retenir, ne serait-ce qu'un moment, au moyen des yeux. Au surplus, cette éducation « par l'œil », dont on vient depuis quelques années à peine de se rendre compte, est un des modes les plus faciles, les moins ennuyeux, et les plus agréables pour la masse, de s'instruire.

Les musées, ouverts à tous, ne sont pas la propriété des savants ou des artistes seuls. Ce sont, pour ceux que l'art ou la science intéressent, des éducateurs moins arides que les livres, où chacun comprendra, rien que par un coup d'œil, ce qu'il faudrait expliquer par de longs alinéas ou des pages entières. Nous, notre suprême ambition serait de donner un peu de joie aux études d'archéologie, d'amuser les étudiants par des représentations des sites antiques, de leur montrer les lieux où de grandes actions se sont accomplies. L'histoire serait ainsi moins difficile à s'assimiler et chacun se ferait, sans efforts, une idée rapide des civilisations d'autrefois.

C'est ce qu'a voulu tenter M. de Morgan. L'unanimité des éloges que la presse entière lui a témoignés, prouve qu'il a comblé une lacune. Et maintenant, mesdames et messieurs, que j'ai rendu à notre éminent chef de mission, la juste part qui lui est due, permettez-moi de vous raconter simplement le voyage que j'ai accompli dans l'empire d'Iran.

Lorsqu'on arrive au fond du golfe Persique et que la vigie signale la terre, on n'aperçoit d'abord qu'une étroite ligne sombre entre l'eau rouge et le ciel bleu. La ligne sombre se précise et bientôt une forêt de palmiers s'aperçoit, poussant sur le rivage dans cette nappe liquide mêlée d'argile que le Chat-el-Arab roule sans fin vers la mer. Le bateau va pénétrer à travers cette forêt, dans ce vaste estuaire large comme un lac. Des buffles passent à la nage sans cesse de la rive turque à la rive persane, et nul être humain ne semble habiter ces bords : c'est à peine si la silhouette du poste télégraphique et du fort de Faô montrent que des êtres semblables à nous vivent dans ces solitudes.

Le confluent des deux fleuves — pourrait-on dire — le Chat-el-Arab et le Karoun, vaste étendue liquide, marque la limite des frontières persanes. A El-Mohammérah, où notre voyage maritime s'achève, nous devenons les hôtes de S. M. le Shah.

Une plaine sans fin, une plaine d'alluvions où depuis des millénaires les eaux des montages de l'Asie Mineure ont déposé leur humus, terre admirablement fertile et... inhabitée, s'étend autour de nous. Le Karoun joue en de capricieux méandres dans cette terre brune, qu'il coupe comme du beurre. Et pendant des jours, sans voir une verdure, avec de rares villages de tentes, nous allons lutter contre les eaux torrentueuses du plus grand fleuve de la Perse.

A Nasri-Arvaz, ville neuve près d'une ville antique, où les contreforts montagneux de l'Iran viennent mourir, nous avons quitté le fleuve pour entrer dans le désert, nous dirigeant vers Suse. En caravane, à cheval, dans une plaine morne; sans villages, en butte à la venue soudaine d'une bande de pillards, de nomades voleurs qui abondent par ici, pendant plusieurs jours nous avons traversé l'antique royaume d'Elam, inconnu il y a vingt ans, et que les documents retrouvés à Suse nous montrent couvert de villes, riche d'habitants et de cultures, envié des autres royaumes de Mésopotamie, il y seulement 2.400 ans! Quelle désolation que cette terre d'une fertilité inouïe, couverte d'une herbe déjà rôtie — nous sommes en hiver — où passent, rapides, les notes claires des gazelles légères et où des traces de lions du désert et de sangliers se retrouvent le soir autour des sources près desquelles nous dressons le campement.

Mais un matin, dans la brume humide, nous apparaît le tell célèbre, qui a gardé à travers les siècles accumulés, le nom de *Shoush*. C'est là que, depuis huit années, M. de Morgan et ses collaborateurs ont été chercher les secrets, si jalousement gardés, de l'histoire antique de l'Asie, et, qui sait, peut-être aussi des origines de la civilisation, berceau de l'art et de la science, et dont les documents récemment trouvés seraient tout près de nous donner la confirmation de cette hypothèse.

De cette ville, capitale toujours, dont le nom s'est perpétué jusqu'à nous, il ne reste que des buttes, amoncellements de terre auxquels on a donné des noms pour les distinguer. Il y a la *citadelle*, la *ville royale*, la *ville des artisans*. La *citadelle*, visitée par l'Anglais Loftus, puis par Dieulafoy, et enfin exploitée par Morgan, nous a donné les trésors que le Louvre possède depuis cette année. La *ville royale*, explorée par Dieulafoy nous a donné les belles frises émaillées que vous connaissez. Quant à la *ville des artisans*, les sondages n'ont pas produit jusqu'alors des résultats satisfaisants.

Du haut de la citadelle, la vue s'étend jusqu'à l'horizon lointain vers l'ouest et vers le sud : mais elle est arrêtée au nord par les monts du Louristan, et à l'est par ceux des Bekkyaris, toujours couverts de neige, gradins gigantesques du magnifique escalier qui mène au plateau iranien. Rien n'arrête les regards sur l'immense plaine : de temps à autre (et combien rare!) un arbre sacré, couvert d'ex-votos, quelques tentes noires, et au milieu des broussailles où vivent en maîtresses absolues les bêtes sauvages, les rubans d'argent du Chaour et de la Kerkha, l'ancien Pasitigris, qui roulent tumultueusement leurs eaux vers le sud.

Dans cette province de l'Arabistan — perdue en dehors du plateau — qui, géographiquement, ne devrait pas appartenir à la Perse, deux villes seulement s'élèvent sur les bords de l'Ab-è-diz (un des noms du Karoun), ce sont Chouster et Dizfoul. Vastes agglomérations de 20 à 30.000 âmes chacune, dit-on, elles n'ont de remarquable que leur ancienneté et deux vestiges de la civilisation des Sassanides, leurs ponts et leurs barrages. Mais il y a deux ans une crue subite a emporté deux arches du pont de Dizfoul : les Persans ont rétabli la circulation avec des troncs de palmiers, car c'est un principe dans le pays, *on ne répare jamais*. Combien de temps ces reliques vénérables subsisteront-elles? Nul ne le sait.

Les routes n'existent pas en Perse ; on suit des sentiers de caravanes, en file indienne. Et, par endroits, le passage est difficile pour des bêtes. Alors on tremble pour son bagage, et l'on a souvent raison. Que de mules chargées glissent et se perdent dans des ravins, dans des trous, sans sauvetage possible! Les cantines perdues qu'on ne peut renouveler, ce sont les notes écrites, les études peintes, les instruments de travail anéantis, ce sont les fruits d'un voyage devenu inutile.

Aussi, lorsqu'on traverse les montagnes, on va très doucement, le plus lentement possible. Et encore, lorsqu'on a échappé aux dangers que la nature a accumulés devant soi, il faut compter pendant l'obscurité avec les bêtes féroces, et le jour et la nuit avec les... hommes féroces, c'est-à-dire avec les voleurs, les bandits qui vivent comme ils peuvent sur une contrée où le manque d'habitants ne leur permet pas de se faire des rentes régulières. Aussi lorsque des Européens sont signalés, quelle aubaine! Mais comme nous avons la réputation de savoir nous défendre et d'en user, ces primitifs, ces simples, qui sont lâches naturellement, ne se hasardent près des campements que lorsque la faim est devenue très pressante.

La partie la plus pénible du voyage fut celle que nous accomplîmes entre Suse et les premières villes du plateau. Là, sans cesse, montant et descendant, pendant plus de six semaines nous avons accompli des tours de force d'équilibre. Les différentes chaînes parallèles des monts du Poucht-è-Koùh barraient notre chemin et nous dûmes chaque fois les franchir. Comme il n'y a que des sentiers dont les nomades se servent depuis des siècles, on suit les entailles faites dans la roche par les bêtes et les gens et l'on gravit de hautes falaises, qu'on croirait de loin infranchissables, par des passages parfaitement connus des gens du pays.

C'est un spectacle grandiose que ces solitudes de pierres, où pendant plusieurs jours quelquefois nous ne vîmes aucun être humain ; les vallées profondes, toutes vertes de la frondaison printanière, sont traversées par des fleuves torrentueux qui donnent, seuls, de la vie à ces choses. Les pentes des monts sont couvertes de forêts, inexploitées naturellement, et il y a là toutes les essences de notre Europe.

La première ville que l'on rencontre en quittant la barrière montagneuse des monts du Poucht-è-Koùh, est Kirmanchâh. Elle est située dans la coupure de montagnes qui sépare le Kurdistan du Louristan, dans cette vallée qui mène du plateau persan à la plaine mésopotamienne, route éternelle des invasions depuis qu'il y a des hommes. Kirmanchâh n'a rien de curieux, c'est une vaste agglomération d'une vingtaine de mille âmes, où le commerce consiste en tapis, étoffes, cuivres, etc., tout le bibelot persan ; c'est du reste ce que nous trouverons dans maintes villes de l'Iran. A noter autour de la ville de vastes champs de pavots, qui servent à la confection du haschisch ; mais à 6 ou 7 kilomètres — c'est-à-dire à un farsak — se trouvent les grottes de Tagh-è-Bostan. Dans le marbre de la montagne sont sculptés le portrait de Kosrou (Chosroès II) le Sassanide et des bas-reliefs dont vous verrez les moulages au Louvre. Un vaste palais s'étendait à cette place, un palais qui devait être splendide si l'on en juge par les vestiges retrouvés, chapiteaux, fragments de statues. De toute la radieuse civilisation des Sassanides, c'est à peu près tout ce qui nous reste.

A partir de Kirmanchâh. la route est bonne et elle le sera jusqu'à Téhéran. Le haut rocher de Bisontoun avec les stèles de Darius Achéménide marque une étape dans le trajet. Plus loin, dans le village de Kenghaver, j'ai visité la seule ruine grecque, je crois, qui existe encore, c'est un temple enfoui sous une maison, où l'on ne distingue plus que quelques fûts de colonne sur un soubassement. Puis voici devant nous le majestueux Elvend, montagne de sources, qui abrite Hamadan, tant chanté par les poètes nationaux. On franchit la montagne par le col de Genj-Namèh, et en passant, je remarque les deux stèles triomphales de Xercès, pour descendre dans la ville charmante d'Hamadan.

De l'eau partout, des sources qui sortent de terre, inondent les chemins ombragés de tébrizis, de jujubiers, d'abricotiers, des ruisseaux courent de jardins en jardins et entretiennent une fraîcheur exquise. La ville est couverte de belles verdures, protégée des vents du sud-ouest par l'Elvend au blanc capuchon, et elle offre avec les autres ville de la Perse un contraste frappant. Mais de l'Ecbatane antique recouverte entièrement par l Hamadan moderne, rien ne subsiste. La colline rocheuse qui portait le château de Déjocès — dont le bon Hérodote nous a laissé une copieuse description — existe encore, elle, mais c'est tout. Sans doute, si l'on pouvait fouiller sous les maisons, on trouverait encore des vestiges de la civilisation médique.

Le plateau persan forme comme une vaste plaine à peine ondulée de rares chaînes de collines, traversée de ouaddis qui naissent des montagnes d'alentour et vont mourir en se perdant dans les sables arides. Dans ce vaste espace, près de l'eau — car en Orient les deux seuls bonheurs terrestres sont l'ombre et l'eau — s'élèvent des villes immenses, Ispahan, ancienne capitale, ville universellement célèbre pour ses splendides monuments, Kachan, Koum et ses mosquées aux dômes dorés, Kirman, loin dans les déserts du sud, Méched, lieu de pèlerinage interdit aux « infidèles », puis Kaswin, Tauris, ancienne capitale aussi, et enfin Téhéran, résidence actuelle du shah in shah, du roi des rois, de l'ombre de Dieu sur la terre.

Ce plateau renferme de temps à autre des villages arrosés par de maigres sources, et autour des huttes en pisé, les habitants faméliques cultivent juste assez de terres pour ne pas mourir de faim. Vienne une année mauvaise et la disette s'abat sur ces malheureux qui meurent par centaines, par milliers autant du manque de nourriture que des maladies endémiques, à l'état latent dans ces contrées. Aussi pendant notre traversée avions-nous eu soin de nous précautionner d'aliments, jalonnant nos étapes sur les rares sources que nous signalaient nos guides.

Mais après ces arides campagnes, quelle joie de voir les dômes bleus des mosquées apparaître au-dessus des frondaisons des villes! Il nous semblait renaître à la vie, tels des naufragés qui voient apparaître à l'horizon les rivages enchanteurs d'une île embaumée. Nous étions encore une fois revenus à la vraie vie orientale, celle qui nous séduit par-dessus tout, nous autres Européens. Kaswin, relais entre le port de Recht et la capitale Téhéran, jolie ville entourée de superbes jardins, où les diligences russes font escale avant de suivre la route poussiéreuse qui mène vers la ville du shah. Un système de relais assure le changement de chevaux; mais les abris pour les voyageurs laissent plutôt à désirer, les Persans ayant l'habitude de coucher par terre sans se déshabiller.

Voici Téhéran. Une grande ville de deux cent mille âmes, dit-on, où les influences européennes rivalisent à l'envi. Il y a un grand commerce dans le bazar, et cependant il est tout local, les habitants répugnant encore aux idées de civilisation européenne. On a voulu établir une usine à gaz qui n'a pas réussi, des tramways qui ne marchent plus, des routes sans entretien. Mais tout cela changera d'ici peu sans doute. Le shah est muré dans son immense palais de l'Ark, vastes constructions éparpillées dans un magnifique jardin où coulent d'abondantes sources cristallines, et il mène là une existence ennuyée, sans but, indolent comme son peuple, et n'ayant pas la foi patriotique qui dirigerait la Perse en dehors des deux courants qui se la partagent actuellement. L'été, le souverain va passer le mois de chaleur intolérable qu'il fait à Téhéran (j'y ai vu 45° au-dessus de zéro à l'ombre) en vrai Kadjar qu'il est, c'est-à-dire avec les goûts nomades de ses ancêtres, loin de sa capitale dans les montagnes. Il adore la vallée du Har, si fraîche en août, que surplombe le majestueux Demrvend (qui a 6.080 mètres) ; il y chasse la grosse bête, le bouquetin, l'ergali, le sanglier, et son coup d'œil adroit ne manque jamais la victime. Puis il revient à l'automne dans un des nombreux palais de Chimran aux environs de la capitale en méditant de retourner bientôt dans cette France qu'il aime tant !

Admirable aussi, cette ville de Tauris, résidence du Valichd ou prince héritier, que les « dauphins » persans (si je puis employer ce mot) embellissent depuis tant d'années. Magnifiquement située entre de hautes montagnes, à proximité de la mer d'Ourmiah, dans de fraîches vallées pleines d'eau, Tauris ne fut délaissée comme capitale qu'à l'avènement des Kadjars, c'est-à-dire à la fin du siècle dernier. Des ruines de sa splendeur passée émergent des constructions basses de la ville. C'est la mosquée bleue, détruite dans un tremblement de terre en 1780, mais dont les mosaïques de faïence sont incomparables ; c'est l'Ark, immense montagne de briques, à la fois palais, mosquée, citadelle.

Il me faut encore vous dire un mot des plus belles provinces de la Perse, je veux parler du Mazendéran et du Ghilan. Elles se trouvent sur le revers nord des monts Elbourz et descendent vers la Caspienne. On ne peut imaginer pareille richesse de végétation : c'est à travers les troncs serrés des ormes, des sycomores, des platanes, des aulnes centenaires, une course de torrents qui apportent à la plaine l'eau indispensable aux rizières qui font la richesse du pays. Une population très dense mais, hélas ! minée par la fièvre, couvre la contrée. Des villes considérables Asterabad, Sari, Barfroush, Lahidjan, Lengheroud, Recht, s'élèvent ici et là. Le riz et les cocons des vers à soie emplissent les magasins de ces villes et le grand trafic se fait vers Constantinople. Les Français se sont établis depuis peu d'années dans quelques-uns de ces centres et font aussi l'élève des vers à soie. Tout cela est bien primitif, car les cultures, les échanges se font tels sans doute qu'au temps où les peuples n'avaient pas de relations avec l'occident.

Me voici arrivé au point où je voudrais, Mesdames et Messieurs, vous dire à quel degré d'affection, si je puis m'exprimer ainsi, nous tiennent encore les peuples de l'Iran, nous autres Français. J'ai été surpris au delà de tout de rencontrer dans les villes du plateau, c'est-à-dire en dehors des routes suivies ordinairement par les Européens, des Persans sachant parfaitement notre langue et, qui plus est, connaissant nos littérateurs. Certes, ils ignorent les grands classiques ; mais certains d'entre eux ont traduit dans leur langue notre Alexandre Dumas, Bourget, Maupassant. Notre français s'apprend sans effort dans l'empire du roi des rois avec la tradition des relations entamées, puis soutenues par le roi-soleil au XVIIe siècle et continuée par ses successeurs ; enfin le grand souvenir de Napoléon plane là-bas et il faut lire les instructions que l'empereur donnait à son ambassadeur près le Fath-Ali-Shah, le général Gardanne, pour comprendre tout le prestige que nous avons encore dans le centre de l'Asie. Nous pourrions faire davantage, mais les exigences de la politique ne nous le permettent pas. Il est certain que, tiraillés entre la Russie et l'Angleterre qui veulent l'une et l'autre déterminer la Perse à choisir un protecteur, nous aurions, au moins au point de vue économique, une belle place à prendre. Les chemins de fer, les routes, les canaux, les écoles, la direction de l'administration des travaux publics, de l'instruction, des beaux-arts seraient de notre ressort. Mais il n'y faut pas songer et nous devons nous contenter d'explorer les richesses archéologiques, et d'en doter notre pays.

Permettez-moi d'insister sur l'importance de notre rôle en Perse ; nous seuls avons le droit, d'après les traités échangés, de fouiller le sol si riche de l'empire d'Iran. Ce que nous avons rapporté prouve que nous n'avons pas eu tort d'y attacher une telle importance. Mais nous ne devons pas non plus négliger les ruines (lesquelles tombent, hélas ! chaque année davantage) des monuments arabes, mongols ou persans qu'a érigés un peu partout ce peuple admirablement doué au point de vue artistique. Si nous tardons encore, les tremblements de terre, la vétusté, les émeutes, le manque d'entretien auront vite raison de ces belles ruines. Il arrivera, sans doute aucun, ce que nous pouvons constater tous les ans dans tel ou tel coin de l'empire : il y a deux ans le pont d'Assamida, de Dizfoul, comme je le disais en commençant, a perdu deux arches, à Tauris, tout un pan de faïence s'est détaché de la mosquée bleue et s'est mêlé sur le sol aux détritus et aux débris. Que faire pour sauver de l'oubli de telles choses ? Il faut les noter, en relever le plan, les détails, et les répandre à profusion dans nos écoles. Pendant longtemps les jeunes gens se sont confinés dans l'art grec qui a été et est pour beaucoup l'absolue vérité. Il faut regarder ailleurs, comparer les arts, les civilisations des autres peuples. Nous verrons alors que tous ont eu leur originalité et qu'il y a de bonnes choses a étudier en chacun d'eux.

C'est pourquoi, il me semble que la France est tout indiquée pour diffuser les leçons d'art que nous pouvons tirer de contrées encore trop peu connues. Notre commerce et notre industrie ne pourront que gagner en pénétrant là où nos rivaux seuls sont installés en maîtres.

Pour cela, nous croyons qu'il est nécessaire non seulement de parler, de raconter à nos concitoyens ce que nous avons vu dans les vastes contrées de l'Asie, mais aussi de leur faire passer sous les yeux les différents aspects du pays, de soumettre à leurs regards les nombreux monuments que l'art y a semés. Pour cela, il faut savoir gré à M de Morgan d'avoir essayé d'introduire cette méthode nouvelle d'instruction : « L'éducation par l'œil ».

Elle a donné déjà de très bons résultats : on voit depuis quelques années les livres qu'ont entre les mains les écoliers et les collégiens, abondamment pourvus d'images représentant les documents archéologiques retrouvés. Il y a même, dans certains parloirs, des photographies représentant les monuments que nous pouvons seulement apprécier, c'est-à-dire les vestiges de la Rome antique et ceux de la Grèce de Périclès ou d'Alexandre. Combien elle serait intéressante cette collection de peintures qui montrerait les sites antiques de l'Egypte, de l'Asie Mineure, de l'Assyrie, de l'Inde, et pourquoi pas de l'Extrême-Orient ? Quelle éducation elle pourrait donner sans fatigue, sans peine à tous ceux dont les regards viendraient s'attacher sur elle ? C'est là, nous le croyons, une idée encore neuve qu'il serait intéressant de poursuivre. Puis pour notre race, trop heureuse chez elle, dans le plus beau « royaume sous le ciel » ne serait-ce pas une émulation pour s'en aller dans des contrées lointaines, où nos pères ont été jadis, continuer à porter les traditions de la gloire de notre France généreuse ?

LA LANGUE FRANÇAISE EN ORIENT

Par M. CHUZEL, de la Section de Géographie de Constantinople.

Le sujet que je traite n'est point étranger à la géographie commerciale : où pénètre la langue française pénètre aussi la pensée, la civilisation française et, conséquemment, le produit français, Or, il est agréable de constater que notre langue a fait en Orient des progrès considérables ; elle a gagné peu à peu toutes les classes de la société ; ceux de vous qui ont visité les pays d'Orient ne me contrediront pas.

Après le long et pénible parcours de l'Allemagne, de l'Autriche, des pays balkaniques, le voyageur qui ne connaît pas l'allemand se trouve comme transporté dans un milieu français et se sent à l'aise en arrivant à Constantinople : on lui parle le français, il l'entend autour de lui, le voit écrit sur les murs, les affiches, sur les devantures des magasins et sur les prospectus qu'on lui distribue. Les vitrines des libraires étagent au premier rang les productions parisiennes les plus récentes, les kiosques étalent nos journaux et nos illustrés les plus populaires, et si les costumes hétérogènes, le fez symbolique ne passaient incessamment devant lui, il se croirait réellement dans quelque département français.

Et sa surprise grandira encore quand il passera en Asie. Dans tout le bassin de la Méditerranée orientale, depuis le Caucase jusqu'au seuil de l'Arabie, sur toutes ces Echelles du Levant, aux noms aujourd'hui si connus, depuis Trébizonde jusqu'à Jérusalem, au centre même de l'Asie turque, à Sivas, comme à Angora, comme à Konia, la France a essaimé des centres intellectuels où notre langue est connue, aimée et parlée.

A quoi attribuer ce développement de notre influence tout au moins intellectuelle dans un pays qui passe pour rétrograde et peu disposé à se laisser entamer par les idées étrangères, l'esprit nouveau ? A plusieurs causes concordantes, croyons-nous. L'ethnographie, l'histoire, nos qualités particulières, notre rôle économique, nos entreprises commerciales et financières et surtout nos établissements scolaires ont singulièrement travaillé pour nous et assuré jusqu'à ce jour notre prépondérance.

Il est facile de comprendre comment l'ethnographie de l'Orient et de la Turquie spécialement, a facilité le développement d'une langue, de préférence à tout autre. Il y a là comme une mosaïque de peuples qui vivent côte à côte et qui ont besoin de se mettre en relation avec leurs voisins de races différentes. L'Arménien, le Grec, le Bulgare, l'Arabe et le Turc, l'Européen même, tous ont cherché une langue commune pour échanger leurs idées, et la langue française était toute indiquée, car non seulement le français est la langue adoptée pour la diplomatie, mais parce que le peuple français, par son rôle historique, par ses qualités de cœur et d'esprit est toujours resté sympathique aux peuples d'Orient. Exempt de morgue et de ruse, on l'aime, on ose se confier à lui, on le connaît bien depuis tant de siècles qu'il est installé dans ces pays : l'empire qu'autrefois nos pères y ont fondé a laissé des traces. Depuis François Ier, les Turcs, pendant longtemps, n'ont connu que le Franc, et englobé sous ce nom tout ce qui n'était pas indigène ou oriental. Puis jusqu'au xviiie siècle, c'est sous le seul pavillon franc que s'est fait tout le commerce occidental. Ce commerce, du reste, n'a pas dégénéré ; actuellement encore nous venons au second rang ; seuls parmi les peuples européens nous achetons beaucoup plus que nous ne vendons et c'est là un argument puissant ; nous savons que tout commerçant s'attache à son client par des liens solides : ceux de l'intérêt. Les capitaux français sont venus éveiller l'industrie naissante de la Turquie ; toutes les grandes entreprises, toutes les sociétés se sont formées avec nos capitaux. Je ne cite que pour mémoire : la Dette publique presque tout entière placée en des mains françaises, comme l'indiquait il y a peu de temps le président de la Commission internationale, la Banque ottomane, la Compagnie des eaux, celle des quais, des phares, des chemins de fer d'Asie et d'Europe ont également contribué au développement de notre influence et créé entre la France et la Turquie des relations multiples et puissantes. Récemment encore, la Porte s'adressait au gouvernement français pour compléter son outillage militaire et pour augmenter sa flotte de plusieurs unités.

Je ne veux point insister sur ces causes multiples et diverses qui ont favorisé le développement de la langue française, l'expanssion de nos idées et de notre commerce, j'avais seulement besoin de les indiquer comme les auxiliaires les plus importants qui ont facilité le rôle fécond de nos écoles dont j'ai maintenant à vous entretenir.

Il serait sans doute instructif, sinon intéressant, de créer ici une liste de nos établissements notoires, avec leur situation géographique, le nombre d'élèves passé et actuel, le genre d'enseignement, la nationalité des candidats ; mais je ne vous cacherai pas que ce serait un travail long et fastidieux. Et puis l'Orient n'est pas le pays des statistiques justes, on aime la pompe et l'enflure : les zéros ne coûtent rien. Il serait donc impossible de faire une énumération reposant sur des bases solides. Notre ministre des affaires étrangères ne s'est-il pas lui-même trompé en portant notre clientèle classique orientale au chiffre énorme de 100.000 ? La moitié de ces 100.000 répondraient-ils nominativement à l'appel ? C'est fort douteux.

Laissons la statistique qui ne peut que nous donner de fausses indications, Il est plus intéressant de dire que nous avons dans toute la Turquie d'Europe et d'Asie de très nombreuses écoles soit religieuses, soit israélites et laïques, qui toutes font œuvre utile et française et qui, par conséquent, méritent d'être encouragées et soutenues.

Je n'ignore point qu'il y a eu en France des opinions diverses sinon opposées sur le personnel enseignant. Ceux-ci ne veulent confier la mission de l'enseignement qu'aux seuls laïcs, ceux-là, qu'aux seuls religieux. Cette intransigeance, du moins à l'étranger, me paraît peu favorable à nos intérêts. La Fontaine, dans une de ses fables, nous expose qu'un prince habile doit savoir tirer parti de tous ses sujets et je crois aussi que la France a besoin d'auxiliaires aussi bien laïcs que religieux.

L'Orient reste encore profondément attaché aux idées religieuses. La religion et la patrie, l'école et l'Eglise sont encore dans une étroite union. Le congréganiste a du reste des qualités indiscutables, il sait organiser une école, lui donner cette apparence qui chatouille l'amour-propre national et impressionne l'indigène. Il est actif, entreprenant, souple, sait s'adapter à tous les milieux, a de l'audace, de la ténacité, de la confiance en lui-même, en son ordre, en sa mission divine. Il a de plus l'avantage de coûter bon marché au gouvernement, et, s'il n'a pas toujours l'amour des ministres qui gouvernent, il a au moins celui de la France. Il n'est pas, je le sais bien, à l'abri de toute critique. Son ardeur religieuse, son esprit de domination et de supériorité inquiètent ses voisins et éveillent leurs susceptibilités. Mais, somme toute, la congrégation nous a rendu en Orient de très grands services, il y a justice à le reconnaître.

Elle a fondé dans la Turquie plus de 400 écoles de tout degré, avec une population scolaire qui dépasse 30.000 élèves.

Les israélites à leur tour ont fait depuis quelques années de grands progrès en Orient, principalement en Syrie et en Palestine. On peut dire d'une façon générale que partout où il y a un groupe juif il y a une école israélite où l'on enseigne le français ; ils avouent, pour la seule Turquie, une population scolaire de 12.000 élèves répartis dans plus de 60 écoles. Mais il ne faut pas oublier que les établissements israélites n'ont qu'une clientèle exclusivement israélite, en général pauvre et sans influence. De plus, la classe riche de leurs coreligionnaires se déverse de préférence dans les écoles étrangères, principalement allemandes et françaises. Il ne faut donc pas négliger cet élément d'influence française en Orient, mais il ne faut pas non plus y fonder de trop grandes espérances. Quant aux écoles laïques encore peu nombreuses, 5 ou 6 environ, de fondation récente, leur rôle ne fait guère que commencer. Deux d'entre elles, établies à Constantinople depuis plus de 20 ans, vous intéresseront plus particulièrement peut-être puisqu'elles ont été créées par les frères et les sœurs Faure, de Saint-Etienne ; elles comptent plus de 350 élèves et ont donné jusqu'à présent des signes d'une vitalité incontestable.

Je suis de ceux qui croient au développement des écoles laïques en Orient, à leur rôle utile et civilisateur. Mais il faut avouer que jusqu'à présent leur situation est restée précaire. Sans local fixe au caprice du bailleur, sans capitaux pour assurer le recrutement d'un bon personnel et créer un outillage indispensable, elles sont à la merci des événements. Le gouvernement français a bien donné depuis quelque temps des marques de bonne volonté à leur égard ; des députés, des ministres, des missions se sont intéressés à la question et ont fait de belles promesses, mais les effets se feront probablement longtemps attendre.

Il ne faudrait cependant pas se reposer sur les positions

conquises. Sans doute, comme je le disais au commencement de ce travail, nous avons en Orient une situation prépondérante, brillante, mais il faut aussi ajouter que la concurrence étrangère principalement allemande, italienne, américaine, nous suit, nous talonne, sur le terrain scolaire comme sur le terrain commercial.

Les Allemands ont fondé de tous côtés des établissements, et principalement sur leurs lignes de chemins de fer : nouveaux foyers de pénétration intellectuelle et économique. Bien en cour, tenaces, méthodiques, ils enserreront peu à peu à peu toute la Turquie dans les mailles de leurs réseaux. Leurs centres principaux, accusent annuellement une augmentation d'élèves gagnés par l'idée que l'Allemagne est appelée à jouer le principal rôle dans les affaires turques. La statistique les laisse encore bien loin derrière nous, mais ils n'en restent pas moins pour l'avenir nos plus redoutables adversaires. Les Italiens déploient depuis quelques années une activité considérable ; ils s'efforcent de ressaisir, par tous les moyens, le marché oriental. Leurs progrès sont frappants : laïcs et congréganistes travaillent de concert au relèvement de leur influence. Leurs établissements scolaires très nombreux, et, comme chez nous, presque tous entre les mains des congréganistes, accusent un chiffre global, probablement exagéré, de 15.000 élèves. Les écoles laïques bien soutenues par le gouvernement qui les a complètement sous sa direction se développent aussi d'une façon normale. A leur tour, les Anglo-Saxons et surtout les Américains se sont répandus dans toute la Turquie pour y propager leur langue, leur culte et leur commerce. Le compte rendu qu'ils viennent de publier (et dont je ne me fais pas le garant) n'enregistre pas moins de 425 écoles avec 22.000 élèves. Ces chiffres paraîtront moins surprenants cependant si l'on tient compte de l'activité des missionnaires protestants tout aussi zélés et certainement plus soutenus que nos missionnaires catholiques, si l'on tient compte de la belle organisation de leurs établissements construits avec tout le confort et les règles de l'hygiène moderne, et surtout si l'on tient compte des ressources financières prodigieuses, mises à leur disposition par les riches particuliers du Nouveau-Monde. Ce sont là des arguments bien solides pour soutenir une cause, entraîner une adhésion ou une conviction tout au moins momentanée.

Après cette exposition, forcément sommaire et incomplète de notre situation en Orient et de celle de nos rivaux les plus immédiats, il me sera facile cependant de dégager une conclusion pratique. Je me répète : nous avons en Orient la plus belle, la plus nombreuse clientèle scolaire, mais nous risquons de la voir diminuer ou ne pas s'accroître, si nous n'agissons pas d'une façon soutenue, méthodique et immédiate. Nous avons entre les mains tous les éléments de succès : à nous de savoir nous en servir. Du reste, il y a peu à créer, sauf dans quelques centres, il y a même peu à dépenser ; il y a surtout à assurer la vie et l'action des écoles existantes, à les bien outiller pour qu'elles puissent servir de modèles et de stimulants aux écoles indigènes et même étrangères qui seront par le fait obligées d'enseigner notre langue pour ne pas perdre leurs propres élèves, et ainsi, croyons-nous, s'affirmera le développement intellectuel et économique de la France en Orient.

DU COMMERCE
DES MINERAIS DE PLOMB TUNISIENS

Communication de M. PAGEYRAL, ingénieur civil
de la Société de Géographie de Tunis.

La Tunisie a produit en 1903, d'après les *Documents statistiques réunis par l'administration des douanes*, 13.620 t. 300 de minerais de plomb à haute et moyenne teneur.

Ces minerais ont été exportés en totalité et répartis comme suit :

France...............	6.983 t,200
Algérie...............	2.150 t,000
Angleterre............	372 t,700
Belgique.............	1.720 t,000
Italie................	11 t,300
Espagne.............	2.383 t,100
Total........	13.620 t,300

Le minerai exporté en Algérie provient de la mine de Sakiet-Sidi-Youssef. *La Société minière Tunisienne*, qui l'exploite, dirige son minerai sur le port de Bône, et de là sur la Belgique.

Il résulte donc de ces chiffres que 50 % des minerais tunisiens sont fondus en France et 50 % à l'étranger.

La production de la Tunisie est en voie d'augmentation, et l'on peut estimer qu'elle atteindra 20.000 tonnes en 1905, par suite de la mise en marche des grandes laveries du Djebel Charra et du Djebel Hallouf. Les Sociétés qui exploitent ces deux mines étant, la première, anglaise, et la deuxième, belge, il est à prévoir que leurs minerais n'iront pas en France et que le pourcentage de minerais de plomb tunisiens fondus dans la métropole sera, en 1905, notablement inférieur à 50 %.

Ce résultat fâcheux provient uniquement d'une mauvaise politique douanière.

L'on sait, en effet, que les minerais tunisiens sont assimilés, à l'entrée en France, aux minerais étrangers et paient le droit minimum de 12 fr. 50 par 1.000 kilos. Ce droit est particulièrement lourd, parce que les minerais tunisiens sont pauvres ; leur teneur en argent est pratiquement nulle, et leur teneur en plomb est comprise entre 50 et 60 %, alors que les minerais espagnols titrent de 70 à 82 %.

Les minerais algériens entrent en franchise en France. Pourquoi double poids et double mesure ? Pourquoi pareille inégalité alors que la tendance est au contraire à pousser à l'assimilation douanière entre la Tunisie, la France et les colonies françaises ?

Le droit d'entrée de 12 fr. 50 par tonne sur les minerais de plomb tunisiens est-il nécessaire pour protéger l'industrie minière de la métropole ? La *Statistique officielle de l'industrie minérale en France* répondra pour nous.

La France a produit, en 1903, 23.000 tonnes de minerai de plomb argentifère, et la production avait augmenté, relativement à 1902, de 350 tonnes. La mine de Pontpéan (Ille-et-Vilaine) intervenait dans ce chiffre pour 8.600 tonnes ; elle a été définitivement fermée en 1904, de sorte que l'on peut prévoir pour la production actuelle en France, en admettant une nouvelle augmentation de 350 tonnes, le suivant :

$$23.000 + 350 - 8.600 = 14.750 \text{ t.}$$

La consommation de plomb en France a été, en 1903, de :

Production des fonderies françaises.........	23 300 t.
Importations...........................	54.058 t.
	77.358 t.
Exportations à déduire....................	830 t.
Consommation totale.....................	76,528 t.

Donc, les usines métallurgiques françaises ont produit, en 1900, 3 % seulement de la consommation de plomb, et encore 13,5 % seulement provenaient-ils de minerais français ou algériens !

On voit combien cette proportion est faible et quel chemin serait à parcourir avant que les mines françaises soient gênées pour l'écoulement de leurs minerais de plomb.

Si l'on étudie la situation des fonderies de plomb françaises, on voit *qu'elles meurent littéralement de famine*. Le marché espagnol leur est fermé par suite des droits à l'exportation hors d'Espagne qui ont répondu à l'application des droits d'entrée en France ; le marché australien se ferme par suite du développement de la fusion dans ce pays ; il n'y a pas de minerais en France, et s'il y en a dans les colonies on leur applique des droits d'entrée qui les éloignent de la métropole.

Aussi, voyons-nous la production des fonderies françaises rester stationnaire :

    Production en 1901.......... 21.000 T.
    —   en 1902.......... 18.800 T.
    —   en 1903.......... 23.300 T.

Les fonderies avaient traité en 1903 22.800 tonnes de minerais importés et 19.100 tonnes de minerais français ou algériens ; que feront-elles avec des productions plus faibles encore ?

Au cours de 1904, nous avons vu la principale d'entre elles arrêtée faute de minerais, ses approvisionnements réduits à rien, ses cases balayées.

N'est-ce pas une faute de laisser dépérir une industrie française ?

La suppression du droit de 12 fr. 50 qui frappe les minerais tunisiens à l'entrée en France aurait les avantages suivants :

Favoriser l'industrie minière tunisienne, qui a fait ses preuves d'activité et d'énergie ;

Favoriser les fonderies de plomb de la métropole, qui souffrent du manque de minerais, en leur réservant le monopole de fait de la fusion des 20.000 tonnes produites en Tunisie ;

Favoriser la navigation entre ports français et tunisiens, en fournissant un fret de retour plus abondant.

Les mines françaises n'auraient aucunement à en souffrir, puisqu'elles fournissent à l'heure actuelle 10 à 14 % seulement de la consommation du plomb en France et que la Tunisie fournirait à peine davantage.

Il semble donc que les pouvoirs publics feraient, en supprimant les droits qui frappent les minerais de plomb tunisiens à leur entrée dans la métropole, une œuvre utile à tous les points de vue, une œuvre logique et conforme à la politique générale qui tend à régir les rapports économiques entre le protectorat et la France.

Voici, en conséquence, le vœu que j'ai l'honneur de soumettre au Congrès :

Que le Ministère des Affaires étrangères demande au Parlement une addition à la loi douanière du 18 juillet 1890, permettant l'introduction en franchise, en France, du minerai de plomb de provenance tunisienne.

Section de Géographie Coloniale.

M. César de Givenchy, délégué de la Société de Géographie de Saint-Omer, préside la réunion.

Deux communications sont présentées : la première, par M. Ruffin, délégué de la Société de Brive, sur la colonisation et la main-d'œuvre militaire aux colonies ; la seconde, par M. Jay, sur le rôle des flottes volontaires.

LA COLONISATION ET LA MAIN-D'ŒUVRE MILITAIRE AUX COLONIES

Par M. RUFFIN, délégué de la Société de Géographie de Brive.

La question de la colonisation et de la main-d'œuvre aux colonies a soulevé, dans le monde colonial, des appréciations multiples restées sans résultat.

On n'a envisagé jusqu'ici qu'un seul point de vue, celui d'y adresser des colons porteurs de faibles ressources, ou bien de fortes Sociétés d'exploitation qui ont plus ou moins réussi, et de mettre l'ouvrier indigène sur le même pied que l'ouvrier de la métropole, sans se préoccuper de la mentalité de ceux qui habitent les pays d'outre-mer. De même on n'a rien résolu pour ceux qui désirent coloniser et qui ne possèdent que leur bonne volonté.

Divers congrès ont mis spécialement à l'étude ces questions. Les solutions sont encore à chercher. Il est vrai que ces diverses solutions méritent une attention particulière de la part du législateur.

En tous les cas, quelles que soient les solutions, les applications immédiates des principes de colonisation actuelle et des lois ouvrières telles qu'elles existent en France produisent un effet désastreux ; pour le 1er cas, et en ce qui concerne les lois ouvrières, il y a de gros dangers à courir.

Des paroles plus autorisées que la mienne ont démontré qu'en raison de la différence intellectuelle qui existe entre les diverses races coloniales, particulièrement chez les noirs, il serait très imprudent de faire cette application sans tenir compte de leurs mœurs et de leurs coutumes, variant selon les climats.

Les lois ouvrières ne sont pas encore en harmonie avec les exigences économiques et domestiques de notre état social ; elles ont besoin d'être refondues.

Nous ne devons pas introduire les effets d'une justice absolument contraire à la mentalité de ceux qui ne sont que des sauvages, et qui ne travaillent que lorsque la nature ne leur donne plus rien à manger.

Nous avons donc longtemps encore à attendre l'efficacité des premiers résultats. Or, ces résultats ne peuvent se faire sentir que lorsqu'une génération de vingt ans sera venue et qu'elle aura fréquenté l'école dans la colonie.

En attendant, et pour reprendre une question non moins intéressante mise à l'étude au Congrès International de Géographie économique et commerciale de 1900, séance du 29 août, que j'ai eu l'honneur de discuter, permettez-moi d'appeler votre attention sur l'utilité de coloniser avec la main-d'œuvre agricole exercée par les militaires coloniaux, et employée au besoin à la construction et à l'entretien des voies de communication.

On suppléerait ainsi dans une large mesure la main-d'œuvre de l'indigène, sur laquelle, du reste, on ne doit pas compter.

Cette main-d'œuvre militaire serait faite par les corps coloniaux actuels, échelonnés, comme ils le sont déjà, par postes de 4 ou 5 hommes.

Des concessions seraient données à ces hommes en

échange de leurs soldes, et, lorsque les concessions seraient en rapport, les ouvriers militaires seraient arrivés en même temps colons.

C'est par ces moyens peu coûteux qu'on arrivera à coloniser.

De même, on ne pourra compter sur une colonisation que lorsqu'on possédera des voies de communications peuplées, entretenues, à l'abri de toutes vétustés.

Or, les tribus de certaines contrées sont paresseuses, l'enseignement ne peut pas y pénétrer ; l'ouverture et l'entretien des voies de communication seraient donc une grosse charge pour le budget local de la colonie ou de la métropole, entretien fait par la main-d'œuvre civile et indigène.

Il n'y a donc qu'une solution : c'est d'échelonner sur les routes, canaux ou voies ferrées, des postes militaires en même temps concessionnaires des terres en bordure de ces voies.

Les concessions des grands territoires aux grosses Sociétés ne paraît pas devoir rendre tous les résultats désirés ; il faut, d'ailleurs de gros capitaux ; et même, malgré ces derniers, que peut-on attendre comme résultats, quand on songe aux obstacles divers qui ont surgi entre concessionnaires ?...

Voilà pourquoi il semble que les corps coloniaux, organisés comme les milices dans les colonies avec facilité de se marier, donneraient d'excellents résultats.

Au début de l'organisation des milices, on craignait que ces corps temporaires ne rendissent pas de services.

Au Tonkin particulièrement, au Gabon, au Congo, à Madagascar aujourd'hui, où ces corps existent, ils ont fait preuve d'un état de domesticité précieux.

La société française regorge d'ouvriers sans travail ; l'industrie, gagnée par la mécanique, voit diminuer chaque jour le nombre de ses ouvriers. Que deviennent ces masses d'hommes sans travail, de tous les âges, particulièrement les jeunes gens ?

Ils s'engagent aujourd'hui, à 18 ans, en attendant mieux

ou plus mal ; les vieux errent de villes en villes, cherchant du travail, courant vainement les entreprises.

Que ne s'adressent-elles pas aux colonies, peut-on nous répondre, privées de colons et de main-d'œuvre pour ouvrir les voies de communication et exploiter les richesses nouvelles du sol traversé ?...

Nous répondons : Ces masses ne s'adressent pas aux colonies, et ne s'y adresseront jamais, parce qu'on ne facilite pas suffisamment l'émigration au point de vue capital.

Colonisez, vous disent de fort belles affiches ! mais colonisez avec des capitaux si vous en possédez, aurait-on dû ajouter.

Voici le point d'arrêt pour ceux qui voudraient réellement coloniser, car celui qui veut coloniser s'expatrie. Or, celui qui s'expatrie, c'est celui qui ne possède plus rien en France. L'obligation s'impose donc de doter les militaires de l'armée coloniale de concessions et de créer des Compagnies spéciales de manœuvriers militaires, à qui on donnerait également des concessions sur les bords des voies de communication au fur et à mesure de leur pénétration à l'intérieur.

Dans ces conditions, ces militaires deviendraient colons et, avec l'aide de l'indigène, ils entretiendraient les voies de communication et feraient des cultures.

A l'expiration de leurs engagements envers l'Etat, leurs concessions seraient en plein rapport, sans avoir eu besoin de capitaux.

L'obtention de ces résultats paraît toute indiquée dans le recrutement des ouvriers par voies d'engagement et de rengagement.

Les hommes s'engageraient avec promesse de servir à la défense du territoire pendant 10 ans au moins, et d'utiliser, avec l'aide de l'indigène, les concessions qui seraient données gracieusement à titre de prime. Faute par eux de remplir ces engagements, les concessions seraient retirées.

Dans le but de faciliter encore les concessionnaires

militaires, le gouvernement allouerait les plants nécessaires provenant des jardins d'essais des colonies.

L'Etat réaliserait une économie de 2 millions par an sur les primes de rengagement et aurait, de son côté, un élément tout trouvé, propre à la défense du territoire, à la colonisation, à l'exécution et à l'entretien des routes, chemins de fer, etc...

Chaque colonie comprendrait un ou plusieurs régiments, fonctionnant sous la direction de leurs chefs directs, et des services publics en temps de paix auxquels s'adjoindraient des officiers du génie, d'artillerie, les élèves des Ecoles centrales et Arts et Métiers.

En temps de guerre, tout passerait à la mobilisation militaire.

Ces colons manœuvriers militaires seraient secondés par les indigènes, qui exécuteraient les plus pénibles travaux, en terrassements principalement.

L'ouvrier européen doit conserver le caractère et la dignité qui lui convient pour l'observation et la bonne exécution des travaux de l'agriculture et de l'élevage du bétail.

Les répartitions de ces compagnies d'ouvriers se feraient, comme nous l'avons déjà exposé, par petits postes échelonnés sur les voies de communication. Elles se feraient d'après les populations des pays traversés et habités.

Dans les contrées surpeuplées, telles que la péninsule Indo-Chinoise, les contingents seraient bien inférieurs à ceux de l'Afrique, par exemple, où les tribus sont éloignées les unes des autres.

Ainsi aidés par les indigènes, comme les tirailleurs soudanais, congolais, comoriens, malgaches, suppléent les régiments coloniaux, les populations n'auraient pas à se défendre contre celles qui ne seraient pas attachées au sol natal, et qui, débordant au delà des frontières, viendraient faire concurrence, pour provoquer la hausse des salaires, chez les indigènes employés par les colons militaires.

Ainsi établis, ces postes de manœuvriers militaires aidés par les indigènes procureraient des ressources inépuisables, et les jeunes gens, pendant leur service militaire ou à leur sortie du service militaire, trouveraient des situations convenables.

Chaque poste comprendrait, suivant son importance, une équipe de charpentiers, menuisiers, mécaniciens et maçons, main-d'œuvre embrassant, dans ces trois catégories, tout le nécessaire pour constituer l'indispensable.

L'administration serait faite comme celle des régiments qui ont leurs postes détachés.

Le contrôle technique serait exercé par la direction des travaux publics de la colonie ou le service du génie.

A Porto-Rico, nous a dit le délégué espagnol au Congrès, ce genre de colonisation existe. Les routes sont entretenues par d'anciens soldats, qui, leur service actif terminé, gardent leurs costumes, et restent soumis à une organisation militaire.

Les autres nations n'ont pas besoin de ce genre de colonisation, parce que leurs émigrants sont poussés par les Sociétés d'exploitation, capitalistes ou Sociétés étrangères qui sont à la recherche des aventures et des placements de fonds.

Tous leurs sujets émigrent malgré leurs modestes ressources, tous n'ont pas un coin de terre dans leur pays d'origine pour leur permettre de vivre comme en France.

Notre pays peut à la rigueur nourrir tous les siens, voilà pourquoi l'émigration ne se produit pas. A quoi bon conquérir tant de territoires si nous ne voulons pas y mettre nos nationaux, et si nous ne faisons rien pour les inviter à s'y installer ?

Le Français qui vit avec une propriété de 5.000 francs n'ira pas risquer ce maigre capital pour chercher à s'enrichir, bien que de fort belles affiches l'invitent à faire valoir notre domaine colonial ! !

Au reste, que ferait-il avec ce capital ? Végéter, comme ses devanciers.

Lorsque l'Angleterre a terminé son œuvre de guerre, que ses canons et ses armes ont fait respecter son autorité, la barre à mine, la pelle, la pioche, les instruments agricoles, les exploitations minières succèdent à cette œuvre de destruction pour le bien de sa mission civilisatrice.

Sur les 5.800 kilomètres de voies de communication qui sont construites ou à terminer, l'Angleterre, sur le territoire africain, en a la plus grande partie.

Devant ces gigantesques travaux, on doit se demander pourquoi la France, qui commence à peine ses voies de pénétration, ne poursuivrait pas toutes celles qui peuvent lui réserver un trafic et un avenir certain.

D'autre part, si nous considérons que les voies de communication indispensables quant à présent, les grandes artères africaines principalement, pourraient être construites au fur et à mesure d'une colonisation bien comprise et peu coûteuse, en admettant la méthode que nous avons l'honneur de proposer, nous ne voyons pas pourquoi on hésiterait à constituer une partie de l'armée coloniale sous forme de génie colonial, capable de donner une valeur considérable à nos possessions d'outre-mer, avec l'aide de l'indigène.

Le général Galliéni, à Madagascar, a démontré ce qu'on pouvait attendre des militaires qui se sont installés à Madagascar après la conquête.

Cette dernière démonstration n'est-elle pas une preuve éclatante de son excellence !

Nous pensons qu'il est temps, grand temps même de donner toute l'ampleur désirable à notre colonisation, de favoriser les ouvriers et les militaires sans capitaux à aller s'installer aux colonies par les moyens précités.

Maintenant que nous avons pris possession d'une manière effective de tous les territoires jusqu'à leurs frontières naturelles et que les connaissances précises sur les ressources sont acquises grâce aux explorations, nous n'avons qu'un moyen d'utiliser ces grandes contrées. C'est d'y envoyer des colons militaires, pour mettre en valeur des terres concédées ; le bétail préparerait le sol, puis la culture ferait donner des produits que bientôt après l'industrie utiliserait pour être transportés par les voies de communication jusqu'à la mer.

Grâce à l'établissement de ces moyens de colonisation, il nous paraît certain que de nombreuses émigrations se feraient sentir. De grandes transformations dans les contrées habitées ou traversées seraient accomplies. La géographie économique de notre domaine colonial subirait de notables changements en faveur de la science et du commerce, en particulier.

DU ROLE DES FLOTTES VOLONTAIRES ET DE LA RÉGLEMENTATION NÉCESSAIRE DE LEUR DROIT DE COURSE MARITIME POUR ASSURER EFFECTIVEMENT LA DÉFENSE DE NOS COLONIES

Par M. JAY, avocat à la Cour d'appel de Lyon.

Pendant de longs siècles, l'histoire glorieuse de notre marine militaire française fut intimement liée à celle de la course. Corsaires et marins de l'Etat rivalisèrent de courage et d'audace et portèrent haut l'honneur de notre pavillon national. Toutefois, l'appât de gains énormes et souvent faciles ne tarda pas à peupler les mers de quantité d'aventuriers sans scrupules, étrangers souvent même au pays dont ils arboraient le pavillon, et ne voyant dans la course qu'une occasion de rapines fructueuses et impunies.

Certes, avec l'organisation puissante de nos marines actuelles, un tel état de choses aurait quelque peine à se reproduire aujourd'hui ; mais à l'époque où nous nous plaçons, c'est-à-dire aux XVIe, XVIIe, XVIIIe siècles, la question était tout autre, et la solution infiniment plus difficile.

La raison en était dans la faiblesse et la mauvaise organisation de la marine de guerre et dans l'impuissance où se trouvait, par là même, chaque Etat de s'assurer que ses instructions n'étaient ni dépassées, ni méprisées par des capitaines qu'il ne pouvait ni contrôler, ni punir, ni récompenser.

Ainsi, d'une part, le fait que les armements étaient faits par des particuliers et uniquement dans un but particulier ; d'autre part, l'état d'impuissance où se trouvait chaque Etat de faire respecter ses instructions et de contrôler les actes de ses corsaires, voilà le double vice qui va peu à peu discréditer la course, en attendant qu'il la ruine complètement.

Ces sentiments hostiles à la guerre de course, nous allons les trouver exprimés avec une très grande force dès la fin du XVIIIe siècle. A cette époque, en effet, l'abolition de la course est fréquemment discutée, mais cependant aucune solution pratique n'est encore adoptée.

Il était réservé au XIXe siècle de voir s'accomplir en cette matière une remarquable évolution.

Au début de la guerre de Crimée, l'Angleterre et la France déclarèrent d'un commun accord renoncer à l'usage de la course. Mais ceci n'était que le prélude de leurs intentions futures. Celles-ci ne tardèrent pas à se faire jour. En effet, deux ans plus tard, au Congrès de Paris, nous allons voir l'Angleterre et la France proposer aux puissances représentées au Congrès l'abolition de la course, non pas cette fois pour un cas spécial et isolé, mais d'une façon générale, et celles-ci acquiescer à leur demande. Cette entente des puissances nous la trouvons indiquée et confirmée dans l'article 1er de la Déclaration de Paris du 16 avril 1856 : « La Course est et demeure abolie ».

La décision prise bouleversait toutes les règles jusqu'alors suivies dans les guerres maritimes. La guerre de course, cette arme redoutable dont les puissances européennes s'étaient servies pendant de longs siècles les unes contre les autres, semblait condamnée à jamais, puisque celles-là mêmes qui s'en étaient le plus servi, telles que la France et l'Angleterre, étaient les premières à en demander l'abolition.

Et cependant, s'arrêter à une telle interprétation de l'article 1er de la Déclaration de Paris serait, à mon avis, commettre une erreur. « La Course est et demeure abolie », nous dit en effet cet article. Mais qu'entendait-on exactement proscrire par là ? Ce que l'on proscrivait, c'était la course telle qu'elle avait été faite pendant les siècles précédents, avec son cortège de meurtres et de rapines. Ce que l'on proscrivait, c'était le souvenir de plusieurs siècles de barbarie ; ce que l'on proscrivait enfin, c'était la course faite au moyen d'aventuriers sans scrupules et poussés par le seul désir de s'enrichir. En somme, ce qui était aboli et proscrit, ce n'était pas le principe même de la course, mais les moyens employés jusqu'à ce jour pour mettre celui-ci à exécution ; et cette interprétation restrictive de l'article 1er de la Déclaration de Paris, nous en trouvons la source et la justification dans les raisons mêmes qui avaient fait rédiger ce dernier et qui n'étaient autres que les excès auxquels s'étaient livrés autrefois les corsaires.

Du reste, ce qui vient à l'appui de la thèse que nous soutenons ici, ce qui prouve qu'en dépit de la formule solennelle employée dans la Déclaration de Paris le principe de la course n'était pas aboli, c'est que l'inviolabilité absolue de la propriété privée en mer n'y avait pas été proclamée. Le droit de capture, c'est-à-dire de course, était donc maintenu par là même tacitement au profit des navires de guerre.

Ainsi, ce droit de course, refusé aux corsaires, on continuait à l'accorder aux navires de guerre, et cela par la seule raison qu'ils présentaient toutes les garanties nécessaires pour éviter le retour des abus dont la course avait été jusque-là entachée. Avec le navire de guerre, en effet, le contrôle de l'Etat ne pouvait manquer d'être très effectif ; de plus, le commandement était exercé par des officiers pleins d'honneur, obéis eux-mêmes par des équipages fortement disciplinés. Dans de telles conditions, la pratique de la course ne comportait plus aucun danger. C'est bien, du reste, ce qu'avaient compris les congressistes de 1856, en accordant implicitement le droit de course aux navires de guerre, par le seul fait qu'ils refusaient d'admettre le principe de l'inviolabilité de la propriété privée en mer.

Mais, justement, du fait même que la course était reconnue comme valablement exercée par les navires de guerre de chaque Etat belligérant par la seule raison qu'ils offraient de sérieuses garanties de contrôle et de commandement, devons-nous en conclure que cette guerre de course serait également permise à des navires employés en temps de paix au service de la marine marchande, mais armés et commandés dès le début des hostilités par des officiers de marine de guerre et manœuvrés par des marins de l'Etat? Je crois qu'à cette question on peut répondre hardiment par l'affirmative.

Nul doute, en effet, qu'en agissant ainsi on ne respecte l'esprit sinon la lettre de l'art. 1er de la Déclaration de Paris. Quel a été, en effet, le but poursuivi par cette dernière, si ce n'est uniquement celui de faire disparaître les abus de la course qui provenaient de deux causes, armements faits par des particuliers en vue d'un intérêt particulier, impuissance où se trouvait chaque Etat de contrôler les actes de ses corsaires. Or, avec le système que nous proposons, navires marchands achetés ou loués par l'Etat belligérant, commandés, de plus, par des officiers et manœuvrés par des marins de l'Etat, les abus reprochés à la guerre de course, ne peuvent plus se reproduire, les causes les ayant fait naître disparaissant. Et je crois pouvoir affirmer qu'une flotte volontaire, constituée d'après des principes aussi rigoureux que ceux dont nous proposons l'application, pourrait très légitimement effectuer la guerre de course sans enfreindre pour cela la disposition de l'art. 1er de la Déclaration de Paris.

Du reste, l'interprétation que nous donnons ici, si elle est loin de réunir l'unanimité des commentateurs de cette déclaration fameuse, ne s'en appuie pas moins sur de nombreux exemples de pratique internationale qui montrent, d'une façon irréfutable, la portée exacte que les nations signataires de cette déclaration entendaient donner à celle-ci.

Ces exemples sont nombreux. Dès le début de la guerre franco-allemande, l'ordonnance prussienne du 24 juillet 1870 ordonnait la création d'une marine volontaire, composée de navires et d'équipages marchands armés en guerre. Cette flotte auxiliaire ou volontaire devait être organisée sur les bases suivantes : L'armateur conservait la propriété du navire. Une Commission devait examiner les navires proposés et se prononcer sur leur acceptation. Si la Commission les admettait, on les évaluait, et le dixième de leur valeur était remis à leurs propriétaires qui devaient employer une partie de cette somme à engager l'équipage. De plus, par la même ordonnance, il était déclaré que ces marins étaient incorporés dans la marine fédérale pour la durée de la guerre, et que l'armateur devrait partager avec eux les primes payées par le gouvernement prussien, dans le cas où le navire volontaire ainsi armé réussirait à prendre ou à couler un de nos vaisseaux de guerre.

Notre gouvernement de la Défense nationale protesta énergiquement contre ce qui lui semblait constituer une atteinte à la Déclaration de Paris. Toutefois, les jurisconsultes de la couronne anglaise, consultés, se prononcèrent pour la légitimité de l'ordonnance prussienne, déclarant « qu'il y avait des différences substantielles entre la marine volontaire sanctionnée par le gouvernement prussien et ce système que, sous la désignation de course, la Déclaration de Paris avait pour objet de supprimer ».

Du reste, hâtons-nous d'ajouter que cette flotte volontaire n'exista que sur le papier et ne rendit aucun service.

Une question se pose ici. Le gouvernement prussien, en constituant une flotte volontaire d'après les principes contenus dans l'ordonnance du 24 juillet 1870, ne contrevenait-il pas aux décisions prises au Congrès de Paris ? Le gouvernement français avait-il eu tort de protester ? Tout porte à croire que notre protestation était parfaitement fondée. En effet, le point très critiquable du système prussien, c'était le mode de recrutement du personnel, recrutement qui était laissé au gré de l'armateur. L'ordonnance en question déclarait bien, il est vrai, que la Confédération délivrerait des patentes aux officiers, des uniformes aux hommes, mais cela n'eût point suffi, comme le fait très bien remarquer M. Dupuis, pour donner, aux premiers, les sentiments d'honneur, aux seconds, la sévère discipline qu'on était en droit d'attendre de la marine fédérale. Aussi, n'hésitons-nous pas à déclarer que la constitution d'une marine volontaire, d'après les principes de l'ordonnance du 24 juillet 1870, serait loin d'être à l'abri de tout reproche.

Mais l'essai tenté par la Prusse avait montré à la fois la voie à suivre et les difficultés à éviter. A l'heure actuelle, la plupart des Etats européens ont organisé d'une manière très satisfaisante des flottes volontaires, constituées non pas d'après les principes très contestables et très contestés de l'ordonnance prussienne du 24 juillet 1870, mais d'après les principes beaucoup plus rigoureux que nous avons énoncés plus haut. C'est ainsi que nous voyons des flottes volontaires ne compter uniquement dans leurs rangs que des navires marchands devant être mobilisés dès le début des hostilités, commandés, de plus, par des officiers de la marine de guerre et manœuvrés par des équipages composés en tout ou en partie par des marins de l'Etat. Telles sont, en effet, les bases sur lesquelles ont été établies les marines auxiliaires russes, françaises et anglaises.

Ainsi, on est donc arrivé peu à peu, sous l'influence des idées émises au Congrès de Paris, à une réglementation rigoureuse des flottes volontaires devant prendre part aux hostilités. Je crois pouvoir ajouter, à ce sujet, qu'un Etat comme la France, possédant un vaste empire colonial, ne peut que se réjouir de cette réglementation sévère du droit de course, accordé autrefois si libéralement et, ajoutons-le, si imprudemment.

Je dis que la France, en tant que puissance coloniale, a un intérêt primordial à ce que les obligations rigoureuses découlant de la Déclaration de Paris soient exactement observées. En effet, quelle situation lamentable serait celle de nos colonies, si, en cas de guerre, un ennemi sans scrupules, faisant usage de toutes ses flottes marchandes, au mépris des interdictions contenues dans la Déclaration de Paris, arrivait ainsi à interrompre toute communication entre celles-ci et la mère patrie ! Que deviendraient nos malheureuses colonies réduites à leurs propres forces, privées des troupes et du matériel nécessaire à toute guerre ? Et cette mauvaise situation ne serait-elle pas considérablement modifiée si, au lieu d'un ennemi faisant indistinctement la course avec tous ses navires marchands et nous rendant par là même toute route maritime dangereuse, nous avions à combattre un adversaire se servant uniquement d'une flotte volontaire constituée et organisée suivant les principes de la Déclaration de Paris ? En effet, cette flotte volontaire ou auxiliaire, comme on voudra l'appeler, sera forcément peu nombreuse, les cadres de la marine de guerre étant nécessairement restreints et ne pouvant fournir des équipages trop nombreux. Les grandes routes maritimes y gagneront ainsi en liberté et, par là même, nos transports en troupes et en munitions de toutes sortes auront quelques chances d'arriver à nos colonies et de leur apporter ainsi un secours précieux et impatiemment attendu.

Notre intérêt nous commande donc de veiller à la stricte observation des règles établies par la Déclaration de Paris, mais ce même intérêt nous commande également de suivre l'exemple qui nous est donné à l'heure actuelle par l'Angleterre, en ce qui concerne la création d'une flotte volontaire puissante et bien organisée. En effet, indépendamment de l'influence très grande qu'une telle flotte pourrait exercer sur le résultat final de toute guerre maritime, son importance, au point de vue de la défense de nos colonies, ne laisse pas que d'être considérable. Ici, en effet, les services que pourrait rendre une flotte auxiliaire nombreuse et bien organisée sont multiples.

Elle pourrait, tout d'abord, fournir à la marine de guerre des transports nombreux, transports dont celle-ci est complètement dépourvue (c'est à peine, en effet, si le service de la marine pourrait, à l'heure actuelle, faire transporter par ses propres moyens 10.000 hommes).

De plus, elle pourrait participer également et d'une manière très effective à la défense de nos colonies, non pas certes en livrant bataille aux escadres ennemies, mais en pourchassant à travers toutes les mers les navires marchands de notre adversaire, et en l'obligeant ainsi à affaiblir ses escadres de guerre pour en lancer une partie à la poursuite de nos hardis corsaires. Pendant ce temps-là, nos colonies pourraient être facilement ravitaillées et les efforts de l'ennemi grandement paralysés. A ce sujet, les exemples du Sumter et de l'Alabama sont là pour le prouver. L'Alabama, pendant la guerre de Sécession, en une croisière de vingt mois, brûla ou relâcha sous caution 62 navires fédéraux qui valaient 25 millions de francs, la cargaison non comprise.

Le rôle joué par une flotte auxiliaire puissante peut donc être de tout premier ordre en ce qui concerne la défense de nos colonies. Et cependant, jusqu'à ce jour, les différents gouvernements qui se sont succédé au pouvoir en France se sont peu occupés de la question pourtant si importante des flottes volontaires. On s'est borné, en effet, à accorder quelques rares subventions à quelques-uns des paquebots de nos grandes Compagnies. Et c'est tout. Avouons que ce n'est pas suffisant, et souhaitons que cet état de choses prenne rapidement fin.

Nous demandons donc que les Congressistes, réunis au Congrès général de Géographie, tenu à Saint-Etienne, émettent le vœu suivant :

Que les pouvoirs publics constituent et organisent dès aujourd'hui, à côté de notre flotte de guerre, une marine auxiliaire puissante, en se basant, pour la constitution de cette dernière, sur le système anglais, c'est-à-dire en accordant des primes de plus en plus nombreuses et importantes à notre marine.

**
**

A l'issue des réunions du matin, les Congressistes se sont rendus chez MM. Forest et Cⁱᵉ, fabricants de rubans. MM. Gabriel, Emmanuel et Georges Forest, assistés de tous les employés de la maison, ont fait les honneurs de leur usine avec une courtoisie et une bonne grâce parfaites. Les Congressistes en ont parcouru les divers ateliers sans cesser de s'émerveiller sur les prodiges de l'industrie rubanière dont ils voyaient les plus beaux échantillons ; tous, ils ont rapporté, de cette courte visite, la meilleure impression sur la fabrique stéphanoise et sur les hommes d'initiative et de talent qui avaient su l'élever à cette perfection.

Séances du soir.

A 2 heures du soir, les sections reprenaient au lycée leurs travaux.

Géographie générale et locale.

M. Etienne Port, délégué de la Société de Géographie de Saint-Nazaire, préside la séance.

Un grand nombre de communications sont présentées à cette dernière réunion : MM. Lanrezac, Rozis, Deman, Lefebvre, Rogé, de Contenson, Valladaud prennent successivement la parole et présentent des travaux très intéressants.

DU RAPPORT A ÉTABLIR ENTRE LA FRANCE ET L'ALLEMAGNE, AFIN DE MIEUX CONNAITRE CE PAYS ET DE POUVOIR MIEUX LUTTER CONTRE LUI AU POINT DE VUE COMMERCIAL.

Par M. le lieutenant LANREZAC.

C'est à tort, peut-être, que j'ai intitulé cette communication « Rapports à établir entre la France et l'Allemagne »; j'aurais dû plutôt écrire : « Nécessité pour la France de connaître l'Allemagne, ses méthodes industrielles et commerciales. Moyens à employer pour y arriver. » Vous savez aussi bien que moi que l'industrie et le commerce allemands se sont tellement développés que le jeune empire est devenu un concurrent redoutable pour toutes les autres nations européennes.

Mais cette concurrence s'exerçait surtout à propos des objets bon marché, des objets de « camelote », passez-moi l'expression. La France a, jusqu'à ces dernières années, moins souffert que les autres puissances, parce qu'elle est surtout productrice de la marchandise de luxe.

Or, l'Allemagne, tributaire de notre pays pour un certain nombre de produits rentrant dans cette catégorie, voudrait s'affranchir de cette espèce de tutelle. Ses désirs vont même plus loin. Elle ambitionne d'enlever à la France cette dernière suprématie (1).

Nous avons déjà supporté, après le Sedan militaire, un Sedan industriel. Nous faudra-t-il donc encore subir une irrémédiable défaite, et nous voir enlever, sans lutter, le dernier marché sur lequel nous régnons en maîtres?

La lutte, depuis longtemps déjà commencée, va devenir encore plus sérieuse. Si nous ne voulons pas, cette fois, être atteints mortellement, nous devons nous préparer pour les batailles futures où se joueront peut-être nos destinées. D'ailleurs, si, jusqu'ici, nous avons été battus toutes les fois que nous avons dû lutter contre l'Allemagne, il faut bien avouer aussi que le sort fut bien pour quelque chose dans nos défaites.

Après la guerre de 1870, en effet, la situation mondiale était particulièrement favorable à l'Allemagne. La France était une convalescente à laquelle les grands efforts étaient défendus. L'Angleterre suffisait à peine à fournir les marchés nouveaux qui s'ouvraient sur tous les points du globe. L'Italie, trop jeune, allait se débattre sous le poids de lourdes charges financières, et la Russie détournait les yeux de l'Europe pour chercher le port libre qui lui était nécessaire.

D'autre part, l'industrie se transformait par suite de découvertes nouvelles ; les conditions économiques de la production étaient bouleversées (2).

---

(1) Les Allemands essaient, par tous les moyens, de ressusciter l'art vieil allemand, ou de créer, dans le mobilier, par exemple, un art national.
(2) On en citera un exemple : l'extraction du sucre de la betterave, qui, en enrichissant l'Allemagne, ruina nos colonies sucrières.

A l'heure actuelle, la situation n'est pas tout à fait la même : « La marche triomphale de l'Allemagne se heurte à de graves difficultés : crise financière, crise agricole, crise sociale. » (Delaisi.) Crise financière : l'empire, n'ayant pas derrière lui les réserves capitalistes de la France et de l'Angleterre, réserves cependant nécessaires aux entreprises mondiales ; crise agricole, née de l'antagonisme entre l'industrie, en partie libre-échangiste et le parti agrarien protectionniste ; crise sociale, due au développement spontané des villes industrielles (1). Enfin, l'Angleterre commence à se poser nettement en adversaire de l'Allemagne dont le commerce a fait reculer le sien.

En résumé, notre voisine de l'Est se trouve dans une situation infiniment moins favorable qu'en 1870 et en 1890 pour soutenir les luttes commerciales nouvelles, mais elle a sur nous un avantage si considérable que ce pays lui doit la victoire militaire de 1870 et la victoire industrielle de 1890. *Il nous connaît* et est admirablement renseigné, tandis que, au contraire, nous ne le connaissons pas (2).

Comment, d'ailleurs, pourrait-il en être autrement, puisque, jusqu'à ces dernières années, nous nous étions absolument refusés à entrer en relations avec notre voisin de l'Est, nous tenant vis-à-vis de lui dans une réserve hautaine ?

Tandis qu'il couvrait notre pays de ses espions militaires et industriels, nous refusions d'aller en Allemagne autrement qu'en touristes. Cette méthode, dictée par les circonstances, n'est plus bonne aujourd'hui qu'il est pour nous de toute nécessité de pénétrer l'âme et les méthodes allemandes.

Avant de vous exposer davantage mes idées, je tiens à dissiper toute équivoque. Quand je dis qu'il nous faut lier des relations avec l'Allemagne, cela n'implique pas du tout

---

(1) Il faut lire à ce sujet le remarquable travail de M. G. Blondel : « Essor industriel et commercial du peuple allemand. »

(2) Je ne parle pas, bien entendu, d'une élite qui a su depuis longtemps pénétrer l'Allemagne, mais de la masse, qui ignore tout de ce puissant empire.

de ma part l'oubli du passé, et je ne veux nullement dire que nous devions nous résigner. Le jour où il y aurait en France quelques Français pour penser ainsi, nous commencerions à être sur la pente de la décadence, et notre pays marcherait vers la mort et la ruine.

En 1870, en effet, la France n'était pas une réunion hétéroclite d'Etats auxquels on peut ajouter ou retrancher des provinces, elle était, au contraire, un tout harmonieux, un grand corps définitivement constitué après un enfantement de près de 20 siècles.

1870 a fait à ce grand corps une plaie qui ne sera guérie que le jour où Alsace et Lorraine seront de nouveau françaises. — Permettez-moi aussi, puisque j'ai abordé ce sujet, de vous dire franchement que l'avenir ne nous apportera les réparations nécessaires que si nous savons être forts, que si nous pouvons, quand l'heure favorable sera venue, jeter notre épée dans la balance.

Nous n'aurons pas avec l'Allemagne de relations d'amitié, c'est entendu ; mais il est cependant possible d'avoir avec elle des relations de bon voisinage.

Nous avons un défaut très grave ; nous passons facilement d'un extrême à l'autre ; nous nous laissons trop souvent conduire par nos sentiments ; nous ne savons pas calculer froidement, et nous méconnaissons trop souvent ce principe fondamental de politique étrangère : « Toute politique de sentiment est une politique de dupe. »

Excusez-moi, Mesdames, Messieurs, d'avoir insisté sur ce point en dehors peut-être de mon sujet ; mais si j'ai tenu à bien préciser ma pensée, c'est que je ne voulais à aucun prix être rangé parmi les utopistes et les rêveurs qui marchent perdus dans leurs rêves, sourds aux bruits du dehors.

En résumé : *N'oublions rien, réservons notre cœur, continuons à tenir nos armes prêtes* (nous en aurons besoin plus tôt peut-être que nous ne le pensons). *Traitons l'Allemagne comme un voisin avec lequel on est en relations d'affaires*, tout en n'étant pas son ami. Ainsi s'établiront, entre les deux pays, des rapports qui, si nous savons nous y prendre, nous permettrons de pénétrer l'âme de notre adversaire.

Quand on veut lutter avec avantage contre un concurrent habile et audacieux, il faut connaître :

1° Les méthodes qu'il emploie, leurs causes de supériorité, leurs côtés faibles ;

2° Les mesures qu'il compte prendre, de manière à déterminer, aussi exactement que possible et à l'avance, les résultats probables de ces mesures.

Remarquez que la nécessité de la connaissance de ces deux ordres de choses est aussi grande pour la préparation à la lutte militaire que pour la lutte industrielle et commerciale.

Ces renseignements, comment les obtiendrons-nous ?

Evidemment, nous disposons pour cela d'agents officiels, ambassades et consulats, et ce sont là des éléments d'information qui ne sont pas à négliger. — Ils sont cependant insuffisants. — En effet, le personnel de ces ambassades et consulats est très restreint. Il est, de plus, bien connu des Allemands qui peuvent aisément lui cacher ce qu'ils veulent garder secret (1).

En réalité, la meilleure manière d'atteindre les deux buts proposés, c'est de s'installer chez l'adversaire, de vivre de sa vie, de gagner sa confiance, afin de pouvoir ensuite l'observer à son aise. Les Allemands n'ont jamais procédé autrement. Tout Allemand qui vient en France cherche toujours à obtenir ou à recueillir des renseignements, ou militaires ou commerciaux, qui pourront lui servir plus tard contre nous. Les Français, au contraire, quand ils voyagent à l'étranger, cherchent rarement à observer, et n'ont d'autre ambition que de parcourir un nombre respectable de kilomètres.

Je sais bien, Mesdames, Messieurs, que notre tempé-

---

(1) Je me garderai de faire au corps des consuls le reproche si souvent répété d'incapacité commerciale. Cependant, il est évident que leurs études sont surtout diplomatiques. En Allemagne, il existe une école de commis voyageurs, à Hambourg, je crois, qui, m'a-t-on dit, fournit des consuls.

rament nous empêche souvent d'employer des moyens qui ne nous paraissent pas honorables. L'espionnage nous a toujours semblé une chose honteuse. C'est un tort : nous ne devons pas oublier que la chevalerie frise le don-quichottisme. Il est stupide de laisser son adversaire employer seul certaines armes qui lui assurent un avantage considérable, quand on peut, à son tour, utiliser celles-ci contre lui.

D'autre part, nous devons nous pénétrer de cette idée que quiconque travaille pour la grandeur de la Patrie accomplit une tâche toujours glorieuse, jamais honteuse.

Donc, *nous devrons, le plus possible, envoyer nos fils en Allemagne*, et nous leur recommanderons d'ouvrir les yeux et les oreilles. Je sais bien que, depuis une dizaine d'années, beaucoup de Français vont à l'étranger, pour apprendre la langue. C'est déjà quelque chose, mais cela ne suffit pas. Il faut aussi arriver à pénétrer l'âme du pays qu'on étudie, et cela demande certaines qualités d'observation qu'il est facile de développer par l'éducation, et surtout du temps.

Quand on envoie un enfant à l'étranger, on l'y laisse généralement de 3 à 6 mois, un an au plus, puis, au moment où la connaissance de la langue, les relations établies peu à peu, allaient lui permettre de tirer parti de son voyage, il doit revenir en France.

En réalité, c'est de 2 à 3 ans qu'il faudrait séjourner en Allemagne, et cela non pas, je le répète, en touriste ou en étranger qui veut seulement apprendre la langue, mais en se mêlant intimement à la vie allemande. Bien entendu, la meilleure manière d'arriver aux buts proposés plus haut, c'est de se placer dans une exploitation industrielle ou commerciale, ce qui sera toujours facile si l'on veut se contenter d'un salaire très restreint.

Les Allemands n'ont jamais procédé autrement, et ils sont arrivés ainsi à connaître bien des secrets qu'ils utilisent ensuite contre nous.

Grâce à ce moyen, 50 % du commerce d'exportation

des vins de Bordeaux est, à l'heure actuelle, entre les mains de maisons allemandes.

A Louviers, il y avait, avant la guerre, une grande fabrique de métiers utilisés dans l'industrie drapière. Un des sous-directeurs était Allemand. Quand il eut tous les secrets qu'il désirait connaître, il repartit en Allemagne fonder une maison similaire. Combien de faits de ce genre ne pourrait-on pas citer ?

Je sais bien que le gros obstacle à ce système, c'est la question pécuniaire : bien rares sont les parents qui peuvent ainsi envoyer leurs enfants pendant aussi longtemps. Mais ne serait-il pas possible de fonder une espèce de caisse alimentée par des subventions de l'Etat, des Chambres de Commerce, des industriels ? On me répondra à cela qu'il existe déjà des bourses de commerce, mais ces dernières confèrent à celui qui en est le titulaire un caractère presque officiel; de plus, elles sont données à une élite qui, le plus souvent, a des aspirations plus littéraires que commerciales ou industrielles.

Le but des subventions données serait uniquement de permettre à des jeunes gens se destinant au commerce ou à l'industrie d'entrer avec un salaire extrêmement bas dans des exploitations allemandes.

Grâce à ce moyen, les jeunes Français arriveront à bien connaître l'adversaire contre lequel ils auront à lutter demain. Mais cela ne suffit pas encore : il faut aussi que *l'Allemagne soit soumise à une enquête perpétuelle menée par tous les Français voyageant dans ce pays*. Officiers, fonctionnaires, touristes devront être des agents d'information. A cela, on me répondra sans doute que, pour recueillir des renseignements sur un pays, il faut d'abord bien le connaître : cela est évident.

Lorsqu'on voyage à l'étranger, l'œil est attiré par une foule de choses diverses, incompréhensibles souvent, l'attention est sollicitée de tous les côtés. Mais cet inconvénient disparaît si on possède un espèce de guide qui vous indique sur quels points votre attention devra se porter, non pas un guide comme un Bœdeker ou un Joanne, mais un questionnaire rédigé aussi nettement que possible, et donnant, en même temps, dans une introduction, des renseignements généraux qui permettront au voyageur consciencieux d'acquérir avant son voyage les connaissances qui lui seront nécessaires.

Ce questionnaire se diviserait en trois parties : 1° Institutions allemandes, avec lesquelles le Français va se trouver en contact; 2° Industrie et commerce de la contrée visitée ; 3° Son histoire; ses curiosités artistiques et archéologiques.

Ces questionnaires seraient établis, pour la première partie, par les consulats français ; pour la seconde, par les Chambres de Commerce qui les distribueraient gratuitement à tout Français en faisant la demande.

Chaque chambre de Commerce dresserait son questionnaire particulier : Bordeaux, par exemple, s'occupant des régions vinicoles, Saint-Etienne des régions métallurgiques, etc...

Les principaux chapitres de ce questionnaire pourraient, par exemple, être les suivants (au besoin, on n'en remettrait au voyageur qu'une partie, celle qui lui plairait davantage):

1° Renseignements particuliers sur la province et la ville. Coutumes particulières.

I. Marches — signification — But — importance ;
II. Fêtes officielles et privées (Durée, signification, etc.);
III. Lois particulières à la province ;
IV. Traditions et légendes ;
V. Le mobilier, genre, style, disposition ;
VI. La maison.

2° Renseignements agricoles.

I. Terrains et cultures ;
II. Manière de cultiver;
III. Utilisation des cultures ;
IV. Protection et assurances agricoles. Lois agraires particulières ;
V. Syndicats de production — Syndicats de consommation;

VI. Bétail — Son assurance — Etalon ;
VII. Moyens de communication ;
VIII. Machines (d'où) (lesquelles) ;
IX. Tendances du parti agrarien.

3° Renseignements industriels.

I. Principales industries ;
II. Secrets de fabrication ;
III. Matières premières utilisées ;
IV. Syndicats patronaux et ouvriers — Organisation ;
V. Cartels industriels ;
VI. Lois industrielles ;
VII. Situation des ouvriers — Assurances — Retraites ;
VIII. Tendances du parti industriel.

4° Commerce.

I. Commis voyageurs — Ecoles — Formation ;
II. Le crédit — Organisation des banques ;
III. Voies de communication — Tarifs de transport ;
IV. Les produits d'importation ;
V. Les produits d'exportation ;
VI. Associations commerciales ;
VII. Publicité et ses moyens ;
VIII. Denrées françaises imitées en Allemagne ;
IX. Denrées françaises que nous pourrions vendre (marques, etc.), prix de vente, prix de revient.

Je n'ai nullement la prétention de donner le plan d'un questionnaire complet, la compétence me manque pour cela. J'ai voulu seulement préciser ma pensée.

Mais, pour que les Français puissent tirer de leur séjour à l'étranger tout le profit désirable, il faudrait qu'ils connussent déjà, en partie du moins, la langue des pays qu'ils visitent. Les Allemands ont imaginé pour cela une institution spéciale qu'ils nomment club français. Pour mieux vous faire saisir ce que sont ces clubs, je vais vous parler de celui de Münster en Westphalie, qui a été l'un des premiers créés et a servi de modèle aux autres.

1° *Membres*. — Toutes les personnes honorables sont admises sur simple demande. Bien qu'en Allemagne les différentes classes ne frayent généralement pas, dans le club Münster il y avait des personnes de toutes les sociétés et de toutes les conditions : Deux officiers d'infanterie (un lieutenant, un sous-lieutenant), nobles tous deux — la femme d'un lieutenant-colonel, également de la noblesse, — plusieurs jeunes filles étudiant pour être professeurs dans des écoles supérieures, — plusieurs professeurs femmes, de ces mêmes écoles, — des filles de gros commerçants, — deux professeurs, dont l'un, le Dr Mettlich, le président du club, était professeur de français à l'Université, — des étudiants, non seulement de langue française, mais aussi d'autres branches, — des jeunes gens se destinant au commerce.

En résumé, monde assez mélangé et qui nous permet de faire une remarque curieuse. Il y a, parmi les membres de ce club, beaucoup de jeunes filles qui viennent seules aux réunions. C'est là une chose admise en Allemagne, et qui, je crois, ne pourrait pas entrer facilement dans nos mœurs. La jeune Allemande jouit d'une liberté beaucoup plus grande que la Française et cela parce qu'elle reçoit une éducation en conséquence. Ainsi, dès qu'elle a atteint dix-sept ans, elle va finir son éducation chez des amis de ses parents ou même dans une maison étrangère. D'autre part, elle s'occupe beaucoup plus que nos filles des soins de l'intérieur. Même dans les familles jouissant d'une réelle aisance, les filles s'occupent de la cuisine, la bonne n'ayant à faire que les gros ouvrages.

Permettez-moi, puisque je traite incidemment cette question, de vous dire que c'est vers l'éducation de la femme française que devront se porter tous nos efforts si nous voulons sortir de la crise que traverse actuellement la France. Nous avons cru, en effet, jusqu'ici, qu'il suffisait de créer des écoles nouvelles pour obtenir les éléments qui nous manquent, par exemple, des commis voyageurs. Or, en réalité, ce qu'il faut modifier, c'est la mentalité française et particulièrement celle des femmes, qui, dans notre pays, jouent, au point de vue éducation, le rôle principal.

La force de l'Allemagne est due, en partie, à ce que les Allemandes sont beaucoup plus viriles que les Françaises, qu'elles envisagent avec plus de fermeté les charges de la vie et de la maternité en particulier. Je sais bien qu'on pourra me répondre que c'est là une affaire de tempérament national, mais je suis persuadé aussi qu'on peut modifier ce tempérament. Au fond, il y a, dans le cœur de nos femmes et de nos filles, des trésors de dévouement. L'éducation pourra leur apprendre à mieux utiliser ces trésors pour le bien de la patrie.

2° *Cotisations, ressources financières.* — En résumé, et pour en revenir aux clubs allemands, vous voyez, Mesdames, Messieurs, qu'à Münster le club était composé de gens de tous les âges et de toutes les conditions. Il y avait à cela deux raisons : la première, et la plus importante. c'est le goût très prononcé qu'ont tous les Allemands pour l'étude des langues étrangères (1). La seconde tenait à la modicité de la cotisation : 3 marks pour 6 mois, soit 7 fr. 50 pour l'année.

Le club, comptant environ 35 membres, a donc un budget d'environ 225 marks. A cette recette normale, il faut ajouter une allocation trimestrielle de 200 marks fournie par le ministre de l'Instruction publique de Prusse. Cette allocation doit permettre, en principe, au club de payer les honoraires d'un correcteur dont j'expliquerai le rôle.

Les recettes normales servaient donc à payer les dépenses courantes et celles des deux fêtes annuelles, dépenses peu élevées, d'ailleurs.

3° *Dépenses.* — En effet, le club n'a à payer la location

---

(1) J'ai donné à Münster une série de 12 conférences en français avec projections : 1° Chanson française; 2° Soudan (2 conf.); 3° Normandie (2 conf.); 4° Roman contemporain français (3 conf.); 5° Poésie française au XIXᵉ siècle (3 conf.); 6° Un voyage autour du monde. Je n'ai jamais eu moins de 75 auditeurs et auditrices, et le prix des abonnements était cependant assez élevé : 10 marks pour les 12 séances, 6 marks pour 6, 1 mark, 25 pour une causerie.

d'aucune salle. Il se réunit le mardi soir à 8 h. 1/2 dans la salle d'un café, mise gracieusement à sa disposition par le propriétaire qui se contente du bénéfice réalisé sur la vente des consommations aux membres du club (1). Les deux dépenses principales sont :

1° *Celles résultant de l'organisation des deux fêtes annuelles.* — Fête d'hiver : représentation théâtrale d'une œuvre française jouée par les membres, en français. (En 1905, le *Testament de César Girodot* fut donné dans la salle d'hiver au Lortzinger Theater) (locat., 10 marks). Fête d'été, consistant, en général, en une Ausflug, ou excursion à la campagne, suivie d'un bal organisé dans la salle de l'auberge de l'endroit où on se trouve. (En 1905, excursion à Hamdorf.)

2° *Celles résultant du paiement du correcteur de français, dont les honoraires se montent à 4 marks par soirée.*

4° *Rôle du correcteur de français.* — Ce correcteur est presque toujours un Français venu en Allemagne pour étudier la langue. Son rôle est double : il doit mettre la séance en train, en disant, en français naturellement, un monologue, une chanson, un morceau de poésie ou de prose, ou bien en faisant une causerie de quelques minutes sur un sujet de son choix. Les conversations en français durent 1 h. 1/2 à 2 heures. Passé ce temps, on est libre de s'exprimer en allemand.

En résumé, vous le voyez, organisation très simple avec frais les plus réduits possible, méthode excellente parce qu'elle a pour base l'emploi de la langue sous la direction de Français, ce qui est important à cause de l'accent.

En France, deux clubs fonctionnent déjà ainsi, à Paris et à Lyon, mais, dans ces deux villes, j'ai peur qu'on n'ait voulu faire les choses trop grandement. A Paris surtout,

---

(1) En Allemagne, tous les cafés, brasseries des villes, essaient d'avoir chez eux une réunion quelconque à laquelle ils fournissent la salle. C'est une espèce de réclame.

les frais sont élevés et les cotisations assez fortes ; il y a là un écueil à éviter.

Evidemment, la salle de réunion ne saurait être celle d'un café, mais je suis persuadé qu'on pourrait, par une Société savante ou industrielle, se faire prêter un local.

D'ailleurs, ces clubs allemands, s'ils sont bien organisés, pourront jouer un rôle plus complet que celui qu'ils ont en Allemagne. Ils n'auraient, en effet, qu'à se mettre en relations avec deux ou trois villes allemandes, et les membres du club pourraient aller dans ces villes, y séjourner, trouvant là un milieu préparé à leur venue. Les clubs pourraient ainsi facilement mener à bien l'enquête réclamée plus haut, de telle sorte que leur action se résumerait ainsi :

1° Développement de la connaissance de la langue allemande (but principal).

2° Centralisation de renseignements sur deux ou trois villes allemandes avec lesquelles le club entrerait en relations (échange de correcteurs).

3° Détermination des produits français falsifiés ou imités ; produits que l'on pourrait vendre en Allemagne (1).

4° Facilité des relations avec des Allemands, afin de mieux pénétrer leur âme, leur état d'esprit.

Je ne veux pas, Mesdames, Messieurs, abuser de votre bienveillante attention, je vais donc conclure. De toutes les mesures que je propose :

I. — Envoi de nos fils dans les usines allemandes pour y faire un séjour d'étude ;

II. — Enquête sur l'Allemagne, à commencer le plus tôt possible et à poursuivre constamment ;

III. — Création d'un questionnaire-guide distribué par les Chambres de Commerce et indiquant les points sur lesquels l'attention du voyageur devra particulièrement se porter ;

---

(1) Les Allemands achèteraient très volontiers l'article de luxe chez nous surtout depuis leur rivalité non déguisée avec les Anglais.

IV. — Création de clubs allemands copiés sur le club français de Münster.

C'est encore sur le dernier moyen que j'insiste, car c'est encore celui qui nous donnera les meilleurs résultats si nous savons être persévérants. L'aide des Sociétés de Géographie, si puissantes aujourd'hui en France, aide morale surtout, aide pécuniaire si c'est possible, peut permettre la constitution dans les grandes villes de clubs de cette nature.

Le vœu suivant, que je soumets à votre approbation, sera, si vous le voulez bien, la conclusion logique de cette communication :

Le Congrès émet le vœu que les Sociétés de Géographie encouragent, autant qu'elles le pourront, la création de clubs ayant pour but de permettre aux Français connaissant une langue étrangère, de s'entretenir dans cette langue et de se perfectionner dans son emploi (1).

LE COMMERCE FRANÇAIS EN ETHIOPIE

Par M. Auguste ROZIS, chargé de missions.

De toutes les régions de cette terre africaine où l'ambition et les efforts colonisateurs des grandes puissances se donnent cours en un magnifique élan de concurrence civilisatrice, il en est une qui, dès le premier abord, se signale à l'attention.

J'ai parlé de l'Abyssinie.

Alors que tous les états indigènes se montraient incapables de se maintenir à la hauteur des circonstances et s'écroulaient sous le poids de leurs propres défauts d'orga-

---

(1) Les autres mesures proposées ont évidemment un caractère un peu spécial qui ne permet pas de les traduire par des vœux. On a parlé, dans le cours de la communication, seulement des clubs allemands, mais il est évident que le développement de clubs anglais, italiens, etc., est une chose excellente et à encourager.

nisation ou sous la pression des nations conquérantes, l'empire éthiopien a fait preuve d'une vitalité, d'une puissance propre de conservation qui ont surpris l'Europe.

Ainsi qu'il arrive d'ordinaire, ce sont précisément les états ainsi organisés qui présentent à la fois le plus d'attraits pour la colonisation et le plus de difficultés pour la pénétration ; leurs ressources font à la fois et leur intérêt et leur force ; et les entreprises économiques que l'on y peut tenter sont à la fois plus utiles et plus délicates. L'idée d'une conquête de l'Abyssinie a cessé de tenter aucune nation européenne, depuis la malheureuse aventure de l'expédition italienne, et l'on peut prédire que le dernier coin de la terre africaine qui restera autonome, siège d'une puissance indigène indépendante, sera le pays de l'empereur Ménélik.

Mais, par cela même, les entreprises économiques prennent une importance toute spéciale dans un tel pays ; tandis qu'ailleurs le commerçant suit le conquérant, ici il doit faire par lui-même ; il représente à lui seul l'effort de la civilisation occidentale ; c'est à lui seul qu'incombe le soin d'ouvrir le nouveau et si beau domaine de l'activité moderne.

C'est avec ces idées que j'ai parcouru, voici bientôt un an, l'Abyssinie. [Sans doute, j'avais, pour faciliter ma tâche, les attaches officielles du ministère des Affaires étrangères et des Colonies ; mais ma mission, pour bénéficier de l'agrément et de la protection des pouvoirs publics, n'en avait pas moins un caractère essentiellement pratique et commercial.

Commerçant moi-même, représentant les intérêts de maisons commerciales et industrielles de France, j'ai parcouru le pays sans autre préoccupation que celle d'y chercher l'occasion d'affaires judicieuses et profitables à mon pays.

J'ai systématiquement ignoré les questions de personnes et les querelles de la politique ; tout Français, de quelque façon qu'il servît là-bas les intérêts pacifiques de la patrie, était pour moi un auxiliaire naturel. Je n'avais qu'un but qui pouvait rallier le concours de toutes les bonnes volontés : faire œuvre française pratiquement, simplement, en développant les relations amicales de nos commerçants avec les indigènes, en contribuant, par tous les moyens, à mieux faire connaître et nos ressources et nos intentions.

Je ne sais si j'ai réussi, mais j'emporte de mon passage dans ce beau pays, plein d'avenir, la conviction que nos efforts n'y seront pas vains, que nous y possédons déjà une situation de choix, et qu'il ne dépend que de notre esprit d'initiative de devenir les initiateurs et les auxiliaires de la civilisation éthiopienne.

Nous devons cette situation non seulement à la proximité de notre colonie de Djibouti, véritable clef de l'Abyssinie, mais à la modération de notre attitude et à l'activité de nos compatriotes auxquels je tiens à rendre ici un hommage public et général, sans distinction de personne et d'opinion.

J'étudierai successivement avec vous, d'abord notre protectorat de la côte des Somalis, puis l'Abyssinie elle-même, plus particulièrement le Harrar, notre sphère immédiate d'influence.

Djibouti. — Djibouti, situé à l'entrée du golfe d'Aden, à la sortie de la mer Rouge, est construit sur une immense baie, peut-être, et deviendra sûrement le concurrent d'Aden. Djibouti nous est indispensable, étant donné qu'il doit devenir point d'appui de la flotte et que nous en avons absolument besoin pour les navires se rendant en Extrême-Orient ou dans nos autres colonies. Djibouti nous a donné la mesure des services qu'il pouvait rendre en cas de conflit soit en Indo-Chine, soit à Madagascar ; depuis les débuts de la guerre russo-japonaise, tous les navires russes y ont trouvé asile ; les charbonniers qui devaient ravitailler la flotte de Rodewjensky y ont trouvé un mouillage sûr : j'ai vu, à mon passage en janvier, jusqu'à 48 navires sur rade, et cela ne gênait en rien le trafic habituel du port.

Djibouti a été artificiellement créé, il y a 8 ou 9 ans, à l'extrémité d'un désert sablonneux qui n'a pas moins de

3₉₉ kilomètres de large ; il ne peut vivre que comme port de transit, car il ne peut rien attendre de son territoire ; le transit l'enrichira puissamment s'il reste le débouché naturel de l'Ethiopie.

Pour assurer son existence, dont nous venons de démontrer la nécessité, le gouvernement français sera obligé d'alimenter le budget de la côte des Somalis par une subvention permanente. Ce sera de près d'un million que nous serons obligés de grever notre budget de ce chef, et cela tant que nous posséderons nos colonies de Madagascar et d'Extrême-Orient.

Il est donc à se demander s'il n'est pas préférable de s'imposer quelques sacrifices en envoyant des missions qui devront développer notre commerce national. Il est également urgent, pour faciliter ce développement, qu'une prompte solution soit apportée dans l'exécution du chemin de fer : la véritable route qui doit relier Djibouti à Addis-Ababa. A Djibouti, il n'existe aucun tarif douanier différentiel, et la faible redevance que paie la marchandise transitant par notre port est la même sans distinction de pavillon. Le commerce se développant en Ethiopie, il sera incontestablement une richesse pour notre colonie, qui alors pourra se suffire largement et même devenir une source de profit pour la métropole.

Le chemin de fer terminé, il serait nécessaire d'achever le port en le dotant d'un outillage moderne, permettant même aux navires de faire les réparations urgentes. Le seul inconvénient dont ait à souffrir notre port est l'insuffisance d'eau douce. Si, par des adductions, l'établissement de citernes, le forage de puits, ou tout autre moyen, il pouvait être paré à ce grave défaut, nul doute que Djibouti ne prenne rapidement le pas sur Aden. Cette question devrait faire l'objet d'une étude technique spéciale.

Lorsqu'elle sera résolue, nous pourrons devenir le concurrent heureux d'Aden, et les agents des maisons d'Europe installés dans cette ville n'hésiteront plus à venir à Djibouti. Tous les navires de passage feront escale de préférence dans notre port où ils procéderont à leur ravitaillement à quai.

L'importation dans notre protectorat pendant l'année 1903 atteint le chiffre de 7.364.846 francs, en augmentation sur 1902 de 165.375 francs.

Abyssinie. — L'Abyssinie compte environ 15 millions d'habitants sur une étendue de territoire plus grande que la France ; son sol accidenté, semé de chaînes de montagnes, offre des plateaux situés à des altitudes variant entre 2 et 4.000 mètres.

L'Abyssin est soldat ou commerçant ; la culture du pays est faite en général par le Galla et diverses tribus conquises par lui. Le sol abyssin est très fertile, et sa mise en valeur serait très productive, étant donné que l'on peut y entreprendre toutes les cultures. Le sous-sol passe également pour être riche en gisements miniers de toutes sortes ; du reste, l'empereur fait tirer de l'or dans divers plateaux du centre de son empire.

Je vais passer aux douanes et traités de commerce.

Douanes et traités de commerce. — Les traités de commerce, dont nous avons bénéficié jusqu'à ce jour avec l'Abyssinie, ne nous assurent aucun avantage par rapport à nos rivaux étrangers. Nous sommes autorisés à importer librement moyennant un droit de douane ; toutes les puissances jouissent du même traitement et se voient appliquer les mêmes tarifs.

Je dois cependant dire, d'après les renseignements qui m'ont été donnés, que les deux missions envoyées récemment par l'Allemagne et l'Autriche ont obtenu du gouvernement éthiopien des conditions nouvelles plus favorables que celles qui nous sont faites. Il serait indispensable que notre diplomatie, si elle ne l'a déjà fait, se renseignât à ce sujet et obtînt pour nous, sans équivoque ni incertitude, la clause de la nation la plus favorisée.

D'après les conventions passées entre l'Ethiopie et différents pays européens, les droits de douane ne devaient pas dépasser 8 %. Un rapport détaillé, parvenu récemment au ministère des affaires étrangères, établit avec preuves à l'appui que certaines marchandises à l'exportation paient, dans la pratique, jusqu'à 79 % et qu'à l'importation la moyenne des taxes perçues est de 23 %. La France, en vertu d'une convention spéciale, ne devait jamais payer plus de 8 %. Cette convention douanière résulte d'un accord passé entre Sa Majesté l'empereur Ménélik et la France, en 1897, époque à laquelle M. Lagarde, alors gouverneur d'Obock, fut envoyé en Ethiopie comme ministre plénipotentiaire de la République française. A ce moment, M. Lagarde signa avec l'empereur diverses conventions qui complètent le traité de 1843, lequel sert encore de base à nos relations politiques et économiques avec l'Ethiopie.

Ce traité fut signé entre le roi du Choua, Schella Sellassie, et M. Rochet d'Héricourt. envoyé du roi de France Louis-Philippe. Il est bon de rappeler que ce traité, basé sur l'amitié, établissait une sorte d'alliance défensive entre la France et l'Ethiopie. Comme je vais vous l'expliquer, cet article est resté lettre morte jusqu'à ce jour, et nous aurions le droit, à l'occasion, d'en demander la mise en vigueur puisque l'ensemble du traité n'a jamais été observé. Un tel état de choses est infiniment dangereux pour toute entreprise sérieuse et de quelque durée. S'il n'est pas possible d'obtenir plus de stabilité dans les règlements, au moins serait-il désirable que des contrats particuliers assurassent exceptionnellement à nos commerçants et à nos colons, surtout à ceux qui exploitent des concessions, le maintien, pendant un délai à déterminer, des conditions sur lesquelles ils ont traité.

Les moyens de transport sont : le premier tronçon du chemin de fer, soit 310 kilomètres, et ensuite du point terminus de Diré-Daoua à Addis-Ababa. Il y a trois routes :

La première, par Harrar et le Tchercher   462 kilomètres.
La seconde, par les Assabots   365   —
La troisième, par le désert   320   —

Les monnaies du pays sont les suivantes :

Le thaler de Marie-Thérèse, valeur 2 fr. 20 à 2 fr. 40. ;

le thaler de Ménélik, même valeur; le thaler se divise en deux demi-thalers, le roub ou quart de thaler et la piastre abyssine dont la valeur est de 12 à 16 au thaler.

Les poids et mesures sont : l'okiette, soit 26 grammes, c'est-à-dire le poids d'un thaler; la frazella, 16 kil. 800 ou 600 thalers.

Les articles comme les peaux, ou les pièces d'aboujédid se comptent à la korédia, qui compte 20 unités. Les grains se mesurent à la doula, qui comprend, suivant les contrées, de 20 à 30 koudnas, mesure de 5 litres environ.

L'unité de mesure agraire est la kallad, qui compte également, suivant les cantons, de 39 à 40 hectares.

Le trafic de l'Abyssinie. — Il n'existe aucun document; l'Abyssin n'a pas d'administration normale des douanes, et il est assez difficile de fournir des chiffres précis. Pourtant, on emploie un procédé qui consiste à enregistrer les opérations de douane aux portes de Djibouti, du Somaliland anglais et de l'Erythrée italien qui sont, notamment Djibouti, les points de passage obligés des marchandises importées ou exportées.

Evaluation à Djibouti. — Les statistiques douanières de Djibouti, séparées de la valeur des marchandises à destination ou à provenance d'Abyssinie, pour les principaux articles importés en 1903, donnent le total de 4.665.996 francs, soit une augmentation de 521.940 francs sur l'année précédente.

Somaliland anglais. — Les statistiques de Zeilah sont de 1.720.704 francs, dont 60 % pour l'Abyssinie, soit une moyenne de 1.100.000 francs.

L'Erytrée italien. — Massaouah, port de la colonie italienne, nous donne en moyenne 1.200.000 francs.

Maintenant, en récapitulant le total, où nous allons comprendre la douane du Soudan et du Lough, nous aurons en chiffres ronds :

Djibouti	5.000.000	fr.
Zeilah	1.200.000	
Massaouah	1.200.000	
Soudan	400.000	
Lough	100.000	
Importations	7.900.000	fr.

Exportations. — A l'exportation, je vous citerai de suite les totaux ; nous passerons ensuite à la récapitulation :

Djibouti	5.200.000	fr
Zeilah	600.000	
Massaouah	700.000	
Soudan	1.000.000	
Lough	200.000	
Fraudes	200.000	
Total	7.900.000	fr.

Récapitulant, nous aurons :

Importations	7.900.000	
Exportations	7.900.000	
Total	15.800.000	fr

Provenance de la marchandise. — L'aboujédid vient d'Amérique par Aden ; divers tissus dont voici les échantillons proviennent d'Allemagne, d'Angleterre et un peu de France.

La soie vient en général de Lyon.
Les tapis de Perse, France et Allemagne.
La chapellerie, d'Italie.
Les chaussures, de France, de Bombay et d'Angleterre.
Les vins de Champagne, de France.
Les spiritueux, d'Allemagne, d'Italie et un peu de France.
Les conserves, d'Italie et de France.
Les sucres, de Marseille et de Trieste.
L'épicerie, de France.
Le riz, d'Indo-Chine.

Le pétrole, d'Aden.
La parfumerie, d'Allemagne, très peu de France.
L'horlogerie, de France et de Suisse.
Les machines à coudre, d'Amérique.
La quincaillerie, verroterie, lames de sabre, etc., d'Allemagne, d'Autriche et de France.
Les tôles ondulées, d'Angleterre par Aden.
Les armes, de Belgique et d'Angleterre.
Les munitions, de France.
Le thaler de Ménélik, de Paris.

Agriculture. — Au point de vue de l'agriculture, je ne puis que vous répéter, comme vous l'avez déjà entendu lundi soir par M. Porquier, que toute culture tempérée et tropicale peut être entreprise avec succès.

Elevage. — Pour l'élevage, il en est de même; les chevaux, les mulets et les ânes deviendraient de plus belle espèce, mais il serait nécessaire que l'on s'appliquât à faire une sélection.

Je crois avoir été suffisamment explicite dans cette petite communication, car, pour bien traiter la question commerciale éthiopienne, il est nécessaire de prendre article par article; mais cela, ici, nous aurait demandé trop de temps.

En tout cas, ce que je puis affirmer, c'est qu'en France, si les commerçants et industriels veulent faire quelques sacrifices, comme l'ont fait ceux d'Allemagne et d'Autriche, nous pouvons prendre une place prépondérante.

Offrons des articles nouveaux; créons des modèles spéciaux, mais ne cherchons pas surtout à imiter ce qui est fait par l'étranger pour lui faire concurrence.

Ce sont des articles français qu'il faut faire admettre, et non la copie des autres.

ANVERS, DUNKERQUE ET LA RÉGION DU NORD-EST DE LA FRANCE

Par M. Thomas DEMAN, avocat, président de la Société de Géographie de Dunkerque.

Lorsque, l'an dernier, au Congrès de Tunis, je me risquai à faire une communication, ce fut de Dunkerque que je parlai.

Aujourd'hui encore, c'est de Dunkerque et de ses intérêts que je veux vous entretenir.

C'est, direz-vous, toujours la même chose !

Oui ! Nous aimons, nous autres Flamands de France, à faire connaître nos efforts, nos travaux et leurs succès. Et c'est parce que pour nous la lutte est plus rude et plus pénible contre la nature, parce qu'il nous faut une persévérance, une ténacité spéciales, parce que le souvenir de nos peines passées, de nos souffrances d'autrefois, quand nous fûmes donnés pour rançon de la France, parce que tout cela grandit notre légitime et patriotique orgueil d'apporter à la patrie, par notre acharné travail, de plus grands éléments de prospérité.

De même qu'à Saint-Etienne, à Dunkerque le travail est en honneur, le travail assidu, énergique, qui devient la grande préoccupation de la vie, le travail qui unit et réconforte toutes les bonnes volontés, le travail, enfin, qui éloigne et efface, comme le soleil dissipe le brouillard, les décevantes théories d'une invraisemblable doctrine.

Dunkerque est actuellement le troisième port de France. Est-ce à dire qu'il regarde du haut de sa grandeur les autres ports nationaux et les accable de son dédain ?

Que non pas ! Nous savons que nous ne sommes qu'un des éléments, un des facteurs de la prospérité générale. Dans l'harmonieux effort de tous les Français, dans le concert des travailleurs, nous jouons notre partie ; et notre joie est grande de voir les autres réussir comme nous, parce que le bien général en est la conséquence.

Nous grandissons donc ; mais de même que l'homme, au fur et à mesure qu'il voit son corps et ses membres se développer, a besoin d'une nourriture plus forte, de même, mais par un phénomène inverse, un port qui prospère et voit augmenter son trafic, doit s'agrandir, développer cet immense corps formé par son chenal et ses bassins, donner plus de puissance à ses membres, c'est-à-dire à son outillage.

C'est ce que nous faisons à Dunkerque.

Et le gouvernement de la République l'a admirablement compris sous l'inspiration d'un homme dont la vie tout entière est un modèle de ténacité et d'énergie, M. Jean-Baptiste Trystram ; de son fils, qui le remplace au Sénat et à notre Chambre de Commerce, sous l'impulsion de M. Guillain, notre député, cet ancien ministre des Colonies qui entretient avec M. Etienne le commerce d'une cordiale et fidèle amitié, de par les efforts et les sacrifices de notre municipalité et de notre Chambre de Commerce.

De ces efforts et de ces sacrifices, voici les preuves.

Sans remonter plus haut, en 1902, un projet de loi était déposé au Sénat. (Depuis, la loi a été votée et promulguée.)

Ce projet était ainsi conçu :

ARTICLE PREMIER. — Sont déclarés d'utilité publique les travaux et acquisitions de terrains nécessaires à l'extension du port de Dunkerque, suivant les dispositions générales de l'avant-projet arrêté par le ministre des Travaux publics à la date du 23 septembre 1901...

La dépense est évaluée à vingt-six millions de francs.

Elle comprend, etc., etc.

ART. 2. — Il est pris acte des engagements souscrits par la ville et la Chambre de Commerce de Dunkerque, ainsi qu'il résulte des délibérations de la Chambre de Commerce en date des 26 août 1899, 16 mars 1900 et 5 juillet 1901, et des délibérations du Conseil municipal en date des 6 octobre 1899, 19 janvier 1900 et 12 juillet 1901, de fournir pour l'exécution des travaux les subsides suivants :

1° La Ville et la Chambre de Commerce,
conjointement et solidairement un subside de   5.700.000 fr.
2° La Chambre de Commerce, un subside de   1.450.000 »
3° La Ville, un subside de..............   800.000 »
4° La Ville, un subside égal au montant effectif des droits d'octroi à percevoir sur les matériaux qui seront employés dans les travaux, lesquels droits sont évalués à....   270.000 »

Le montant de ces subsides, évalué à 8.220.000 francs, sera versé au Trésor, à titre de fonds de concours pour dépenses d'intérêt public, au fur et à mesure des besoins des travaux. L'importance et l'époque de chaque versement seront déterminées par le ministre des Travaux publics.

Le surplus de la dépense sera imputé sur les crédits inscrits chaque année au budget du ministère des Travaux publics pour l'amélioration et l'extension des ports maritimes.

Art. 3. — La Ville et la Chambre de Commerce de Dunkerque sont autorisées à emprunter.....

Ce projet de loi avait été rapporté au Sénat par M. Barbey. Le rapport est si intéressant et expose si bien l'historique de notre port que je ne puis résister au désir de vous en faire connaître quelques passages :

« Le projet de loi soumis à votre sanction a pour objet de donner immédiatement au port de Dunkerque les moyens de satisfaire aux besoins de son trafic toujours grandissant et de rendre possibles les extensions ultérieures dont on doit prévoir, dès à présent, la nécessité.

« En 1850, la ville et le port étaient déjà gênés dans l'enceinte fortifiée qui les protégeait. Le port avait été pendant longtemps fréquenté surtout par des navires de grande pêche et de cabotage. La flottille qu'il expédiait chaque année dans les mers d'Islande, à la pêche de la morue, y trouvait un abri suffisant. Il n'en était plus de même pour les bâtiments armés au long cours, encore assez rares, mais dont le nombre tendait à augmenter sans cesse.

« En effet, le développement considérable de l'agriculture et de l'industrie dans les départements du nord et de l'est de la France avait eu dès cette époque, pour conséquence, une activité plus grande dans les relations commerciales de ces régions avec les pays lointains. Le port de Dunkerque était mieux placé que tout autre pour en profiter. De là, l'urgente nécessité d'en faciliter l'accès aux navires de fort tonnage, d'y créer des bassins, de le doter des installations propres à la rapide manutention des marchandises.

« La vieille enceinte a donc été reculée sur certains points, à deux reprises différentes.

« Des travaux d'extension et d'amélioration ont été entrepris et exécutés une première fois, de 1845 à 1854, et plus tard, sur une plus grande échelle, depuis 1872 jusqu'à ces dernières années.

« Dans la première période, après avoir déplacé une partie des fortifications et reporté dans la partie aval du port, par un canal de dérivation, le débouché des eaux de desséchement de la contrée, on construisit, en travers du port d'échouage, des écluses qui en transformaient la partie amont en bassin à plat. L'exécution de ces ouvrages eut pour résultat de permettre au port de Dunkerque de développer son trafic au point que le mouvement des marchandises s'est élevé, de 170.000 tonnes en 1849, à 746.000 tonnes en 1869. Dans l'espace de vingt ans, il avait plus que quadruplé.

« Aussi, une nouvelle extension ne tarda pas à s'imposer. Elle fut déclarée d'utilité publique en 1861. Mais il fallait encore déplacer les fortifications de l'ouest pour la réaliser. Elle était donc subordonnée à la construction d'une nouvelle enceinte poursuivie avec lenteur par le département de la guerre. Enfin, l'ancienne ligne de remparts put être dérasée en 1872, et les travaux civils commencèrent aussitôt. Au bout de quelques années, le port était transformé par une série d'ouvrages dont l'honorable rapporteur de la Chambre, député de Dunkerque, donne, avec une compétence et une autorité reconnues, la description suivante :

« En 1885, un nouveau bassin (darse n° 1 du bassin Freycinet) vint augmenter les moyens d'action du port de Dunkerque, en même temps que l'approfondissement du chenal à 2 mètres au-dessous de basse mer et l'ouverture d'une nouvelle écluse à sas (écluse Freycinet) permettaient, en vive-eau, l'accès des navires de 7 mètres. Quatre ans après, en 1889, le mouvement total des marchandises atteignait presque 2.400.000 tonnes, dépassant de près de 1 million de tonnes le mouvement de 1879.

« Dès 1878, on avait constaté l'utilité d'augmenter considérablement l'étendue des bassins à flot prévue en 1861, de leur donner une écluse d'entrée plus profonde et d'augmenter la profondeur du chenal. Une loi du 31 juillet 1879 déclara d'utilité publique un ensemble de travaux qui devaient porter la longueur des quais utilisables à 8 kilomètres, donner au port quatre formes de radoub, dont une de 190 mètres de longueur utile, enfin un chenal d'accès et une nouvelle écluse d'entrée des bassins présentant 5 mètres de profondeur au-dessous des plus basses mers et offrant ainsi aux navires une profondeur de 9 m. 15 en haute mer de morte-eau minima, et de 10 m 90 en haute mer de vive-eau moyenne. Les nouveaux quais à flot furent livrés à l'exploitation en 1889. La grande écluse à sas, dite écluse Trystram, l'une des plus grandes du monde entier, fut ouverte en 1896. Le sas, de 25 mètres de largeur et de 5 mètres de profondeur au-dessous des plus basses mers, a 180 mètres de longueur utile. Il est muni d'appareils hydrauliques extrêmement puissants, qui assurent une manœuvre rapide des portes, des ponts tournants et des vannes de remplissage et de vidange. Le sassement d'un navire, même à basse mer, dure à peine un quart d'heure. Le chenal a été approfondi. Il est actuellement ouvert à 3 m. 50 au-dessous de basse mer : il sera ouvert, l'année prochaine, à 5 mètres au-dessous de basse mer. L'outillage en dragues à godets ou aspiratrices appartenant au port permet d'extraire annuellement 1.200.000 mètres cubes de sable et de vase pour l'entretien et l'augmentation des profondeurs.

« Le trafic qui, sous l'influence du nouveau régime des douanes, inauguré en 1892, avait subi une sensible dépression, n'a pas tardé à reprendre son mouvement ascensionnel. En 1895, le tonnage des marchandises ne dépassait que de 40.000 tonnes celui de 1889 (2.425.000 contre 2.385.000). En 1899, trois ans après l'ouverture de l'écluse Trystram, il avait déjà augmenté de plus de 400.000 tonnes par rapport à celui de 1895 (2.840.000 tonnes). »

Les résultats obtenus sont mis en évidence par le tableau ci-contre, qui permet de suivre la marche parallèle des augmentations de trafic et des améliorations techniques :

Années	Tonnage	Tonnage
1849	256.000	170.000
1869	849.000	746.000
1879	1.650.346	1.456.372
1889	2.704.854	2.384.296
1895	2.769.718	2.425.109
1899	3.301.780	2.839.794
1900	3.226.958	2.923.589
1901	3.436.309	2.919.703

Ainsi, dans une période d'un demi-siècle, les relations commerciales de Dunkerque ont pris un essor remarquable ; le mouvement des marchandises s'y est élevé de 170 000 tonnes à près de 3.000.000 de tonnes. En 1850, cette ville n'offrait aux navires qu'un port d'échouage ; aujourd'hui, c'est un de nos ports maritimes les plus prospères, un de ceux qui donnent pour l'avenir les plus belles espérances.

. . . .

En résumé, la Ville et la Chambre de Commerce n'ont pas ménagé les sacrifices pour donner à notre port maritime du nord l'extension qui lui est immédiatement indispensable dans la lutte, de plus en plus ardente, qu'il est appelé à soutenir contre la concurrence étrangère et pour rendre possibles, dans des conditions de prévoyance et d'économie qui avaient fait défaut précédemment, les agrandissements ultérieurs.

Elles ont concouru à cette œuvre, essentiellement d'intérêt national, en établissant des péages tellement élevés qu'ils dépassent notablement ceux de tous les autres ports belges et français. Leur demander un plus grand effort serait aller contre le but que doivent poursuivre les pouvoirs publics et tarir, en compromettant la fréquentation du port, la source de sa prospérité.

. . . .

Je l'ai dit, le projet de loi fut voté à l'unanimité et la loi elle-même fut promulguée peu après.

Voilà donc 26 millions qui vont être dépensés, et le passé répond pour l'avenir que cette dépense ne restera pas improductive.

Je vous fais grâce du programme complet des travaux, ne possédant point la compétence de messieurs les ingénieurs, et n'ayant pas le talent, comme eux, de rendre agréables à l'oreille les statistiques et les chiffres les plus arides.

Qu'il vous suffise de savoir qu'aujourd'hui nous avons 8.000 mètres de quais utilisables, qu'après l'exécution des travaux, nous en aurons 21.000 ; que la profondeur de notre port sera portée à 14 mètres au minimum ; que le projet comprend la création d'un port de marée, praticable et accessible à toute heure pour les navires de 8 mètres de tirant d'eau, précieux pour la marine militaire et pour les besoins de la défense nationale ; un avant-port, une gare maritime, et qu'ainsi serait rendue possible la manutention des 8.000.000 de tonnes de marchandises qui, si l'on s'en rapporte aux données de l'expérience, formeront dans vingt ans le trafic de notre port.

Ce résultat, nous l'obtiendrons, car nous avons faite nôtre, en la modifiant un peu, la fameuse devise :

« A cœur *Flamand*, rien d'impossible. »

Mais ce ne sera pas sans luttes, sans compétition, sans ces batailles commerciales que se livrent aujourd'hui les peuples, et dans lesquelles, tout comme à la vraie guerre, la victoire appartiendra au plus fort, au plus persévérant, et surtout au plus habile et au mieux outillé.

Nous avons, à quelques lieues dans le nord, un rival redoutable, Anvers.

Nous avons comme voisin un peuple, petit par le nombre, infime presque quant à l'étendue de son territoire, mais grand par les qualités de volonté, de sang-froid, d'énergie commerciale qu'il déploie.

Vous avez entendu ce que la France faisait pour Dunkerque, écoutez ce que la Belgique va faire pour Anvers.

Le projet d'agrandissement du port d'Anvers comprend :

1° Le creusement d'un lit nouveau pour l'Escaut, au moyen d'une coupure dans son cours actuel.

2° Le creusement d'un canal éclusé, long de huit kilomètres, 250 mètres de largeur et 12 mètres de profondeur. Trois écluses, d'une longueur de 300 mètres, d'une largeur de 30 mètres et d'une profondeur de 8 mètres à marée basse et 12 mètres à marée haute, assureront ses communications avec l'Escaut.

Sur ce canal, qui sera pour ainsi dire parallèle à la grande coupure et placé à l'est de cette dernière, viendront s'embrancher neuf darses parallèles de 1.200 mètres de long sur 300 mètres de large et desservies par de nombreuses voies ferrées.

De plus, à proximité du chenal d'accès, du côté du Kruisschans, un immense bassin circulaire de 500 mètres de diamètre pourra desservir les chantiers de construction navale. Du même côté, enfin, seront creusées toute une série de cales sèches, dont une de 250 mètres de longueur.

En résumé, il y a actuellement 5.500 mètres de quais ou fleuve ; on en ajoutera ainsi 8.000, soit un total de 13.500 mètres de quais en eau profonde.

Aux bassins, il y a actuellement 16.000 mètres de quais, on en ajoute 30.000, soit un total de 46.000 mètres.

Il y aura ainsi, au total général, une longueur de 60 kilomètres et demi de quais.

Les dépenses sont évaluées à environ 125 millions de francs, mais tout laisse prévoir qu'elles s'élèveront à au moins 200 millions. Elles seront uniquement supportées par l'Etat belge qui, à cette intention, s'est déjà rendu propriétaire des terrains qui seront nécessaires. Le projet n'ayant pas encore été soumis à l'approbation des Chambres législatives, on ne peut rien dire de précis sur la combinaison financière qui leur sera exposée. Toutefois, il est à présumer que le gouvernement compte beaucoup sur la plus-value des terrains dont il s'est fait acquéreur.

En tous cas, il est bien certain qu'il n'est nullement question d'une augmentation des droits de tonnage actuellement perçus.

Vous croyez que devant semblable concurrence nous avons peur?

Allons donc! Est-ce que Jean Bart compta jamais le nombre de ses adversaires?

Ecoutez cette petite anecdote :

C'était pendant le règne de Louis XIV. Le grand roi avait imaginé de mettre un prince de sa famille sur un trône quelconque. Les rois avaient de ces fantaisies. Et les empereurs imitent volontiers les rois, ce qui ne veut pas dire que de telles combinaisons amènent toujours d'excellents résultats.

Bref, le prince vint s'embarquer à Dunkerque, et Jean Bart fut chargé de le conduire à son port de destination. Il partit à bord de la « Railleuse », je crois, escorté de deux autres frégates.

Le second jour, la flottille rencontra neuf vaisseaux de haut-bord. Ils étaient anglais, et nous étions alors en guerre avec l'Angleterre.

Jean Bart fait hisser à la corne d'artimon le pavillon de France : la flamme aux couleurs dunkerquoises se déroule en haut du mât de misaine, et la flottille défile fièrement, sabords ouverts, équipages en branle-bas de combat, devant la flotte anglaise, stupéfaite d'une telle audace.

Quand le danger fut passé, le prince dit à Jean Bart : « S'ils avaient su que j'étais à votre bord, nous étions pris ! — Que nenni, de répondre le vaillant corsaire, mon fils était à la sainte-barbe, mèche allumée, et plutôt que de nous rendre, nous aurions tous sauté ! »

Le prince en eut, paraît-il, froid dans le dos !

Avec de tels ancêtres, croyez-vous que l'on puisse avoir peur de quelque chose ?

Pour n'avoir point peur, il n'en est pas moins utile de prendre ses précautions.

Jetant les yeux autour de nous, nous apercevons toute une contrée française qui devrait nous apporter son important trafic, et qui, cependant, est aujourd'hui tributaire du port d'Anvers. C'est la région métallurgique du nord-est.

Bénéficiant des sacrifices inouïs que fait l'Etat belge au point de vue des tarifs de chemins de fer, cette région dirige sur Anvers la plupart de ses produits, privant le port de Dunkerque et la marine française d'un élément de prospérité.

Mais puisque, le philosophe l'a dit, l'intérêt est le guide des actions des hommes, et c'est surtout en matière commerciale que cet aphorisme est exact, à la situation que je viens de signaler, il y a un remède.

C'est le canal du nord-est.

Or, et voici qui répond à bien des critiques sur l'utilité des congrès de Géographie, en 1900, au Congrès national, M. Bottin, président de la Société de Douai, que je regrette vivement de ne pas rencontrer ici pour le féliciter, faisait adopter un vœu dont je trouve le résumé dans notre excellente *Dépêche Coloniale* :

« Les nécessités du commerce et de l'industrie, qui
« veulent des transports à bon marché, donnent au rôle
« économique des voies navigables, une importance qui
« grandit avec le développement de notre production Les
« voies navigables du nord et du nord-est de la France,
« insuffisantes depuis longtemps, menacent de ne plus
« suffire, dans un bref délai, aux services qu'elles doivent

« rendre. Aussi, de nombreux projets sont élaborés pour
« parer à cette éventualité. Dès 1878, le canal du Nord et
« celui de l'Escaut à la Meuse figuraient dans la loi de
« classement des canaux projetés. En 1882, la Chambre des
« députés les déclara d'utilité publique, mais les nécessités
« budgétaires en empêchèrent l'exécution.

« Depuis, le mal a empiré et exige un prompt remède ;
« aussi les Chambres de Commerce ont-elles répondu avec
« empressement à la lettre du 17 février dernier, par
« laquelle le ministre du Commerce les invitait à établir,
« pour ordre d'urgence, le classement des travaux d'amé-
« lioration ou d'extension à effectuer sur les voies ferrées,
« les voies de navigation, et dans les ports maritimes.

« Les Chambres du Nord, du Pas-de-Calais, de la
« Somme, de l'Aisne et de l'Oise se sont réunies en
« Congrès à Arras, puis à Lille, et parmi les travaux
« qu'elles ont recommandés comme urgents aux pouvoirs
« publics, elles ont mis au premier rang le canal du Nord
« et celui de l'Escaut à la Meuse. Elles ont aussi recom-
« mandé l'agrandissement du port de Dunkerque, dont les
« quais sont devenus insuffisants.

« Les canaux du Nord et celui de l'Escaut à la Meuse,
« en abrégeant le parcours, diminueront le fret ; le second,
« tout particulièrement, diminuerait de 133 kilomètres le
« parcours de Mézières à Dunkerque, et les départements
« du nord-est cesseraient d'être tributaires de la Belgique
« et du port d'Anvers. Le Congrès a émis le vœu qu'il soit
« procédé, dans le plus bref délai possible, à l'exécution du
« canal du Nord, du canal de l'Escaut à la Meuse, et à
« l'extension du port de Dunkerque.

Ce vœu fut adopté par le Congrès national à l'unanimité.

Les travaux du port de Dunkerque vont commencer. Ceux du canal du Nord ont déjà reçu un commencement d'exécution et vont se continuer par le doublement du tunnel de Saint-Quentin. Reste le canal de l'Escaut à la Meuse ou canal du Nord-Est.

Ce serait, certes, abuser de votre patience et ne plus mériter votre bienveillante attention que de vous faire de cette question le complet historique, comme aussi de vous faire part des luttes d'intérêts, des rivalités qui se sont élevées quant au parcours que le canal devrait suivre.

J'ai là, à ce sujet, de nombreuses brochures... que je ne vous lirai pas.

Cependant, j'en signale une, au risque de le faire bondir, à notre éminent collègue, M. Georges Blondel. Elle a pour auteur M. de Lespinats, et voici sa conclusion.

Après avoir essayé de démontrer que les canaux sont inutiles en présence des chemins de fer et que ceux-ci doivent suffire aux besoins du pays comme moyens de transport, l'auteur de la brochure termine ainsi :

« L'Etat n'ayant plus de canaux à construire, il en résul-
« tera un allégement sérieux pour nos finances.

« Les Compagnies de chemins de fer n'auront pas à y
« perdre, l'augmentation du trafic devant compenser large-
« ment la diminution consentie dans le prix du transport
« de plusieurs catégories de marchandises transportées
« actuellement en grande partie par eau et le surplus par
« fer à un tarif plus élevé. »

« Le trafic des voies navigables actuelles sera considéra-
« blement diminué.

« Les mariniers auront certainement à en souffrir, mais
« cette considération, en présence de l'intérêt général,
« ne doit pas entraver l'exécution du programme à
« suivre.

« Les mariniers changeront de métier, comme l'ont fait
« dans le temps les postillons de diligences. »

Telle n'est pas notre conception du rôle économique des voies navigables. Dans la vie industrielle et commerciale d'un pays, les canaux et les chemins de fer ont chacun leur fonction. L'exemple de l'Allemagne, si lumineusement exposé par M. Blondel, le prouve assez, puisqu'il démontre que le trafic des canaux allemands ayant augmenté, par suite de nouveaux travaux, dans des proportions considérables, le trafic des chemins de fer a suivi une progression équivalente.

C'est ce que prouve le rapport fait à la Chambre des députés par M. Guillain, si expert en ces choses et dont les travaux sur les questions de transports sont des modèles. Voici comment il termine et résume ce rapport :

« C'est le pays tout entier qui profitera finalement de
« l'économie des transports, et non pas seulement les
« industriels producteurs. Sous l'action de la concurrence,
« les bénéfices des producteurs tendent à revenir très vite
« au taux qu'ils avaient avant l'amélioration des trans-
« ports, et, en fin de compte, le consommateur, c'est-à-dire
« l'ensemble des citoyens, ne tarde pas à recueillir le profit
« intégral de l'économie réalisée.

« En résumé, le canal du nord-est projeté se présente
« comme une œuvre d'une utilité capitale pour le dévelop-
« pement de l'industrie nationale. Il reliera le nord
« producteur de houilles à l'est producteur de minerais, de
« fonte et d'acier. Il développera la vie industrielle non
« seulement à ses extrémités, mais encore sur tout son
« parcours de 275 kilomètres. Il reprendra à l'Allemagne
« et à la Belgique, au profit de l'industrie nationale, un
« trafic considérable.

« Les éléments commerciaux dont il disposera dès ses
« premières années sont tels, qu'on peut espérer lui voir
« acquérir bientôt un trafic de plus de 1.800.000 tonnes,
« composé surtout de combustibles, de minerais et de
« produits métallurgiques.

« Les économies de transport qu'il est susceptible de
« procurer au commerce sont assez considérables pour
« qu'un prélèvement puisse y être opéré sous forme de
« péage, de manière à faire épargner au budget la moitié
« de la dépense de 131 millions qu'exigera sa construction.

« Un syndicat des Chambres de Commerce intéressées,
« assistées d'importants groupes industriels, sera bientôt
« prêt à fournir à l'Etat la subvention de 65 millions et
« demi prévue par le projet de loi, moyennant l'autorisa-
« tion qui lui serait donnée d'emprunter cette somme
« augmentée des intérêts moratoires, et de percevoir des

« péages pour amortir son emprunt en soixante ans au
« plus.

« Un péage moyen de 8 millimes par tonne et par kilo-
« mètre suffira si, comme cela est probable, le trafic du
« canal atteint bientôt 1.800.000 tonnes. L'accroissement
« rapide de la production métallurgique dans l'est et le
« nord permet d'espérer que ce tonnage sera même bientôt
« dépassé, et que, par suite, les péages pourront être
« diminués.

« Nonobstant le péage de 8 millimes en moyenne, les
« prix du transport par le nouveau canal resteront encore
« notablement inférieurs aux prix actuels du transport
« par chemin de fer, et le bénéfice annuel qui en résultera
« pour le commerce sera certainement plus élevé que le sacri-
« fice annuel imposé à l'Etat, soit par les charges d'intérêt
« du capital de 65 millions et demi, constituant la part de
« l'Etat dans la dépense de premier établissement du canal,
« soit par les frais d'entretien et de personnel d'exploita-
« tion auxquels le budget devra subvenir.

« Il résulte, des considérations présentées ci-dessus pour
« l'évaluation du trafic, que la branche est du canal du
« Nord-Est, c'est-à-dire le canal de la Chiers, desservira à la
« fois le trafic du bassin de Longwy avec la Belgique et
« avec les départements des Ardennes, du Pas-de-Calais,
« de l'Aisne et du Nord. Ce trafic avec la Belgique est
« intéressant, mais il l'est beaucoup moins pour nous que
« le trafic avec les départements français. Il faut,
« notamment, éviter autant que possible de favoriser l'im-
« portation des combustibles minéraux belges et des
« marchandises étrangères entrant par Anvers, ou l'expor-
« tation par Anvers des produits français, au préjudice de
« notre industrie nationale et des ports français de la mer du
« Nord. Ce préjudice se produirait certainement si le canal
« de la Chiers était ouvert à l'exploitation avant le canal de
« l'Escaut à la Meuse. Aussi, la Commission est-elle d'avis
« qu'il est absolument indispensable de faire prescrire par
« la loi les mesures nécessaires pour que ce fait ne puisse
« pas se produire. »

Et voici que j'ai parcouru la route que je m'étais tracée. Puissé-je vous avoir convaincus qu'il est là-bas, tout au nord de notre France, une ville laborieuse, une population pleine de courage et de vaillance, dont les efforts doivent être aidés !

Puissé-je avoir semé en vous l'ardent désir de faire au plus tôt sa connaissance, la volonté de venir lui apporter, par votre précieuse visite, le réconfort, l'utile encouragement si bons à ceux qui luttent, si doux à ceux qui les donnent!

Et si je l'ai fait, si j'ai trouvé dans vos cœurs l'écho de la sympathie que j'éprouve pour vous tous, mes chers collègues, nous fêterons ensemble, l'an prochain, avec le 25e anniversaire de la Société de Géographie de Dunkerque, l'agrandissement du port et les premiers coups de pioche, précurseurs de l'ouverture du canal du Nord-Est.

APERÇU SUR LE COMMERCE ET L'INDUSTRIE DE TOURCOING

Par M. LEFEBVRE, délégué de la Société de Géographie de Tourcoing.

Enfant d'une laborieuse cité du nord, je suis heureux de profiter de l'hospitalité accordée au Congrès de Géographie, pour venir apporter un fraternel salut à cette autre ville du travail qu'est Saint-Etienne.

Nous avons presque des origines communes, et bien des analogies nous rapprochent. Comme les forgerons et les rubaniers stéphanois, nos tisserands des Flandres ont puisé leurs quartiers de noblesse dans ce *labor improbus*, seule véritable source de toute richesse et de toute liberté. Les uns et les autres ont lutté pour le libre travail, et leurs traditions séculaires de probité et d'endurance se sont perpétuées jusqu'à nos jours.

Permettez-moi donc de vous dire très brièvement ce qu'a

été, dans le passé, cette ville de Tourcoing que j'ai l'honneur de représenter ici et ce qu'elle est aux temps présents.

Tourcoing est né il y a bien longtemps, probablement avant la conquête romaine, avec deux qualités maîtresses : l'amour du travail et la vocation de l'industrie. Mais les débuts de cette industrie, qui remonteraient — semble-t-il — aux premiers siècles de notre ère, sont restés fort obscurs ; leur assigner une date précise serait impossible.

Trop modestes ou trop absorbés par le labeur quotidien, sans cesse exposés à toutes les vicissitudes des bouleversements politiques ou des guerres étrangères, nos pères ne prenaient aucun souci de rédiger des rapports sur la marche de leurs affaires. La statistique était alors une science inconnue.

Déjà au temps de Charlemagne, le travail de la laine était florissant à Tourcoing, et on y connaissait l'art de teindre au moyen de la gaude, de la garance et de la pourpre. Mais le seul document officiel sur lequel nous puissions réellement nous appuyer, c'est une charte de 1491, par laquelle Maximilien d'Autriche octroyait à Tourcoing une franche foire avec tous ses privilèges, parce que « les draps qui y sont faits et ouvrés sont connus, renommés et requis en plusieurs royaumes, pays et lieux étrangers lointains ».

Il serait trop long de vous retracer ici les vicissitudes par lesquelles notre cité a passé depuis cette époque reculée. Qu'il me suffise de vous dire que, malgré les entraves de tous genres suscitées par les hommes et par les choses, Tourcoing est toujours sorti triomphant dans le *struggle for life*, et qu'il est toujours la ville de la grande industrie, du grand commerce de la laine.

Je ne voudrais pas abuser des chiffres, il en est cependant quelques-uns que je vous demande la permission de citer, car ils peuvent entrer dans le cadre d'un renseignement de géographie économique. L'industrie textile, la principale branche industrielle de Tourcoing, comprend de nos jours : 674 machines à peigner la laine ; 638.588 broches à filer et à retordre la laine ; 678.020 broches à filer et à retordre le coton ; 49.536 broches à filer le lin ; 12.222 métiers mécaniques à tisser les lainages et la draperie ; 751 métiers à tapis ; 350 métiers à fabriquer la bonneterie, plus des teintureries et des apprêts et des ateliers de construction de machines et de métiers.

La valeur de production de nos peignages atteint environ 150 millions ; de nos filatures de laines, de 105 à 110 millions ; de nos filatures de coton, de 40 à 50 millions.

Nous fabriquons, en outre, pour 50 millions de tissus en tous genres, pour 7 à 8 millions de tapis.

Malgré leur aridité, ces chiffres ont leur éloquence. Ils vous démontrent que notre industrieuse cité occupe un rang honorable parmi les centres de production du pays ; ils justifieront, en outre, le choix qui a été fait de Tourcoing comme siège d'une exposition internationale des industries textiles, qui aura lieu, l'année prochaine, sous le haut patronage de Monsieur le Président de la République.

Cette exposition mettra en lumière, non seulement cette situation industrielle que je viens de vous exposer, mais encore le remarquable ensemble d'écoles et de services organisés par la ville et la Chambre de Commerce pour assurer le progrès dans l'industrie, les arts et l'ordre social.

L'attention y sera aussi particulièrement sollicitée par les œuvres d'humanité et de justice qui se résument dans l'assistance publique, dont le chapitre s'élève à la somme de 657.330 francs, sur un total de dépenses ordinaires prévues au budget de 1905 de francs 3.352.649,06, soit à peu près le cinquième des ressources ordinaires de la ville.

Messieurs, si l'une de nos villes du nord avait l'honneur d'être choisie comme siège du Congrès de 1906, vous savez, par l'exposé que vous venez d'écouter avec tant de bienveillante attention, que vous auriez l'occasion de faire à Tourcoing une visite aussi agréable qu'instructive.

La Société de Géographie, aidée par la municipalité et la Chambre de Commerce, vous y réserverait une réception digne de vous et de l'œuvre à laquelle nous sommes heureux de nous dévouer pour le bien et la grandeur de notre chère patrie.

LES PORTS FRANCS ET L'ÉTAT ACTUEL DE LA QUESTION

Par M. H. ROGÉ, délégué de la Société de Géographie du Havre.

Dans ces dernières années, on s'est beaucoup occupé des ports francs. Je pourrais même dire que cette question est à la mode. Un tel mouvement de l'opinion publique n'a rien d'extraordinaire si on examine notre situation commerciale.

Autour de nous, les nations voient leur commerce extérieur progresser dans des proportions énormes; tandis que le nôtre, sans décroître, il faut le reconnaître, ne suit qu'une progression beaucoup plus lente.

Pendant la période décennale de 1891 à 1901, l'Allemagne a vu ses exportations s'élever de 3.648 millions à 5.677 millions, soit un accroissement de 2.129 millions; l'Angleterre, de 7.354 millions à 8.774 millions, soit en plus 1.420 millions; les Etats-Unis, de 5.261 millions à 7.565 millions, soit une augmentation de 2.304 millions; enfin, la France passe de 3.460 millions à 4.012 millions, soit en plus 552 millions seulement.

Cet état de notre commerce a des causes multiples qu'il faut rechercher notamment dans l'outillage insuffisant de nos ports, le mauvais état de nos voies fluviales, le manque d'un réseau de canaux permettant de transporter à peu de frais les marchandises lourdes et encombrantes; enfin, notre régime douanier qui, grevant les matières premières nécessaires à l'industrie, met un obstacle presque insurmontable au relèvement de notre commerce extérieur.

Ce régime, excellent pour l'agriculture, aurait besoin d'un tempérament pour le commerce et l'industrie. C'est ce tempérament que tout le monde cherche actuellement et que l'on pense avoir trouvé dans les ports francs.

Le régime des ports francs a déjà été appliqué en France, ainsi que nous le verrons plus loin, et a donné d'excellents résultats; enfin, il est encore usité dans tous les pays étrangers soumis comme nous au protectionnisme. C'est même l'adjuvant nécessaire à ce système.

Qu'est-ce donc qu'un port franc?

A notre avis, la meilleure définition se trouve dans une délibération de la Chambre de Commerce de Marseille en l'an XIII : « C'est un port établi hors de la ligne des douanes, « ouvert à tous les bâtiments de commerce sans distinction, « quels que soient leurs pavillons et la nature de leurs « chargements. C'est un point commun où vient aboutir, « par une sorte de fiction, le territoire prolongé de toutes « les nations. Il reçoit et verse de l'un à l'autre toutes les « productions respectives sans gênes et sans droits. »

*
* *

Dans cette rapide étude, nous désirons non pas vous instruire, vous savez tous ce que sont les ports francs, et de nombreuses personnalités, notamment les membres de la Chambre de Commerce de Saint-Etienne et plusieurs de nos collègues des Sociétés de Géographie, ont traité cette question avec beaucoup plus de compétence que je ne pourrais le faire; notre but est simplement de vous rappeler les avantages des ports francs compensant amplement leurs inconvénients pour qu'à la rentrée des Chambres, le projet de loi, dont je vous parlerai à la fin de cette conférence, soit voté rapidement. Il est indispensable à notre relèvement commercial et industriel.

*
* *

Les grandes villes libres du moyen âge marquent l'origine des ports francs; elles devinrent très puissantes surtout lorsque la ligue hanséatique les eut groupées toutes ensemble. Elles eurent leurs juridictions, faisaient la paix et la guerre, mais, surtout, elles favorisèrent le développement du commerce et de l'industrie du nord de l'Allemagne.

En France, certains auteurs veulent faire remonter les ports francs à l'antique république de Massalia, fondée par les Phocéens; mais il paraît plus certain de s'en tenir à Colbert, qui donna à Marseille ses franchises, qu'elle conserva jusqu'à la Révolution à peu près intactes. En 1784, un arrêt les étendit à divers ports du royaume : Dunkerque, Lorient, Bayonne furent les principales villes qui en profitèrent. Enfin, un décret de la Convention du 11 nivôse an III les supprima définitivement en même temps que les autres privilèges.

Cette date marque la fin des ports francs tels qu'on les entendait autrefois, c'est-à-dire la franchise accordée à la ville entière. La théorie moderne est toute différente ; on a conservé le nom, mais non l'idée. Actuellement, c'est une zone franche limitée à une partie du port.

Napoléon proposa une zone franche à Marseille, qui la refusa ; les Marseillais désiraient recouvrer leurs anciennes franchises que la Restauration leur accorda, mais si limitées, qu'en 1817 elles furent définitivement abandonnées, et il ne fut plus question en France des ports francs avant ces dernières années.

Ce revirement a pour origines la décadence de notre marine et de notre commerce et la prospérité toujours croissante des ports francs étrangers.

Sans aller aussi loin que les partisans des ports francs et prétendre que la prospérité de Brême, Hambourg, Copenhague, est due exclusivement aux franchises douanières, il n'est pas possible de nier que ces franchises ne leur aient été très avantageuses.

*
* *

Avantages commerciaux. — Le but principal des ports francs est d'entreposer des marchandises non soumises aux réglementations actuelles.

« Dans la plupart des grands ports, le mouvement des marchandises arrivées par mer et reparties par mer est considérable ; à Hambourg, en particulier, il atteint une importance énorme et représente environ la moitié du mouvement total du port (1) ». C'est grâce à ce mouvement que « Hambourg est devenu un lieu de distribution si actif » (1).

(1) Rapport du Comité central des armateurs de France.

Chez nous, le mouvement d'entrepôt est déjà considérable, ainsi que le fait remarquer le Comité central des armateurs de France.

En 1901, nos entrepôts ont reçu 475.000 tonnes de marchandises valant 683 millions de francs. Notre commerce général représentant 40 millions de tonnes d'une valeur de 11 milliards de francs environ, c'est donc 9 % du poids total et 6 % de la valeur totale de nos échanges.

Ce résultat, qui n'est pas à négliger, étant obtenu avec notre régime douanier, il y a tout lieu de croire que ce mouvement de transit augmenterait considérablement avec l'octroi des franchises ; d'autant plus que la France présente, pour ce genre d'industrie, deux avantages importants :

D'une part, sa position géographique.

Baignée par quatre mers « la France est désignée par la nature comme le magasin universel, le terrain d'échange et de transit du genre humain », a dit M. J.-Charles Roux.

D'autre part, l'abondance de ses capitaux disponibles.

Un négociant attendant des cours plus élevés pour vendre ses marchandises, les fait séjourner dans les ports francs ; mais, désireux de faire fructifier ses capitaux, il crée des warrants et il se procure ainsi de l'argent à un prix plus ou moins élevé, suivant le pays où se fait l'émission (1).

En France, le taux de l'escompte étant généralement plus bas qu'ailleurs, on voit le profit que nous pourrions en tirer.

Notre marine trouverait un fret abondant dans les marchandises étrangères attirées par nos ports francs, d'où diminution du prix du fret et plus grande facilité pour les exportations provenant du territoire douanier.

Nous pourrions, enfin, diminuer notre infériorité vis-à-vis de l'étranger en fabriquant à meilleur marché des produits de qualité inférieure, que nos concurrents confectionnent souvent avec nos propres produits. Tel est le cas pour les vins communs.

Des mélanges et des coupages se font en Espagne, et de là sont expédiés à l'étranger sous le nom de bordeaux et

---

(1) Rapport du Comité central des armateurs de France.

de bourgogne ; de même pour Hambourg qui livre plus de bouteilles de vins ou de cognacs que ses entrepôts n'en voient entrer. En 1899, son port franc a reçu 13.384 hectolitres de cognac et en a réexporté 25.190 ; 14.512 hectolitres de rhum contre 71.101 réexportés, enfin 20.096 hectolitres de genièvre ont fourni à la sortie 64.250 hectolitres (1).

Ces mêmes opérations effectuées chez nous auraient l'avantage de nous attirer des clients sans nuire à nos marques nationales déjà imitées par tous nos concurrents.

*
* *

Avantages industriels. — Pour augmenter nos exportations, les promoteurs des ports francs demandent la facilité d'y créer des industries qui permettent non seulement de manipuler les produits étrangers, mais encore de les transformer.

Il est certain que de nombreuses usines s'établiront sur la zone franche, mais seront-elles aussi nombreuses que les partisans de leur création veulent bien le dire ?

L'exemple de Hambourg et de Copenhague est là pour les tenter et, cependant, dans ces deux villes, l'industrie du port franc est secondaire.

A Hambourg, en 1899, sur 29 chantiers de constructions navales, 13 se trouvaient en territoire libre et occupaient 8.500 ouvriers sur les 10.000 qui vivent des industries du port franc ; mais ces chantiers ne sont nullement favorisés par leur position ; les matériaux servant à la construction et à la réparation des navires sont, en effet, exempts de tous droits d'entrée en Allemagne.

En dehors des constructions navales et des différentes industries qui s'y rattachent, nous fait remarquer le Comité central des armateurs de France, il n'y a guère à Hambourg que des industries accessoires du commerce ; triage d'anthracite, triage de café, chaix à mélanger les spiritueux, fabriques de caisses d'emballage.

A Copenhague, il n'existe qu'une scierie de marbre, une fabrique de couleurs, deux de chocolat, une de ciment et une de becs Auer.

(1) Renseignements fournis par la Chambre de Commerce de Lille.

A Gênes, à Trieste et à Fiume, les industries sont encore moins nombreuses et conservent toujours ce caractère d'accessoires du commerce. Ces industries ne constituent donc pas un danger pour les industries du territoire douanier; elles figurent pourtant parmi les objections le plus souvent mises en avant par les adversaires des ports francs ; du reste, ces objections ne sont pas les seules.

*
* *

Objections contre les ports francs. — Les adversaires des ports francs nient leur utilité en donnant comme exemple le pays de Gex et de la Haute-Savoie qui n'ont pas été favorisés par le régime des zones ; mais cet exemple perd beaucoup de sa valeur si on considère que la contrée est d'un accès difficile, sans grandes industries, du moins jusqu'à présent, et sans grand mouvement d'affaires.

Un autre argument, qui aurait plus de valeur, réside dans le développement des ports anglais, d'Anvers et de Rotterdam.

En Angleterre, pays libre-échangiste, les ports francs sont inutiles; quant à Anvers et à Rotterdam, leur situation comme débouchés de pays riches et industrieux, leurs installations modernes, qui leur permettent d'opérer le chargement et le déchargement des marchandises à des prix très bas, sont certainement les causes primordiales de leur extension ; mais M. Chaumet cite dans son rapport (1) l'intéressante brochure d'un auteur anversois qui conclut par ces mots : « La nécessité de statuer sur une nouvelle extension du port d'Anvers et la conversion de son port en port franc s'imposent ».

Admettons l'utilité de la franchise. Mais n'existe-t-elle pas déjà ? nous dirons les adversaires des ports francs. N'avez-vous pas l'admission temporaire et les entrepôts ? Ne craignez-vous pas que les ports francs ne fassent double emploi avec ces deux institutions ?

Les services rendus par les entrepôts réels et fictifs sont indéniables, et l'exemple de nos voisins est là pour confir-

(1) Page 9.

mer cette vérité ; on les voit même fonctionner concurremment avec les ports francs en Allemagne et en Danemark ; mais quel est le commerçant qui ne connaît les gênes et les ennuis que cause la surveillance incessante de la douane ?

Dans les entrepôts, sauf à Marseille et à Bayonne, les manipulations et les mélanges ne sont pas autorisés ; quant à l'admission temporaire, elle ne s'applique qu'à un nombre restreint de produits (67), et encore les protectionnistes tendent à les limiter dans le but de diminuer la fraude qui, selon eux, prendra, avec le système des ports francs, des proportions insoupçonnées.

Le bon renom des marques françaises disparaîtra, et le Trésor éprouvera des pertes très élevées par suite de la contrebande ; « nos ports maritimes seront des foyers de contrebandiers », explique la Chambre de Commerce de Béthune.

L'ancienne conception des ports francs pourrait donner de la valeur à ce dernier grief. Le périmètre à surveiller était très étendu ; le port était habité et les droits de douane très élevés ; mais, dans les zones franches actuelles, peu étendues, où l'on ne pénètre que de jour, où la vente au détail est interdite, la surveillance est facile. Enfin, quoique constituant une prime très alléchante, nos droits de douane sont loin d'atteindre le taux de ceux de l'ancien régime.

En ce qui concerne la fraude, les lois civiles et pénales sont applicables aussi bien dans la zone franche que sur le territoire douanier, et si, dans certains ports francs étrangers, la fraude a pris une si grande extension, cela tient à la complicité de la douane chargée de surveiller l'application des lois.

Les adversaires des ports francs voient aussi dans leur création une brèche au système protectionniste.

Il ne semble pas que les étrangers aient eu la même pensée et, ainsi que le fait remarquer M. Chaumet dans son rapport (1) : « Il n'y a de ports francs que dans les

(1) Pages 12 et 13.

pays protectionnistes... L'Italie, l'Autriche, le Danemark, l'Allemagne sont protectionnistes. L'exemple de l'Allemagne, surtout, est caractéristique et décisif. Il n'y a pas d'Etat où le parti agraire ait montré plus d'exigence, pas de peuple qui se soit plus délibérément engagé dans la voie d'un protectionnisme que beaucoup de protectionnistes français jugent même excessif... Eh bien ! c'est dans ce pays où le protectionnisme est à la fois tout-puissant et si exigeant que se trouvent le plus grand nombre de ports francs et de zones franches, que l'on accorde au commerce maritime les plus larges facilités. »

Un autre exemple tiré du passé nous montre que le port franc est le complément du protectionnisme. C'est Colbert qui, tout en cherchant les moyens les plus propres à développer notre industrie et notre agriculture, ne craignit pas de déclarer Marseille port franc, dans le but de favoriser l'extension de la marine.

Le port franc nous permet de ne pas rester isolés dans le monde et de ne pas nous fermer complètement les marchés étrangers.

Enfin, une dernière objection est soulevée par le Comité central des armateurs de France : la condition pour l'établissement d'un grand marché international, c'est l'existence d'un grand marché national.

Hambourg ne jouit de sa prédominance indiscutable que grâce à ce fait que, plus que tout autre port de la côte allemande, elle est devenue le port de l'Allemagne.

Nous devons donc commencer par aménager nos ports, les mettre en communication avec les pays qui les entourent, creuser nos canaux, etc...

A cette objection, nous répondrons que 300 millions ont été votés pour l'exécution de travaux et que, d'autre part, la situation économique de la France ne permet pas de retarder indéfiniment l'application d'un système qui peut concourir au relèvement de notre commerce et de notre industrie.

*
* *

Etat actuel de la question. — Sous l'influence de cette

dernière pensée, le Congrès des Chambres syndicales commerciales et industrielles de France et des Chambres de Commerce françaises à l'étranger émit, en 1896, le vœu que des ports ou partie de ports soient constitués ports francs à l'exemple de ceux qui existent à l'étranger.

En 1898, M. Charles Roux, dans son rapport du ministère du commerce, préconise la création de zones franches semblables à celles de Hambourg, Brême, Copenhague.

Les Chambres de Commerce furent consultées et émirent pour la plupart un avis favorable.

L'impulsion était donnée et, de 1899 à 1903, six propositions de loi furent déposées dans ce sens. Enfin, le 4 avril 1903, M. Trouillot, ministre du commerce, déposa également un projet de loi relatif à l'établissement de zones franches dans les ports maritimes.

La Commission de l'industrie et du commerce de la Chambre des députés fut chargée d'étudier la question ; elle nomma M. Chaumet rapporteur, qui remit son travail le 4 juillet 1903.

*
* *

Projet du gouvernement. — Dans l'article 6, qui est l'article capital du projet, se trouvent déterminées, au paragraphe 1er, les opérations permises dans la zone franche :

« Sont autorisées toutes les opérations de manutention, de triage, de mélange, d'assortiment et de manipulation. »

Toutes ces opérations sont d'ordre commercial ; elles peuvent s'effectuer en toute liberté. Ce paragraphe a été admis par la Commission sans aucune modification.

Au paragraphe 2e, les opérations industrielles sont limitativement désignées.

Sont autorisées l'installation de chantiers de construction de navires et de toutes les industries qui en sont le complément.

La prospérité des chantiers de constructions navales de Hambourg a certainement inspiré cette autorisation ; mais, nous l'avons vu plus haut, cette industrie est très florissante dans cette ville, même en dehors du port franc.

En France, comme le fait observer la Chambre de

Commerce de Lille, on peut douter que notre industrie, « qui n'a pu, malgré les primes si importantes offertes aux constructeurs de navires, lutter contre la concurrence anglaise et allemande, puisse trouver une grande prospérité du seul fait de l'exonération des droits de douane sur les matières premières ».

La construction des navires est donc la seule industrie directement autorisée dans le projet du gouvernement.

Dans l'art. 10, paragraphe 2, on prévoit d'autres opérations industrielles; elles sont autorisées par le décret instituant la zone franche, et elles ne peuvent porter que sur les industries auxquelles le bénéfice de l'admission temporaire est accordé par la législation en vigueur.

La Commission a été plus libérale en autorisant la fabrication des allumettes, la manipulation des tabacs étrangers et l'installation d'industries nouvelles ou disparues; mais elle a eu le tort de n'autoriser, comme le projet du gouvernement, que les opérations industrielles bénéficiant de l'admission temporaire; elle limite ces opérations à une soixantaine de produits et à « faire une exception, nous l'aurions comprise toute contraire et nous aurions dit : les seules industries qui ne bénéficient pas de l'admission temporaire pourront être autorisées dans la zone franche, parce que ce sont les seules qui ont réellement besoin des facilités qu'on y trouve (1) ».

Après leur admission dans la zone franche, les marchandises sont destinées, suivant l'intérêt de l'importateur, soit à être réexportées, soit à être introduites sur le territoire douanier.

Si elles sont réexportées, elles ne supportent aucun droit; si, au contraire, elles sont admises sur le territoire douanier, elles sont « soumises aux tarifs et aux surtaxes qui leur seraient appliqués si elles provenaient directement de leur pays d'origine; dans le cas où cette origine ne peut être prouvée, on applique à ces marchandises le

---

(1) Rapport de la Chambre de Commerce de Marseille.

tarif général des douanes en vigueur et les surtaxes spécifiées dans la loi du 11 janvier 1892 (1). »

Enfin, pour la répression de la fraude, le projet du gouvernement, adopté par la commission, dispose que toutes les lois existantes sur la protection de la propriété industrielle et commerciale sont applicables dans la zone franche (2).

Voyons maintenant comment ce projet de loi, qui constitue un grand pas dans la voie du libéralisme, mais qui est loin d'être outrancier, a été jugé par la Commission des douanes de la Chambre des députés.

**

Avis de la Commission des douanes. — Ardemment protectionniste, la Commission des douanes, contrairement à ce qu'on aurait pu craindre, ne condamne pas le principe des ports francs ; elle accepte le projet de loi, mais elle demande différentes modifications qui se ramènent à six :

1° Ne créer en France, dans nos ports, que cinq zones franches au plus ;

2° Ne pas y permettre les manutentions des vins, des liqueurs, des cognacs, ni les sophistications des produits français ;

3° Ne pas y permettre la création d'industries à moins qu'elles ne soient absolument nouvelles, n'existent pas sur le territoire français et qu'elles soient incapables de s'exercer avec notre organisation actuelle de l'admission temporaire ou des entrepôts ;

4° Se rapprocher le plus possible dans la constitution des zones franches de l'entrepôt libre, avoir soin de distinguer et de faire mettre dans des magasins différents les marchandises soumises au tarif minimum ou au tarif général, afin que, si elles sont introduites postérieurement sur le territoire douanier, elles acquittent le tarif inhérent à leur origine ;

5° Si le mélange de marchandises soumises à des tarifs différents doit être introduit sur le territoire douanier, ce

(1) Art. 9.
(2) Art. 12.

mélange ne pourra être fait que sous les yeux de la douane, afin de pouvoir appliquer, à chaque marchandise qui le compose, le tarif qui lui est propre ;

6° Faire appliquer aux marchandises, même à charge de réexportation, la surtaxe d'entrepôt si elles ne sont pas introduites en droiture.

Toutes ces observations peuvent se classer en deux catégories, les unes vont sans difficulté ; quant aux autres, elles sont inadmissibles.

La pensée de limiter les zones franches est excellente ; nous devons concentrer nos efforts sur un certain nombre de points bien choisis.

Dans un nouveau projet, déposé le 12 avril 1905, par M. Chaumet au nom de la Commission du commerce et de l'industrie, il a été tenu compte de cette observation, et l'article 1, paragraphe 3, est ainsi conçu : « Le nombre des ports où les zones franches seront autorisées ne pourra être supérieur à six pour la France et l'Algérie. »

La Commission veut qu'on empêche la fraude et la sophistication des produits français; les articles 10 et 12 du projet de loi lui donnent sur ce point ample satisfaction.

Dans l'indication des industries à autoriser dans les ports francs, elle trouve le projet trop libéral : elle ne veut autoriser que des industries absolument nouvelles, ne pouvant pas s'exercer avec l'organisation de l'admission temporaire et des entrepôts.

Le gouvernement ayant en vue la création de ports francs principalement commerciaux et accessoirement industriels, la Commission du commerce a fait droit à cette observation sans difficulté, et dans son nouvel article 6, paragraphe 2, le projet de loi n'autorise, en dehors de la fabrication des allumettes et de la manipulation des tabacs étrangers, que « les industries nouvelles ou disparues lorsqu'il sera établi qu'à la date de la demande des intéressés, il n'existait pas sur le territoire douanier d'industrie identique ou similaire ».

Sur la question des entrepôts et du paiement des droits lorsque la marchandise entre sur territoire douanier, il n'existe aucun dissentiment sérieux entre la Commission des douanes et celle du commerce et de l'industrie ; leurs divergences ne portent que sur des détails de réglementation.

Sur les différents points que nous venons d'examiner, l'accord a été facile; il n'en a pas été de même pour deux modifications demandées par la Commission des douanes.

Celle-ci ne veut pas que les manutentions des vins, des liqueurs, des cognacs soient tolérées dans la zone franche.

Cette modification est en contradiction avec l'article 6 du projet autorisant « toutes opérations de manutentions, de triage, de mélange, d'assortiment et de manipulation »; elle réduirait dans de notables proportions l'utilité des zones. Enfin, loin de prendre ombrage de la concurrence qui pourra lui être faite, le commerce français des vins et spiritueux voit dans cette facilité qui lui est accordée le seul moyen qui lui permette de lutter avec des chances de succès contre la concurrence étrangère (1).

Enfin, la Commission des douanes dans sa dernière modification veut faire appliquer aux marchandises « même à charge de réexportation » la surtaxe d'entrepôt, si elles ne sont pas introduites en droiture.

On ne voit pas la nécessité de frapper d'une surtaxe d'entrepôt des marchandises introduites dans la zone franche. La matière première apportée dans la zone, transformée puis réexportée, doit, par définition même, être considérée comme ayant séjourné hors du territoire. Que vient faire, dès lors, la surtaxe d'entrepôt? Introduire une pareille clause c'est simplement reprendre d'une main ce que l'on aurait semblé vouloir accorder de l'autre (2). Les conséquences en seraient de diminuer, sinon d'anéantir, les effets du port franc.

« Si vif et si sincère que soit notre désir de conciliation, il nous est impossible de partager cet avis », ainsi s'exprime M. Chaumet dans son rapport supplémentaire.

---

(1) Voir page 5, les avantages que les négociants de Hambourg tirent de la faculté qui leur est accordée de pratiquer des mélanges.
(2) Voir Paul Beauregard dans *Le Monde Économique*, du 6 mai 1905.

En résumé, la consultation de la Commission des douanes a produit un résultat négatif; le projet de loi répond à la majorité de ses observations et les autres ne peuvent être admises sans porter atteinte au principe même des ports francs.

Cette consultation a retardé d'un an le vote de la nouvelle loi ; aussi, messieurs, considérant la décroissance de nos exportations sur les marchés étrangers et pensant que la création des zones franches pourra apporter un secours puissant à notre commerce maritime, vous n'hésiterez pas à émettre le vœu que les Sociétés de Géographie agissent de toute leur influence sur les pouvoirs publics pour faire aboutir le plus rapidement possible la création de ports francs

DE LA PUBLICITÉ COMMERCIALE VISANT L'ÉTRANGER EN FRANCE ET HORS DE FRANCE
Par M. de CONTENSON

C'est presque un lieu commun de parler de l'anémie du commerce d'exportation français et des progrès très rapides de celui de l'Allemagne, et moins rapides, mais continus cependant, de celui de l'Angleterre.

Les tableaux suivants, fournis par la *Revue de statistique* de la rue de Grammont, en sont une preuve incontestable.

EXPORTATIONS TOTALES

ANNÉES	FRANÇAISES	ANGLAISES	ALLEMANDES
	milliers de francs	milliers de L. S.	milliers de Mks
1890	3.227.600	216.224	3.041.962
1891	3.106.500	209.402	2.997.826
1892	3.278.900	218.307	3.103.204
1893	3.236.400	218.260	3.091.958
1894	3.078.100	216.006	2.961.454
1895	3.373.800	226.126	3.317.900
1896	3.400.900	240.145	3.525.130
1897	3.598.000	234.220	3.634.975
1898	3.510.900	233.359	3.756.566
1899	4.152.600	264.492	4.207.049
1900	4.108.700	291.192	4.611.381
1901	4.012.900	280.022	4.431.448
1902	4.252.200	283.424	4.677.785

On voit qu'en 1890, le nombre de millions de francs représentant la valeur de notre exportation était supérieur au nombre de millions de marks représentant l'exportation allemande, tandis qu'en 1902, les Allemands exportent pour plus de millions de marks que nous de millions de francs.

Cette situation a éveillé l'attention d'un grand journal aux aguets de tout ce qui peut être exploité pour émoustiller le public et attirer le lecteur.

Son projet de réunion de congrès, qu'il présente comme pouvant apporter un remède à notre atonie commerciale, montre bien qu'il y a un état de souffrance qui réclame des soins. Les nombreux encouragements qu'il a reçus de personnalités fort autorisées à parler au nom du commerce malade confirment cette évidence.

Le sujet de la présente conférence fera l'objet d'un rapport au groupe V du congrès projeté.

Tandis que les exportations de l'Allemagne, des Etats-Unis, de l'Angleterre peuvent être représentées par une ligne ascendante d'année en année, les exportations de France ne sont plus représentées que par une ligne qui prend de plus en plus une direction presque horizontale.

Je sais bien qu'il y a des gens pour trouver suffisante l'exportation que nous faisons à l'intérieur et dire qu'au lieu d'aller poursuivre les étrangers chez eux, il nous est aussi profitable de les attirer chez nous pour les y exploiter à notre aise et beaucoup plus facilement.

Il y a un fond réel dans ce paradoxe, car la facilité des communications, qui est une des raisons des progrès du commerce extérieur allemand, amène en France, plus qu'ailleurs, la nuée bienfaisante d'étrangers qui consomment plus d'articles de luxe, notre principale production, dans ces déplacements, qu'ils ne le feraient chez eux, et c'est à leur présence que nous devons de ne nous appauvrir que relativement. Mais ce raisonnement n'en est pas moins un paradoxe, et la consommation des étrangers qu'attirent en France leurs affaires ou leurs plaisirs, pour des séjours plus

EXPORTATIONS FRANÇAISES DANS L'AMÉRIQUE LATINE (valeur en millions de marks)

	1890	1891	1892	1893	1894	1895	1896	1897	1898	1899	1900	1901	1902
Mexique	27.5	28.3	29.3	19.8	19.4	23.8	22.5	20.1	22.7	27.7	26.9	21.1	25.7
Guatémala Costa-Rica Honduras	1.0	0.9	1.1	0.5	0.6	0.6	1.5	1.0	0.4	0.3	0.5	0.5	0.4
Brésil	64.7	33.7	81.0	79.1	80.1	75.8	68.6	60.9	55.3	67.0	37.7	38.2	35.4
Uruguay	24.1	7.3	32.0	39.5	7.7	10.6	10.6	10.5	11.6	8.9	11.7	11.5	11.2
République Argentine	134.4	70.1	103.5	69.9	50.5	43.6	56.3	50.7	49.1	53.1	49.7	51.3	41.4
Chili	14.2	35.7	15.9	16.7	10.0	16.3	20.5	16.1	12.4	11.0	16.4	17.8	10.8
Pérou	5.5	6.9	7.7	3.8	2.2	0.9	2.7	2.9	2.5	3.7	4.8	2.8	2.5
TOTAUX	271.4	182.9	259.5	229.4	170.5	171.6	182.8	162.2	154.0	171.7	147.7	143.2	127.4

EXPORTATIONS FRANÇAISES DANS LES PAYS DE LANGUE ANGLAISE

	1890	1891	1892	1893	1894	1895	1896	1897	1898	1899	1900	1901	1902
Angleterre	1026.2	1012.7	1027.3	961.3	915.5	999.6	1033.6	1178.6	1024.0	1241.8	1230.2	1200.7	1282.9
Possessions en Afrique	8.2	6.6	5.5	5.2	4.9	4.1	5.2	4.4	3.6	4.9	4.8	4.7	4.8
Indes Anglaises	12.6	9.0	12.3	12.0	12.5	12.4	12.6	12.4	15.0	20.5	17.9	19.9	29.8
Australie	3.3	3.5	2.4	1.8	2.6	3.4	5.4	6.7	6.6	7.7	8.2	6.3	6.1
Etats-Unis	328.8	247.6	240.1	204.9	185.7	288.7	224.7	246.2	209.7	255.4	255.2	253.1	248.2
Possessions anglaises en Amérique	5.9	3.9	3.9	3.9	3.0	3.8	4.0	3.5	4.3	2.6	5.6	8.6	5.9
TOTAUX (non compris l'Angleterre)	358.8	270.6	264.2	227.8	208.7	312.4	251.9	273.2	239.2	291.1	291.7	289.6	294.8

EXPORTATIONS ALLEMANDES DANS L'AMÉRIQUE LATINE (valeur en millions de marks)

	1890	1891	1892	1893	1894	1895	1896	1897	1898	1899	1900	1901	1902
Mexique	10.642	10.223	11.742	11.558	10.898	16.321	15.018	17.542	20.339	22.300	28.140	25.696	34.130
République Argentine	39.626	40.204	41.320	42.525	30.207	36.082	44.076	35.803	42.723	52.337	63.762	54.222	47.231
Uruguay	7.926	7.642	8.123	8.237	7.952	8.580	9.623	5.554	8.425	10.376	11.962	9.631	11.790
Brésil	49.540	52.324	58.407	62.210	57.000	74.931	60.337	50.216	45.156	16.170	45.649	35.471	43.825
Pérou	4.924	5.226	5.833	5.495	4.182	5.363	7.286	6.339	6.861	7.721	9.872	11.125	9.093
Chili	26.236	27.342	31.240	28.297	22.548	44.512	34.623	26.960	20.329	28.144	39.905	34.037	32.277
Totaux	138.894	142.961	156.665	158.331	132.887	185.789	170.963	142.434	143.835	167.351	199.290	170.482	178.446

EXPORTATIONS ALLEMANDES DANS LES PAYS DE LANGUE ANGLAISE

	1890	1891	1892	1893	1894	1895	1896	1897	1898	1899	1900	1901	1902
Royaume-Uni	649.244	623.204	658.302	669.168	631.591	675.522	712.796	699.159	740.727	801.496	861.832	906.749	958.230
Amérique Anglaise du Nord	15.226	16.444	17.322	17.540	16.771	16.320	15.202	16.757	23.910	50.647	43.676	37.823	37.854
Indes Anglaises	44.922	48.624	43.230	46.935	39.169	44.659	49.179	47.271	57.130	65.255	52.269	67.137	57.405
Australie	17.942	18.826	19.206	17.963	20.334	22.869	29.247	31.292	32.842	37.850	47.919	52.226	45.509
Afrique Anglaise du Sud	11.323	12.242	11.206	10.500	11.719	13.031	15.645	13.470	14.556	11.304	12.459	19.938	33.053
États-Unis d'Amérique	371.942	343.843	347.907	354.000	270.332	368.430	383.250	397.294	382.860	377.469	469.571	384.735	449.072
Totaux (non compris le Royaume-Uni)	459.355	439.979	433.971	436.968	363.725	465.309	493.614	506.084	462.298	512.525	595.894	561.859	622.893

ou moins longs, ne représente pas ce qui pourrait leur être vendu à domicile.

Les progrès commerciaux allemands ne sont pas dus au hasard, à des causes fortuites, nées en dehors de la volonté de ceux qui en bénéficient. Ils ne découlent pas de leurs victoires de 1870 ou de la puissance de leur armée. Ce n'est pas admissible.

Ces résultats ne peuvent provenir que de ce que les commerçants allemands font ce qu'il faut pour réussir, qu'ils emploient des moyens appropriés et recourent à des procédés et à des pratiques commerciales dont nous ne nous servons pas.

Nous ne sommes pas ici une société d'industriels, je laisserai donc à de plus compétents le soin de rechercher et de discuter jusqu'à quel point la perte de terrain dont nous nous plaignons est imputable à la nature des produits que nous pouvons offrir à l'étranger. Mais je crois pouvoir dire que ce n'est pas là que le bât nous blesse. Nos producteurs sont à la hauteur de leurs rivaux sous le rapport de la variété des marchandises et de leur qualité; peut-être nos prix sont-ils un peu plus élevés, mais ils sont en proportion de la valeur certainement supérieure qui est généralement reconnue à nos produits.

C'est dans la branche purement commerciale que nous nous laissons dépasser par nos concurrents.

Cherchons donc à découvrir ce qui fait leur succès et à discerner, parmi les moyens qu'ils emploient, ceux qui peuvent être facilement imités.

Le plus efficace est incontestablement l'excellence et surtout le nombre de leurs voyageurs de commerce et l'étendue du rayon dans lequel ils opèrent. On connaît les qualités professionnelles requises pour ces indispensables auxiliaires du grand négoce: il faut une activité et une ténacité inlassables, une parole facile, l'absence d'idées préconçues personnelles, une aptitude toute spéciale à persuader, à deviner les besoins, les simples préférences des personnes auxquelles on s'adresse, à se mettre à leur place. Ces qualités réunies constituent une vraie virtuosité.

En France, ceux qui la possèdent sont nombreux, probablement même plus qu'en Allemagne, notre brillant Midi en serait une pépinière inépuisable. Mais ceux qui sont doués de ces aptitudes aspirent chez nous aux charges électives et dédaignent de courir le monde pour placer nos marchandises.

En outre, l'emploi de ces voyageurs est assez coûteux ; bref, pour une raison ou une autre, routine, économie ou manque de sujets, nous n'y recourons pas suffisamment. Tenter d'y amener le commerce français serait poursuivre un bouleversement de nos habitudes irréalisable tout d'un coup. Ce serait rouler le rocher de Sysiphe.

Mais il est un autre procédé moins grandiose et que nous pourrions imiter à peu de frais. Je veux parler de la publicité.

Les Allemands ont compris et appliquent le grand principe que la publicité est l'âme du commerce. Ils n'ont sans doute pas été les premiers à découvrir que, sans publicité, il n'y a pas de grandes affaires possibles et qu'elles croissent en proportion directe de la publicité, et même plus rapidement, mais ils se sont assimilés cette loi, s'en sont pénétrés; leur conviction les a amenés à passer de la théorie à la pratique et c'est à elle, judicieusement employée, qu'ils doivent en partie leurs triomphes commerciaux.

Ils ont également compris que toute publicité faite autrement que dans la langue du pays auquel elle s'adresse est un coup d'épée dans l'eau, inutile et par conséquent nuisible, parce qu'il fait faire une dépense improductive, un effort en pure perte, mieux employé autrement.

Cet état d'esprit chez les commerçants allemands n'aurait pas suffi à faire naître un organe de publicité correspondant à leurs sentiments et à leurs besoins. Dans cet ordre de faits, comme ailleurs, il n'y a pas de génération spontanée, mais l'organe ayant été mis au monde par des gens avisés, a été placé de suite dans des conditions favorables et dans un milieu où il recevait la nourriture qui lui était nécessaire, c'est-à-dire où il trouvait des commerçants disposés à l'utiliser pour augmenter leur clientèle.

Cet organe se compose d'une publication écrite en trois langues, l'allemand, l'anglais et l'espagnol, paraissant tous les cinq jours, c'est-à-dire six fois par mois, ou deux fois par mois dans chaque langue. Le prix d'abonnement est de 10 marks ou 12 fr. 50 par an, franco de port en tout pays mais on annonce que le *Deutsch export Revue* ou *Revista del commercio aleman* ou *German export Review* est envoyée gratuitement pendant trois mois, à l'essai, à tous ceux qui en font la demande. En réalité, elle est servie gratuitement pendant trois mois dans les pays visés à un certain nombre de négociants susceptibles de la recevoir utilement, c'est-à-dire vendant des produits européens fabriqués ou naturels. Au bout de trois mois, on passe à un nouveau groupement de négociants auxquels elle est, de même, envoyée gratuitement, toujours à titre d'essai, récoltant par-ci par-là quelques rares abonnés, mais elle ne vit pas par les abonnements.

Tous les trois mois, la *Revue* publie un répertoire alphabétique, par ordre de matières, suivi de la liste des annonceurs avec un numéro d'ordre pour chacun. Chaque article susceptible d'être exporté est accompagné, dans le répertoire, de numéros indiquant dans la liste des annonceurs, celles des maisons chez lesquelles on peut se procurer le produit en question. Le négociant qui désire un produit déterminé n'a qu'à s'y reporter pour trouver à qui s'adresser, comme dans notre Bottin, mais avec plus de clarté et moins d'encombrement. Ainsi, s'il désire des articles de sellerie, de coutellerie, de carrosserie, il n'y a qu'à rechercher ces mots dans le répertoire, et il voit les numéros 14, 150, 220, 318, 950, etc. indiquant les différents annonceurs des articles concernant la sellerie, la coutellerie, la carrosserie, etc.

Les éditeurs ont apporté à la confection de ces catalogues et répertoires toute la recherche et le soin des détails dont les Allemands sont capables; aussi le succès est-il immense de l'autre côté des Vosges.

Près de 5.000 dénominations d'articles (en réalité 4.840) sont inscrites dans ce répertoire, et un grand nombre d'entre elles sont annoncées par plusieurs fabricants; ainsi on en trouve huit pour arbres de Noël, six pour armes à feu, dix pour ascenseurs à l'usage des personnes ou des marchandises, sans compter celles d'accessoires pour ascenseurs. Il y en a dix pour les serrures, six pour le champagne qu'on retrouve à la rubrique vins mousseux (il est bien entendu qu'il s'agit uniquement de champagne fabriqué à Francfort-s.-Mein), sept pour les violons et guitares, huit pour les compas, six pour les élévateurs, autant pour les équerres, les articles de bureau, les miroirs, quoique ces derniers figurent aussi sous différentes autres rubriques, quatre pour les phonographes. Les machines à vapeur occupent vingt numéros, les ciseaux onze, sans compter ceux qui ont une forme ou une destination spéciale. Les accordéons sont annoncés par dix maisons différentes, sans parler de celles qui proposent des accordéons chromatiques et à embouchures, qui ont leur rubrique à part.

Par contre, quelques désignations attendent encore l'annonceur, comme par exemple : les coffres-forts à l'épreuve du feu et des voleurs, la brosse automatique pour salle d'opération, cinématographe, les instruments pour horloges, les grilles avec système de protection contre les voleurs, etc. Tout cela montre avec quels détails et quelle minutie sont établis ces répertoires et combien d'articles y sont annoncés.

La revue mensuelle *Ostasien*, qui paraît à Berlin, contient, avec un texte allemand, plusieurs annonces en japonais.

M. Bellows, consul général des Etats-Unis à Yokohama dit, dans un rapport adressé au département du commerce et du travail à Washington : « Les Allemands expédient « au Japon des brochures d'annonces (advertising pam-« phlets) imprimées entièrement en japonais et abondam-« ment illustrées. Ces documents peuvent être compris

« non-seulement par la maison importatrice qui proba-
« blement emploie un commis parlant anglais, mais par
« les vendeurs répandus dans tout le pays, qui peuvent
« savoir par là quelles sortes d'articles ils ont à com-
« mander chez l'importateur ». Mais la publicité dans les
langues de l'Extrême-Orient est surtout pratiquée par les
Anglais. Ces derniers sont certainement des commerçants
moins insinuants que les Allemands ; leur langue est du
reste celle d'une partie de la clientèle que ces derniers
tendent à leur ravir ; aussi n'ont-ils pas les mêmes efforts
à faire.

Ils ont pourtant aussi leur publication spéciale en espagnol, mais moins importante que l'allemande, et paraissant
tous les deux mois au lieu de deux fois par mois comme
l'allemande.

Leur plus grand effort vise l'Extrême-Orient ; il est fait
par trois éditeurs : l'un, celui du journal en espagnol, en a
également une édition en japonais ; un autre, dont la partie
principale est anglaise, fait paraître un important supplé-
ment tout en japonais ; enfin, un troisième met à la disposition des annonceurs trois belles publications en chinois,
en japonais et en siamois, supplémentant les éditions en
anglais et en espagnol.

Je mets sous vos yeux un spécimen de chacune des publications dont je viens de parler, ainsi que d'une américaine
en japonais, dus en grande partie à l'obligeance de M. Clavery.

Les marchandises annoncées dans les journaux anglais et
allemands montrent bien la différence des deux industries.

Près de 1.100 producteurs allemands annoncent environ
4.000 articles divers, parmi lesquels les ponts métalliques,
les canons et les chemins de fer occupent quatre ou cinq
numéros du répertoire, mais c'est tout, tandis que la
presque totalité représente de menus objets de consommation continuelle offerts avec profusion.

Dans les publications anglaises, nous voyons au contraire
annoncé surtout un immense matériel de constructions
métalliques ou de puissantes machines-outils.

Mais, quels que soient les articles inscrits dans les deux programmes anglais et allemand, ils ont cela de commun, c'est d'être présentés à l'acheteur dans sa propre langue.

Nous ne faisons rien de semblable en France ; nous y sommes très en retard en fait de publicité, tant pour la quantité que pour la qualité, c'est-à-dire de celle en langue des pays visés, la seule efficace.

Ce qui paraîtrait incroyable, si cela ne m'avait été assuré par un des chefs de la maison lyonnaise de soieries J. Rémond et Cie, 22, rue Vivienne. qui a des succursales à Londres, Bruxelles, New-York, Zurich, etc., et qui connaît bien la place de Lyon, c'est qu'il n'existe pour ainsi dire pas de courtiers de publicité dans cette ville. malgré son importance industrielle et commerciale. Or, personne ne niera qu'une publicité intelligente accroîtrait encore les débouchés de sa fabrication.

La publicité est une marchandise comme une autre, offerte par des courtiers au courant de l'article qui constitue leur partie.

D'après le grand principe que le besoin crée l'organe, on peut affirmer que, s'il n'y a pas de courtiers de publicité à Lyon, c'est que cette marchandise n'y est pas demandée, ce qui paraîtrait monstrueux aux Allemands aussi bien qu'aux Anglais ou aux Américains, et explique les progrès qu'ils font à nos dépens.

Je sais bien que l'exportation française, plus timide que l'allemande, parce que plus vieille, n'ose aborder les pays lointains que par l'intermédiaire du commissionnaire qui transmet les ordres et sert de ducroire.

Grâce aux anciennes et nombreuses relations des commissionnaires parisiens, nos commerçants ont joui, jusqu'à ces dernières années, d'une situation acquise : ventes assurées et pas de préoccupations de crédit. Leur rôle, en tant que premier occupant, était naturellement celui de la défensive, tandis que les Allemands devaient attaquer pour enlever ces positions d'assaut.

C'est ce qui les a amenés à employer un autre système et à prendre le contact direct avec, sinon le consommateur, au moins la dernière couche de vendeurs.

Mais nous ne devrions pas oublier que la meilleure tactique défensive consiste souvent à attaquer à son tour.

Du reste, les avantages d'une publicité bien faite sont très compatibles avec le système du commissionnaire. Le détaillant étranger, connaissant les produits français par une publication dans sa langue, les demandera au négociant en gros, son fournisseur, qui les fera venir par le commissionnaire, et si le détaillant en question s'adressait directement au producteur-annonceur français, ce dernier pourrait toujours subordonner l'envoi de la marchandise à un accord avec le commissionnaire travaillant dans le pays.

Un bon organe de publicité en langues étrangères, exécuté d'après les méthodes allemande et anglaise, rendrait donc de grands services à notre industrie, et nous croyons que tous ceux qui s'intéressent à notre expansion commerciale seront heureux d'apprendre que sa création est imminente.

Je me tiens du reste à leur disposition pour leur fournir tous les détails qu'ils désireraient avoir sur cette entreprise.

Géographie coloniale.

M. Lefebvre, délégué de Tourcoing, présidait.

Une seule communication était inscrite à l'ordre du jour : celle de M. Leproux sur la défense de nos colonies.

LA DÉFENSE DE NOS COLONIES

Par M. LEPROUX, ancien résident de France au Tonkin.

AVANT-PROPOS

Naguère on traitait de *rêveurs* ceux qui insinuaient que nos colonies n'étaient pas suffisamment défendues. La brusque *affirmation* de la puissance militaire du Japon (qu'on ne prenait pas au sérieux) a changé tout cela; il est désormais admis que la défense coloniale mérite toute la sollicitude du gouvernement, mais nos illusions sont loin d'être entièrement dissipées et il s'en faut de beaucoup que le public français comprenne toute la gravité de la situation.

Tous les gouvernements, tous les ministères qui se sont succédé au pouvoir ont manifesté pour la défense coloniale une complète indifférence; la direction des affaires militaires d'outre-mer a été complètement abandonnée à des gens *présumés* compétents et il en est résulté ce qui devait en résulter : l'esprit de corps, de caste, de coterie s'est donné libre carrière; l'armée coloniale a été conçue, organisée non en tenant compte des besoins de la défense de nos possessions, mais conformément aux convenances, aux intérêts d'une minorité; cette armée n'est pas faite pour les colonies, ce sont au contraire les colonies qui semblent avoir pour unique raison d'être de donner prétexte à son entretien; elle est sans valeur aucune et, si la guerre venait à éclater, nous constaterions avec surprise que nos moyens militaires coloniaux ne sont pas seulement *insuffisants* mais qu'ils sont *nuls*.

Ceci ne peut s'avouer (certaines personnalités politiques ou militaires seraient trop gravement compromises par un semblable aveu); aussi, pour éviter de reconnaitre que le ministère de la guerre est incapable de défendre les colonies, que l'armée *dite coloniale* — grâce à son organisation et aux dépenses exagérées qu'elle comporte — sera toujours *impuissante* parce qu'il est matériellement impossible de lui allouer le personnel et les crédits dont elle aurait besoin, on cherche à donner le change à l'opinion en la leurrant par la perspective d'une réorganisation de la défense maritime des colonies et, particulièrement, de l'Indo-Chine qu'on suppose, pour les besoins de la cause, exposée à une attaque par mer.

Pourquoi l'Indo-Chine serait-elle plus particulièrement exposée à une agression maritime? On *l'affirme* — ce qui est facile — mais on se garde bien de l'expliquer; c'est, paraît-il, une vérité évidente par elle-même, un *dogme* qu'on doit accepter sans discussion. En réalité, on n'ose parler d'envoyer en Indo-Chine un renfort de 10.000 à 20.000 hommes qui semblerait dérisoire après le spectacle des masses humaines qui se sont entre-choquées en Manchourie et, cependant, *il n'est pas possible de faire davantage* sans bouleverser de fond en comble notre archaïque organisation militaire, ce qui porterait atteinte à bien des susceptibilités, léserait une foule d'intérêts particuliers. Voilà pourquoi on s'est rabattu sur les défenses maritimes dont la puissance ne peut être aisément appréciée par le grand public et qu'il est toujours facile de déclarer suffisante ; cette solution ne peut d'ailleurs que plaire au personnel de la marine, aux constructeurs de matériel naval, aux cités coloniales pourvues d'un arsenal et à ceux qui les représentent au parlement; c'est plus qu'il n'en faut pour créer artificiellement un courant d'opinion capable de faire illusion au véritable public.

INUTILITÉ DES DÉFENSES MARITIMES

Quoi qu'en puisse dire les intéressés, nous commettrions, en comptant sur les défenses maritimes, une faute (la dernière restant à commettre) qui serait probablement irréparable.

Même lorsqu'il s'agit de se prémunir contre une attaque ne pouvant se produire que par mer, les troupes de terre doivent toujours être préférées lorsqu'il est possible d'y avoir recours :

1° Parce que, à puissance militaire égale, elles sont moins coûteuses que les moyens maritimes ;

2° Parce qu'elles sont utilisables partout : sur les côtes, sur les frontières de terre, dans l'intérieur du pays, tandis que les défenses navales ne peuvent servir que sur la côte ; on n'a même pas la possibilité de les reporter en arrière pour former une deuxième ligne de défense si la première, forcée sur quelques points, devient inefficace.

Donc, dans la généralité des cas, la flotte et les autres moyens maritimes ne doivent jouer dans toute défense territoriale qu'un *rôle accessoire* ; par suite, on ne doit s'en occuper que lorsque la défense terrestre est déjà largement dotée — ce qui n'est pas le cas pour nos colonies —. Il n'y a d'exception que lorsqu'il s'agit de secourir une possession lointaine dépourvue de moyens militaires et en butte à une agression par mer nécessitant une action *immédiate* ; dans cette hypothèse, la flotte *seule* peut utilement intervenir ; elle est la ressource suprême des Etats imprévoyants. Or, dans le cas qui nous occupe, il s'agit non de repousser une attaque *immédiate* mais d'organiser une défense *préventive* ; c'est donc aux forces terrestres que doit se consacrer toute notre attention d'autant plus que, même en Indo-Chine, l'éventualité d'une agression par mer est, entre toutes, la moins probable.

Pour nos possessions d'Extrême-Orient, il n'y a pas, à proprement parler, de *péril japonais*, il y a un *péril jaune*. Actuellement, notre présence au sud de l'Asie ne gêne en rien le gouvernement nippon ; le pays que nous gênons c'est la Chine, et le Japon ne songera sérieusement à nous déloger qu'au moment où, ayant pris pied dans le Céleste Empire, il éprouvera le besoin de soustraire celui-ci à tout contact des puissances européennes afin de pouvoir l'assimiler à loisir. Lorsque le Japon nous fera la guerre, ce sera *à cause de la Chine* et *avec la Chine* à moins que, par prudence et pour ménager l'Angleterre, il ne laisse la cour de Pékin agir seule en lui fournissant des généraux et de l'argent.

Dans tous les cas, ce sera certainement par terre que nous serons attaqués. Comment admettre que les Nippons puissent s'exposer aux risques d'un débarquement de vive force sur une côte défendue (et même de plusieurs débarquements car ils ne pourraient transporter à la fois toutes leurs troupes) quand ils ont la possibilité de créer en pays ami, à proximité de nos frontières, une *base d'opération* où ils masseront leur armée pour la lancer ensuite d'un seul bloc sur le Tonkin, grossie d'une multitude d'auxiliaires chinois.

Ceci dit, je laisse de côté la défense maritime pour étudier la défense terrestre, seule intéressante parce qu'elle est seule efficace.

MOYENS MILITAIRES ACTUELS

Avant d'exposer ce que *doit* être la défense terrestre de nos colonies, il convient de dire ce qu'elle *est* actuellement.

La défense de nos possessions d'outre-mer (hormis l'Algérie-Tunisie dont je ne m'occuperai pas parce qu'elles se trouvent dans une situation spéciale) est assurée par :

1° Des troupes françaises ou européennes (infanterie et artillerie coloniales, légion étrangère, bataillons d'Afrique);

2° Des troupes régulières indigènes (tirailleurs);

3° Des troupes de police permanentes et soldées, dénommées garde indigène, qui sont placées sous la loi civile en temps de paix mais qu'on incorpore dans l'armée en temps de guerre.

Toutes ces troupes ont un défaut commun : leurs efforts sont ridiculement insuffisants ; chacune d'elles présente, en outre, des inconvénients spéciaux que je vais signaler.

Le commandement des troupes européennes ou françaises laisse beaucoup à désirer. Je n'entends pas critiquer l'instruction technique donnée aux officiers coloniaux dans les écoles militaires, mais je constate qu'ils manquent totalement de connaissances locales. Changeant sans cesse de colonie nos officiers n'en connaissent aucune ; ils ignorent tout du pays où ils servent (topographie, climat, ressources, langue, mœurs) et ne sont pas mieux renseignés sur l'ennemi qu'ils peuvent avoir à combattre. C'est là une cause d'infériorité indiscutable car, si l'instruction militaire théorique donnée dans les écoles a son utilité, la connaissance du *milieu* est encore plus indispensable ; c'est parce que l'état-major anglais en était privé qu'il a été longtemps tenu en échec au Transvaal par des chefs boërs n'ayant pour eux que l'expérience du pays ; c'est parce que les officiers russes, appelés pour la plupart en Mandchourie au moment de la guerre, ignoraient la contrée où ils allaient combattre qu'ils ont été invariablement battus par les généraux japonais préparés de longue main en vue de cette guerre et ayant étudié dans ses moindres détails le théâtre des futures opérations.

Quant aux troupes européennes employées aux colonies elles manquent d'endurance, sont incapables de supporter la fatigue sous le climat tropical et ne résisteraient pas à un mois de campagne. Certains de leurs éléments (légionnaires et soldats des bataillons d'Afrique) sont des gens de sac et de corde ; fléau des populations en temps de paix, ils n'offrent aucune sécurité pour le temps de guerre car, sous le moindre prétexte, ils feraient défection et passeraient à l'ennemi.

Les tirailleurs indigènes possèdent à un haut degré l'endurance qui fait défaut aux soldats européens ; ils sont généralement disciplinés, braves, et seraient capables de faire d'excellents soldats s'ils étaient exercés en vue de la grande guerre. Malheureusement, ces hommes, *servant dans leur pays*, ne sont pas d'une fidélité à toute épreuve ; on peut compter sur leur dévouement tant que notre domination ne sera pas sérieusement menacée, s'il en était autrement ils feraient probablement défection et prendraient même l'initiative d'un soulèvement national. La solde de ces tirailleurs, suffisante pour leurs besoins, n'est cependant pas assez élevée pour nous les attacher invinciblement par les liens de l'intérêt.

L'éventualité d'une défection des troupes indigènes doit être d'autant plus redoutée qu'elles sont déplorablement commandées. Leurs cadres (officiers et sous-officiers français) détachés de l'infanterie coloniale ont tous les défauts de cette arme ; de plus, ne connaissant nullement les hommes qu'ils commandent et dont ils ignorent la langue, ces cadres n'ont sur la troupe aucune autorité morale et seraient parfaitement incapables soit de prévoir, soit d'empêcher un soulèvement.

Ce qui a été dit au sujet des tirailleurs s'applique, presque intégralement, aux gardes indigènes ; leur défection *en masse* est cependant un peu moins probable parce qu'ils sont, à certains égards, mieux commandés et parce que les diverses unités n'ont aucune relation.

Les officiers (appelés inspecteurs) de la garde indigène connaissent bien le pays et leurs hommes mais sont médiocres au point de vue militaire parce que le défaut d'avancement (ils ne peuvent dépasser un grade équivalent à celui de capitaine) éloigne les sujets de valeur. Les sous-officiers français (gardes principaux) sont généralement très bons tant au point de vue de l'instruction militaire qu'à celui de l'expérience locale. Le cadre est *numériquement* insuffisant.

La garde indigène, peu connue en France, a été instituée au Tonkin en 1886. Paul Bert la créa sur ma demande et me chargea d'organiser les premières unités. Originairement, elle devait, sous le nom de milice, constituer l'*armée locale* projetée par toutes les personnes ayant étudié la défense de l'Indo-Chine (général Warnet, colonel Laurent, résident Bonnal, etc.) mais, pour ménager certaines susceptibilités, le projet primitif dut être mutilé ; on pensait lui rendre *progressivement* son ampleur première ; la mort prématurée de Paul Bert ne le permit pas.

L'institution de la garde indigène, dont l'utilité est reconnue, a été successivement étendue à toutes nos grandes colonies, mais il s'en faut que cette garde ait l'importance militaire qu'elle devait avoir. C'est simplement une grande gendarmerie dont l'organisation a été plusieurs fois tronquée par des décrets pris sans but précis au gré des influences momentanément dominantes.

Les troupes européennes coûtent très cher aux colonies (*en moyenne* 2.400 francs par homme d'effectif *réel* et par an); le coût des tirailleurs (cadre compris) oscille entre 750 et 900 francs par homme, selon les colonies; la garde indigène revenait au début à 640 francs par homme, mais une série de mesures malheureuses, tendant à décourager le cadre français, a dû être palliée pour l'allocation de soldes d'ancienneté *excessives* qui ont accru cette dépense.

ORGANISATION MILITAIRE DES COLONIES ÉTRANGÈRES PROCÉDÉS D'OCCUPATION DES ANCIENS PEUPLES CONQUÉRANTS

L'Espagne, l'Italie, l'Allemagne, la Russie n'ont pas d'organisation militaire spéciale pour leurs colonies dont la défense est assurée par l'armée métropolitaine. Leurs insuccès ont été fréquents.

L'Angleterre est dans le même cas pour les colonies anglaises *dites de la couronne* (ce qui paraît lui avoir médiocrement réussi dans l'Afrique du Sud); ses colonies autonomes (Canada, Australie) ont chacune leur armée spéciale, plus une police organisée militairement et très puissante. L'Inde emploie des troupes anglaises *prêtées* par la métropole (60.000 hommes), mais elle a aussi une armée indigène locale (150.000 hommes) et 400.000 hommes de police.

L'armée indigène des Indes n'a aucun rapport avec l'Angleterre; elle ne relève que du vice-roi des Indes; ses officiers (elle n'a pas de sous-officiers anglais, sauf dans l'artillerie) se recrutent parmi les lieutenants de l'armée anglaise et les candidats malheureux aux examens du *civilian service*; ils ne quittent plus les troupes indigènes une fois qu'ils y sont admis.

Une moitié de la police indienne est fortement encadrée

Cliché VERNON.

L'Hôtel de Ville de Saint-Etienne

d'éléments anglais et solidement organisée; le reste sert d'auxiliaire aux chefs indigènes.

La Hollande n'a, aux Indes néerlandaises, ni un officier ni un soldat de son armée nationale. L'armée hollandaise des Indes est commandée par des officiers formés spécialement par elle dans une académie militaire ; elle se compose de volontaires européens de *toutes nationalités*, de noirs africains et de Malais indigènes, amalgamés ensemble dans les diverses unités. Notons en passant un détail très particulier : les soldats de l'armée des Indes néerlandaises sont **obligatoirement** *mariés ou pourvus d'une concubine*, ce pour éviter les excès de la soldatesque et conjurer les ravages des maladies contagieuses.

Les Romains, les Turcs et d'autres peuples conquérants moins connus avaient l'habitude d'installer dans les pays conquis des *colons militaires* qui vivaient de l'agriculture et tenaient lieu de garnison; une organisation semblable a existé jadis dans les *confins militaires* de l'Autriche; la Russie fait encore un usage analogue de ses cosaques; la France elle-même a tenté quelque chose du même genre en Algérie avec les smalas de spahis, sans succès d'ailleurs, car nos cavaliers indigènes, mal encouragés par leurs officiers, ne se mirent jamais résolument au travail de la terre.

Les colonies militaires constituent un moyen d'occupation et de défense éminemment économique, mais leur organisation exige beaucoup de soin et de prudence, sans quoi elle donnera ou des soldats incapables de vivre de leur travail ou des paysans inhabiles à la guerre.

ORGANISATION MILITAIRE FUTURE DES COLONIES

Maintenant que nous connaissons tout ce qui a été fait ou *tenté* jusqu'à ce jour pour la défense ou la garde des colonies des différents peuples, nous allons examiner ce qu'il faut faire pour assurer la conservation des nôtres.

Chaque colonie ou groupe de colonies a ses besoins spéciaux, exige, des chefs militaires, des connaissances particulières ; il faut donc renoncer à la chimère de les faire défendre toutes par une armée *unique* dont la direction est centralisée en France et dont le fonctionnement comporte des transports de troupes excessivement dispendieux. Chacun de nos trois grands groupes coloniaux (Indo-Chine, Madagascar et possessions de l'Afrique orientale, territoires de l'Afrique occidentale) doit avoir une armée *spéciale* ne servant que sur son sol et organisée pour ses besoins.

Les précédents historiques et l'avis unanime de tous les hommes compétents tendent à imposer cette solution et à condamner l'emploi des troupes métropolitaines aux colonies. La réunion, sous une direction unique (chez nous ministère de la guerre) des forces métropolitaines et coloniales, a en outre l'inconvénient de permettre (quelles que soient les précautions prises) la *confusion* des effectifs et des crédits. Avec ce système, la défense métropolitaine ou la défense coloniale sont nécessairement l'une ou l'autre sacrifiées selon les tendances personnelles du ministre ou les préoccupations du moment. La direction des troupes coloniales par le département de la marine ou par celui des colonies donnerait aussi de médiocres résultats, bien que n'entraînant pas les mêmes dangers de confusion; les gouvernements locaux sont seuls en situation de résoudre les questions militaires techniques ou administratives, et il importe de leur laisser le plein commandement des troupes coloniales sous la haute direction *politique* du ministre des colonies.

Ce qui vient d'être dit ne concerne pas les territoires que nous avons épars un peu partout (Antilles, Guyane, Saint-Pierre et Miquelon, établissements français enclavés dans l'Inde britannique, possessions d'Océanie), ces territoires *ne sont pas défendables* ou du moins ne valent pas les frais qu'entraînerait leur défense. En attendant que nous trouvions l'occasion de nous en défaire d'une façon avantageuse et honorable, il suffira de les doter d'une police armée aussi peu dispendieuse que possible.

Hormis les cadres, les troupes coloniales ne doivent comporter *aucun élément européen*. La santé de l'Européen sous les tropiques exige des soins qui ne peuvent être donnés en campagne à un effectif un peu considérable. Nos compatriotes seront avantageusement remplacés par des indigènes provenant de colonies françaises éloignées, voire par des mercenaires recrutés dans les pays étrangers dotés d'un climat tropical ; une fois dépaysés, ces hommes seront aussi sûrs que des Français, tout en étant plus endurants et moins coûteux.

La plupart de nos grandes colonies sont peuplées de races diverses, souvent ennemies entre elles, inégalement réparties sur leur territoire. Il faut tirer parti de ces antagonismes et, autant que possible, affecter les soldats *nés dans la colonie* au service des territoires *où leur race n'est pas prépondérante*.

Hormis des cas spéciaux (par exemple lorsqu'il y a lieu de tenir isolés les uns des autres des éléments séparés par une haine de race intense), il faut se garder de former des unités recrutées au sein d'un même peuple ; rien n'est plus favorable aux complots et aux séditions. L'amalgame des éléments divers tel que le pratiquent les Hollandais aux îles de la Sonde et tel que l'ont préconisé Bonnal et le colonel Laurent doit être la règle.

Les effectifs devront être fortement renforcés. D'ici une dizaine d'années, l'armée de l'Indo-Chine devra être portée à 250 000 hommes ; l'effectif des deux autres groupes coloniaux sera aussi accru, bien que dans des proportions moindres. Cette nécessité des gros effectifs nous obligera à renoncer à peu près complètement aux troupes exclusivement militaires ne servant à rien, ne produisant rien en temps de paix ; le budget de la métropole et ceux des colonies ne sauraient assumer leur entretien. A ces forces *improductives*, il faudra substituer, dans une certaine mesure, des corps organisés sur le modèle de la garde indigène, utilisables en temps de paix pour l'exécution des services civils, et provoquer la création de *compagnies d'exploitation coloniales* chargées de mettre en valeur les terres inoccupées. Le personnel de ces compagnies, exercé, armé et ne coûtant rien au budget en temps de paix, sera mis à la disposition du gouvernement en cas de guerre.

MESURES IMMÉDIATES ET PROVISOIRES A PRENDRE POUR LA SÉCURITÉ DE L'INDO-CHINE

La situation périlleuse de l'Indo-Chine ne permet pas d'attendre, en ce qui la concerne, les résultats lointains d'une réorganisation militaire d'ensemble ; il faut, vaille que vaille, la mettre immédiatement en état de défense.

Ce qui importe avant tout, c'est d'empêcher la défection (probable en cas de guerre) des troupes indigènes.

Je conseillerai pour cet objet les moyens suivants :

1° Suppression simultanée des régiments d'infanterie coloniale en service en Indo-Chine et des régiments de tirailleurs. Les effectifs des deux armes seraient amalgamés pour former des régiments d'infanterie de l'Indo-Chine constitués de telle sorte que chaque compagnie comprenne au moins 6 escouades françaises (la compagnie est supposée sur le pied de guerre) ;

2° Affectation des contingents laotiens et cambodgiens (ces races sont hostiles aux jaunes) aux corps stationnés dans les pays annamites ;

3° Élévation des soldes des indigènes ; le minimum de ces soldes (habillement et accessoires compris) devrait être fixé à 450 francs pour les soldats *instruits* ; on créerait une catégorie d'élèves soldats payés à raison de 300 ou 360 francs ;

4° Renforcer le cadre français de la garde indigène en lui allouant, en cas de mobilisation, tous les Français (fonctionnaires ou colons) aptes à faire des officiers ou des sous-officiers de réserve et créer des débouchés à son cadre permanent en lui réservant des emplois dans l'administration civile dont il dépend normalement ;

5° Appliquer à la garde indigène ce qui a été dit plus haut pour les élèves soldats et l'affectation des contingents non annamites ;

6° Diviser les simples gardes en deux catégories (gardes

et gardes auxiliaires) : les premiers seraient rétribués sur le pied moyen de 600 francs, les seconds toucheraient la même solde que les soldats indigènes des régiments indo-chinois ; les soldes des gradés indigènes de la garde seraient supérieures à celles des gradés des régiments.

Ces dernières mesures s'imposent pour parer à l'insuffisance *actuelle* des éléments étrangers au pays servant dans la garde ; il faut qu'elle comprenne un certain nombre d'indigènes absolument *sûrs*. Les emplois de gardes titulaires seront attribués, au début, aux gradés des tirailleurs qui deviendront disponibles par suite de la fusion des régiments français et des régiments indigènes (les tirailleurs actuels ont double cadre).

7° Remplacer, au fur et à mesure des relèves, les soldats français servant dans les régiments indo-chinois par des musulmans algériens et par des Malais recrutés dans les îles de la Sonde ou aux Philippines. Les mêmes éléments devront être introduits dans la garde indigène (qui prendra alors le nom de garde coloniale ou indo-chinoise) le plus rapidement possible.

Les Malais, très braves et prenant volontiers du service au dehors, sont hostiles à la race jaune bien que vivant volontiers à ses côtés ; ils résistent au climat de l'Indo-Chine aussi bien que les aborigènes ; leur entretien peut être estimé à 600 francs par homme et par an.

Des noirs africains (Sénégalais, Somals, Sakalaves) pourraient aussi être utilisés, mais il faudrait en former des unités spéciales à cause de l'antagonisme aigu existant entre le noir et le jaune. L'emploi des noirs, hauts de stature et robustes, est tout indiqué pour le service de l'artillerie.

La solidité et la *fidélité* de nos troupes étant ainsi assurées, il conviendra de s'occuper d'accroître leur effectif qui devra être augmenté d'ici très peu de temps d'au moins 50.000 hommes.

Deux moyens peu coûteux peuvent être employés :

Le premier (dont il ne faudra user qu'avec modération, car autrement il rendrait nécessaire une sérieuse augmentation des cadres français et des effectifs *étrangers*) consiste à créer une *réserve* composée *non pas d'hommes abandonnés normalement à eux-mêmes qui ne rejoindraient pas en cas de guerre*, mais de soldats touchant des allocations réduites ($1/3$ ou $1/4$ de solde), astreints à résider *avec leurs familles* dans les cantonnements, laissés libres de leur temps et pouvant travailler au dehors.

L'effectif total de ces réservistes ne devra pas excéder 10.000 hommes ; ils seront affectés en temps de paix aux postes de la garde indigène qui, par leur répartition à peu près régulière sur le territoire, sont aptes à les recevoir ; en temps de guerre, une partie resterait attachée à la garde, l'autre serait versée dans les régiments indo-chinois.

Ceci n'est qu'un moyen *accessoire*, le moyen capital à employer est l'organisation de la garde frontière muong préconisée par le général Warnet.

Les muongs (montagnards du Tonkin) sont établis sur la frontière, ils *barrent* la route d'invasion ; leur race, distincte de la race annamite, est hostile à la fois aux Annamites et aux Chinois ; ils sont très braves, plus étoffés que les Annamites, d'une loyauté proverbiale, mais leur susceptibilité est excessive et ils ne se résignent ni à une expatriation prolongée, ni à la vie de caserne ; ce sont des auxiliaires sûrs et précieux, mais ne pouvant être utilisés que *chez eux* par des chefs les connaissant bien et qui exigent un traitement spécial.

On pourrait former avec les muongs environ 160 compagnies de frontière à 250 hommes l'une ; chaque compagnie aurait un poste formant centre de mobilisation où résiderait le cadre français et où passerait à tour de rôle l'effectif muong pour s'instruire et se livrer à des exercices d'entraînement ; le reste du temps, les soldats muongs résideraient dans leurs villages respectifs avec la solde des réservistes annamites, et il ne faut pas craindre qu'ils ne répondent pas à l'appel car ils aiment la guerre pour la guerre et seront toujours disposés à *cogner* sur les jaunes.

Le tout est de bien choisir leurs cadres qui devront être pris *exclusivement* parmi les Français *accoutumés à la fréquentation des muongs* aptes au service d'officiers ou sous-officiers de la réserve *sans distinction d'origine*. L'expérience locale nécessaire au cadre et l'organisation des compagnies muongs imposent leur rattachement à la garde indigène.

En prenant comme point de départ les chiffres donnés par le rapport Deloncle, on peut, grâce à ces modifications, constituer *immédiatement* un effectif de *100.000 hommes* avec une dépense supplémentaire de *quarante millions*. Avec cela, nous attendrons pendant 4 ans les résultats d'une réorganisation complète et nous resterons loin des *210 millions* demandés par le député de la Cochinchine pour un *semblant* de défense maritime.

Conclusion

L'importance actuelle de nos possessions, le penchant chaque jour plus accentué de tous les peuples vers la politique d'expansion coloniale, la création de nouvelles puissances telles que le Japon font prévoir que, d'ici quelques années, nous serons dans la nécessité de défendre notre empire colonial contre nos rivaux et que des forces très importantes devront être engagées. En l'état actuel, l'armée et la marine nationales, les effectifs et les crédits destinés à la défense continentale seraient rapidement absorbés par les guerres lointaines (sans résultat, d'ailleurs, car nous agirions trop tard), et la France se réveillerait un matin sans colonies, sans armée, sans marine, sans prestige, sans argent, épuisée, découragée de toutes les manières et complètement à la merci de ses ennemis européens.

Une organisation *entièrement nouvelle* peut seule parer au danger.

Pour n'avoir pas voulu nous résigner en temps utile à une réforme militaire qui choquait à la fois les idées du public et les préjugés des états-majors, nous avons perdu, en 1870, cinq milliards, deux provinces et *notre situation en Europe*. Allons-nous rééditer cette faute ?

S'il doit en être ainsi, c'est que le patriotisme n'est plus pour les Français qu'une expression dénuée de sens ; c'est que tous (ou du moins la plupart) professent au fond du cœur, bien que d'une autre manière, *l'indifférence patriotique* tapageusement exprimée par un écrivain assoiffé de réclame, lequel ne se distinguerait plus de ses contemporains que par *la franchise*.

Vote des Vœux du Congrès et des modifications au règlement des Congrès.

A l'issue des séances du mercredi soir, les délégués se réunirent dans la salle de leurs délibérations pour examiner les vœux qui avaient été présentés à la suite des diverses communications présentées par les congressistes.

Un certain nombre de vœux furent retenus. Nous en donnons ci-dessous le libellé :

Le Congrès de Saint-Etienne émet les vœux suivants :

Qu'en matière de développement ou d'encouragement, il soit délivré des concessions gratuites aux militaires de l'armée coloniale qui désirent s'établir aux colonies, et que leurs familles soient transportées, tant en France qu'aux colonies, gratuitement ou aux tarifs militaires en vigueur ;

Que les militaires soient autorisés à contracter mariage aux colonies ;

Que l'attention des Compagnies de chemins de fer et celle des pouvoirs publics se portent de plus en plus sur la question de l'abaisssement des tarifs de transport dans la région de la Loire, et de l'unification dans la plus large mesure possible du système des tarifs en France.

Le congrès renouvelle le vœu émis à Oran et tendant à ce :

I. — Que le projet de loi de MM. Deville et Boudenoot, déjà adopté par la Chambre des députés et ainsi conçu en un seul article : « L'heure légale en France et en Algérie est l'heure temps moyen de Paris, retardée de 9 minutes et 21 secondes », soit voté par le Sénat au plus tôt et sans amendement ;

II. — Qu'après la consécration par le Sénat de la loi Boudenoot, il soit introduit à la Chambre des députés un nouveau projet comprenant :

a) La numération des heures de 0 à 24, de minuit à minuit ;

b) L'usage exclusif de l'heure légale, sans aucune altération volontaire, pour toutes les horloges destinées à la vue publique, en particulier pour celles des municipalités et des chemins de fer, à l'intérieur et à l'extérieur des gares ;

Que deux rues de Paris ou deux rues des villes dont ils sont originaires portent le nom, l'une de rue du Lieutenant-Grillères, l'autre de rue Coppolani ;

Qu'une rue de Paris porte le nom d'Elisée-Reclus ;

Que la géographie commerciale soit enseignée d'une façon suivie et bien comprise dans toutes nos écoles normales, supérieures et primaires ;

Qu'il soit créé dans toutes les villes où il existe des écoles pratiques de commerce et d'industrie, une section de commerce extérieur, préparant les jeunes gens à faire de bons voyageurs de commerce ;

Que dans les villes industrielles et commerciales où il n'existe pas de ces écoles, les conseils municipaux, les Chambres de Commerce, les associations de voyageurs de commerce, s'entendent pour combler cette lacune ;

Que les crédits votés pour la confection d'une nouvelle carte d'état-major de la France au 500/000 ne subissent plus de réduction et même soient augmentés ;

Que le projet de loi adopté par la Commission du commerce et de l'industrie, de la Chambre de Commerce, concernant la création de zones franches dans les ports maritimes, soit voté dans le plus bref délai possible ;

Que le temps consacré à l'étude de la géographie, et spécialement de la géographie économique, dans les classes d'enseignement secondaire, soit augmenté ;

Que la géographie reprenne dans les programmes d'admission aux écoles militaires une place au moins équivalente à celle qu'elle y occupait autrefois ;

Que le gouvernement général de l'Afrique occidentale étudie, au plus tôt, les moyens propres à engager les indigènes à cultiver le coton, en leur garantissant notamment, et sous certaines conditions de qualité et de conservation, que l'administration le recevra au titre de paiement de capitation sur des bases déterminées ;

Que pour faciliter cette réforme économique, provisoirement et à titre d'essai, un accord intervienne entre le gouvernement général et les Sociétés privées s'occupant du coton, aux fins qui viennent d'être exposées, en assurant notamment l'achat, le transport et l'écoulement de ces produits de l'impôt, et aussi du surplus du coton offert au moyen de centres d'égrenage et de classement, en conformité des intérêts administratifs, financiers et commerciaux de notre empire ouest-africain ;

Qu'il soit établi sur le Niger, en aval de Tombouctou, à Bamba ou à Tosaye, un poste d'observation des étiages et crues du fleuve pour établir d'une façon précise les débits, étant entendu que les observations porteront sur plusieurs années ;

Qu'il soit établi une carte de reconnaissance du bassin de l'Issaber, avec cotes altimétriques s'étendant sur tout le pays du Macina, dans la boucle, jusqu'au 16° parallèle, et, au nord, jusqu'où il sera possible de pénétrer ;

Que les Compagnies maritimes, conformément aux agissements usités à l'étranger en pareille matière, accordent aux voyageurs de commerce représentant un groupe de maisons et des produits essentiellements français, le transport gratuit pour eux et leurs échantillons, à bord de leurs navires ;

Que les Chambres de Commerce se joignent au Congrès pour adresser elles-mêmes un pareil souhait ;

Le Congrès renouvelle un vœu émis à la 23ᵉ session, à Oran, par lequel il a déclaré s'associer à toute mesure, à toute initiative tendant à la protection des sites pittoresques de la France métropolitaine ou coloniale, et à assurer leur conservation.

En conséquence, il donne toute son approbation à la proposition de loi de MM. Baugnier et Dubuisson, déjà votée par la Chambre des députés, après déclaration d'urgence, le 2 février 1905, et prie instamment le Sénat de vouloir bien la voter promptement et sans aucune modification ;

Que les Compagnies étudient leurs tarifs de fret de façon à en ramener les bases dans des chiffres avoisinant ceux des Compagnies étrangères ;

Qu'une propagande soit faite en faveur du reboisement en plaçant dans les écoles des tableaux représentant des régions typiques déboisées, de manière à frapper l'imagination des enfants et à intéresser les instituteurs à la question ;

Que la presse s'efforce de répandre l'idée que la forêt n'est pas nuisible au pâturage et qu'au contraire il n'y a en montagne de beaux pâturages qu'au voisinage et à l'abri des forêts ;

Que les Sociétés de Géographie créent ou favorisent par les concours ou expositions la constitution d'archives documentaires concernant les richesses d'une région ou d'une localité.

On examine ensuite les vœux précédemment votés par le Congrès de Tunis.

Le vœu n° I, tendant à ce :

« *Qu'à l'avenir, chaque Société de Géographie, au siège de laquelle aura été tenue une session, transmette en temps utile, à la Société organisatrice de la session suivante, la liste des vœux adoptés avec la suite qui leur aura été donnée et la réponse ou les réponses qui auront pu être déjà faites par les pouvoirs publics, les administrations ou assemblées compétentes ; tous ceux qui n'auront pas reçu satisfaction seront portés en tête de l'ordre du jour de ladite session pour être soumis à un nouveau vote et, au besoin, à une discussion nouvelle* »

est maintenu.

Le vœu n° II, tendant à ce :

« *Qu'au cours de la XXVIe Session, le Comité examine et, s'il y a lieu, détermine les modifications aux Statuts qui permettraient d'obtenir une meilleure et plus fructueuse méthode de travail au cours des sessions futures* »

disparaît puisqu'au cours du Congrès il a reçu satisfaction.

Le vœu n° III, tendant à ce que :

« La Société apicole de Tunisie étudie les moyens de fonder des syndicats apicoles d'exportation franco-indigènes »

est renvoyé à l'examen de la Section tunisienne de Géographie commerciale.

Le vœu n° IV, tendant à ce que :

« La législation tunisienne sur les associations favorise la création de syndicats d'exportation »

est également renvoyé à l'examen de la Société de Tunis.

Le vœu n° V, tendant à ce que :

« Les Sociétés de Géographie et les Sociétés assimilées redoublent d'efforts pour faciliter aux jeunes Français les voyages à l'étranger et aux colonies, soit en créant des bourses de voyages, soit en obtenant des conditions spéciales sur les compagnies de transport, soit en organisant chaque année une caravane de la jeunesse en Algérie et en Tunisie »

est retenu.

Le vœu n° VI, tendant à ce que :

« Le gouvernement autorise les Chambres de Commerce à voter des crédits dans le but de favoriser les voyages à l'étranger et aux colonies »

est rayé.

Le vœu n° VII, tendant à ce que :

« Pour les travaux publics aux colonies, et notamment en Tunisie, il soit inséré au cahier des charges un article prescrivant que les matériaux provenant du dehors devront, autant que possible, être d'origine française et embarqués dans un port français »

est retenu.

Toutefois, les mots « et notamment en Tunisie » sont remplacés par les mots « colonies françaises et pays de protectorat ».

Le vœu n° VIII, tendant à ce que :

« L'organisation de l'assistance médicale des indigènes soit étendue à toutes les colonies françaises »

est retenu.

Le vœu n° IX, tendant à ce que :

« Le gouvernement du Protectorat facilite, par tous les moyens, et au besoin par des exemptions douanières, la création d'usines de superphosphate dans la Régence »

est renvoyé à l'examen de la Société de Tunis.

Le vœu n° X, tendant à ce que :

« Le gouvernement encourage l'exploitation minière en Tunisie, en facilitant l'obtention des concessions par toutes sortes de moyens, et surtout par la construction rapide des voies ferrées et l'amélioration du port de Tunis, amélioration qui permettrait à ce port de recevoir les navires de fort tonnage »

est renvoyé à l'examen de la Société de Tunis.

Le vœu n° XI, tendant à ce que :

« La justice indigène soit partout établie en tenant compte de l'intellectualité et des mœurs des habitants, la question de la main-d'œuvre dans nos colonies étant absolument dépendante de l'organisation rationnelle de cette justice »

est retenu.

Le vœu n° XII, tendant à ce que :

« Les Sociétés de Géographie, de concert avec les municipalités, favorisent l'émigration des travailleurs français en Tunisie »

est renvoyé à l'examen de la Société de Tunis.

Le vœu n° XIII, tendant à ce que :

« Le Parlement français vote une addition à la loi du 18 juillet 1890, permettant l'introduction en franchise, sans compensation douanière, d'une certaine quantité de fruits et de légumes »

est rayé comme ayant reçu partiellement satisfaction.

Le vœu n° XIV, tendant à ce que :

« Il soit créé un service postal maritime régulier entre Tunis et la métropole (via Nice) avec escale en Corse »

est rayé comme ayant reçu partiellement satisfaction.

Le vœu n° XV, tendant à ce que :

« 1° Les conserves de poissons faites en Tunisie soient admises en franchise en France ;

« 2° Que particulièrement en ce qui concerne les espèces migratrices, anchois, sardines, thons, les statistiques de pêche en Algérie et en Tunisie indiquent chaque année, pour chaque localité, les résultats des années précédentes »

est renvoyé à l'examen de la Société de Tunis.

Le vœu n° XVI, tendant à ce que :

« Les pouvoirs publics prennent l'initiative de l'établissement d'une carte ichtyologique des côtes de l'Algérie et la Tunisie »

est maintenu.

Le vœu n° XVII, tendant à ce :

« Que les pouvoirs publics examinent s'il ne serait pas possible et désirable, au point de vue de la défense nationale, de diriger sur Bizerte les minerais du Djebel-Ouenza »

est rayé.

*
* *

On décide ensuite que la 27ᵉ session du Congrès des Sociétés de Géographie se tiendra à Dunkerque.

*
* *

Enfin, M. Paul HAZARD donne lecture, en qualité de rapporteur, des travaux de la Commission chargée de modifier le règlement des Congrès. On sait que le Congrès avait décidé, à sa XXVᵉ session tenue à Tunis en 1904, « qu'au cours de la XXVIᵉ session le Comité examinerait et, s'il y avait lieu, déterminerait les modifications aux Statuts qui permettraient d'obtenir une meilleure et plus fructueuse méthode de travail au cours des sessions futures. » Ce vœu (n° 11) avait été émis à la suite de deux motions connexes de MM. B. AUERBACH et Paul HAZARD, délégués de Nancy et de Bourges, et la discussion de ces propositions se trouve résumée dans le compte rendu des travaux de la XXVᵉ session (1904, p. 54-56).

Il s'agissait donc, cette année, à Saint-Etienne, d'amener à exécution la résolution dont le texte précède.

Le Comité du Congrès, composé — comme on le sait — des délégués officiels des Sociétés françaises de Géographie, dans sa séance du 6 août 1905, avait renvoyé l'examen de la question à une Commission composée de MM. Thomas DEMAN (*Dunkerque*), DEMONTÈS (*Alger*), Sylvain GIRERD (*Paris-Commerciale, section stéphanoise*), S. GUÉNOT (*Toulouse*), E. NICOLLE (*Lille*) et Paul HAZARD (*Bourges*). Mais M. Girerd, empêché par les multiples occupations du secrétariat général du Congrès de prendre part aux travaux de la Commission, fut remplacé par M. Et. PORT (*Saint-Nazaire*). Après échange de vues de ces six délégués, la Commission, qui avait élu président M. Paul Hazard, eut une réunion plénière au lycée, le 8 août, et arrêta, à l'unanimité, les modifications au règlement du Congrès qui vont être reproduites ci-après.

Dans la séance du mercredi 9 août, M. Paul HAZARD fit son rapport et donna lecture des diverses modifications que la Commission proposait d'apporter au règlement pour répondre au but de la résolution votée à Tunis ; chacune de ces modifications fut commentée, discutée, et finalement votée par le Comité dans les termes où elle était formulée.

MODIFICATIONS AU RÈGLEMENT DU CONGRÈS

Le Congrès national décide :

« Le Règlement du Congrès, arrêté à Bordeaux, le 5 août 1895, est et demeure modifié en ce qui concerne les articles III, XI, XVI et XIX qui seront désormais rédigés et imprimés comme suit :

ARTICLE III

Le Congrès tient, autant que possible, une session annuelle au siège de l'une des Sociétés, laquelle est chargée de l'organisation, ainsi qu'il est dit notamment aux articles XII et XVIII.

Le Bureau du Congrès invitera les Sociétés françaises de Géographie à donner, dans l'intervalle de deux sessions, une liste des questions d'ordre géographique et d'intérêt général sur laquelle deux ou trois sujets seront désignés par la réunion plénière des délégués pour servir de thème aux discussions du Congrès de l'année suivante. Les

Le Lycée et les Congressistes.

Cliché Merlat.

mémoires rédigés sur les questions proposées seront publiés dans le volume du Congrès (1).

Dispositions nouvelles remplaçant les alinéas 2 et 3 de l'ancien article :

Le programme de chaque session sera réglé de la façon ci-après et communiqué aux Sociétés adhérentes avant l'ouverture du Congrès :

A) Les deux ou trois questions géographiques, *d'intérêt général,* qui auront été désignées par le Comité du Congrès précédent pour servir de thème aux discussions de la session ;

B) Les questions intéressant la géographie *locale* de la région à laquelle appartient la ville où doit siéger le Congrès et qui paraîtront à la Société organisatrice dignes d'être étudiées ;

C) Toutes autres communications, émanant de l'initiative individuelle, mais qui ne seront admises à la discussion qu'après épuisement des deux autres ordres de questions.

ARTICLE XI

Une fois ouvert, le Congrès tiendra une séance le matin et une l'après-midi.

Rédaction nouvelle, remplaçant les alinéas 2, 3 et 4 de l'ancien article.

Les trois premières séances du matin seront exclusivement consacrées à l'étude, jusqu'à épuisement de la discussion, des sujets d'intérêt général prévus au § A de l'article III. Une des premières séances du soir, pour le moins, sera attribuée aux sujets de géographie régionale prévus au § B du même article. — Le Congrès ne se divisera jamais en sections pour ces deux ordres de questions.

Il pourra être organisé, suivant les besoins, des séances du soir pour des conférences spéciales.

---

(1) Motion de M. Auerbach, présentée à Nancy en 1901 et définitivement adoptée à Oran le 5 avril 1902.

ARTICLE XVI

(*Les deux premiers alinéas sans modification.*)

Dispositions additionnelles : A la séance préliminaire du Comité, dont il vient d'être parlé, il sera rendu compte, par le Bureau de la Société organisatrice, de la suite qui aura été donnée aux vœux émis à la session précédente : ceux qui n'auront pas encore reçu satisfaction seront soumis à un examen sommaire et à un nouveau vote pour être joints, s'il y échet, à ceux de la nouvelle session (1).

Une durée suffisante devra être réservée d'avance à cette séance pour qu'elle puisse remplir exactement toutes les attributions qui lui sont déférées. En conséquence, la première journée de chaque session sera exclusivement consacrée aux séances générales prescrites par l'article IX et à la réunion préliminaire du Comité qui devra, autant que possible, précéder la séance solennelle d'ouverture.

ARTICLE XIX

(*Lignes quatre et cinq du premier alinéa*) : des délégués spéciaux des Sociétés *ou Sections* de géographie (2), à raison d'un par *association française (le reste de l'article sans modification).*

A la suite du vote des dispositions qui précèdent, et à titre transitoire, les Sociétés n'ayant point été consultées à cet égard dans l'intervalle de la XXVe à la XXVIe session, le Comité a été appelé à désigner d'office les sujets géographiques d'intérêt général qui feront l'objet principal (articles III et XI nouveaux) des études de la prochaine session. Après discussion, son choix s'est porté sur les deux questions suivantes :

1° *Du déboisement et du reboisement en France et aux colonies ;*

---

(1) Décision du Congrès de Tunis (vœu n° 1), du 7 avril 1904.
(2) Décision du Congrès de Rouen du 3 août 1903 : « Les Sections des Sociétés françaises de Géographie font partie du Congrès, dès qu'elles en font la demande, au même titre et avec les mêmes droits que les associations-mères. Les délégués des Sociétés *assimilées* sont admis au Comité du Congrès avec voix *consultative* ; ils ne prennent point part aux votes. »

2° *De la restauration de la marine marchande.*

Enfin, comme annexe à son rapport, et sans préjuger le fond de la question, la Commission de revision du Règlement exprimait le désir que les Bureaux ou Comités des Sociétés ou Sections de Géographie fussent invités à se prononcer, avant l'ouverture de la XXVIIe session, sur l'opportunité de la création d'un *Comité de Permanence du Congrès national*, pour cette question être examinée et solutionnée à la séance préliminaire du Comité des délégués à ladite session.

Cette proposition, discutée et mise aux voix, a été adoptée par la réunion. En conséquence, le Congrès donne mandat au Bureau de la Section stéphanoise de faire connaître, par voie de circulaire, aux associations admises au Congrès avec voix délibérative, la décision qui précède, en même temps qu'il les invitera à proposer, en conformité du nouvel article III, une liste de questions géographiques *d'intérêt général* pour le programme de la XXVIIIe session (1907).

Tous rapports et délibérations sur les deux ordres d'idées ainsi soumis aux Sociétés ou Sections françaises devront être transmis en temps utile, c'est-à-dire au cours du premier semestre de 1906, au Bureau du prochain Congrès *(Dunkerque).*

CONFÉRENCES
DE MM. LIOTARD, PEYRON ET LANREZAC

Trois conférences fort agréables furent données le mercredi soir à l'Hôtel de Ville, dans la grande salle des fêtes, gracieusement mise à la disposition des congressistes par la municipalité. M. Nicolle, délégué de la Société de Géographie de Lille, présidait. **M. Liotard** parla de l'exposition coloniale de Marseille, à l'organisation de laquelle il n'a pas peu contribué. M. l'abbé Perron, l'excellent curé de Pont-de-Poitte, parla du Jura, de ce Jura qu'il aime avec passion et où il voudrait voir les touristes affluer. M. le lieutenant Lanrezac parla du Soudan français. Les trois conférenciers, présentés avec esprit par M. Nicolle, eurent le talent de captiver leur auditoire et de l'intéresser également par des sujets cependant si divers. Ils eurent aussi le bon esprit de faire dérouler sous les yeux du public de très belles projections. Malheureusement, nous ne pouvons donner le texte de la conférence de M. Liotard qui ne fut d'ailleurs qu'une simple causerie sur les projets relatifs à l'exposition de Marseille.

LE JURA PITTORESQUE
Par M. l'abbé PERRON, curé de Pont-de-Poitte.

Messieurs,

Je ne représente parmi vous aucune Société de Géographie. Je ne suis que le modeste partisan d'une industrie nouvelle, celle qu'en leurs discours de décembre 1904, en Sorbonne, M. Ballif, président du Touring-Club de France, et M. Loubet, président de la République française, ont désignée sous le nom « d'Industrie du voyage en France » et ont vivement recommandée. Il importe, en effet, de favoriser au plus haut degré cette industrie, en attirant et en retenant autant que possible dans notre pays, réputé un des meilleurs par son climat, un des plus intéressants par ses monuments et ses sites, les nombreux étrangers qui s'en vont enrichir trop exclusivement la Suisse et l'Italie, en leur laissant chaque année des sommes fabuleuses qui se chiffrent par des centaines de millions.

« Faire connaître notre pays aux étrangers et même aux Français qui l'ignorent trop, voilà, disait M. Loubet, une œuvre essentiellement patriotique, un véritable apostolat... »

Or, messieurs, de temps en temps, dans cet ordre d'idées, au profit de ma petite patrie, le Jura, je me hasarde à donner, de ci de là, quelques conférences appuyées de nombreuses projections. Si j'en crois M. Nicolle, président de la Société de Géographie de Lille, et M. Raoul Blanchard, professeur de l'Etat à l'Institut géographique de cette cité, je ne serais pas seulement un partisan de l'industrie du voyage, mais un client de la géographie, faisant, à la façon de M. Jourdain, de la géographie sans le savoir.

Cependant, messieurs, dans un Congrès comme celui-ci, j'estime qu'il est prudent à moi de me défier de mes aptitudes insoupçonnées et de vous demander des trésors d'indulgence à l'endroit d'un curé qui s'est inopinément mis en rupture de sacristie rurale, moins pour venir vous instruire que pour apprendre de vous à traiter géographiquement les questions dans lesquelles vous avez coutume d'exceller.

Aux remerciements qui conviennent à votre unanime bienveillance, j'ajoute des actions de grâces particulières à deux de vos collègues : M. Nicolle, le distingué président de la Société de Géographie de Lille, et M. Girerd, le sympathique secrétaire général du Congrès et secrétaire de la Société stéphanoise, le premier pour m'avoir suggéré vivement la pensée de me rendre à votre Congrès, et le second pour s'être efforcé, malgré mon information tardive, de m'en faciliter l'accès avec la promesse d'une part certaine dans la distribution de votre précieux emploi du temps.

Messieurs, la part réglementaire de parole dont je dispose m'oblige à vous conduire à pas de géant à travers les documents géographiques condensés, les plus importants du Jura Ce sera comme une course au clocher de laquelle vous rapporterez, je l'espère, une collection d'impressions suffisante pour vous déterminer plus tard à entreprendre dans notre pays une visite personnelle, moins hâtive et plus fructueuse que celle d'aujourd'hui. Aussi bien, en attendant, vous serez à même de redire aux membres de vos Sociétés et à d'autres connaissances, qu'il existe, près de la Suisse, au pays comtois, un petit coin de terre, qui n'est pas du tout « ce qu'un vain peuple pense » ou ignore.

Pour gagner du temps, nous laisserons complètement de côté le Jura suisse, et, bien qu'ils constituent une unité géographique avec le département du Jura, nous omettrons aussi les départements de l'Ain et du Doubs qui sont la base et le point extrême du Jura français, et nous n'envisagerons que le centre, la quintessence de cette région, le département du Jura. Du reste, d'après la partie principale, il est facile de juger de l'ensemble, sauf à ajouter quelques particularités de détails propres au Doubs et à l'Ain au point de vue de la petite industrie.

Messieurs, quand on trace sur le papier le contour linéaire de notre département, on trouve qu'il ressemble beaucoup au contour d'une corpulente pomme de terre de forme oblongue et très sinueuse (voir la carte linéaire et la carte en relief).

La géographie mathématique place notre sol entre $3°\ 23'$ et $4°\ 50'$ de longitude orientale et $46°\ 15'$ et $47°\ 20'$ de latitude septentrionale. Le département du Jura est orienté dans une direction parallèle à celle du méridien. Il a pour confins : au nord, le département de la Haute-Saône ; à l'est, successivement le département du Doubs, le canton de Vaud (Suisse), le Bugey, dans l'Ain ; au sud, le

— 441 —

département de l'Ain; au sud-ouest, celui de Saône-et-Loire; au nord-ouest, celui de la Côte-d'Or.

A l'exception des rivières de l'Ognon, au nord, et de la Valserine au sud-est, et de quelques crêtes du côté de la Suisse, ses limites au lieu d'être naturelles sont de convention.

Le circuit du Jura atteint près de 400 kilomètres, sa plus grande longueur du nord au sud 115 kilomètres, sa plus grande largeur de l'ouest à l'est 66 kilomètres. Sa superficie est de 5.002 kilomètres carrés. Comme étendue, il est le 75e département de France. Le dernier recensement a accusé 261.288 habitants.

D'une façon générale, la géologie circonscrit la masse jurassique et particulièrement le centre entre les plaines de la Saône et celles de la Suisse (Léman-Neuchâtel). Elle voit dans cette masse un soulèvement qui s'est effectué, suivant un plan incliné, se haussant de l'ouest à l'est; par conséquent, à l'ouest, au commencement du plan, le Jura émerge peu. Il constitue ainsi une première zone qui est la *plaine*. Dans la partie la plus reculée de ce plan, il s'érige en *montagne* et, entre la plaine et la montagne, il forme une transition, un intermédiaire qu'on nomme la *côte*. Ces trois zones, de largeur inégale, orientées du nord au sud et parallèles, divisent la région, à tout le moins le département du Jura, naturellement en trois parties fort distinctes. La plaine représente environ les 3/8 du sol; la côte 1/8; la montagne le reste, soit la moitié. La plus grande partie de la plaine se compose de terres, d'alluvions d'une extrême fertilité, surtout dans la basse vallée du Doubs et de la Loue et de leurs affluents. L'altitude moyenne de la plaine est de 200 à 220 mètres. Cette zone offre trois particularités. Au nord, on rencontre une série de petites collines d'une altitude de 300 à 350 mètres, généralement couronnées de bois avec quelques petits vignobles. La plus importante de ces collines, celle de la Serre, forme comme un îlot de gneiss et de sédiments primaires. C'est dans le Jura et même plus loin l'unique poussée de terrain granitique. Cet îlot est très remarqué des géologues. On suppose qu'il recèle des richesses en charbon, minerais.

voire même sable aurifère. La deuxième particularité c'est, au nord-est, un plateau qui ne dépasse pas 270 mètres, situé entre les alluvions des vallées inférieures du Doubs et de la Loue et composé de cailloux roulés et d'argile, portant une immense forêt, la forêt de *Chaux* (20.000 hectares). La troisième particularité de la plaine réside dans un coin de la Bresse qui s'avance au sud en pointe dans notre département et qui est un pays à physionomie aussi curieuse que celle de la Bretagne, sous une foule d'aspects qu'il n'est pas possible de développer dans cette courte monographie.

La deuxième zone du Jura, la côte, altitude 250 à 500, a ceci de particulier, c'est qu'elle fait fonction de bordure étroite entre la plaine et la montagne et qu'elle tient des deux. Elle tient de la montagne par ses hautes falaises, souvent rongées à la base, par ses énormes échancrures ou vallées d'érosion pratiquées dans le premier plateau montagneux et s'avançant quelquefois très loin en forme d'éventail ou de patte d'oie. Presque toutes ces vallées sont terminées par des cirques de rochers à pics grandioses, aux flancs desquels on découvre des excavations merveilleuses, comme les célèbres grottes de la vallée de Baume-les-Messieurs, qui atteignent près de 2 kilomètres de profondeur et d'où s'échappent des jets écumants qu'on appelle *dards*.

La côte tient de la plaine en ce que les contreforts de la montagne et la base des vallées se transforment peu à peu en ondulations décroissantes qui nous ramènent à la plaine.

La côte réjouit les géologues par l'abondance de fossiles qu'elle renferme (ammonites, bélemnites, etc.), et, point très important à signaler, c'est qu'elle repose sur des bancs de gypse et un immense banc de sel gemme que l'on rencontre à une profondeur de 120, 200, 300 mètres

Pour avoir une idée de la côte, il faut la visiter au moins dans sa première moitié, depuis Salins jusqu'à Lons-le-Saunier, en passant par Arbois, Poligny, Voiteur et tout particulièrement la vallée de Baume. Au point de vue du tourisme, la côte offre des sites qui le disputent aux plus beaux de la montagne.

La montagne, dernière zone du département, possède, comme système, un caractère très spécifique. Elle apparaît sous la forme de plissements répétés, parallèles, arqués au centre, courant du nord-est au sud-est. Le relief de ces plissements s'exhausse progressivement, puis se termine brusquement du côté de la Suisse. Vus dans leur ensemble, ces plis et replis ressemblent aux gradins d'un colossal escalier dont les assises négligemment agencées laisseraient des interstices irréguliers, tantôt larges, tantôt resserrés et profonds qui sont les combes, les vallées et les gorges alternant avec les chaînes parallèles et leurs crêtes. On peut, dans le département, réduire à trois ces gradins que l'on nomme les trois plateaux de la montagne. Leur altitude passe de 500 à 800 et à 1.200, avec des sommets qui dépassent ces moyennes ; ainsi, on trouve dans le premier plateau le Poupet, sommet de 850 ; dans le deuxième, le pic du Grand-Bec, 1.000 mètres ; dans le troisième, la Dôle, 1.680 mètres. Dans ces chaînes parallèles, on rencontre parfois des barres, des enchevêtrements, des cassures transversales que l'on nomme *cluses*. On devine le pittoresque que jettent dans le paysage ces complications brusques et les surprises qu'elles réservent aussi bien aux géologues qu'aux amateurs de beaux sites et d'imprévu.

Pour connaître suffisamment la montagne, il faut remonter, entre le premier et le deuxième plateau, la vallée de l'Ain, depuis le sud de notre département jusqu'au nord, où la rivière prend sa source, une des plus curieuses du Jura et, on peut le dire, de la France. Avec les sinuosités souvent très profondes de cette rivière, avec ses rapides et ses chutes formidables, la vallée de l'Ain passe pour une des plus pittoresques de la montagne ; les vallées confluentes qui prennent naissance dans le second plateau ne le sont pas moins, telles les vallées du Giron, du Drouvenand, du Hérisson, de la Saine, de la Lemme où foisonnent les cascades merveilleuses et les lacs vert d'émeraude. De la vallée de l'Ain, à la hauteur de

Champagnole, on franchira le deuxième plateau en suivant la voie ferrée vraiment fantastique d'Andelot à Morez, puis on descendra la vallée de la Bienne, de Morez à Saint-Claude et plus bas encore, si l'on veut se repaître des visions sauvages d'une nature tourmentée et pleine d'abîmes. Enfin, de Saint-Claude on gagnera le col de la Faucille, on longera la crête du dernier plateau en remontant vers la Dôle, les Rousses, pour redescendre sur Morez, et l'on aura eu l'occasion de contempler à travers les sites les plus impressionnants, le panorama réputé le plus beau du monde, celui du lac de Genève encadré de cent lieues d'alpes étincelantes dominées elles-mêmes par la majesté du mont Blanc.

Mais, messieurs, c'est peut-être assez parlé de l'ossature du Jura. Il est temps d'étudier rapidement les conséquences de cette structure singulière et variée, d'indiquer d'un mot les phénomènes dont elle est la cause et les richesses qu'elle produit.

Tout d'abord, la structure du Jura explique sa diversité climatérique. La faible altitude de la plaine (200 mètres en moyenne) fait que le climat de cette région est rhodanien et printanier. La côte, plus élevée (250 à 500), possède un air plus vif, une végétation en retard de 15 jours à 3 semaines sur la plaine. La montagne proportionne ses rigueurs à l'élévation de ses plateaux (500 à 1.200). Le dernier plateau se couvre habituellement d'un manteau de neige qui dure 7 à 8 mois.

L'hydrographie s'harmonise avec la configuration du sol. On sait que l'attraction des corps s'exerce en raison directe de leur masse. Il suit de là que la montagne attire et retient les nuages beaucoup plus que la côte et la plaine. Tandis que cette dernière ne reçoit que peu de neige et une chute annuelle d'environ 1 mètre de pluie, la montagne en recueille de 1 m. 30 à 1 m. 80 et 5 à 10 m. de neige. Grâce, d'une part, à cette abondance d'eau qui s'emmagasine dans les forêts et dans des réservoirs mystérieux, grâce, d'autre part, aux plissements, gradins, pentes abruptes, cluses et complications orographiques dont nous avons parlé, la montagne, outre ces lacs, fournit une multitude de cours d'eau faibles ou puissants de la plus grande utilité et du plus bel effet. Si l'œil du touriste demeure étonné devant la prodigalité spumante des eaux des plateaux, le campagnard de la montagne se réjouit de l'arrosage fréquent de ses pâturages, mais malheur s'il survient une sécheresse ! L'industriel, de son côté, bénit la houille blanche qui ruisselle d'énergies inépuisables, de jour en jour plus et mieux utilisées. On ne compte plus les roues à auges, les turbines tributaires des forces hydrauliques qui actionnent les scieries mécaniques, les minoteries, les tourneries, les laminoirs des usines métallurgiques et les dynamos producteurs d'éclairage et de puissances électriques. Si la montagne et la côte bénéficient davantage des forces hydrauliques, la plaine n'en est pourtant pas privée. Moins arrosée par la pluie que ses sœurs, elle se dédommage par le cours large, lent, souvent débordant des rivières qui, venues des hauteurs, achèvent de rouler leurs flots puissants et fertilisants vers la Saône, tels l'Ognon, le Doubs, la Loue, la Furieuse, la Cuisance, l'Orain, etc. La Bresse, dont le sous-sol retient l'eau, se crée des réservoirs non moins importants que les lacs de la montagne. Ils sont même plus nombreux et plus poissonneux. Ce sont les fameux étangs de la Bresse qui constituent l'industrie de la pêche, une des richesses de ce pays. En résumé, nous possédons dans le Jura 25 lacs, plus de 100 étangs, autant de cours d'eau appréciables, 16 importants et 5 principaux. Parmi les poissons qui peuplent les eaux, on distingue, dans les lacs et le cours supérieur des rivières, la truite dorée, la truite saumonée, le brochet, l'ombre, le barbeau, la perche, la tanche ; les ruisseaux sont remplis d'écrevisses. Dans les eaux de la plaine, dans les étangs, on ne rencontre pas ou peu la truite, mais tous les poissons d'eau douce et particulièrement la carpe, la brême, la tanche, la rousse, l'anguille et d'innombrables fretins. Les étangs sont autant d'établissements de pisciculture. Il y en a 3 spéciaux pour la truite. Les batraciens abondent dans les marais avec les oiseaux aquatiques.

Dans le Jura, tout s'enchaîne : nous avons vu comment le climat et l'hydrographie sont liés à la structure du pays. Il en sera ainsi de la flore, des cultures, des produits des industries, qui sont variés comme les trois zones différentes du Jura.

La flore de la plaine et sa culture sont celles des terrains d'alluvion. Les céréales y abondent : blé, seigle, orge, avoine, maïs, pommes de terre, raves, betteraves, pois, fèves, vesces, sarrazin, colza. On rencontre, dans la plaine, la petite, la moyenne et la grande culture. Aux prairies naturelles des bords du Doubs, de la Loue et de leurs affluents s'ajoutent des prairies artificielles où dominent le trèfle et la luzerne. La plaine est le grenier ou la Beauce du Jura. L'élevage particulier de ce pays consiste dans celui des chevaux (la race de Tavaux), dans celui des porcs innombrables et dans les volailles si renommées de la Bresse.

Afin de compléter en passant ce qui se rapporte à la plaine, disons que la ville de Dôle (15.000 habitants) est le grand centre commercial, industriel, agricole de la basse région. Tant à cause de ses souvenirs historiques, de ses antiques monuments, de sa position superbe au pied du mont Roland, aux bords de la belle rivière du Doubs, du canal du Rhône au Rhin, à deux pas de la forêt de Chaux, qu'à cause de l'honneur qui lui revient d'avoir donné le jour à l'immortel Pasteur, Dôle, ancienne capitale de la Franche-Comté, mérite une visite. De Dôle, le géographe comme le touriste feront 5 excursions : Une première au mont Roland d'où l'on jouit d'un des plus beaux panoramas de France, s'étendant circulairement des plaines infinies de la Bresse et de la Saône, aux chaînes de la Côte-d'Or, des Vosges, du Jura. C'est de ce point que l'on peut, d'un seul coup d'œil, juger de l'ensemble du département, de ses trois zones distinctes et du colossal escalier formé par les plateaux de la montagne, dominée elle-même par les Alpes et le mont Blanc géant. La deuxième excursion se fera dans les collines au terrain granitique jusqu'à la rivière de l'Ognon et à l'abbaye des RR. PP. Trappistes d'Acey. La troisième, en remontant la belle vallée du Doubs jusqu'aux usines de Fraisans, le Creusot du Jura (1.200 ouvriers). La quatrième, dans la forêt de Chaux, le Val d'Amour ; la dernière, au curieux pays des Bressans qui est le pays des *gaudes* et des sabots.

Cette digression faite, nous passons à la flore et aux produits de la côte. Dans la côte, on retrouve, moins l'abondance, à peu près la même végétation que dans la plaine. De plus, et c'est la richesse spéciale de la côte, la vigne y règne en maîtresse ; aux terrains argilo-calcaires, pierreux, souvent marneux, aux expositions fort propices des coteaux s'adaptent admirablement les cépages les plus variés et les plus renommés.

La côte jurassienne nous est aussi précieuse que peut l'être aux Bourguignons leur fameuse Côte-d'Or. Les vins les plus estimés sont ceux de Salins, des Arsure, d'Arbois, de Poligny, de Saint-Lothain, de Passenans, de Frontenay, de Vénétru-le-Vignoble, de Château-Chalon, Lavigny, l'Etoile, Perrigny, Conliège, Montaigu, Lons-le-Saunier, Gevingey, Saint-Laurent-la-Roche, etc., etc. Les vins blancs du Jura sont particulièrement estimés. Le mousseux jurassien pétille sans qu'il soit bien besoin de l'exciter. Les mousseux de l'Etoile, d'Arbois, de Lons-le-Saunier rivalisent avec les champagnes des meilleures marques. Ils ont le tort d'être moins connus que les vins de cette contrée qui, plus d'une fois, a emprunté les vins de l'Etoile et d'Arbois.

La côte, avons-nous dit, reposant sur des bancs de sel et des couches de gypse, trouve une seconde richesse spéciale dans ces gisements. Salins-les-Bains, Poligny, Montmorot, Lons-le-Saunier, les Bains, possèdent de très importantes salines ; les bancs de sel atteignent une épaisseur de 20 à 30 mètres. Salins est connu de longue date pour sa station balnéaire (bains salés). Depuis peu, Lons-le-Saunier a créé un établissement grandiose entouré d'un vaste parc et magnifiquement ombragé. Il existait déjà un établissement de bains salés, appelé le puits salé. Une statistique récente a relevé le passage de 1.900 baigneurs à Salins, et de

600 à Lons-le-Saunier. Les visiteurs qui se rendent dans le Jura peuvent faire, fin septembre ou mi-octobre, dans la côte, une excellente cure de raisins extra-veloutés et parfumés. Le poulsard, importé jadis d'Espagne, est le raisin royal du Jura.

Enfin, sur la montagne, moins riche en terre végétale et au climat moins chaud, la flore est nécessairement réduite pour ce qui concerne les céréales; on ne cultive pas la vigne, même sur le premier plateau. Ce qui domine, ce sont les prairies artificielles et les pâturages. Les prairies artificielles se composent principalement d'esparcette aux fleurs roses, de minette aux fleurs jaunes, sorte de luzerne sauvage. On trouve sur les versants et dans le fond des vallées des herbes longues et fines, et dans les plateaux des plantes aussi aromatiques que ténues qui garnissent les pâturages. Voilà les aliments de choix des belles vaches laitières des races suisse et montbéliarde et de Durham. La principale industrie du paysan montagnard est d'élever ce superbe bétail et de fabriquer des pyramides de fromage de gruyère. C'est aussi à la flore de la montagne que l'on est redevable d'un miel particulièrement fin et sanitaire.

La pharmacie utilise beaucoup les plantes médicinales du pays. La flore du Jura, dans l'ensemble, nourrit en moyenne 15.000 chevaux et mulets, 150.000 bovidés, 15.000 moutons, 4.000 chèvres et une quantité d'abeilles. Elle produit plus d'un million d'hectolitres de lait. C'est vraiment le pays où coulent le lait et le miel. Une richesse de la montagne, également partagée par la plaine, mais beaucoup moins par la côte, c'est celle qui vient des forêts. Les forêts, dans le Jura, sont considérables, elles occupent le cinquième du territoire, soit plus de 100.000 hectares. Nous avons déjà cité l'immense forêt de Chaux. Cette forêt, comme ses voisines de la plaine et celles du premier plateau, possède une essence dominante, le chêne, puis d'autres, telles que le hêtre, le charme, le bouleau, le tremble, l'aulne, l'orme, l'érable, le cerisier. Les peupliers et les saules, les osiers ne se voient guère en forêt; ils sont plutôt au bord des routes, des rivières, des villages, dans le finage et la Bresse; les acacias couvrent les talus de chemins de fer. Les forêts d'essences variées fournissent des stocks considérables de bois de chauffage, de charbon de bois, des traverses de chêne pour les voies ferrées, des pièces énormes de ce bois pour la marine. A signaler, dans la forêt de Chaux, une verrerie importante dont les fours sont exclusivement chauffés au bois, la verrerie de la Vieille-Loye, qui fabrique la bouteille de champagne; près de cette forêt, une usine de produits chimiques dérivés du bois, comme l'acétone, le chloroforme. Les hauts plateaux ne comptent guère que des conifères, sapins, épicéas et quelques mélèzes. Le gibier abonde partout, chevreuils, sangliers, lièvres, renards, hérissons, etc., les volatiles nombreux émigrent pour la plupart. On voit beaucoup de grives qui descendent de la montagne dans la côte. Il y a des passages d'oies et de canards sauvages. Les forêts recèlent d'excellents champignons; sous les sapins on rencontre la délicieuse morille.

Le dirai-je, les bois comme les vignes abritent quantité d'escargots qui se mangent sur place ou s'expédient à Paris.

Cependant, dans l'industrie du bois, il faut faire une place à part à celle du sapin. Les sapins du Jura passent actuellement pour les plus beaux de l'Europe. Il n'est pas rare d'en trouver de 40 mètres de haut; quelques géants atteignent 5o mètres et vivent plus de deux siècles. Ces grands enfants de la forêt s'appellent, dans le pays, les asperges du Jura. On décerne le nom de présidents à ceux qui sont les plus âgés et les plus élevés. A côté des forêts de sapins, il faut mentionner, sur certains terrains rocailleux, particulièrement au sud-ouest du Jura, de grandes étendues de buis qui jouent un rôle important dans la fabrication des objets de tournerie. Je ne sais si l'industrie du bois dans le Jura a son égale ailleurs dans la France : les grandes scieries mécaniques qui le découpent dans notre pays sont au nombre de 6o. Les plus connues sont celles de Salins, de Champagnole, de Pont-de-Poitte. C'est dans ces usines que l'on voit passer, en gémissant sous la dent impitoyable des scies verticales et des circulaires, les interminables sapins transformés en bois de toutes dimensions, depuis la grosse poutre jusqu'à la simple latte, au minuscule fragment d'allumette, depuis le plateau épais jusqu'à la mince planchette. Il n'est pas jusqu'à la sciure du bois de sapin qui trouve sa multiple utilisation... Le sapin du Jura croît lentement, sa veine est serrée, il possède une grande force de résistance, se gondole peu, et pour ces raisons est très demandé, spécialement dans les pays chauds et lointains. On l'emploie beaucoup comme poteau télégraphique. Il n'est sorte de manière de façonner le sapin, le buis, et autres essences particulières à la montagne, qui ne soit employée dans le haut Jura. La boissellerie, la tabletterie réalisent des prodiges. Innombrables sont les tours et les machines combinés pour travailler le bois. Chaque village de la haute montagne fabrique une spécialité. Les articles d'Arinthod, de Clairvaux, de Moirans, de Bois-d'Amont et surtout ceux de Saint-Claude, ville épiscopale, site des plus remarquables, réservent les surprises les plus agréables aux visiteurs de l'industrie du bois tourné. On ferait une exposition peu banale des produits de ces pays en réunissant les grandes cuves en bois, les rondots, les seaux, les tonneaux à fromage, les étuis, les boîtes en tous genres, les caisses d'horloge, aux pipes, aux tabatières, aux chaires, aux fauteuils de bois, aux sifflets, aux robinets, aux bilboquets, aux mesures linéaires, aux services à salade, aux toupies, aux bobines et à cent mille autres bibelots... Je ne vous apprendrai rien en vous rappelant que dans les parages de Morbier, de Morez-les-Viaducs, les Foncines, Saint-Laurent, Septmoncel, Saint-Claude, à l'industrie du bois s'ajoutent des industries universellement connues : la lunetterie (400.000 douzaines de lunettes par an, pince-nez), l'optique, l'horlogerie (100.000 horloges ordinaires par an, sans compter les grosses horloges), les plaques émaillées, les machines à écrire, à calculer, les appareils électriques, téléphoniques, la taille des rubis, des diamants, etc., etc. Au moyen de ces industries, le montagnard utilise les longues heures de

Cliché Vernon.

AUX ACIÉRIES DE SAINT-CHAMOND

1. L'Entrée des Aciéries.   2. Le Banquet.

l'hiver et réalise, avec l'élevage du bétail et la fabrication des fromages, un triple profit. La métallurgie dans la montagne, particulièrement dans la vallée de l'Ain, occupe un assez bon rang. Elle fabrique surtout les clous, les fils de fer, les tôles ordinaires ou galvanisées. Le bourg de Sirod, Syam, Champagnole (très beaux sites), Pont-du-Navoy, Pont-de-Poitte, sont les forges de la montagne. A l'exception de Syam, elles appartiennent à l'importante Société des Forges de Franche-Comté. Depuis quelque temps, toutes les matières premières utilisées dans ces forges, ainsi qu'à Fraisans, sont importées. On abandonne le minerai de fer du Jura ainsi que les exploitations d'anthracite et de lignite. Le charbon de terre vient de Saône-et-Loire, en grande partie. On exploite encore dans le Jura quelques tourbières.

Je crois avoir effleuré les principales industries jurassiennes qui intéressent MM. les Congressistes préoccupés avant tout de savoir la richesse d'un pays afin de la faire connaître à ceux qui l'ignorent pour le meilleur profit de tous. Il y a aussi des industries secondaires : fabriques d'instruments agricoles, fonderies de 2ᵉ fusion à Dôle, Foucherans, Baudin; des tanneries à Dôle, Champagnole, Salins, Lons-le-Saunier, Orgelet ; des poteries, des faïenceries, des tuileries; des carrières de pierre à bâtir, de meulières, de marbres. Les scieries de marbre les plus importantes sont à Saint-Amour, Molinges, Audelange. Il n'y a qu'une filature appréciable dans le Jura et, dit-on, la seule de son espèce en France, c'est une filature de poils de lapins angoras à Lons-le-Saunier, dont les produits sont aussi variés que fins et soyeux. Ils sont très recherchés des touristes, des rhumatisants et du monde élégant.

La question des moyens de transport est trop liée au commerce, à l'industrie, pour que nous la passions sous silence. Elle n'intéresse pas moins le touriste, le villégiateur que le géographe. Nous avons dans le Jura 4 rivières flottables sur une partie de leur parcours : longueur totale 168 kilomètres. Ces rivières sont le Doubs, la Loue, l'Ain, la Bienne. Nous avons aussi 40 kilomètres de canal, celui du Rhône au Rhin, avec les ports de Fraisans et de Dôle : tonnage, 120.000 tonnes. Nous possédons 580 kilom.,800 de voies ferrées dont 448 de chemin de fer d'intérêt général, le reste en tramway et en chemin de fer d'intérêt local. Le Jura est traversé, notamment, par la grande ligne de Vesoul à Lyon, par celle de Paris-Pontarlier-la-Suisse. Il n'y a pas en France de ligne plus riche en difficultés vaincues, en travaux d'art, que la ligne de Lons-le-Saunier à Morez par Champagnole. Cette ligne doit se prolonger sur Saint-Claude avec une quantité de viaducs et de tunnels en côtoyant sans cesse les abîmes de la vallée de la Bienne. Nous avons encore d'autres lignes importantes comme celles de Dôle à Chalon-sur-Saône-Dijon-Lons-le-Saunier, par Saint-Jean-de-Losne. C'est par cette voie nouvellement ouverte que l'on espère voir se continuer le projet du grand central Paris-Simplon passant par Lons-le-Saunier-Pont-de-Poitte-Saint-Claude et Genève. Ajoutez 367 kilomètres de routes nationales, environ 6.000 d'autres voies et vous aurez le bilan de nos routes fort bien et très facilement entretenues, grâce au gravier des rivières et à la pierre des nombreuses carrières jurassiennes.

Voilà, messieurs, qui est éminemment suggestif pour exciter dans l'âme des géographes le plus vif désir de s'enfoncer par eau, par terre, par fer, en cycle, en auto ou à pied, dans les richesses de toutes sortes que recèle le Jura. J'aurais voulu vous montrer encore les relations étroites qui existent entre la variété du sol et la variété des types jurassiens, de leur tempérament, de leurs habitudes, de leur costume, de leur habitation et même de leur dialecte local, mais ce sont des aperçus qui nous auraient entraînés trop loin.

Je termine en revenant à l'industrie du voyage dont je vous ai parlé au début de cette monographie et qui a présentement une importance considérable. C'est cette industrie qui vaut chaque année à la Suisse, tous frais déduits, le joli bénéfice de deux cents millions. Dès lors, il n'est pas étonnant que M. Ballif, président du Touring-Club de France, et M. Loubet, président de la République, nous disent d'exploiter cette industrie qui pourrait aussi bien réussir en France que dans la Suisse, si nous voulons nous en donner la peine. Or, messieurs, il me semble que s'il est dans notre grande patrie un coin de terre qui mérite d'être visité, c'est le Jura. Par sa diversité, il est capable de répondre, non seulement à la docte curiosité des géographes, mais aussi aux goûts variés des industriels, des commerçants, des ingénieurs, des géologues, des archéologues, des poètes, des artistes, des chercheurs de providentielles harmonies, non moins qu'aux amateurs de belle nature, de saine et facile villégiature agrémentée des meilleures cures d'air, d'eau, de raisin, de lait, de miel qu'il soit possible de faire.

Qu'on ne dise plus : « le Jura est l'antichambre de la Suisse »; le Jura reste le Jura, il est *sui generis*, et, à plus d'un égard, il vaut autant, et même il vaut mieux que la Suisse. Il n'a qu'un tort, c'est, comme le mousseux du Jura, qu'il n'est pas assez connu.

L'ART ET LES CROYANCES CHEZ LES NOIRS DU SOUDAN FRANÇAIS, MUSIQUE ET SCULPTURE, LÉGENDES, FABLES ; LEURS SIMILITUDES AVEC CELLES DE NORMANDIE, LA CAPTIVITÉ CHEZ LES SOUDANAIS.

Par M. le lieutenant LANREZAC

Les colonies de l'Afrique occidentale française ont eu une fortune singulière. Apparaissant dans les brumes de l'éloignement, elles ont été tour à tour dénigrées ou exaltées outre mesure : terre de rêve ou terre de mort, et ces jugements contradictoires n'ont pas été seulement portés à propos du sol même, des richesses qu'il renferme ou qui poussent à sa surface, mais aussi à propos de la valeur morale des races qu'il nourrit.

Quelques auteurs méprisent profondément ces dernières,

qu'ils consentent à peine à considérer comme faisant partie de la grande famille humaine. Les autres, pénétrés d'idées humanitaires fort belles en théorie mais inapplicables dans la pratique, veulent que nous traitions les noirs absolument sur le même pied que nous, que nous appliquions sans ménagements, de suite, nos lois et nos institutions sociales.

Entre ces deux opinions extrêmes, il en est cependant une beaucoup plus exacte. La majeure partie des noirs soudanais ne sont pas des sauvages au sens où l'on entend généralement ce mot ; quand nous avons conquis leur pays, ils jouissaient, au contraire, d'un état de civilisation assez avancé, quoique difficilement appréciable, à cause de l'anarchie profonde qui régnait alors en Afrique.

Mais les indigènes ne sont pas non plus des civilisés comme nous. Leurs lois, leurs coutumes, leur mentalité, diffèrent complètement des nôtres et il serait bien étonnant qu'il en fût autrement puisque toutes ces choses sont en grande parties imposées à l'homme par le climat et le sol (voir travaux de M. Demolins) ; en un mot, le milieu, autant que l'ancestralité, crée la race.

De ce qui précède, je ne prétends pas conclure que nous n'avons plus qu'à nous croiser les bras. La civilisation soudanaise n'est pas terminée ; son évolution a été constamment retardée par des circonstances historiques (grandes invasions, extension du commerce des esclaves à partir de la découverte du Nouveau Monde, etc.). Notre intérêt, notre devoir nous ordonnent de faciliter cette évolution par des mesures raisonnables et prudentes, mais nous devons aussi nous rappeler que ce n'est pas en un jour, à coups de décrets, qu'on transforme les peuples et leurs âmes.

Les sociétés humaines sont de grands corps constitués, elles suivent donc la loi de l'évolution des êtres, loi qui veut que, pour être durable, cette dernière s'accomplisse lentement et sans crise.

D'autre part, dans un organisme vivant, tous les organes sont dans une étroite dépendance les uns des autres, donc les transformations sociales dépendent en partie des transformations économiques. Il y a donc là deux développements qui doivent s'effectuer en même temps.

En résumé, les Soudanais sont en voie d'évolution.

Avant d'essayer de montrer leur âme sous son vrai jour, je dois répondre à une objection qu'on ne manquerait pas de me faire.

L'ensemble des territoires qui forment le Soudan français est peuplé par une infinité de races. Il semblerait donc qu'on doive les étudier l'une après l'autre pour déterminer leur valeur morale respective.

Evidemment, un bambara et un peuhl ne se ressemblent pas. Cependant, on retrouve chez tous les Soudanais les mêmes caractères généraux, imposés d'ailleurs en partie, je le répète, par le sol et le climat. Les différences résultent seulement du plus ou moins d'accentuation des défauts propres aux races pures, peuplant l'Afrique occidentale.

Un rapide examen de l'origine de ces races nous prouvera qu'il ne pouvait en être autrement.

En effet, après la période fort ancienne des grandes invasions, dont le principal résultat fut le presque anéantissement d'une race autochtone, la race bantou, d'autres envahissements se produisirent. Moins importants sans doute que les premiers, ils eurent cependant, au point de vue ethnographique, une influence beaucoup plus grande. Tandis que les premières invasions, vagues gigantesques, submergeaient tout le pays, laissant seulement çà et là quelques îlots intacts, les secondes présentèrent surtout le caractère d'une pénétration lente. Si on ajoute à cela l'état social des peuples envahisseurs, divisés en castes fermées, l'extension de la captivité qui amenait dans chaque race des mélanges de sang étranger, on comprendra pourquoi il est si difficile d'établir une classification rationnelle des races africaines.

Cependant, on retrouve toujours les quatre éléments suivants :

1° Bantou ou primitif, resté presque pur dans la zone des forêts équatoriales ;

2° Malinké, résultant des grandes invasions et qui a produit les Bambaras, les Malinkés, les Mandingues ;

3° Peuhl, aux origines inconnues, dont l'apparition en Afrique coïncide avec la période d'invasions lentes ;

4° Enfin, l'élément blanc ou mauve, issu des Berbères et des Arabes et qu'on trouve surtout sur la frontière nord du Soudan français.

Toutes les autres races soudanaises sont donc, au fond, issues :

1° De castes, ayant appartenu à l'un de ces quatre éléments, mais séparées les unes des autres depuis si longtemps qu'elles ont perdu le souvenir d'une origine commune et se considèrent comme des races parfaitement distinctes ;

2° De rameaux d'une de ces races presque pures, métissés de sang appartenant aux autres.

Ce qui précède permet de concevoir comment les races soudanaises ont, d'une manière générale, les mêmes qualités et les mêmes défauts, tout en présentant, au premier abord, tant de différences.

Pour apprécier les qualités et les défauts d'un peuple, sa valeur morale, il ne suffit pas d'observer les manifestations extérieures de sa vie, de les enregistrer avec une scrupuleuse exactitude, il faut aussi essayer de pénétrer son âme, ce qui n'est pas facile, car l'homme n'ouvre pas volontiers son cœur à ceux qui ne sont pas de sa race.

Il est cependant certaines manifestations de l'esprit qui révèlent la mentalité d'un peuple, les sentiments qui animent son âme, je veux parler de ses productions artistiques, de ses chansons, de sa musique, mais surtout de la littérature orale ou écrite : des contes et des légendes populaires.

La légende, la fable et la chanson ont été en grand honneur chez tous les peuples, aussi bien chez ceux qui passaient, éternels voyageurs, dans les steppes glacées du nord que chez ceux qui habitaient les terres du sud, inondées d'une chaude et éblouissante lumière.

Longtemps, les voyageurs, les philosophes et les savants

négligèrent ces productions légères que quelques bonnes âmes simples recueillirent pour l'amusement des tout petits. — Pendant longtemps, on ignora que les noirs de l'Afrique occidentale eussent une littérature : le Soudan, dont on ne connaissait que la côte, apparaissait comme un pays mystérieux, peuplé d'êtres étranges. La littérature soudanaise, d'ailleurs, était difficile à connaître, car il n'en existe aucun monument écrit, bien qu'elle soit très riche.

Les légendes d'amour ou de guerre, les chansons épiques ou merveilleuses, les fables morales ou grivoises, les contes drôlatiques ne manquent pas au Soudan français et il serait étonnant qu'il en fût autrement chez des peuples dont le plus grand plaisir est de palabrer.

En plein soleil, dans les rues, à la sortie de la mosquée, au marché, ou bien assis à l'ombre des grands arbres, les indigènes causent. Le soir, quand dans l'azur infini les étoiles se montrent, quand la pâle clarté de la lune éclaire les villages perdus dans la brousse, les noirs se rassemblent autour des grands feux pour causer encore.

Mais si cette littérature orale soudanaise est encore, à l'heure actuelle, presque inconnue en France, cela tient à ce que les trois quarts des voyageurs africains ont méconnu ceux qui en sont les dépositaires, les griots. Il faut bien avouer aussi que la tradition indigène et les apparences leur donnaient raison.

La caste des griots, ou chanteurs ambulants, est, d'une manière générale, très méprisée. Si on les craint tant qu'ils sont en vie, une fois morts, ils sont traités comme des chiens ; ils ne peuvent être enterrés et leurs dépouilles sont abandonnées dans le creux d'un baobab ou laissées dans la brousse en pâture aux hyènes.

La plupart des individus de cette caste ne sont que de très médiocres artistes, mendiants sans vergogne ou vils flatteurs, qui se contentent de vivre aux crochets d'un chef ou d'un homme riche. Prêts à toutes les besognes, ils n'ont aucun scrupule, et leur art consiste surtout à chanter en termes vulgaires les mérites de ceux qui les paient grassement.

Lorsqu'ils ne sont pas attachés à un maître, ils vont par les routes, à cheval ou à pied, suivant leurs moyens, la chora (sorte de guitare) pendue à l'épaule. Malheur au voyageur indigène qu'ils rencontrent. S'il a quelque bien, ils s'attachent à ses pas, et ne le quittent que quand il les a comblés de présents.

Les griots, cependant, ne sont pas tous des chanteurs. Ils forment, en réalité, une caste entière, venant après toutes celles formées par les hommes libres ; et les artisans soudanais, forgerons, laobés (travailleurs en bois), tisserands, appartiennent à la même caste que les griots proprement dits.

D'autre part, il ne faut pas ici trop généraliser. Tous les griots ne sont pas méprisés, et il est injuste de dire, comme l'abbé Boilat dans ses esquisses sénégalaises, que ces individus forment la classe la plus immonde de la société indigène. Il y a parmi eux de grands artistes, de véritables poètes. « Ceux-là chantent des romances plaintives aux paroles vagues et mystérieuses — des chants héroïques qui tiennent de la mélopée par leur monotonie, de la marche guerrière par leur rythme saccadé et nerveux — des airs de danse pleins de frénésie, des chants d'amour, qui semblent des transports de rage amoureuse, des hurlements de bête en délire. » (P. Loti, *le Roman d'un Spahi*.)

Ceux-là sont estimés autant que les plus braves guerriers, confidents et amis du chef qui a su gagner le chemin de leur cœur ; c'est eux qui conservent pieusement les traditions léguées par les ancêtres, leur histoire ; aux heures de détresse ou d'angoisse, ils encouragent par leurs chants ceux qui luttent, ils ne les abandonnent jamais et meurent avec eux.

Ils savent aussi consoler le chef vaincu : Badiara Ali a été un grand guerrier ; il a « cassé » beaucoup de villages, mais il a fini par trouver plus fort que lui. L'armée qu'il a envoyée au-devant de son ennemi Raramoko est battue, son chef tué. Il ne reste plus au roi qu'à partir. La griote favorite chante en le suivant :

« Le fendeur de grandes bouches, Badiara Ali, il est

parti ; le casseur de grandes têtes, il est parti. Badiara Ali, résigne-toi, tu as détruit beaucoup d'armées pendant ton règne, ton père aussi en avait détruit beaucoup. Ce qui vient de t'arriver est la fin inévitable de tout roi de la guerre. »

Sans doute, les griots de ce genre ne sont pas légion. Ils sont d'autant plus difficiles à connaître, à apprécier, qu'ils ont une espèce de pudeur qui les pousse à ne pas dévoiler à l'étranger les richesses sans nombre de leur poésie nationale. On dirait qu'ils sentent inconsciemment que ces poésies, ces chansons perdent une partie de leur charme quand on les traduit dans une autre langue et qu'on les sort du cadre où elles sont nées et se sont développées.

Ceci explique pourquoi un musicien fort bien documenté, M. de Fétis, a pu dire : « Condamnée à une enfance perpétuelle, cette race n'a ni histoire, ni littérature, ni arts qui méritent ce nom. » (Histoire de la musique.) C'est là un jugement injuste.

Pour ne parler que de la musique indigène, je dirai qu'elle n'est pas dépourvue de valeur. Evidemment, elle ne ressemble pas à la nôtre, et, pour la bien goûter, il faut accoutumer son oreille à des sonorités que nous ne sommes pas habitués à entendre. Avant de juger une musique, si barbare qu'elle paraisse, il faut en entendre de nombreux morceaux, interprétés par de véritables artistes. La musique soudanaise n'est pas criarde comme celle des Arabes. Elle est plus mélodieuse et les paroles du chant sont parfois très belles. Voici, à titre d'exemple, la traduction d'une mélopée que j'entendis chanter un soir de fête dans un village du cercle de Nioro.

« Sofas et dioulas, vous qui, souvent dans la brousse, écoutez le murmure des arbres aux fines fleurs, entendez ce qu'un soir ils me contèrent :

I

Loin, dans le pays du grand Niger,
Habite la princesse si jolie.
Riche elle sera, car son père est un grand fama.

II

Pauvre petite princesse si jolie,
Ne veut épouser le guerrier chargé d'or.
Ni menaces, ni prières ne la peuvent fléchir.

III

Pauvre petite princesse si jolie,
Celui qu'elle aime est un captif.
Ni jour, ni soir, jamais elle ne l'épousera.

IV

Pauvre petite princesse errante,
Son père l'a chassée dans la brousse immense.
Elle va à l'aventure, à demi-mourante.

V

Heureuse petite princesse si jolie,
Ne sent ni la fatigue ni la faim,
Car en marchant, aux oiseaux,
Elle conte les charmes du bien-aimé.

VI

Heureuse petite princesse si jolie,
Dans la grande brousse embaumée,
Elle meurt de fatigue et de faim.

VII

Heureuse petite princesse si jolie,
Elle meurt en souriant,
Car, avant de fermer les yeux,
Elle revoit en songe le visage de l'aimé.

Cette légende, éternelle comme l'humanité, c'est celle de l'amour malheureux. Aurait-on cru que des Soudanais puissent exprimer ainsi des sentiments si délicats et si tendres ?

Cela ne prouve-t-il pas que leur mentalité est la même que la nôtre, et qu'au fond, ce qui les différencie de nous, ce sont seulement les manifestations extérieures de la vie ? Leurs fables et leurs légendes nous en fournissent une nouvelle preuve. On conte, dans le cercle de Nioro, l'histoire d'un serpent à qui il fallait, tous les ans, donner la plus belle fille de la région, et qui fut tué par un soldat voulant sauver sa bien-aimée. Cette histoire, je l'ai retrouvée, dite de la même manière, dans la Manche, c'est la légende du serpent de Villedieu. Cette similitude des légendes et des fables soudanaises avec les nôtres est presque complète. Seuls, bien entendu, les détails empruntés à la vie locale diffèrent.

Ce fait peut sembler étonnant au premier abord. En réalité, il prouve que noirs et blancs eurent, dans les âges lointains, les mêmes ancêtres.

Les noirs sont superstitieux, mais au moins ils l'avouent franchement. Nos paysans, qui le sont autant qu'eux, font les esprits forts tout en croyant aux sorciers.

Le sorcier indigène est, en général, méprisé, bien qu'il ait un pouvoir réel sur les populations soudanaises. Héritier de la science des mages, d'une habileté extraordinaire dans l'art de l'emploi des poisons, il est d'autant plus dangereux que nous ne pouvons entrer en relations avec lui.

J'ai déjà dit que les noirs avaient moins de défauts qu'on ne leur en reprochait. On dit qu'ils sont paresseux. Évidemment, le noir ne se donne pas plus de mal qu'il ne faut. Il est insouciant, mais pourquoi se soucierait-il du lendemain? Son climat ne lui permet pas les grands efforts. La terre n'a besoin que d'être très peu travaillée pour produire abondamment. On a trop souvent oublié que la production doit être en rapport avec ses chances d'écoulement. Pour juger à ce point de vue les Soudanais, il faut se rappeler que depuis deux cents ans ils vivaient dans l'anarchie, qu'ils produisaient juste ce qui leur était nécessaire, car nul n'était sûr, avant notre arrivée, de récolter ce qu'il avait semé.

L'indigène n'est pas un artiste. Les Soudanais ne sont pas des créateurs, ils ne sont que des imitateurs, et l'influence arabe s'est fortement fait sentir dans toutes leurs productions. C'est ainsi qu'ils ne représentent jamais la figure humaine, sauf dans des statuettes qui révèlent un sens très profond d'observation. Sans doute, les formes sont un peu exagérées, mais pareil caractère se retrouve dans toutes les reproductions artistiques des peuples primitifs.

Le noir aime à se parer de bijoux d'or filigrané, finement travaillés ; ses armes, les menus objets qu'il emporte avec lui sont renfermés dans des étuis aux couleurs voyantes, ornés de glands en cuir découpé. Evidemment, lorsque nous voyons ces objets en France, leurs teintes nous paraissent trop vives. Mais sous le chaud soleil, dans l'éblouissante lumière qu'il déverse, ces couleurs voyantes s'atténuent et font, au contraire, un très bel effet.

On a souvent reproché aux indigènes d'être sales, de ne jamais se laver. C'est une erreur. La femme indigène surtout fait des ablutions fréquentes quand elle a de l'eau. Aussitôt que la pluie a laissé dans les marigots quelques flaques d'eau, elle va y laver son linge et s'y baigner elle-même. La maternité — ce qui prouve le courage de ces femmes — ne les gêne nullement dans l'accomplissement de leur besogne journalière, et, quand on se promène dans les rues d'un village, on croise beaucoup de mères de famille vaquant à leurs occupations. Je dois vous dire, à ce propos, que les frais de layette ne ruinent jamais les femmes noires. Aussitôt que la mère relève de couches (deux ou trois jours après) elle campe son enfant sur ses reins, l'y maintient avec un pagne noué sur les hanches et travaille ainsi chargée. Elle va chercher de l'eau au puits, ou bien, gravement assise par terre, vend au marché du lait, du beurre, ou tout autre produit alimentaire, tel que des feuilles de baobab. Elle va souvent acheter elle-même ces produits aux dioulas, ces colporteurs africains qui, chaque année, mettent en communication le nord et le sud de nos possessions dans l'Afrique centrale.

La femme noire joue, au Soudan, un rôle beaucoup plus important qu'on ne le croit généralement, et sa domination sur l'homme, pour être moins apparente qu'en Europe, est cependant très grande. Chez les peuhls, surtout, la femme occupe la première place. C'est elle qui dirige la vente des produits du ménage. Chez les sanacolets, lorsque l'épouse vient d'être livrée à celui qui, désormais, sera son maître, elle lui donne sa dot. Le mari doit se mettre en route pour aller commercer avec le fonds qui vient de lui être confié, et il ne peut avoir de rapports avec sa femme que lorsqu'il a doublé ou triplé cette dot.

Si la femme soudanaise est courageuse, l'homme ne l'est pas moins. La bravoure des races noires, le mépris complet qu'elles ont de la mort, sont les raisons pour lesquelles les luttes que les tribus indigènes n'ont cessé de soutenir entre elles ont tranformé en désert des contrées jadis très peuplées. Ces luttes ont plongé dans une anarchie profonde l'Afrique occidentale, qui devait alors devenir facilement la proie d'ambitieux sans scrupules. C'est ainsi que trois groupements importants purent se développer rapidement : État d'El-Hadj-Omar, au nord-ouest; État malinké de Samory, au sud; État de Rabah, à l'est.

Samory est la figure la plus curieuse des rois africains. Il fut plus qu'un chef de grandes bandes, un chasseur d'hommes. Il essaya tout d'abord de fonder un État véritable sur les bords du Niger, mais, obligé de satisfaire constamment les passions de ceux qui le servaient, cet ancien dioula, qui, jadis, s'était offert à remplacer comme captif sa mère emmenée prisonnière à la suite d'une razzia, ne pouvait et ne devait pas connaître la pitié. La vie humaine comptait peu pour lui, et on évalue à 2 millions d'hommes les existences sacrifiées par Samory.

Rien n'est plus héroïque que la poursuite du vieil almamy par le capitaine, aujourd'hui commandant Gouraud. Ce dernier, avec 200 hommes commandés par une dizaine de blancs, fit mettre bas les armes à l'armée du fama, qui, divisée en 5 bandes, ne comptait pas moins de 20.000 hommes dont 5.000 armés de fusils à tir rapide de provenance anglaise ou allemande et bien pourvus de munitions.

Le lendemain du jour de la prise de notre vieil ennemi, on brûla toute la journée les armes rendues par ses sofas.

Samory était indigne d'exciter la pitié. Plus d'une fois, il avait attiré les nôtres dans un guet-apens, et, la veille de sa capture, il écrivait au capitaine Ristori :

« C'est à Gala qu'appartient le commandement. Salut et bénédiction ! Tant que le zéphyr soufflera, que mille faveurs et générosités, tout cela aussi doux que le miel et le sucre, aussi odorant que le musc et l'ambre soient répandues en particulier et en général de la part de l'almamy sur celui qui remplit de belles fonctions, le commandant du pays ».

Cette lettre, au début si flatteur, n'avait d'autre but que d'attirer l'officier dans une embuscade afin de le tuer.

Un supplice pire que la mort était réservé au vieux chef. Il fut exilé et déporté au Congo où il ne tarda pas à mourir.

Avec Samory, a disparu le principal chasseur d'esclaves de traite. Ce n'est pas que la captivité n'existe plus au Soudan français, mais les esclaves soudanais ne sont plus, à l'heure actuelle, des gens vivant perpétuellement enchaînés, soumis à toutes les violences, marchandise plus durement traitée que les bœufs ou les ânes. Les captifs soudanais ont des droits, s'ils ont des devoirs. Chez les peuhls, ils jouissent d'une journée entière de liberté par semaine. Chez les bambaras, ils peuvent travailler deux jours par semaine pour eux. Le maître doit les traiter avec bonté, les nourrir et les loger, ce qui n'est guère coûteux. Il ne peut les vendre sans leur consentement et ceux qui sont mal traités sont libérés par nous.

Ces affranchis sont réunis dans des villages situés à proximité d'un poste français, villages administrés directement par nous et où nous recrutons, en général, nos employés subalternes.

Certains captifs, dits « de case », ne sont même plus reliés au maître que par un lien très lâche de vassalité. En fait, ils ont les mêmes droits que les hommes libres, et, obligés de travailler dès l'enfance pour vivre, ils sont plus industrieux que ces derniers et deviennent souvent plus riches, plus influents que leurs maîtres.

Quelques philosophes, qui ne savent point que l'administration des hommes exige une grande souplesse de principes, s'étonne qu'on ne supprime pas, d'un trait de plume, une institution qui leur paraît barbare. Agir selon leurs désirs serait non seulement une faute, mais une injustice. Nous léserions des droits acquis, manquerions à notre parole, compromettrions l'avenir économique du pays et tout cela pour un résultat que le temps accomplira tout seul et sans secousses. Il faut surtout se rappeler qu'il ne suffit pas de rendre un homme libre pour libérer son esprit des tares que lui ont infligées de longues années de servitude. Il faut aussi transformer sa mentalité, et ce n'est pas l'œuvre d'un jour.

En résumé, les races indigènes soudanaises ne doivent pas être considérées comme des races sauvages. Elles sont capables de sentiments nobles et élevés qui nous permettent d'espérer en l'avenir. Elles se rendent bien compte des efforts que nous faisons pour les élever, et l'ingratitude n'est pas leur fait.

Lorsque, au bout de trois ans de commandement, je rentrai en France, les noirs de mon cercle m'envoyèrent une députation pour me faire leurs adieux :

« O toi, qui as toujours été juste pour nous, nous ne te souhaitons qu'une chose, c'est que l'oiseau d'hivernage vienne se poser sur ta case et y demeure toujours. »

Les Soudanais croient en effet, comme nous, que les cigognes, quand elles nichent sur une maison, y apportent en même temps le bonheur.

... Et la légende n'a pas menti !

Jeudi 10 Août.

C'est la dernière journée du Congrès.

Elle doit être presque tout entière consacrée à une visite aux Aciéries de la Marine, à Saint-Chamond. M. de Montgolfier, l'éminent directeur des Aciéries, avec sa bienveillance habituelle, avait répondu favorablement à la demande qui lui avait été faite par le bureau du Congrès et avait ouvert toutes grandes, aux invités de la Section stéphanoise, les portes de sa merveilleuse usine. Il avait en outre voulu, avec son accueillante et aimable générosité, les retenir à déjeuner. Il leur avait ainsi préparé double régal. Le bureau du Congrès est heureux de lui renouveler ici l'expression de toute sa reconnaissance.

A 8 heures, les congressistes partent du lycée dans un tramway spécial mis à leur disposition par la Compagnie des Tramways. Un certain nombre de personnalités stéphanoises, invitées par M. de Montgolfier, les accompagnent.

On arrive à 9 heures aux Aciéries, et la promenade dans l'immense établissement commence aussitôt sous la conduite de M. de Montgolfier lui-même et des principaux chefs de service.

Tout avait été d'ailleurs merveilleusement ordonné. Le programme que voici le démontre surabondamment :

9 h. à 9 h. 1/4, **Aciérie**. — Coulée de lingots pour tôles.

9 h. 1/4 à 9 h. 1/2, **Atelier de cémentation**.
Trempe de plaques pour le blockhaus de la *Liberté*.

Cliché Verron.

AUX ACIÉRIES DE SAINT-CHAMOND

1. Coulée d'un lingot.   2. Un Canon.

9 h. 1/2 à 9 h. 3/4, **Tôlerie**.
> Laminage de tôles d'acier.
> PRESSE de 3.500 tonnes : Gabariage d'une plaque pour la ceinture de l'*Amiral Makaroff*.
> **Visite des ateliers de finissage des blindages.**

9 h. 3/4 à 10 h., **Atelier des bandages**.
> Laminage de bandages pour la Compagnie de l'Est.
> **Grand-Mill.**
> Laminage de barres en acier.

10 h. à 11 h., **Visite des ateliers de construction.**
> Atelier des tours et rabots. Atelier de forerie.
> Atelier de montage de tourelles marines, chaudronnerie, précision.
> Nouvel atelier de finissage des blindages. Atelier d'usinage des canons.
> Atelier de tubage des canons.

11 h. à 11 h. 1/4, **Atelier de grosse forge**.
> MARTEAU-PILON de 20 tonnes. — Forgeage d'ébauches pour obus de 305 $^{m/m}$.
> MARTEAU-PILON de 10 tonnes. — Forgeage de manchons pour canons de 75 $^{m/m}$.
> MARTEAU-PILON de 5 tonnes. — Matriçage d'ébauches pour schrapnels.
> MARTEAU-PILON de 3 tonnes. — Forgeage d'une tige de piston.

11 h. 1/4 à 11 h. 1/2, **Atelier de trempe**.
> Trempes de masques d'affûts.

A midi, Congressistes et invités se réunissaient, au nombre de 150 environ, autour de tables somptueusement dressées. M. de Montgolfier présidait, ayant à ses côtés M. le Préfet de la Loire et M. Gabriel Forest, président de la Société de Géographie.

A la fin du banquet, M. le Préfet prend le premier la parole. Il exprime en termes heureux le souvenir profond et reconnaissant qu'il emportera, lui et tous les visiteurs de l'usine, de l'admirable et somptueuse réception faite aux Congressistes. Il dit sa profonde gratitude pour M. de Montgolfier, dont le dévouement aux intérêts de ce pays, dévouement qui s'accompagne toujours de simplicité et de bonne grâce, est si uniquement apprécié. Il dit, en passant, qu'il a tenu à fort peu de chose que le jeune souverain dont Paris admirait récemment la juvénile bonne grâce, le roi d'Espagne, ne soit venu visiter les Aciéries de la Marine : « C'est grâce à vos travaux, ajoute-t-il enfin, en s'adressant à l'homme éminent qui reçoit les Congressistes, c'est grâce à vos travaux que la France sera forte, c'est grâce aussi à vos canons que sera assurée la paix européenne, bien mieux que par toutes les combinaisons diplomatiques. Notre pays vous doit une grande part de sa force défensive. Et la prospérité des Aciéries de la Marine est due, tout entière, à son éminent et aimable directeur, qui les dirige avec une activité toujours jeune. »

Puis, M. Gabriel Forest, président de la Société de Géographie, s'exprime ainsi :

« Monsieur le Préfet,
« Monsieur le Délégué du Ministre de la Marine,
« Messieurs,

« En me levant pour porter la santé de l'homme éminent qui nous offre aujourd'hui une si magnifique hospitalité, je ne puis me défendre d'un excusable sentiment d'orgueil en présence de cette marque peu ordinaire de sympathie donnée, sur la demande de notre Section, à tous les Congressistes.

« Aucune visite, en effet, ne pouvait leur donner une plus haute idée de ce qu'est la grande industrie dans notre région et leur démontrer l'intérêt capital qu'il y a, pour un pays comme la France, à ce que des Sociétés privées mettent ainsi à sa disposition le superbe et formidable outillage que vous avez admiré ce matin.

« Pour peindre cette situation d'un mot, il est permis de dire que si la France peut faire entendre sa voix dans ce qu'on est convenu d'appeler le concert européen, c'est surtout en empruntant la bouche des canons que lui fait M. de Montgolfier. Je viens de prononcer le nom de Montgolfier. Certains noms sont lourds à porter, messieurs, et ce n'est pas un mince mérite pour l'éminent Directeur général des Aciéries de la Marine que d'avoir su rehausser encore l'illustration d'un nom historique, gloire de notre pays.

« A la différence de ses illustres aïeux cependant, ce que M. Adrien de Montgolfier envoie dans l'espace, ce ne sont pas d'inoffensifs ballons de papier, ce sont de formidables projectiles semant sur leur passage la terreur et la mort.

« Je ne veux pas faire violence à votre modestie, mon cher Président, et sans entreprendre de vous et de votre œuvre un éloge qui me mènerait trop loin, je me borne à vous exprimer toute ma gratitude pour votre bonté envers la Société que j'ai l'honneur de présider et à vous remercier du fond du cœur de la preuve grandiose d'estime et de sympathie que vous donnez aujourd'hui à l'œuvre de progrès que poursuivent nos Sociétés Congressistes.

« Puissiez-vous garder longtemps la belle ardeur et la juvénile activité qui nous émerveillent tous, et continuer à prodiguer autour de vous tous les bienfaits de ces hautes qualités de l'intelligence et du cœur qui vous rendent si précieux et si cher à votre famille, à votre Société des Aciéries de la Marine, à votre Chambre de Commerce, à cette région, à la France tout entière.

« Messieurs, à la santé de M. de Montgolfier. »

Après M. Forest, M. Paul Labbé, secrétaire général de la Société de Géographie de Paris, remercie, au nom de tous les Congressistes, en termes chaleureux et émus, M. de Montgolfier d'avoir pratiqué avec tant de bonne grâce une hospitalité si généreuse.

Enfin, M. de Montgolfier se lève à son tour et prononce une allocution remarquable par la hauteur des pensées et délicieuse de bonhomie et de simplicité souriante. Il rappelle à ses invités qu'ils ont visité l'usine d'où sont sortis le premier canon en acier et le premier blindage, blindage qui s'est comporté fort honorablement dans la Mer Noire.

Puis, faisant une petite incursion d'un à-propos très heureux, dans la politique, M. de Montgolfier dit que le programme de M. de Lanessan avait singulièrement ralenti les travaux de ses usines, mais que, par un heureux revirement, le programme de M. Thomson leur a redonné leur impulsion première. Cela est indispensable pour assurer la sécurité de la France et surtout la sécurité des conquêtes coloniales.

« Je suis sûr, dit-il en terminant, que vous emporterez de notre région un souvenir meilleur que sa réputation. Chez nous, le cœur est bon, et si l'extérieur est parfois rude, en revanche, le dedans ne laisse rien à désirer. N'oubliez pas que c'est le pays d'où sont parties les premières inventions industrielles de France.

« Et nous, les industriels, nous vous remercions, messieurs, qui êtes les précurseurs des voies par lesquelles nous cherchons à suivre notre route.

« Je porte la santé de votre puissante et belle Société. »

A 3 heures, les Congressistes revenaient à Saint-Etienne par le train spécial qui les avait amenés.

*
* *

Séance de clôture.

A 5 heures, les Congressistes se réunissaient au Grand-Théâtre pour la séance de clôture, sous la présidence de M. Gabriel Forest.

Le président donne d'abord la parole au secrétaire général qui donne lecture des vœux adoptés par le Congrès.

Après cette lecture, M. Paul Labbé remercie une fois de plus la Section stéphanoise et la ville de Saint-Etienne de l'hospitalité qu'ils ont accordée aux Congressistes.

Enfin, M. Gabriel Forest clôt le Congrès par le discours suivant :

« Mesdames,
« Messieurs les Délégués,
« Messieurs,

« Dimanche dernier, à cette même place, j'avais l'honneur et la joie de vous souhaiter la bienvenue dans notre ville.

« Par un juste retour des choses d'ici-bas, c'est encore à moi qu'incombent l'honneur et le regret de vous adresser nos adieux.

« Le regret est sincère, car, malgré la brièveté de votre séjour, j'ai senti que nos cœurs battaient à l'unisson pour une grande et noble cause.

« J'espère que vous emporterez de notre cité, de sa population industrieuse et de notre Section un souvenir indulgent.

« Notre ciel lui-même, brumeux, s'était mis en fête pour vous recevoir, et si vous avez remarqué, dans l'organisation des multiples services qu'exige un Congrès, bien des lacunes et des imperfections, vous voudrez bien faire une part très large à notre inexpérience.

« Nous avons fait de notre mieux et vous avez certainement senti que si les formes protocolaires n'étaient pas toujours respectées, le cœur du moins y était, si vous me permettez cette expression populaire.

« Vous reconnaîtrez, tout au moins, que si vos collègues stéphanois ne peuvent offrir à votre admiration des splendeurs artistiques ou littéraires, leur cordialité sincère ne le cède en rien à leur activité industrielle.

« Vous venez d'entendre l'exposé des vœux formulés à la suite de vos laborieuses discussions.

« C'est la réponse à tous ceux qui se demandent à quoi servent les Congrès.

« D'abord, à se connaître, à s'estimer réciproquement entre gens qui poursuivent un but commun, puis à se communiquer les résultats de travaux souvent trop isolés, et enfin à émettre des vœux.

« Ces vœux, si platoniques qu'ils puissent paraître, ne laissent pas d'exercer une influence sur l'opinion et, par suite, sur les pouvoirs publics lorsqu'ils sont renouvelés périodiquement avec ténacité.

« Je n'en veux pour preuve que le fait que nous venons d'apprendre d'une décision de M. le ministre de l'instruction publique, relativement aux cours de géographie à créer dans les classes supérieures de philosophie et de mathématiques.

« Soyons donc bien persuadés, messieurs, que nous faisons une œuvre utile que nous devons continuer avec une inlassable persévérance.

« C'est pourquoi, en vous renouvelant tous nos remerciements pour votre précieux concours, à vous messieurs les Congressistes, à vous surtout, messieurs les Délégués, qui avez pris une part si méritoire aux travaux de Sections, en prononçant la clôture de nos travaux de Congrès pour 1905, je ne vous dis pas adieu, mais au revoir pour 1906, au Congrès de Dunkerque. »

*
* *

A 6 heures, la séance était levée et les Congressistes se dispersaient. Qu'il nous soit permis de souhaiter, en terminant, qu'ils aient emporté de notre Section et de nos efforts un souvenir sympathique et durable.

Cliché Verron.

Le Barrage de Rochetaillée.

TABLE DES MATIÈRES

PAGES.

Avant-Propos

Organisation du Congrès....................................	V
Bureau du Congrès..	V
Comités..	VII
Subventions..	XI
Circulaires et publicité......................................	XIV
Lieux des séances...	XIV

Travaux du Congrès

Dimanche 6 Août.

Séance solennelle d'ouverture...........................	1
Inauguration de la plaque Jules Garnier............	21
Réunion des délégués.....................................	24
Rapport sur la Société de Géographie d'Alger....	26
— — — de Bourges.........	28
— — — de Brive.............	29
— — — de Constantinople...	31
— — — de Dunkerque.......	35
— — — du Havre............	36
— — — de Lille..............	37
— — — de Marseille.........	41
— — — de Nancy............	46
— — — de Nantes...........	47
— — — de Paris.............	49
— — — de Paris-Commerciale	55
— — — de Rouen............	56
— — — de Saint-Etienne....	61
— — — de Saint-Omer.......	63
— — — de Tourcoing........	64
— — — de Toulouse.........	65
Conférence sur l'Etat indépendant du Congo, par M. Goblet.	71

PAGES.

Lundi matin 7 Août.

I. *Géographie générale et locale*........................ 75
    Notes sur le taux optimum de boisement d'un pays, par M. Buffault................................ 76
    2° La houille blanche et l'aménagement des montagnes par l'initiative privée........................... 121

II. *Géographie coloniale*............................. 83
    1° De l'organisation de l'Afrique occidentale en 1905, par M. Aspe Fleurimont........................ 83
    2° Situation de la France dans l'Océan Pacifique, par M. Eugène Gallois............................. 94
    3° Les Nouvelles-Hébrides, par M. Charles Lemire... 100

Réception à l'Hôtel de Ville 139
Visite de la Manufacture française d'armes............. 139

Lundi soir.

I. *Géographie générale et locale.*
    1° Le développement commercial des Etats-Unis, par M. Georges Blondel 140
    2° La géographie tient-elle en France, dans l'enseignement secondaire, une place en rapport avec les progrès de cette science et avec les nécessités de l'heure présente ? par M. Peyralbe................ 145

II. *Géographie coloniale.*
    1° L'Extrême-Sud tunisien, Ben Gardane, ses rapports avec la Tripolitaine, par M. César de Givenchy.... 150
    2° Le commerce tunisien, par M. Otman-Djouini...... 160

Conférence de MM. Porquier et Hugues Le Roux........ 167

Mardi matin 8 Août.

Visite aux Mines 195

I. *Géographie générale et locale.*
    1° De l'unification des mesures du temps, par M. Nicolle 196
    2° Le bassin houiller de la Loire, par M. Petit........ 196
    3° Utilité pratique de la mise en observation des glaciers pyrénéens, par M. Emile Belloc............ 214

PAGES.

4° Forêts et pâturages des versants montagneux, par M. Emile Belloc 215
5° Le reboisement dans le département de la Loire, par M. Vessiot 217

II. *Géographie coloniale.*

1° Discussion sur la question cotonnière, par MM. Aspe-Fleurimont et Bourdarie 226
2° Les barrages du Niger, par M. Bourdarie 232

Mardi soir.

I. *Géographie générale et locale.*

1° Des projets récents d'amélioration des voies navigables en Allemagne, par M. Blondel 234
2° Notes sur la situation économique de l'Irlande au XX° siècle, par M. Goblet 238
3° Du projet d'édition de guides spéciaux ou de recueils de renseignements sur les pays étrangers. Plan d'un guide pratique pour l'Allemagne, par M. Schuchmacher 248
4° Ecoles pratiques du commerce extérieur, par M. H. Valladaud 260

II. *Géographie coloniale.*

1° De l'utilisation de la main-d'œuvre pénitentiaire dans les travaux publics aux colonies, par M. Bordy. 279
2° Rapport sur la question marocaine, par M. César de Givenchy 286
3° Les oasis du Sud algérien et tunisien, par M. E. Gallois 287

Banquet offert aux Congressistes par la Société de Géographie 302

Mercredi matin 9 Août.

I. *Géographie générale et locale.*

1° La sériciculture en Turquie, par M. Garnier 307
2° A travers la Perse, par M. Georges Bondoux 313
3° La langue française en Orient, par M. Chuzel 324
4° Du commerce des minerais de plomb tunisien, par M. Pageyral 330

II *Géographie coloniale.*

    1° La colonisation et la main-d'œuvre militaire aux colonies, par M. Ruffin 334
    2° Du rôle des flottes volontaires et de la réglementation nécessaire de leur droit de course maritime pour assurer effectivement la défense de nos colonies, par M. Jay. 341

Visite à l'usine de MM. Forest et Cie 349

Mercredi soir.

I. *Géographie générale et locale.*

    1° Du rapport à établir entre la France et l'Allemagne, afin de mieux connaître ce pays et de pouvoir mieux lutter contre lui au point de vue commercial, par M. le lieutenant Lanrezac 349
    2° Le commerce français en Ethiopie, par M. Auguste Rozis 362
    3° Anvers, Dunkerque et la région du nord-est de la France, par M. Thomas Deman 371
    4° Aperçu sur le commerce et l'industrie de Tourcoing, par M. Lefebvre 385
    5° Les ports francs et l'état actuel de la question, par M. Rogé 388
    6° De la publicité commerciale visant l'étranger en France et hors de France, par M. de Contenson 401

II. *Géographie coloniale.*

La défense de nos colonies, par M. Leproux 412

Vote des vœux du Congrès et des modifications au règlement des Congrès 426
Conférences de MM. Peyron, Liotard et Lanrezac (Le Jura pittoresque, l'Exposition coloniale de Marseille, l'Art et les Croyances chez les noirs du Soudan français). 438

Jeudi 10 Août.

Visite aux Aciéries de la Marine, à Saint-Chamond 466
Séance de clôture 470

Illustrations PAGES.

1. M. Etienne, Ministre de l'Intérieur, président d'honneur du Congrès.................... 1
2. M. Levasseur, président d'honneur de la Société de Géographie commerciale de Paris.......... 2
3. M. Anthoine, président de la Société de Géographie commerciale de Paris........................ 18
4. M. Paul Labbé, secrétaire général de la Société de Géographie commerciale de Paris.......... 34
5. M. Gabriel Forest, président de la Société de Géographie commerciale de Saint-Étienne, président du Congrès........................ 50
6. M. P. Tavernier, vice-président du Congrès........ 66
7. M. Denuzière, — — 82
8. M. Montagnon, — — 98
9. MM. Réveillaud et Bonniot, trésoriers du Congrès..... 114
10. MM. Girerd, Valladaud, Andréoly et André, secrétaires du Congrès.......................... 130
11. MM. Logé, Ch. Boy, Reuss, D' Merlin, de Champeville, membres du Comité du Congrès.............. 146
12. MM. le D' Riou, Teyssot, Debiton, Fournier-Lefort, membres du Comité du Congrès.............. 162
13. M. Hugues Le Roux............................. 178
14. MM. Porquier et Vitalien...................... 194
15. M. Jean Dupuis, la médaille Francis Garnier....... 210
16. M. le Commandant de Rueda................... 226
17. La plaque Jules Garnier........................ 242
18. Le monument Francis Garnier................... 258
19. L'Hôtel de Ville de Saint-Étienne................ 418
20. Le Lycée et les Congressistes................... 434
21-22. Aux Aciéries de Saint-Chamond............ 450-466
23. Le barrage de Rochetaillée..................... 472

Table des matières............................. 473

Saint-Etienne, Société de l'imp. Théolier — J. THOMAS et Cie, Rue Gérentet, 12.

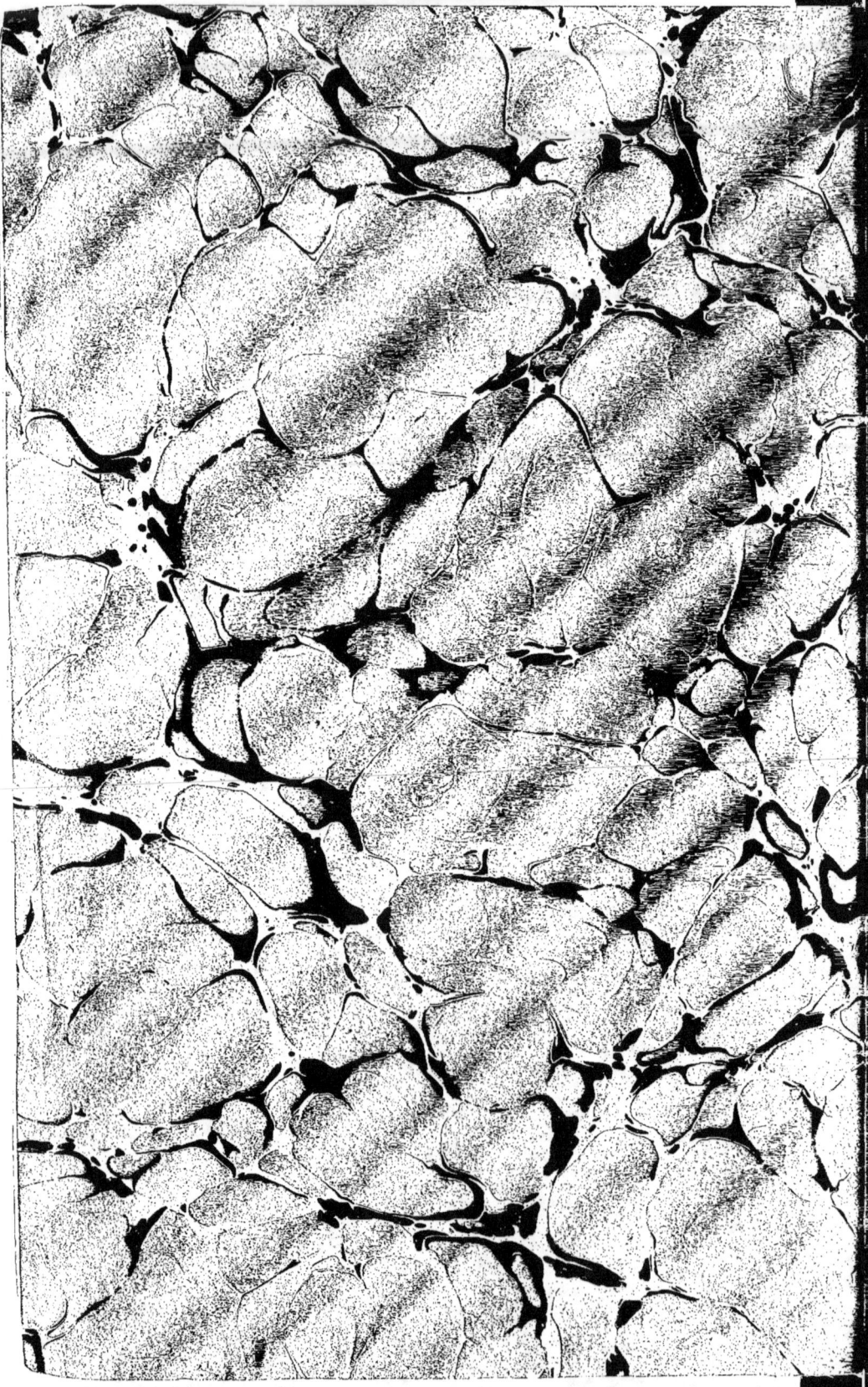

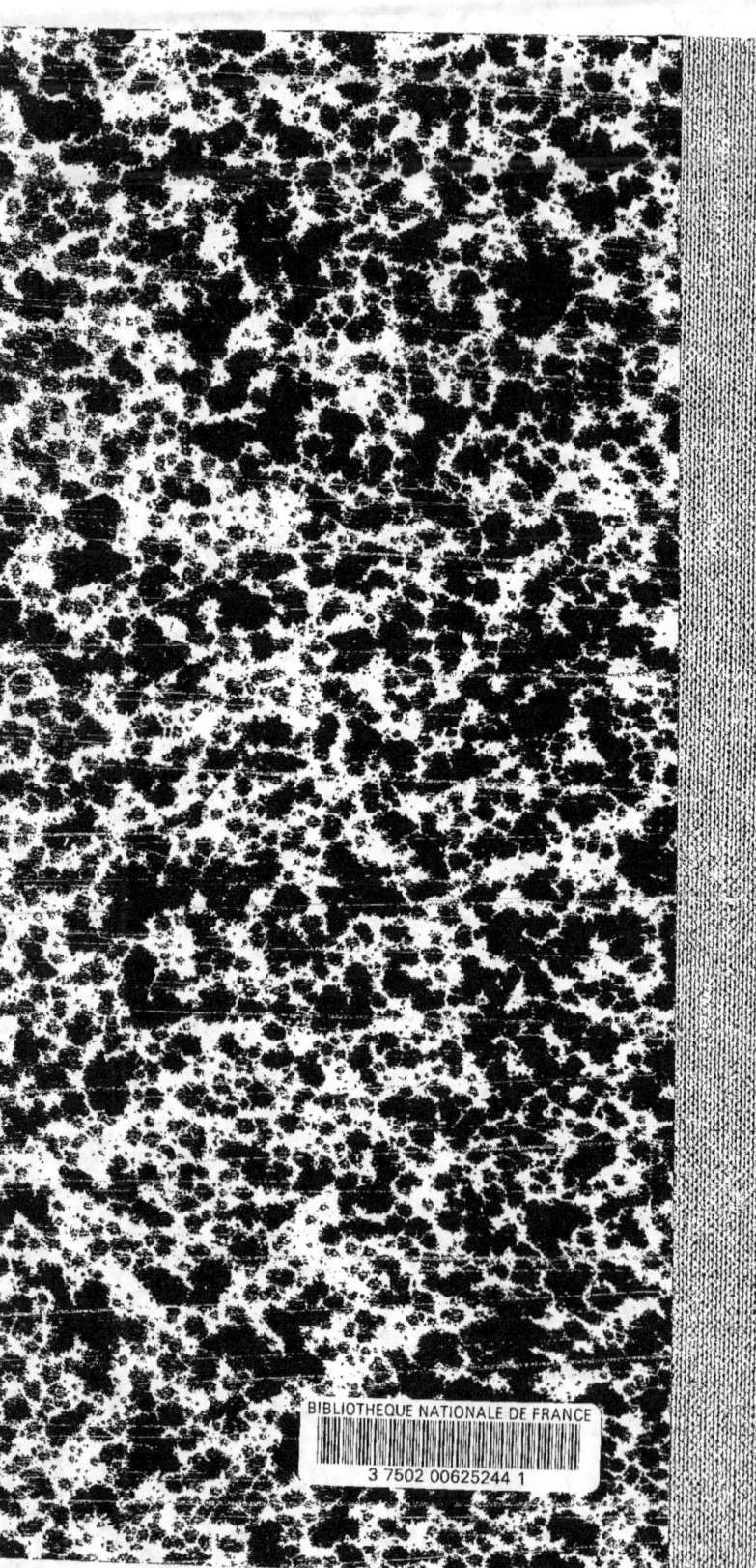

www.ingramcontent.com/pod-product-compliance
Lightning Source LLC
Chambersburg PA
CBHW071400230426
43669CB00010B/1401